일본 이데올로기론

일본 이데올로기론 〈제국 일본의 테오-크라시〉 총서 8

초판 1쇄 발행 2020년 8월 17일

지은이 도사카 준
옮긴이 윤인로
펴낸이 강수걸
편집장 권경옥
편집 박정은 김해림 윤은미 강나래
디자인 권문경 조은비
펴낸곳 산지니
등록 2005년 2월 7일 제333-3370000251002005000001호
주소 부산시 해운대구 수영강변대로 140 BCC 613호
전화 051-504-7070 | 팩스 051-507-7543
홈페이지 www.sanzinibook.com
전자우편 sanzini@sanzinibook.com
블로그 http://sanzinibook.tistory.com

ISBN 978-89-6545-666-7 94150
ISBN 978-89-6545-665-0 (세트)

* 책값은 뒤표지에 있습니다.
* 이 도서의 국립중앙도서관 출판예정도서목록(CIP)은 서지정보유통지원시스템
홈페이지(http://seoji.nl.go.kr)와 국가자료공동목록시스템(http://www.nl.go.kr/
kolisnet)에서 이용하실 수 있습니다. (CIP 제어번호: CIP2020032521)

일본 이데올로기론

현대 일본의 일본주의·파시즘·자유주의 사상 비판

도사카 준 지음 ○ 윤인로 옮김

<제국 일본의 테오-크라시> 총서 8

산지니

차례

서론

제1편 일본주의 비판과 그 원칙

일러두기

1   이 책은 戸坂潤, 『日本イデオロギー論—現代日本に於ける日本主義
    ·ファシズム·自由主義思想の批判』(白揚社, 1935)의 1937년도 증보
    판 2판(저본은 『戸坂潤全集』第二卷, 勁草書房, 1966)을 옮긴 것이다.

2   저자가 윗점으로 강조한 것은 마찬가지로 윗점을 찍어 살렸다.

3   원문에 대괄호 '〔〕'로 표시된 부분은 저자의 강조 및 첨가이다. 하지만
    검열에 의한 복자(伏字)를 살려놓은 것으로 판단되는 몇몇 부분, 편집자
    의 첨가로 보이는 몇몇 부분도 있다. 첨가된 것으로 판단되는 그리 많지
    않은 부분은 그대로 '〔〕'로, 나머지 대다수는 모두 '< >'로 표시했다.

4   역자주를 포함해 옮긴이가 첨가한 것들은 '[ ]' 속에 넣었다.

5   외국인명의 알파벳 표기방식, 저자의 각주 표기방식, 일본식 한자표기 방식
    등은 당대의 저작 형태를 살리기 위해 원문을 따랐다.

6   원문의 명백한 오식·오타로 판단되는 경우(예컨대 '車輪'이 "車両"으
    로 표기된 곳, '大勢'가 "大衆"으로 표기된 곳 등), 동어반복이 교정되
    지 않은 것으로 판단되는 한두 부분은 표시 없이 수정했다.

7   언급되는 일본인명의 간략한 소개는 책 끝에 따로 붙였다.

서문

　이 저작에서 나는 현대일본의 일본주의와 자유주의를 다양한 시각에서, 그러나 결국엔 유물론의 관점에서 검토하고자 했다. 이 논술에 『일본 이데올로기론』이라는 이름을 붙인 것은, 스스로를 진리라고 주장하고 사회의 곤란을 해결한다고 자칭하는 독일의 여러 사상들을 마르크스가 비판하면서 다름 아닌 『독일 이데올로기』라고 부른 걸 본뜬 것인바, 그 이름을 붙이는 것만으로도 내가 이 저작에 관해 이야기하고 싶은 것이 무엇인지를 단번에 알 수 있으리라 생각한다. 그러하되 나는 내 자신의 힘이 부족하다는 것을 충분히 알고 있으므로, 감히 마르크스의 저서명을 참칭할 심산은 아니다.

　(이 책에 들어 있는 「현대일본 사상에서의 문제들」 및 「자유주의철학과 유물론」은 새로 쓴 것이다. 다른 논문들은 『유물론 연구』 『역사과학』 『사회평론』 『진보』 『독서』 『지식』 및 『개조』 『경제 왕래』 『행동』 『문예』에 일단 실었던 것들이지

만, 다시 정리하여 일관된 질서를 부여했다.)

내가 은밀히 상정하고 있는 사고의 복선을 좀 더 주의 깊게 살피려는 독자가 있다면, 다음과 같은 저작들을 참조해주시면 다행이겠다. 특히 두 번째 저작 이하의 것들이 직접적으로 도움이 되리라고 생각한다.

1. 『과학방법론』　　　　(1929, 이와나미岩波서점)
2. 『이데올로기의 윤리학』(1930, 텟토鉄塔서원)
3. 『이데올로기 개론』　　(1932, 리소샤理想社 출판부)
4. 『기술의 철학』　　　　(1933, 지쵸샤時潮社)
5. 『현대철학 강화講話』　　(1934, 햐크요샤白揚社. 『현대
　　　　　　　　　　　　　를 위한 철학』, 오하타大畑 서
　　　　　　　　　　　　　점판의 개정본)

1935. 6. 30.
도쿄
도사카 준

증보판 서문

초판을 갈아 다시 찍으면서 보충을 위해 세 문장을 더했다. 시국의 진전에 응하여 그 문장들이 필요하다고 여겨졌기 때문이다. ──더하여 참고문헌으로서, 초판 서문에 제시했던 다섯 권의 저작 이외에 두 권의 졸저『사상으로서의 문학』(1936, 미카사 쇼보三笠書房)과『과학론』(1935, 유물론전서全書, 미카사 쇼보)을 덧붙여 둔다.

1936. 5.

저자

증보판 2판 서문

증보판도 몇 번이나 쇄를 거듭하게 되었다. 지금 특별히 따로 할 말은 없는데, 다만 증보판 서문을 쓰고 난 이후이 책과 연관된 나의 저서가 네 권 더 출판되었음을 독자들에게 알려두고 싶다.

책 끝에 붙여놓은 저서목록〔거기에는 『도덕론』(1936, 유물론 전서, 미카사 쇼보), 『현대일본의 사상 대립』(1936, 쿄노몬다이샤今日の問題社), 『현대 유물론 강화』(1936, 햐크요샤) 4권의 저서가 추가되어 있다〕을 참조했으면 한다.

1937. 3.

저자

서론

1 현대일본 사상에서의 문제들
─ 일본주의·자유주의·유물론

현대의 일본에서는 거의 온갖 사상들이 행해지고 있다. 일본·동양·구미歐米의 사상들, 게다가 과거부터 현재에 걸친 여기저기의 인물들에 근거한 사상들까지 거론한다면 한정이 없을 정도이다. 그러니까 니노미야 손토쿠, 야마가 소코, 그러니까 공자, 그러니까 니체·도스토옙스키, 그러니까 하이데거, 야스퍼스 등등등. 이렇게 나열해 보면 소위 '사상'이라는 것이 얼마나 무의미하게 열거될 수 있는지에 놀라게 될 것이다. 하지만 그런 종류의 이런저런 사상들 모두는 실제로는 기껏해야 일개 '견해'에 불과한 것으로, 아직 그것만으로는 사회를 하나로 관통하는 흐름으로서 뿌리를 뻗은 '사상'일 수 없다. ─사상이란 이런저런 사상가의 두뇌 속에 가로 놓여있는 단순한 관념이 아니다. 사상이란 하나의 사회적 세력으로서, 사회적인 객관적 존재를 지니고, 사회의 실제 문제를 해결하는 일에 참가하고자 할 때에야 비로소 성립하는 것이다.

그런 뜻에서의 사상으로서 현대일본에서 우선 첫째로

거론해야 하는 것은 자유주의이다. 세간의 어떤 이는 자유
주의가 작금에 이르러 전락해 버렸다고 말한다. 하지만 그
렇다면 최근에 전락해버린 자유주의가 어떻게 이렇게 극
도로 왕성할 수 있는가를 반문하지 않을 수 없게 될 것이
다. 최근에 자유주의는 적어도 세간의 의식 위에서는 조금
도 적극적인 의미로는 드러나지 않고 있다. [1차] 대전 이후
자유주의 사상이 세력을 갖게 된 것으로 보일 수 있었던 것
은 간신히 요시노 사쿠조 씨 등에 의한 데모크라시 운동 정
도였는데, 그것마저도 마르크스주의의 빠른 대두 앞에서는
완전히 후퇴하고 말았다고 봐야 한다. 그 이후로 우리는 의
식적으로 자유주의 사상이 고양됐던 일을 찾아볼 수 없다.
하지만 그러함에도 자유주의가 메이지 이래의 사회상식의
기조를 이루어왔던 것이라는, 다른 측면에서의 사실을 잊
어서는 안 된다.

　　말할 것도 없이 일본의 민주주의는 결코 완전한 부르
주아 데모크라시의 형태와 실질을 구비하고 있었던 게 아
니다. 봉건성에서 유래하는 관료적·군벌적 세력과의 혼합
·타협에 의해 현저하게 왜곡된 민주주의 밖에는 없었다.
지금 중요한 것은 일본의 민주주의가 그 나름으로 역시 하
나의 민주주의를 기조로 삼았다는 바로 그 점에서 민주주
의의 왜곡이 일어난 것일 수도 있다는 점이다. 일본에서 자
유주의의 의식은 대단히 불철저한 형태임에도 우리들 사

회상식의 기조를 이루면서 오늘에 이르고 있다. 단, 그것이 너무도 상식화된 것이었기 때문에, 그리고 결코 상식 이상으로 빠져나가는 것이 아니었기 때문에, 특별히 '자유주의'로서 의식적으로 자각되고 강조되는 경우가 있을지라도 그것은 극히 예외적이고 우연적인 경우로 보일 것임에 틀림없다. 그러므로 일본주의가 대두하면서 당장에 첫 번째 적으로 설정하지 않으면 안 되었던 것은 그렇게 보급된 사회 상식으로서의 자유주의 사상이었으며, 이는 별달리 그때까지 자유주의 사상이 특히 의식적으로 극히 왕성해 있었기 때문이 아니다. 그렇다면 자유주의란 무의식적일지라도 일본 사상의 감추어진 기조를 이루고 있는 것이다.

자유주의 사상은, 자유주의의 의식은 그 본래의 연원을 소위 경제적 자유주의 내부에 두고 있음에도 사상으로서의 직접적인 원천은 정치적 데모크라시 내부에 있다. 하지만 자유주의 사상은 결코 데모크라시라는 관념내용으로 시작하고 끝나는 게 아니다. 그것은 더 넓은 관념내용을 포함하고 있는바, 그렇기에 자유주의 사상에는 온갖 내용들이 집어넣어질 수 있게 되는 것이다.

대체 자유주의라는 것이 정말로 독립된 하나의 사상으로서 성립될 수 있는가 아닌가가 애초부터 의문인 것이다. 곧 자유주의라는 것이 일정한 발전·전개의 메커니즘을 갖고서 자신에 맞서 대립하는 것과의 뚜렷한 구별을 통하여 자기 스스로를 수미일관되게 만드는 살아있는 윤리조직을 독자적으로 가질 수 있는가 아닌가가 애초부터 의문인 것이다. 하지만 가령 그러한 자유주의의 철학체계가 성립한다고 할지라도, 그 '자유주의' 철학이 반드시 자유주의 사상 전반을 충실하게 조직한 것이라고는 할 수 없다. 왜냐하면 자유주의적 사상에는 온갖 관념내용이 들어갈 수 있는 것이기 때문으로, 가령 그 관념내용을 이론적인 철학체계로까지 조직했을지라도 과연 그 체계가 여전히 '자유주의'라는 명목에 값하는 것인지는 보증될 수 있는 게 아니기 때문이다. 즉 그 정도로 자유주의 사상의 관념내용은 잡다하며 자유로운 것이다.

자유주의 사상에 속하는 내용들 중에는 사회적·정치적 관념으로부터의 자유라고 불러야 할 것이 포함된다. 거기서는 오직 문화적 자유만이 문제가 된다. 이는 오늘날 많은 자유주의자들의 자유 관념 안에서 보이는 것인데, 그 하나의 경우로서, 그런 문화적 자유의 관념이 종교적 의식으로까지 고양되거나 심화되는 사정을 살피지 않으면 안 된다. 그리스도교적(주로 프로테스탄트적) 신학이나 불교적 철학을 통해 자유주의자의 철학이 종교의식意識으로 이행하는 것을 독자들은 곳곳에서 보고 있으리라. 오늘날 교양 있는 인텔리겐치아가 종교 관념에 도달하는 길은 대개 그런 경로 속에 있으며, 그런 종류의 종교의식은 그 단계에 머무

1 현대일본 사상에서의 문제들

는 한에서(그 단계로부터 더 나아간다면 다른 문제겠지만) 자유주의 의식의 한 가지 특별한 산물인 것이다.

그런 종교적 자유는 말할 것도 없이 정치적 자유로부터의 자유를 뜻한다. 현실로부터의 도피를 뜻하는 것이다. 그런데 실은 거기에 종교의 첫째가는 진리가, 즉 첫째가는 용도가 가로놓여 있음은 사람들이 아는 바이다. 사회 속의 현실적인 모순이 더 이상 자유주의 사상의 메커니즘으로는 해결될 수 없게 된 현재의 경우, 그것을 뚫고 나가는 혈로의 하나(그것이 유일한 혈로는 아니다)가 그런 종교적 자유에 있는 것이되, 그 혈로란 모순의 현실적인 해결을 대신한 모순의 관념적인 해결 혹은 모순의 관념적인 무시·해소인 것이다. 현재의 시대는 종래에 국가적이고 사회적으로 인정됐던 '기성 종교'나 비교적 교육받지 못한 대중 위에 기생하는 이른바 삿된 종교邪宗 이외에, 인텔리겐치아를 목표로 하는 얼마간 철학적인 신흥종교 기업의 시대인데, 일반적으로 자유주의에 근거한 인텔리겐치아의 동요가 없었더라면 그러한 신흥종교기업의 눈어림 계산은 결코 성립될 수 없을 터였다.

그런데 달리 말하자면 그런 종교적인 자유주의란 일변하여 종교적인 <절대주의>로 전화된다. 자유주의는 종교의식意識을 중개함으로써 손쉽게 일종의 <절대주의>로, 나아가 일종의 정치적 <절대주의>로 이행할 수 있는 것이다. 이제 종교는 정치적 <절대주의에 협력>하기 시작한다. 예컨대 불교는 일본정신의 한 가지 현현으로 해석되기 시작한다. 가톨릭주의마저 교황의 종교적 권위와 일본의 <절대군주를 조화>시키려는 주장을 하기 시작한다. 일본의 <절대군주>가 일종의 종교적 <대상>을 뜻하는 것 따위는 더 이상 조금도 문제될 게 아니라는 것처럼 말이다. ──그런데 자유주의의 울타리 밖으로 한 걸음이라도 내디딘 종교의식은 그 즉시 일본주의의 울타리 안으로 수용된다는 점을 주목해야 한다.

　　종교부흥에 의해 종교적 세계관이, 종교적 사상이 최근의 일본을 지배하기 시작했다는 식으로 말하고들 있다. 그것이 진정한 '종교'적 진리운동을 뜻할 수 있는가 아닌가는 별도로 하고, 어쨌든 그러한 특별한 종교사상이 오늘날의 현저한 현상이라는 것에는 의심의 여지가 없다. 종교의식意識은 자유주의 사상에 기초한 것이 아니라면 일본주의 사상으로 귀착하는 것이기 때문이다. ──사상은 사회인의 정치적 활동과 일정한 연관을 가짐으로써 비로소 사상의 자격을 얻는다. 혹여 단순한 종교[그 자체]로서의 종교라는 것이 있다고 한다면 그것은 그 어떤 사상도 아니며 전적으로 사적인 것私事에 지나지 않을 것이다. 물론 실제로는 그렇게 단순한 종교로서의 종교 따위란 결코 존재하지 않는다.

자유주의 사상이 하나의 독자적인 이론을 지님으로써 철학체계로까지 조직될 때 그것은 자유주의 철학으로 불려도 좋은 것이 되지만(무엇보다 그중 다수가 그러한 명명법에 만족하지 않고 있는 것은 알고 있다), 그런 철학체계의 근본적인 특징은 그 방법이 많건 적건 정련된 '해석의 철학'이라는 점에 있다. 사물의 현실적인 질서에 관하여 해명하는 대신 그것에 대응하는 의미의 질서에 관해서만 이야기하는 것, 그것이 그 철학법이 자신만만하게 내세우는 공통된 수법이다. 예컨대 현실의 세계에서 우주는 물리적 시간의 질서에 따라 현재의 순간에까지 이르고 있다. 자주 이야기되는 것이지만, 의식의 소유자인 인간이(다른 생물들도) 아직 존재하지 않았던 때에도 이미 지구가 존재했음을 지질학과 천문학이 증명하고 있다. 그런데 자유주의적 논리에 입각한 해석의 철학은 우주의 그러한 현실적 질서(물리적 시간)를 문제 삼지 않는바, 그것 대신에 인간과 자연 간의 관계를 인간의 심리적 시간의 질서 속에서 문제 삼거나, 초인간적인 또는 초우주적인, 그러므로 초시간적인 질서(이런 질서는 의미의 세계에서만 가능하다) 속에서 문제 삼을 뿐이다. 현실의 세계에 관해 이야기하는 것처럼 꾸미고는, 실제로 들려주는 것은 의미의 세계(따라서 전적으로 관념계에 속하는 세계)에 관한 것일 뿐이다. 그런 것이 세계의 단순한 해석이 되는 것이다.

관념론이 무엇보다 근대적으로 자유주의적인 형태를 취했던 것이 바로 그렇게 정교하게 마무리된 해석철학인 것이다. 노골적인 관념이라는 해골은 자유주의라는 위장을 통해 온화하고 리버럴한 살덩이를 부여받는다. 그러하되 그만큼 관념론의 근대문화화된 겉옷이 다름 아닌 자유주의라는 점이 증거로 설정되는 것이다.

　해석철학이라는 철학의 메커니즘은 대단히 광범위한 (아니 오히려 철학적 관념론 전반에 걸치는) 적용의 범위를 갖고 있다. 따라서 그것이 꼭 자유주의 철학의 모태인 것만은 아니라는 점은 뒤에서 보게 될 것이지만, 거기서 나오는 무엇보다 자유주의 철학다운 결론 중 하나는 문학적 자유주의 혹은 문학주의라는 논리이다. 이것은 해석철학이라는 방법의 특수한 경우로서, 그 해석방법을 문화적으로 그럴듯하고도 진보적으로 원활하기까지 한 것으로 보이게 하기 위해 고안된 메커니즘에 다름 아니다. 그것은 현실에 관한 판타스틱한 표상이라고 할 문학적 표상 혹은 이미지를 이용하여 그런 문학적 표상 혹은 이미지를 고스란히 철학적·논리적 관념으로까지 만들어냈던 것이다. 그렇게 하면, 현실의 질서에 기초한 현실적 범주조직(=논리) 대신에 이미지와 이미지를 연결하기에 적절한 해석용 범주조직(=논리)을 결과로 낼 수 있는 데에 무엇보다 안성맞춤이기 때문이다.

　그러하되 실제 문제로서 그러한 문학주의는 대다수가

문학적 자유주의자인 현재 일본의 인텔리겐치아의 사회의
식에 있어 무엇보다 마음에 드는 앳 홈적인[at home안락한·가
정적인] 로직[logic]인 것이다. 따라서 현재 인텔리겐치아가 자
기 스스로 인텔리겐치아를 논할 때 자기도 모르는 사이에
채용하는 입장이란 그런 문학적 자유주의 혹은 문학주의
이지 않을 수가 없다. 사실 인텔리겐치아론은 현재 무엇보
다도 우선 넓은 뜻에서의 문학자들이 가진 일신상의 문제
로서 제기되고 있기에, 그 지점에서 그런 종류의 인텔리겐
치아론이 인텔리 지상주의로 귀착하고 있는 게 아닌가라는
의심도 나오고 있는 것인바, 그야 어찌됐든 적어도 그것이
문학주의라는 일종의 자유주의 철학에 입각하고 있는 점은
근래의 특징적인 것이라고 하겠다. ─하지만 인텔리겐치
아의 문제는 원래 인텔리젠스[지성·지식·이지]의 문제에 집중
한다. 그런데 인텔리젠스의 문제를 푸는 데에 더 이상 자유
주의 철학이 도움을 줄 수는 없다. 대체 인텔리젠스의 문제
에 관해 자유주의적으로 과학적 해결을 준다는 말이 어떤
의미를 갖겠는가. ─여기서도 알아차리게 되는 것이지만,
자유주의 철학을 과학적 이론체계로서 철저화하는 일은 이
미 무언가 착오를 뜻하고 있는 것이다.

　　자유주의 철학의 무엇보다 프로퍼proper[고유한·본연의·타
당한·전문적인(이하, 문맥에 따라 국역)]한 경우는 자유 그 자체의 관념
적 해석에 입각한 이론체계이다. 거기서는 경제적·정치적

·윤리적 자유가 그 자신만으로서 문제가 됨으로써 자유 그
자체가 되며, 따라서 자유 일반이 되며, 따라서 철학은 자
유의 일반적인 이론이 된다. 거기서 결과로 나오는 것은 자
유 일반에 관한 형식주의적 이론일 뿐이다. ──형식주의는
해석철학의 필연적인 결과 중 하나이지만, 원래 형식주의
와 해석철학은 형이상학=관념론적 논리의 두 가지 현저한
특색으로 인정될 수 있는 것이다.

　　위에서 자유주의가 종교적 의식意識을 낳음으로써 이
윽고 <절대주의>로서의 일본주의로 통하는 사정을 살폈는
데, 이번에는 흡사 그런 현상과 평행하게 자유주의에서의
해석철학이라는 방법이 어떻게 일본주의를 낳게 되는지 살
피기로 하자. 그런 사정을 확인하면, 일본주의의 철학이 실
은 어떤 뜻에선 자유주의 철학의 소산이며, 적어도 일본주
의 철학에 여지를 제공했던 것이 자유주의 철학의 관대한
방법이었음을 알아차리게 될 것이다.
　　위에서 자유주의 철학의 방법상의 특징이던 저 해석
철학이라는 것이 자유주의에 특유한 문학주의를 낳게 되
는 까닭을 보았는데, 그것과 평행하게 이번에는 그런 해석
철학이 문헌학주의를 낳게 된다. 문학주의가 현실에 기초
한 철학적 범주 대신에 문학적 이미지에 기초한 문학적 범
주를 채용한 해석방법이었다고 한다면, 문헌학주의는 현

　　　　　　　　　　　1 현대일본 사상에서의 문제들

실 속의 사물 대신에 문서·문헌의 어원학적인 혹은 의미중심적文意的인 해석에만 입각해 있다. 그것의 가장 극단적인 경우는 국어 안에서 이런저런 말들을 제멋대로 끄집어내어 그것을 철학적 개념으로 마감질하는 일이다. 문학주의는 표상을 개념으로까지 만들어냈지만, 문헌학주의는 말을 개념으로까지 만들어낸다. 그런데 그것만이라면 그런 '철학방법'(?)의 극도로 천박한 점을 누구든 알아차릴 수 있겠으나, 그런 방식을 고전적인 문헌에 적용하면 그 시대 현실에 관해 사람들이 충분한 역사과학적 지식을 지니고 있지 못한 이상 상당한 신용을 얻는 일이 불가능한 것은 아니다. 그래서 그런 고전의 문헌학주의적 '해석'(아니 오히려 억지)에 의지하여 역사의 문헌학주의적인 '해석'을 끌어내는 일도 가능해지는 것이다. 오늘날 일본주의자들에 의한 '국사国史의 인식'은 거의 대부분 그런 종류의 방법에 기초해 있는 것이다.

좀 더 중대한 점은 고전에 대한 그런 문헌학주의적 해석으로 현재의 현실문제에 대한 실천적 해결을 대신하고자 하는 의도이다. 불경을 강독하며 뜻을 풀이함으로써 현재의 노동문제를 해결하려는 따위의 기획이 그 사례이다. 고전이 성립한 시기에만 통용될 뿐인 범주를 가져와서 그것을 현대에 적용하면 현재의 실제적인 현실계가 지닌 현실은 어딘가로 가버리며 그것 대신에 고전적으로 해석된 의미의 세계가 전개된다. 현실의 질서가 의미의 질서에 의해 대체될 때, 아마 그것만큼 그럴싸해 보이는 트릭은 없을 것이다.

그렇다고 문헌학주의가 반드시 즉각적으로 일본주의로 향해 가야만 하는 필연성을 갖는 것은 아니다. 원래 일본주의라는 것이 무엇인지는 결코 일반적으로 알 수 있는 게 아니며, 적어도 문헌학주의가 그리스주의나 헤브라이주의로 향해 갈 수 있다면 마찬가지로 고대지나주의(유교주의)나 고대인도주의(불교주의)로도 향해 갈 수 있다. 아카데미의 철학자나 그리스도교신학자, 왕도주의자나 불교신학자들은 제각기 문헌학주의의 메커니즘을 이용하여 현대의 사물에 관해 입을 움직이고 있는 것이다. 고전의 연구는 고전의 연구이지 현대의 실제문제에 대한 해결이 아니다. 그런 고전연구를 이용하여 현재의 실제문제를 풀 수 있는 것처럼 겉모습을 꾸미는 속임수가 문헌학주의라는 것이다. ―이는 현대의 자본주의 내부로부터 필연적으로 발생하는 각종 반동주의의 국제적 원칙을 이루고 있는 것이다.

이상에서 즉각 상상할 수 있는 것처럼 문헌학주의는 손쉽게 복고주의로 향해 갈 수가 있다. 복고주의란 현실의 역사가 앞쪽 전방을 향해 전개해 가는 것을 관념적으로 역전된 것으로 해석하는 방법의 특수한 사례로, 고대적 범주를 사용함으로써 현대사회의 현실적 모습을 왜곡하여 해석해 보이는 수단이다. 잊어선 안 되는 점은 그것이 언제나 결과적으로 사회의 진전을 충실히 반영한다고 자칭하고 있다는 점이다.

　그런 문헌학주의가 이윽고 일본주의의 완전한 용구가 되는 것은 그것이 국사國史에 적용될 때이다. 원래 막연히 일본주의라고 부르는 것에는 무수한 종류가 포함되어 있다. 일반적으로 무솔리니적 파시즘이나 나치스적 파시즘, 사회파시즘으로 불려야 하는 것들조차 오늘날에는 일본주의와 어떤 공통의 이해관계를 갖는 것처럼 여겨지곤 한다. 또 그저 일반적인 복고주의나 정신주의나 신비주의, 혹은 그저 반동주의에 지나지 않는 것들도 일본주의적 색채로 칠해져 있다. 그렇게 아시아주의나 왕도주의도 일종의 일본주의인 것이다. 하지만 본연의 뜻에서 일본주의는 '국사'의 일본주의적 '인식'에 입각해 있는 것이다. 일본정신주의, 일본농본주의, 나아가 일본아시아주의(일본은 아시아의 맹주라고 하는 주의주장)조차 '국사적' 일본주의의 내용이다. 따라서 결국에 모든 일본주의는 도태되고 통일됨으로써 <절대>주의로 귀착되지 않으면 안 되며, 또 실제로 그렇게 되고 있는 중이다. <천황> 그 자체에 관해선 논할 것까지도 없는바, 그런 <절대주의>는 전적으로 문헌학주의적 해석철학의 방법을 국사에 적용한 것임에 틀림없다. 절대주의가 일본에서 적극적인 관념론의 첨예한 극치로 될 수 있는 이유가 그것이다. 이에 비하면 자유주의는 소극적인 관념론의 단순한 안정상태를 드러내는 것일 따름이다.

　　이러니저러니 여러 논의들이 있어도 일본주의란 일종의 일본형 파시즘이다. 그렇게 바라보지 않는 한, 그것을 국제적인 현상의 일환으로서 통일되게 이해할 수 없으며, 일본주의에 얼마나 많은 유럽의 파시즘철학이 이용되고 있는가라는 특수한 사실 또한 설명할 수 없게 된다. 다양한 뉘앙스를 가진 전체주의적 사회이론(게마인샤프트[공동(체)사회]나 전체국가 등등)은 일본주의자가 즐겨 이용하는 파시즘철학의 메커니즘이다. 하지만 일본주의는 그러한 외래사상의 메커니즘에 의거해서는 결코 조리에 맞는 합리화를 얻을 수 없을 것이다. 유일한 의지처는 국사인데, 애초부터 그것 자체에는 일본주의적인 '인식'(?) 말고는 다른 게 있을 수 없다(결론을 미리 가정해 두는 것은 가장 손쉬운 방식의 논법이다). 그것을 위해 필요한 철학방법은 유럽적 전체주의의 범주론 같은 게 아니라 예의 저 문헌학주의 이외에 다른 게 없다. ——그러하되 실은 그 문헌학주의 자체는 이제 결코 일본에만 특유한 것이 아닌바, 오히려 최근 독일의 대표적인 철학이 노골적인 문헌학주의라고 하겠다(M. 하이데거처럼). 따라서 일본주의 속에서 일본주의로서 남아있는 것은 일본주의적 국사뿐이지 더 이상 그 어떤 철학도 아니라는 결론이 나오는 것이다.

예컨대 자유주의 혹은 자유주의 철학에 근거해 국사를 검토한다는 말에는 거의 아무런 의미가 없을 것이다. 일본주의적 역사관에 대립하는 것은 유물론에 의한, 즉 유물사관에 의한 과학적 연구와 서술 이외에 다른 게 있을 수 없다. 그 점에서도 알 수 있듯이, 일본주의에 진정으로 대립하는 것은 자유주의가 아니라 다름 아닌 유물론인 것이다. 자유주의의 해석철학이 일본주의의 거의 유일한 '과학적'(?) 방법인 문헌학주의를 위하여 여지를 제공했기 때문이다. 이런 뜻에서 자유주의적 철학 혹은 사상의 어떤 것은 고스란히 일본주의 철학으로 쉽게 이행해 갈 수 있는 것이다. 일본주의 철학은 소위 우익반동단체적인 철학에 한정되지 않는, 무엇보다 리버럴한 외모를 갖춘 모던철학이기도 한바, 그렇게 모던하며 자유주의적인 지점에 기초해 이윽고 전형적인 일본주의 철학이 될 수 있는 것이다. 와츠지 테츠로 교수의 저작 『인간의 학學으로서의 윤리학』 같은 것이 가장 좋은 사례인데, 원래 '인간의학' 혹은 인간학이라는 것은 오늘날 (꽤나 악질적인) 자유주의 철학의 대표물이자 예의 저 문학주의의 한 체계에 속하는 것인바, 그것은 참으로 원활하게 일본주의의 대표물로까지 전화될 수가 있는 것이다. ──거기에 자유주의적 철학과 일본주의적 철학 간의 본질적인 친족관계가 가로놓여 있다.

다카하시 사토미의 전체주의 이론은, 그것 자체만을

본다면 전적으로 자유주의의 철학체계에 속하는 것으로 봐야겠지만, 그럼에도 전체라는 범주가 나치스적 사회이론의 불가결한 기초개념이 되고 있음은 다시 지적할 필요도 없을 것이다. 니시다 기타로 박사의 '무無'의 이론 또한 결코 언뜻 떠오르는 것처럼 종교적·신비적 경지에 있는 것이라고는 할 수 없지만, 그럼에도 그 이론의 객관적 운명으로부터 판단하건대 그것은 예의 저 인텔리를 향한 종교의식意識에 응하기 위해 존재하는 것처럼 보이기까지 한다. 그리고 그러한 종교의식이 조금이라도 사회적인 적극성을 띨 때 순식간에 일본주의가 되는 현실의 조건에 관해서는 이미 서술한 것과 같다. —자유주의는 그 자유주의다운 이론상의 당파적 절개와 지조의 결핍으로 인해 일본주의로 향하는 것에 거의 아무런 이론적 저항력을 준비하지 못하는 것처럼 보인다. 자유주의자 혹은 자유주의적 철학자가 일본주의로 향하지 않는 것은 이론적인 근거 때문이 아니라 거의 전적으로 정서적인 혹은 성격적인 근거 때문일 따름이다. 그런데 그들이 유물론으로 향하지 않는 것은 단지 정서적인 혹은 성격적인 근거 때문이 아니라 이론적인 근거 때문이기도 한 것이다.

흔히들 자유주의는 일본주의보다 오히려 아직은 더 유물론에 가깝다는 정치적 판단을 내리고들 있다. 하지만 자유주의가 자유주의 철학의 체계에 관계되어 있는 한, 그것은 원칙적으론 유물론의 반대물이며 오히려 일본주의를 향한 준비에 다름 아니다. 그러한데도 자유주의가 유물론의 동반자 같은 역할을 맡을 수 있다고들 판단하는 것은 자유주의가 자유주의로서의 입장을 고집하지 않고 도리어 그 반대의 입장으로까지 자신을 철저화할 수 있을 자유로운 입장을 취할 때로만 한정된다. 자유주의가 일본주의로 이행하는 것은 이론적으로 자유주의의 입장을 고집하고 있어도 불가능한 일이 아니지만, 자유주의가 유물론으로 이행하기 위해서는 자유주의는 진정으로 자유주의로서, 아니 더 이상 자유주의가 아닌 것으로까지 스스로를 철저화하지 않으면 안 된다. 따라서 그런 뜻에서 자유주의는 결코 흔히들 생각하고 있는 것처럼 일본주의와 유물론 사이의 공평한 중간지대 따위가 아니었던 것이다.

그런데 나는 앞에서 자유주의가 근대일본의 비밀스런 사회상식이라고 말했다. 그것은 일본이 그럭저럭 고도로 발달한 자본주의국이라는 점에서 당연히 뒤따라 나오는 결론이기도 하다. 오늘날의 자유주의, 즉 부르주아 리버럴리즘은 말할 것도 없이 자본주의에 기초한 이데올로기이므로, 그것은 또한 자본주의사회의 근본상식이지 않으면 안 되는 것이기도 하다. 따라서 발달한 자본주의의 사회적 소산을 현재의 소여로서 가정하는 한에서 자유주의는 그런 소여를 무시하는 여러 다른 종류의 사상들에 비하면 적어도 진보적이라고 해야만 한다. 이는 중세적 봉건제를 사상적 지반으로 삼고 있는 각종 복고사상들의 반동성과 비교하면 뭐라고 할지라도 그러한 것이다. 어떤 가톨릭 신학자는 오늘날 자유주의가 어째서 우선적으로 사회상식이 되었는지를 이해할 수 없다고 말하지만, 그 상식의 옳고 그름은 어찌됐든 자유주의 혹은 프로테스탄티즘 쪽이 중세적인 가톨리시즘 등에 비하여 부르주아 사회의 상식과 일치한다는 점은 새삼스레 논증을 필요로 하지 않을 것이다.

그런데 일본주의(오늘날 그것이 일개 복고사상이자 반동사상이라는 점에 주의를 기울이는 일을 게을리 해서는 안 된다)는 그런 자유주의적 부르주아 사회상식에 비춰보면 현저히 비상식적인 특색을 띠고 있다. 그 비상식은 자유주의자를 일본주의적 우익반동사상에 대해 정서적으로 또 취미의 차원에서 반발하도록 하기에 충분한 것이다. 그러하되 사실상으로는, 비상식적일 수밖에 없는 일본주의 사조가 오늘날 일본의 너무도 교양 없는 대중의 특정한 층을 움직이게 만들고 있는 현실을 어찌할 도리가 없는 것이다. 그리되면 일본주의 또한 하나의 상식이 되지 않을 수 없는 것처럼 보이는 것이다. 이는 사회 속에서 대중이나 그 여론(?)이라는 것이 어디에 있는가라는 문제와도 직접적으로 연관되어 있다. ──그렇기에 상식이라는 것을 둘러싼 그러한 곤란을 해

1 현대일본 사상에서의 문제들

결하지 못한다면 오늘날의 일본주의에 대한 비판은 충분히 유력한 것이 될 수 없는 것이다.

실제로 일본주의는 스스로가 갖고 있는 그런 일종의 상식성(?)을 이미 자각하고 있을 뿐만 아니라, 오늘날 드디어 그것을 강조하고자 하는 방침을 취해가고 있는 것처럼 보인다. 오늘날 일본주의는 대중을 계몽(!)하지 않으면 안 된다고까지 외치고 있다. 그런데 일반적으로 대중을 상대로 하는 계몽이라는 것은 오늘날의 고상한 리버랄렌[Liberalen(자유주의자)]들이 결코 떳떳하게 여기는 일이 아닌 것이다. 해석철학자나 문학주의자들의 다수는 오로지 의미의 형이상학의 건설이나 자기의식(자의식—자기반성)의 연마에 매우 바쁘며 사회나 대중 따위는 홍차 한잔 값조차도 안 된다고 생각한다. 그것은 곧 자유주의자들이 일본주의적 계몽운동(?)에 얼마나 유력한 원조를 행하고 있는지를 이야기하고 있다.

일본주의적 계몽운동에 대한 자유주의자들의 그런 원조는, 말하자면 일본주의가 행하는 전초전이라고 할 수 있을 문화파시즘으로서의 문화통제운동으로 이어지는바, 일본주의자 쪽에서 감사의 손을 뻗고 있는 것이다. 오늘날 많은 자유주의자들이 최근의 각종 문화통제운동에 대해 거의 아무런 본질적 반발을 감지하지 못하는 것은 그러한 원조와 감사의 관계에서 기인하는 것임에 분명하다.

일본주의와 자유주의에 대립하는 제3의 사상은 말할 것도 없이 유물론이다. 일본주의와 자유주의 각각에 대해, 또 그 상호 간의 관계에 대해 과학적으로 비판할 수 있는 것은 일본주의도 자유주의도 아닌바, 참으로 유물론이지 않으면 안 되는 것이다. 지금 그 점에 주목한다면 자연스레 유물론의 사상으로서의 우월성이 간접적으로 증명되는 것이다. ―그때의 사상이라는 것은 다른 게 아니라 실제 문제의 실질적 해결을 위해 그 이론을 수미일관되게 전개할 수 있는 포괄적이고 통일적인 관념의 메커니즘인 것이다.

나는 이상과 같은 관점에서 일본주의와 자유주의에 대한 약간의 비판을 꾀하면서, 적어도 그런 비판의 원칙을 지적하고자 계획했던 것이다. 생각건대 현재 유물론의 작업을 이루는 거의 절반은 다름 아닌 그 지점에 있다고 할 것이다.

1 현대일본 사상에서의 문제들

제1편 일본주의 비판과 그 원칙

2 '문헌학'적 철학에 대한 비판

우선 문제의 의미를 설명하기로 하자.

현대에 유물론의 한 가지 과제는 세계와 정신(문화)에 대한 과학적 비판이다. 여기서 한 가지 과제라는 말은 그것만이 현대에 유물론의 과제 전부를 이루는 것은 아니라는 뜻이며, 나아가 비판이라는 것은 비판되어야 할 대상의 현실적인 극복에 상응하는 이론적 극복을 뜻하는 것이다. 이론적인 극복만으로 결코 사물이 현실적으로 극복되는 게 아니라는 점은 명확하지만, 거꾸로 이론적인 극복 없이 실제적인 극복을 완수하는 것은 실제적으로 말해 불가능한 일이다. 세간에서는 종종 비판이라는 것을 실증에 대립시키고는 소극적인 노작 정도로만 셈하는 경우가 많은데, 그것은 실증주의의 안이한 지혜에서 발단하는 것이다. 물론 역량도 없는 주제에 눈만 치켜뜨는 방관자의 비평취미나 이른바 비판주의 따위는 우리가 지금 필요로 하는 비판과는 거의 아무런 관계가 없다.

그 비판, 그리고 과학적 비판이라는 것은 통일적이

며 무엇보다 광범위한 과학적 범주(고쳐 말하자면 철학적 범주)를 사용해 사물을 분석하는 식의 비판을 뜻한다. 통일적이고 포괄적인 과학적 범주들 및 철학적 범주들의 조직이란, 물론 엄밀히 말하면 오직 하나만 있어야 하는 것이다. 단 하나만 있다는 것이 객관적이고 과학적이라는 것의 특색 중 하나이기 때문이다. 오늘날 우리는 그러한 유일성을 가진 철학적 범주조직을 유물론(혹은 좀 더 설명하자면 변증법적 유물론)이라고 부른다. 유물론은 유일한 과학적 논리인 것이다. ──이 논리가 사용하는 다양한 근본개념은 실제로는 외양을 가진 여러 구체적 표상들을 겉옷으로 삼아 걸쳐 입을 수 있는 것이다. 실제로 우리는 표상을 아날로지[유추·유비]나 유머나 판타지나 서제스천[suggestion(암시)]에 결부시켜 언제나 문학적으로 이용하는 것밖에는 달리 방도가 없는데, 그렇게 하지 않으면 실제적인 문장도 사상도 될 수가 없기 때문이다. 하지만 그럼에도, 아니 그럴 때야말로 그처럼 유동하는 문예적 표상 및 일상적 관념의 닻이 되는 것은 유물론의 범주와 범주조직이어야 한다.

그런데 유물론에 의한 그러한 과학적 비판의 일반적인 기본방법은 이미 널리 알려져 있는 것으로, 문제는 그 일반적인 방법을 현재의 여러 사정들에 입각해 도움이 되도록 구체화하는 일이다. 과학적 비판의 현재에 필요한 여러 근본명제들=원칙들을 그런 일반적 방법으로부터 도

2 '문헌학'적 철학에 대한 비판

출하고 또 새로이 궁리하여 거기에 다시 편입시켜 넣는 일인 것이다. ──나의 현재적 과제는 특히 지금 당장의 철학적 관념론과 그것의 온갖 사회적·문화적 적용에 맞서 기술적으로 과학적 비판을 시도하는 일에 실지로 도움이 될 여러 원칙들을 구하는 일이다. 그런 전망에 따라 나는 이제까지 한편으론 저널리즘·일상성·상식 등의 문제를 거론했고, 다른 한편으론 해석철학 혹은 그중 하나인 문학주의에 맞서 어디로부터 공격해 들어갈 것인가라는 우리의 태도를 테마로 삼아왔다(이어질 3, 4, 11, 14절을 보라). 물론 그 두 가지 계통의 문제는 실제로는 동일한 근저에 기초해 있다. 그리고 아직도 남아 있는 테마는 많다.

문헌학(필로로기)은 문학주의의 문제 및 그것과 나란히 해석철학(세계를 오직 해석하여 마무리하는 철학)의 문제에 속하는 특수한 한 가지 경우로서 제출된다. 즉, 문헌학주의가 여기서의 문제인 것이다. 어떤 사람은 문헌학(Philologie)을 문학으로 부를 것을 제안하면서 기존의 이른바 문학은 문예로 불러야 한다고 주장하는데, 그 제안은 지당한 이유를 갖고 있다. 그 지점에서 봐도 알 수 있듯이, 적어도 문헌학주의의 문제가 문학주의의 문제와 극히 친근한 관계에 있음을 우선 기억해 두는 것이 편리할 것이다(문학주의에 관해서는 11절 「위장한 근대적 관념론」을 보라).

2-1 철학으로 발달해간 문헌학

Philologie(문헌학)는 세간에선 통속적으로 언어학이라는 말로 번역되고 있다. 그러나 언어학이 반드시 필로로기인 것은 아니라는 점에 주의해야 한다. 예컨대 소쉬르(Fer. de Saussure, *Cours de Linguistique Générale*)에 따르면, 언어 연구는 그리스에서 문법학으로 시작된 것으로서, 주로 F. A. 볼프의 학파(18세기 후반)를 통해 비로소 필로로기라는 이름으로 익숙하게 불리게 됐던 것일 따름이다. 나아가 소쉬르는 그 필로로기란 주로 고전어와 고전어의 해석법에 머무는 것으로서 아직 살아있는 언어의 연구는 아니었던바, 진정한 언어학은 볼프적인 '필로로기'를 통과해 비교문법학으로까지 발달하며(F. Bopp), 이윽고 본래의 과학적 언어학(이는 더 이상 필로로기가 아니며 Linguistique라고 불린다)의 단계로 들어갔던 것이라고 설명한다. 그래서 필로로기라는 것은 언어학과 일치하지 않을 뿐만 아니라, 실제로 언어학은 필로로기 곁에서 그것을 건드리거나 그것을 가로질러 교차하는 장소의 특정한 지대를 의미하고 있는 것일 따름이다. 필로로기(문헌학)는 다른 게 아니라 필로로기이며, 그 이후의 언어학과는 비교적 다른 코스를 더듬어 발전된 것처럼 보인다. 즉, 예의 저 볼프적인 '필로로기'는 단지 언어학이 문헌학과 교차했던 지점이었을 뿐이므로,

거기에 필로로기를 특히 문헌학, 나아가 '문학'으로까지 번역하는 이유가 있는 것이다. 또한 거기에 볼프의 그 필로로기가 일반적인 문예이론 혹은 예술이론과도 교차(예컨대 [버나드] 보산케의 미학사를 보라. —B. Bosanquet, *A History of Aesthetic*. Chap. IX)하고 있는 단순한 언어학이 아닌 이유가 있다.

우리가 문헌학의 문제를 다룰 때는 이른바 언어학의 문제는 일단 소홀히 해도 좋겠으나(사실 언어학은 지금의 사상 동향에 직접적 영향을 미치고 있지는 않기 때문에), 그럼에도 문헌학이 언어학적인 것에서 완전히 독립한 게 아니라 반드시 어딘가에서 언어학적인 것과 교차하지 않으면 안 된다는 점은 결코 잊어서는 안 될 요소이다. 즉 문헌학의 문제가 이후 고전 및 역사 또는 철학의 문제로까지 얼만큼 생장할지라도 만에 하나 말의 문제를 떠나버리고 만다면 더 이상 그것은 어디에서도 정립될 수 없게 되는 것인바, 대략적으로 말하자면, 말·언어와 사상·논리 사이에서 일어나는 곤란이 다름 아닌 문헌학 혹은 문헌학주의의 문제를 제기하는 것이다. —사실을 말하자면, 문헌학적 연구와 언어학적 연구가 거의 하나로 결부되고 있는 경우는 결코 적지 않다. 앞에서 말한 볼프가 그 선구적인 일례이며, 19세기에는 W. v. 훔볼트가 무엇보다 좋은 사례이다. 그에겐 언어의 비교연구가 즉각적으로 고전예술의 이해나 역사 서술의 문제에 연속되는 것이었는데, 그럴 수 있었던 것은 그가 시도한 일종의 비교언어학이 동시에 문헌학의 의의를 갖고 있었기 때문이다.

그런데 훔볼트에게서 보이듯이 문헌학과 언어학의 연관은 무엇보다 언어철학이라고 불리는 것에 의해 흔히 그 특색이 부여되는 것으로 생각되기도 한다. 그리고 언어철학은 철학적인 문헌학 및 실증적인 언어학과 양쪽으로 교착되면서도 그 자체로 고유한 발전의 코스를 밟고 있다. —그래서 볼프적인 필로로기는, 언어학과 언어철학이 문헌학에서 교차되는 지점에서 바라보아도 좋겠지만, 문헌학 자신은 그런 언어철학으로부터도 비교적 독립되어 발전한다. 그럼에도 거기서 중요한 요점은 문헌학이 다름 아닌 말의 문제로부터는 결코 해방되지 못한다는 것이다.

문헌학으로서의 필로로기는 고전, 특히 고전적 문서의 독해를 최초의 과제로 삼고 있다. 그러나 사실 그것은 한편으로 고전적인 조형예술에 대한 관조로까지, 다른 한편으로 동시대적인 문서들 및 그 이외의 일반 문화적인 표현들에 대한 이해로까지 그 과제를 확대한다. 문헌학이 스스로의 목적을 단순한 문헌의 독해에 한정하지 않고, 곧바로 일반적인 고전학이나 동시대적인 문화표현의 해석이론으로까지 확대되고 있는 점은 필로로기의 대단히 중요한 특색이며, 거기로부터 문헌학이 이른바 언어학이나 언어철

　　　　　　　　　　　　2 '문헌학'적 철학에 대한 비판

학을 떠나 벗어나는 점이 나오는 것이다. 그렇기에 언뜻 보면 문헌학이 말의 문제라는 제약에서 자유로워지면서 무언가 독자적인 철학적—현재에 대해 보편적으로 실제적인 의미를 갖는—방법이 되는 것처럼 여겨지기도 하는 것이다. 문헌학이 언어학적인 필로로기에서 그 바깥을 향해 확대되는 프로세스는 대체로 다음과 같은 것이다.

문서를 독해하는 것은 말할 것도 없이 말이나 문장을 그저 이해하기 위해서가 아니라, 거기에 담겨있는 사상이나 관념을 이해하기 위해서이다. 그런데 뭐든지 간단히 맨주먹으로 이해될 수 있는 것은 아닌바, 이해의 도구를 제공하는 것은 실제로는 말이나 문장 그 자체이지겠지만 그것이 고전에 속하거나 외국의 것이거나 너무 전문적인 술어에 기초한 것이라면, 그런 이해를 위한 도구의 사용법 자체를 다시 이해하기 위한 도구가 필요해진다. 이해의 그런 도구·기술이 해석인 것으로, 이해는 언제나 그런 해석을 통해 행해진다. 필로로기는 말이나 문장이 담고 있는 사상의 해석 기법을 전승하여 학문으로 완성한 것으로서, 좁은 뜻에서의 '해석학'(Interpretationswissenschaft—Hermeneutik)을 그 철학적 핵심으로 삼고 있는 것이다. —왜 좁은 뜻에서 그런 것이냐면, 해석학이란 아직 말(혹은 문장)의 설명이라는 직접적 목적을 떠나있지 않기 때문이다(그 속에서 더 좁은 뜻으로 해석학이라는 말을 사용하면 해석이란 말이나 문장에 대한 문법학적 설명이 된다). 말의 설명이라는 직접적 목적으로부터 떨어져 나오지 않은 그런 좁은 뜻에서의 필로로기=해석학의 입장은 A. 뵈크 등이 무엇보다 충실히 대표하고 있다(A. Boeckh, Enzyklopädie und Methodologie der philologischen Wissenschaften—이 저작에서는 말의 설명, 해석의 방식이 네 가지로 구별되고 있다).

그런데 필로로기의 철학적 핵심이 해석학에 있다는 것, 이해라는 독립된 인간적 인식작용에 있다는 것은 그런 이해대상이나 해석학의 적용범위를 더 이상 문서에만 한정하지 않는다는 것을 뜻한다. 하물며 고전문서에만 한정되지 않는 것은 말할 것도 없다. 따라서 문헌학을 그 철학적 핵심으로 수취하는 것은 이윽고 문헌학을 단순히 말의 세계에 한정되지 않는 일반적인 해석학으로서, 또 나아가 일반적인 이해론(Hermeneutische Theorie, Theorie des Verstehens)으로서 수취하는 것이다. —이를 극단으로 밀고 나가면 이윽고 문헌학은 겉모습에서 거의 전적으로 철학적인(그리고 물론 관념론적인) 과학 자신과 일치하는 것이 되며, 또 결국엔 동일한 것이지만 철학 쪽이 거의 전적으로 문헌학화되고 마는 결과를 낳게 된다. 이런 철학적 문헌학(?)으로의 움직임을 대표하는 이는 누구보다 먼저 슐라이어마허[1768-1834]이다.

　슐라이어마허는 물론 뵈크보다 선배이다. 따라서 시
간상으로 말하면 슐라이어마허의 철학적 해석이 뵈크의 손
에 의해 다시 언어학적 해석으로 위축된 것이라고 하겠다.
그러므로 문헌학이라는 과학이 제멋대로 생장한 것이라는
관점에서 말하자면 슐라이어마허가 그 최고봉이나 분수령
에 있는 것이다(단, 현대에 문헌학이 철학적 인식에 전면적으로
적용되는 상황을 고려하지 않을 때 말이다). ──대체로 해석학
혹은 필로로기란 실제로는 그리스 이래로 존재하는 것이
다. 아리스토텔레스는 필로소피스(철학자──지혜를 사랑하는
자)를 필로로고스(문헌학자──언어를 사랑하는 자)라고도 부르
고 있고, 알렉산드리아에는 이미 문헌학파로 불린 이들이
존재했었다. 중세에 (아베로에스나 성 토마스 아퀴나스 등을 통
한) 성서와 그리스 철학고전의 해석학은 저명한 것이었다.
하지만 근세 해석학의 특색은 그것이 조직적으로 과학적이
며, 따라서 성서 및 그리스 철학고전과 같은 특정한 고전만
을 대상으로 하지 않는 일반성에 있다. 성서해석학을 과학
적으로 시도했던 것은 젬러[J. S. Semler]이고, 이를 일반적인
해석기법으로까지 높였던 것은 마이어[G. F. Meier]였다고 말
해지는바(Dilthey, Die Entstehung der Hermeneutik), 근대
문헌학의 시작은 종교개혁 이후라고 하지 않으면 안 된다
(루터가 어떤 대학 도서관에서 성서를 찾던 중에 딱 한 권 먼지투

성이 라틴어 번역본이 나왔고, 그가 비로소 성서다운 것을 손에 넣었던 것은 그때였다는 이야기가 있다. 당시에는 성서를 읽지 않고서도 훌륭히 신학교수가 될 수 있었다고까지 한다). 그리고 문헌학과 철학을 무엇보다 밀접하게 결부시켰던 이가 프로테스탄트로서의 슐라이어마허였다(그의 저작 *Akademiereden über Hermeneutik*를 참조. 그 선구자로서는 아스트를 들 수 있다—Fr. Ast, *Grundlinien der Grammatik. Hermeneutik und Kritik*, 1808; *Der Grundriss der Philologie*, 1808. 또 앞서 말한 볼프의 저작 *Museum der Altertumswissenschaft. Leitaufsatz*; J. Wach, *Das Verstehen* 1 참조).

하지만 슐라이어마허의 필로로기가 철학적인 깊이를 갖는다는 것은 동시에 그것이 신학적인 깊이를 갖는다는 뜻에 다름 아니다(사실 그는 철학자로서보다는 신학자로서, 또 종교적 계몽가로서 더 뛰어났다). 그의 신학 혹은 철학은 무한한 것을 향한 사유와 연모에 의해 뒷받침되고 있다. 무한한 것을 향한 그런 사유와 연모가 그저 중세나 그리스 고전이 아니라 무릇 지나간 것을 향한 회고적인 사유와 연모로까지 나아가는 곳에 독일 로만틱[Romantik(낭만주의·낭만파)]이 안정적으로 자리를 잡고 앉는다. 그곳에서 세계의 심미적 관조觀想와 인간적 정서에 의한 해석은 유일하게 '과학적'인 것이 된다. 어느 때 셸링은 그 철학을 통해 현실을 소거하면서 자유로운 판타지의 세계를 끌어들였지만, 그런 판

2 '문헌학'적 철학에 대한 비판

타지 대신에 과거의 역사를 끌어들인 것이 슐라이어마허의 해석학을 관통하는 동기였다고 해도 좋겠다. ——문헌학 혹은 해석학이 철학과 결부되거나 또는 철학적으로 될 때, 그 철학이 로만파적인·심미적인·회고적인·관념적인 일종의 해석철학이었다는 점에 주의하지 않으면 안 되는 것이다.

그러나 슐라이어마허의 문헌학(혹은 해석학)이 아무리 철학적이고 또 철학화되고 있던 것이라 할지라도, 그것이 여전히 문헌학(혹은 해석학) 본연의 선線 위에 머물고 있음을 잊어서는 안 된다. 과연 그에게선 문헌학 혹은 해석학이란 극히 일반적인 방법으로까지, 또 꽤나 심원하게 보이는 세계관으로까지 확대되었다. 하지만 그것은 어디까지나 아직 문헌학 혹은 해석학 본연의 것으로서 그렇게 확대된 것이지 그런 본연의 것 이상이거나 그 이하로 확대됐던 것은 아니다. ——정말로 문헌학이 철학화되기 위해서는, 혹은 마찬가지지만 철학이 문헌학화되기 위해서는, 이미 훔볼트에게서도 보이는 것처럼 그 이전 단계로서 역사의 문제가 필로로기 본연의 선으로부터 독립하지 않고서는 안 되었다. 문학이 역사서술 또는 역사철학의 문제로서 테마를 다시 설정하여 드러났을 때 문헌학은 철학을 향해 결정적인 비약을 준비한 것이다. 그 지점에서 비로소 이해 일반이라는 것이 문헌학 본연의 것이나 고전학에서의 '이해'로부터 독립하여 이윽고 모든 인간적 인식의 본질이라고 선포되기 시작하는 것이다.

그런 도약이 최초로 준비됐던 것은 아마 드로이젠의 저작(J. G. Droysen, *Historik*) 속에서였을 것이다. 그에 따르면 이해라는 것은 역사학적 방법의 본질이 되는 것이다. 그런데 G. 짐멜의 저작『역사철학의 문제들』에 오면, 이해라는 역사적 인식 자체가 더 이상 단순히 역사학의 방법에 머물지 않고 이윽고 일반적인 철학적 태도 그 자체를 결정하게 되는 것이다. 이런 사정이 무엇보다 대규모로 전개됐던 것은 말할 것도 없이 딜타이이며, 그는 한편에서 정신과학의 서술방법을 예의 저 해석학으로부터 받아들이면서도, 동시에 다른 한편에서 이해야말로 그런 정신과학의 서술을 통해 드러나는 이른바 '生철학' 및 인식이론의 추축을 이루는 것이라고 봤다. 우리의 생활은 역사 속에서 객관화되어 표현되며, 그 표현이 진정한 정신이기에 그 정신의 파악을 통해 비로소 우리는 자기 자신의 생활을 알 수 있게 된다는 것이다. —표현의 해석이야말로 생[삶]의 이해인 것이다. 생[삶]이 역사 속에서 표현되는 것을 해석함으로써 생[삶] 스스로를 자기해석하게 되고 그럼으로써 자기이해하게 되는 것이 철학이라고 딜타이는 주장한다. —이리하여 역사에서의 이해라는 것을 발판으로 문헌학 혹은 해석학은 역사철학으로까지, 나아가 철학 그 자체의 방법으로까지 높

아질 수 있었다. 그러할 때 문헌학 혹은 해석학의 지원을
받은 '역사학'이나 '생의 철학'이 어떤 본성을 지니게 될지
는 지금 다시 설명할 것까지도 없을 것이다.

　　문헌학이 해석학=이해론으로서 그 본래의 문헌학적
지반인 말의 문제로부터 비약하여 철학과 하나가 됐던 것
은 우선 딜타이를 대표자로 하는 것이지만, 딜타이의 문헌
학적 철학은 그 실질로부터 말해 정신(문화 및 사회)의 가장
풍부한 역사적 서술에 다름 아닌 것이므로, 그리고 역사적
서술로부터 말해 뭐니뭐니 해도 문서의 문헌학적 해석을
중심적인 절차로 삼는 것임에 틀림없으므로(가령 문헌학 혹
은 해석학이 역사과학의 방법까지는 되지 않을지라도), 여전히 딜
타이의 철학은 문헌학적인·해석학적인 본질일 수 있는 권
리를 어떤 한계 안에서 실제로 지니고 있는 것이다. 가령 이
철학을 역사의 원칙적인 서술에 다름 아닌 것으로 생각해
본다면, 그것이 필로로기적이라는 것에 일단 아무런 이상
한 점이 없을 것이다. 그 철학의 무의미한 점은 그것이 그
저 필로로기적이라고 생각되는 점이라기보다는 오히려 당
연히 문헌학적인 것이어도 좋을 이 철학 또한 결국에는 해
석철학에 붙어있는 것이라는 점이다. 그 점을 제외하면 딜
타이의 철학은 실제로는 현실적이며 건전한 것으로서, 그
런 사정은 오히려 다름 아닌 문헌학적 방법 덕분이라고까
지 할 수 있을지도 모른다. ──그러나 문헌학적·해석학적

철학은 적어도 역사 서술이라는 특별한 형태를 벗어나게 될 때, 그에 상응하는 지반을 잃고는 일거에 승천해버리지 않을 수 없다. 하이데거의 해석학적 현상학은 정확히 그것에 해당된다.

하이데거가 후설로부터 이어받은 현상학이라는 것은 원래 문헌학적인 것과는 아무 관계가 없었을 뿐만 아니라 그 반대물이기까지 했었다. 후설이 주로 딜타이의 생철학에 맞서 엄밀한 학으로서의 철학을 주장했었음은 잘 알려진 그대로이며 현상학에서 말하는 현상이라는 관념을 직접 후설에게 전했던 F. 브렌타노의 『경험적 심리학』그 자체도 문헌학과는 거의 아무런 관계가 없었다. 브렌타노가 현상이라는 관념을 도출했던 A. 콩트의 실증주의야말로 비판이나 해석을 폄하하는 것을 외적인 명분으로 삼고 있었던 것이다. 근대문헌학이 주로 프로테스탄트의 것으로서 인간적 정의情意의 총체나 그 오거니즘[(유기적) 조직]을 존중했음에 비해 가톨릭적인 페노메놀로기[Phänomenologie(현상학)]는 그런 휴머니즘과는 가까운 연을 맺지 않았다. 그 지점에서 하이데거는 딜타이의 해석학과 후설의 현상학을 결합했던 것이다. —무엇보다도 말년의 딜타이는 후설의 현상학적 분석에 상당한 영향을 받아 움직이고 있었고 브렌타노 자신 또한 유력한 아리스토텔레스 문헌학자였으므로, 여러 사정들로 보건대 하이데거의 그런 결합이 뜻밖의 것이었다고 할

2 '문헌학'적 철학에 대한 비판

수는 없다. 문제는 좀 더 근본적인 곳에 숨어있다.

우선 그 어떤 페노메놀로기도 비역사적인 것이라는 점을 눈여겨봐야 한다. 헤겔의 『정신현상학』일지라도 의식 발달의 단계에 관한 서술인바, 실제로 기록되어 있는 것은 의식의 역사가 아닐 뿐더러 하물며 세계의 역사도 아니다. 이는 현대의 이른바 페노메놀로기가 되면 점점 더 확실해지는 것인데, 그럴 때 현상이란 현상이 드러났다가는 숨는 일정한 무대이며 그 무대 쪽이 의식이나 존재 등등으로 명명되는 것이다. 따라서 그 점만을 말하더라도, 현상에 해석학이나 문헌학을 결합하는 일은 혹여 그런 해석학이나 문헌학이 역사의 문제로부터 정당한 내력과 까닭을 얻는 것인 한에서 원래부터 무의미한 것이지 않을 수 없다. 그러하되 현상이라는 것의 의미는 그것이 언제나 표면에서만 문제되는 게 아니라는 곳에 가로놓여 있다. 왜냐하면 거기서는 현상의 배후나 이면을 정면에서 문제 삼는다는 것이 무의미한 일이기 때문이다. 표면화한다는 것과 현상한다는 것은 다른 게 아니다. 그렇다고 한다면, 예컨대 사물의 배후나 안쪽 깊은 곳에서 생활의 표현을 찾고 사물의 이면에서 사물의 숨겨진 의미를 끄집어내는 해석학이나 문헌학은 현상이라는 것과는 칼이 칼집에 맞지 않는 것처럼 처음부터 들어맞지 않는 방법이라고 해야 할 것이다. 그 둘에게 표면이라는 것의 두께를 헤아리는 일은 불가능한 상담이기 때문이다.

그럼에도 하이데거는 해석학적 현상학을 꾀하고자 한다. 그의 그런 의도를 객관적으로 보면, 그것은 해석학 혹은 문헌학으로부터 역사용用 용도를 제거하고 그런 역사적 인식을 대신하는 체계적인, 그런 뜻에서 형이상적인(반드시 소위 말하는 형이상학이지는 않은) 철학상의 학적인 구축을 꾀하려는 것이 된다. 문헌학 혹은 해석학은 역사적으로는 사용될 수 없는 것이므로 뭔가 현상적으로라도 그것을 사용할 수밖엔 없다는 것이다. 독일 이데알리스무스[관념론·이상주의]의 세계관으로서(사람들은 그것을 호의적으로 형이상학이라고 부른다), 그러한 비역사적 철학체계가 역사적 막다름을 타개하기에 무엇보다 시의적절한 것이었음에 틀림없다. 나치스의 강령이 독일의 소시민들을 매혹했던 것과 마찬가지로 독일의 이른바 교양 있는(?) 인텔리겐치아를 매혹했던 것이 그런 철학'체계'였던 것이다.

그런데 역사적 용도로부터 해방된 해석학 혹은 문헌학은 말할 것도 없이 '철학'적 용도로까지 완전히 승화된다. 이제 하이데거에게 문헌학 혹은 해석학이란 그 본연의 언어학적인·역사학적인 질곡에서 벗어나 다름 아닌 철학 그 자체의 방법으로까지 우화등선羽化登仙하는 것이다. 그것 이상의 명예가 문헌학에겐 있을 수 없다. 또한 동시에 그것 이상의 미혹이 문헌학에겐 있을 수 없는 것이다. 왜냐하면 거기

2 '문헌학'적 철학에 대한 비판

서 문헌학은 그 본래의 역사학적인·언어학적인 실체성을 잃고 극히 희극화되어 드러나지 않을 수 없기 때문이다. 예컨대 하이데거에 따르면, 거리(Entfernung)라는 것은 멀리 떨어져있는(fern) 곳으로 손을 뻗거나 발을 옮겨 그 멂을 제거하는(Ent) 일을 통해 성립되는 것이다. 이러한 설명은 일단 너무도 지당하게 보여 의외로 시시한데, 거의 모든 말들이 동일한 방식으로 설명될 수 없는 한에서 어원학적인 의미마저도 가질 수 없는 것이고 그 어떤 언어학적인 설명일 수조차 없는 것이다. 말(로고스)이 현상으로의 통로라고 하지만, 이런 상태로는 그 통로란 그저 고안에 상대적으로 공을 들인 착상의 시사에 지나지 않는다. 해석학의 실질이 그러한 필로로기의 캐리커처로까지 위축된 것은 해석학이나 문헌학이 자신에게 고유한 역사적 혹은 언어학적 엘레멘트[Element(요소/본질)]로부터 완전히 뛰쳐나갔기 때문인바, 혹여 그것 말고도 여전히 해석학의 실질이 남아있다고 한다면 그것은 해석학적 현상학의 과학적인 방법에서가 아니라 그러한 방법이 숨 쉬는 곳에 있는 모종의 승려적 '이데올로기'에 불과한 것임에 주목해야 한다(죽음·불안 기타 등등).

그렇게 문헌학은 철학화됨으로써 거꾸로 희극화된다. 역으로 철학은 문헌학화됨으로써 비과학화된다. 문헌학은 물론 문헌학으로서는 조금의 잘못도 없다. 하지만 세계의 현하現下 엑츄얼리티[실제성·현행성]는 결코 문헌학의 대상이 아닌 것이다. 따라서 문헌학을 무언가 특별한 주빈으로 대우하지 않으면 안 된다고 생각하는 철학은 반드시 무언가 이 현실=엑츄얼리티를 두려워하지 않으면 안 되는 이유를 가진 철학임에 틀림없다. ──그리고 엑츄얼리티가 문제되지 않을 때, 그 어떤 '역사'도 의미를 가질 수 없는 것이다.

하이데거의 해석학적 현상학은 존재의 문제를 거론하는데, 그것이 하이데거의 현상학이 '존재론'인 이유인바, 존재(Sein)는 다름 아닌 인간존재를 시작으로 거론된다. 거기서 문제가 되는 것이 현실존재(Existenz)이다. 그런 뜻에서 존재론은 '인간학'에서 시작되는 것이다. 그것은 존재의 자기해석이었다.

인간학(안트로폴로기)의 역사는 극히 여러 갈래로 나뉘며, 그 말의 뜻마저도 다양하다. 멀리 인간지人間知에서 시작해 인성론·인류학, 나아가 철학적 인류학에까지 이르는 것이다. 하지만 여기서 말하는 인간학은 그런 것과는 구별된 인간학으로, 그런 구별을 행하는 것은 다름 아닌 해석학의 유무에 걸리는 일이다. 따라서 그때의 인간학이란 말하자면 해석학적 인간학에 다름 아닌 것이다(인간학에 대한 계통적 비판을 나는 기회를 봐서 시도해보고 싶다). ──따라서 적어도, 그 인간학을 예컨대 L. 포이어바흐의 종교비판을 위한 인간론과 동렬에 놓는 일은 불가능하다. 여기서 해석적이라고 불리게 되는 이유는 이미 말했듯 그것이 역사인식에서 발을 뺀 곳에 있는 것이기 때문이며, 결국에 남는 것이 형이상적인, 따라서 기껏해야 신학적인 건축재료 이외에는 없는 것이기 때문이다. 그것에 직접 비교해도 좋은 것은 우선 S. 키에르케고르의 저작일 것이다. ──어째서 그렇게 말할 수 있느냐면, 인간학이라는 것 일반이 일본에서는 일찍이 포이어바흐와 결부되어 뭔가 마르크스주의철학과 관계가 있는 것처럼 유입됐기 때문이다. 말할 것도 없이 그렇게 유입된 인간학이란 예의 저 해석학적 인간학으로, 무릇 유물론과는 원칙적인 대립물인 것인지만, 그럼에도 그러한 인간학이 본성의 애매한 일반성을 이용하여 여전히 우리나라의 진보적(?) 자유주의자들에게 상당한 매혹을 주고 있는 듯하다. 이는 현재적 형편 아래의 문예 및 기타 각종 휴머니즘에 밑바탕이 될 것이다. 인간학은 오늘날 그다지 소질이 높지 않은 인텔리들 사이에서는 하나의 암구호로까지 되고 있다. 무엇이든 인간학이라는 말이 붙지 않는 것이 없는데, 일단 그렇게 명명하고 보면 정말이지 그럴싸하게 진보적으로(?) 들리게 될 것이었다. 불교 또한 인간학으로서(다카가미 가쿠쇼, 마스타니 후미오 등등), 윤리학 또한 그중 특히 '인간의 학'으로서(와츠지 테츠로) 참으로 현대물다워지고 얼마간 '진보적'인 것이 되는 셈이다.

문헌학을 무엇보다 모범적으로 인간학에 적용한 것은 와츠지 씨의 저작 『인간의 학으로서의 윤리학』이다(7절을 보라). 아니, 그저 적용한 게 아니라 말하자면 문헌학으로부터 인간학을 연역한 것이라고까지 해도 좋겠다. 문헌학의 용액에 존재라는 미립자를 떨어뜨리면 즉시 인간학=윤리학의 결정체가 삽시간에 발달한다. 거기서는 그만큼 문헌학의 적용이 완전한 것이다. 나아가 그것이 좀 더 완전한 것인 이유는 와츠지가 말하는 인간의 학이 하이데거의 인간학으로부터 현상학적 잔재를 몽땅 제거하고는 그 해석학(=문헌학)을 순화했다는 점에 있다. ─즉 와츠지는 좀 더 순수한 하이데거에 다름 아닌 것이다. 따라서 우리는 그런 상황에 맞서 하이데거의 문헌학주의에 대해 말했던 것을 좀 더 순수하게 고쳐 말하면 그것으로 족한 것이다.

2-2 문헌학주의에 대한 비판의 원칙들

여기까지는 과학으로서 발달해온 문헌학을 상정한 다음 그것을 해석학이라는 일반적인 조직적 절차로 바꾸어 철학에 적용한 경우를 해명했던 것인데, 지금 나의 목표는 오히려 그런 조직적 절차로서의 문헌학 대신에 좀 더 단편적으로, 따라서 어떤 뜻에서는 상식적으로 문헌학적인 것에 기대어 [사]물物[물정]을 생각할 때의 사회현상을 해명하는 일이며, 그런 뜻에서 문헌학의 무조직적 적용이라는 것이 이어지는 문제가 된다. 현재 우리나라에서는 특히 그 문제가 시사적인 중대함을 지니고 있는 것이다.

하지만 그런 현상을 하나의 사회현상으로 보면, 일견 지극히 난센스적인 것에서부터 일견 지극히 장중한 것에까지 이른다. 그 현상은 항간의 언론가들(위정자나 조야의 명사들도 포함하여)의 빤하고 얕은 언동에서부터 부르주아 아카데미의 신사들(교수부터 조수나 학생들까지 포함하여)의 높고 심원하며 진지한 연구에까지 이르는 것이다. 그리고 그 사회현상의 철학적 의의라는 관점에서 보면, 항간의 빤한 얕은꾀茶番劇[익살극·야합]라고 할지라도 결코 아카데미의 비극적 몸짓에 비하여 그 중대함이 뒤처진다고 할 수 없다. 오히려 그렇게 빤한 얕은꾀일수록 그것에 대한 과학적 비판의 원칙은 복잡하며 곤란한 것이 사실이다. 실제로 상대가 비과학적일 때, 그것을 과학적으로 비판하는 일만큼 어려운 것은 없다. 실은 그런 곤란을 극복하기 위해서야말로 나는 문헌학 문제의 필요성을 통감하게 되는 것이다.

그렇다고는 하지만, 그런 현상에도 몹시 깊은 죄업과 비교적 적은 죄 사이의 구별은 있다. 앞에서 말한 빤하고 얕은 것과 비극 간의 구별과는 관계없는 다른 구별이 있는 것이다. 예컨대 와츠지 씨의 윤리학은 그 추리과정이 거의 전부 사전적辞典的 근거 위에 놓여 있는바, 그것이 '순수' 해석학의 중대한 증상이라고 할지라도 그것만을 놓고 보자면 비교적 가벼운 죄라고 해도 좋을 것이다. 거기서 사람

들은 손쉽게 즉각 필로로기의 캐리커처를 알아차릴 것이기 때문이다. 기히라 다다요시의 수법에도 의미의 근거에 속하는 것은 마찬가지로 착상의 어색함만을 느끼게 할 뿐으로 진지한 문제를 야기하는 종류의 것은 아니다(예컨대 다음과 같은 식이다. '리理'=코토와리コトワリ[거절]=단断[단절]=분할—헤겔이 말하는 Ur-Teilen[원(原)-분할·분배·나눔(나눠줌)·공유]). 이 캐리커처 자체에 대한 캐리커처를 보여주는 사례에 해당되는 것은 기무라 다카타로 씨의 일본=그리스론 같은 것이겠지만, 이는 실제로는 저 교수들의 난센스를 단지 고도로 높여 보여주는 것에 지나지 않는다. 그런 필로로기 현상과 정신병리 현상 간에는 그다지 본질적인 거리가 있는 게 아니다.

중대한 것은 현재의 엑츄얼리티를 향해 고전을 무비판적으로 적용시키는 일의 죄이다. 아니, 좀 더 일반적으로 말하면 문헌학적 의의밖에 갖지 않는 고전을 끄집어내어 그것에 기초한 제멋대로 된 결론으로 현실의 실제문제를 해결할 수 있다고 하는 고의적이고 무의식적인 상정이 문제인 것이다. 이것 또한 항간에서 부르주아 아카데미의 회랑에까지 미치는 현상이다. ─예컨대 곤도 [세이쿄] 옹의 『난엔쇼南淵書』나 신토가神道家의 코쿠가쿠国学 고전 등이 무엇보다 좋은 사례로, 그런 고전이 지닌 고전으로서의 진위와는 관계없이 현재에 대한 고전의 시사적 적용 자체가 무의미한 것이라고 하지 않으면 안 된다. 기히라·가노코기

2 '문헌학'적 철학에 대한 비판

·히라이즈 씨 이외의 여러 국수주의적 파쇼언론가들이 그런 일본물日本もの[일본-것]의 부류에 속한다. 동양물東洋もの[동양-것] 혹은 지나물支那もの[중국-것]로서는 니시 신이치로 씨의 '동양윤리'나 한학자·아시아주의의 언론, 인도물印度もの[인도-것]로서는 불교 승려들의 시국설법, 나아가 구미물欧米もの[유럽·미국-것]로서는 부르주아 아카데미 철학자들의 반半필로로기적 철학문제의 선택—문헌학적으로 논해가는 와중에 그것이 어느새 문제의 실제적 해결이라도 되는 것처럼 믿게 되는 독일어 필로로기나 그리스 문장 인용가들의 철학적 작문 등등, 고전의 무비판적 적용 현상에는 한정이 없다.

이러한 것을 하나하나 각 부분들을 대상으로 비판해가는 일은 물론 결코 불가능하지 않다. 일일이 현실계의 상태나 운동에 끌어다 맞춰 그 난센스를 실증해도 좋으며, 각각의 통일성 없는 주장들을 앱서디티[부조리·모순·불합리]로까지 몰아가 떨어뜨려도 좋다. 하지만 곤란한 점은 그런 엉터리 필로로기 현상이 한정 없이 존재하며 또 하염없이 반복된다는 사실이다. 우리는 백억이라는 수치의 0을 하나하나 쓰고 있는 번잡함을 견딜 수 없으므로 10^n처럼 포뮬러(공식)를 필요로 하게 되지만, 그것과 마찬가지의 필요에서 문헌학의 그런 조직적인 적용에 대한 비판의 여러 공식을 근본명제 및 원칙의 형태로써 지금 네 가지를 거론해보고자 한다.

첫째, 일반적으로 말의 설명은 사물의 설명일 수 없다. —이 자명한 명제는 실은 내가 말하고 싶은 것의 처음이며 또 끝이기도 하다. 현재 사용되고 있는 각국 혹은 각민족의 말은 당연히 다양한 현실의 사물에 대응하는 관념을 드러내지만, 그럼에도 말과 논리 사이의 갭은 언제나 문제로 남는다. 여기서 논리라는 것은 개념이 실재와 맺는 대응관계를 말하는 것이지만, 그 논리가 인류의 역사를 통해 발달하면 할수록, 즉 실재에 대한 개념의 대응이 구체적으로 되고 정밀하게 되면 될수록 말은 언제나 논리에 끌려다니게 되는바, 말과 논리 사이의 갭이 생길 가능성은 점점 더 커지게 된다. 논리는 사상을 수미일관되게 관철시키는 살아있는 메커니즘이지만 말이라는 것 또한 사회적으로 생장·소멸하는 살아있는 존재로서, 말은 말로서 그 자신의 발육과 대사기능을 갖고 있는 것이다. 말의 설명, 말에 의한 설명은 다양한 말의 어원에서 시작되는 변천을 거슬러 올라가는 것이 보통이지만(혹시 그렇게 하지 않는다면 사회적인 통계를 취해서라도 '통념'을 산출하지 않으면 안 되게 된다), 그런 소원溯源[기원(근원)으로 거슬러 올라감]의 결과로 발견될 말의 어원적 의미를 취하여 그것으로 사물을 설명하고 그것으로 현재의 말을 통한 사물의 설명을 대신하게 된다면 말과 논리 사이에 갭이 생길 가능성은 이중으로 커지게 될 터이다.

고대 사상의 메커니즘은 언어와 논리(고대논리)가 지

2 '문헌학'적 철학에 대한 비판

극히 친근한 관계를 맺고 있는 데에 입각해있다. 예컨대 E. 호프만의 논문(E. Hoffmann, "Sprache und die archaische Logik")에 따르면, 비의秘義(미스테리온·이야기를 허용치 않음)——신비(미스틱·이야기할 수 없음)——신화(뮈토스·이야기하기를 원함)＝뮈토스(이야기)——에포스(말)——로고스(사유)라는 방식[상태·형편]으로 언어와 논리 간의 근친관계를 설정하는 것이 가능하다. 즉 이야기하는 것을 문제로 삼고 있는 호프만의 계열 앞부분과 생각하는 것을 문제로 삼는 그 계열의 뒷부분이 뮈토스에 의해 직접적으로 이어지고 있는 것이다. 그런데 그런 말로부터 독립하는 것이야말로 근대의 논리가 자신의 사명으로 삼고 있는 것이다.

따라서 말에 의한 설명은 그렇게 설명되는 사물이 발전된 사회의 소산에 속할수록 그것을 어떤 고대적인 것으로까지 역사의 흐름을 역행시키지 않는 한, 사물의 설명이라는 모습을 취할 수 없다. 어떤 뜻에서 문헌학주의자는 고전으로까지 거슬러 올라가溯行 논거를 찾고자 하는, 고의적이고 무의식적인 기획을 갖고 있는 것이다.

그러나——둘째, 고전은 실체문제의 해결을 위한 논거일 수 없다. 대체 고전이란 무엇을 뜻하는가(고전이라고 할지라도 반드시 고전주의나 그리스 고전과 관계되는 것은 아니다). 자연과학에서의 고전주의에 관해서는 다시 생각하지 않으면 안 되겠지만, 적어도 문학·철학·사회과학의 영역에서 고전은 대체로 세 가지 의의와 과학적 용도를 갖는 것이라고 생각해도 좋겠다. (1) 어떤 사고방식이나 경험(실험까지도 포함해도 좋다)의 유용한 선례 또는 문헌으로서, (2) 역사적 추적을 위한 사실 또는 자료로서, 마지막으로 (3) 훈련을 위한 도구 또는 모범으로서. (1)이라면 고전이 선례 또는 문헌으로서 현재 도움이 되는지 아닌지는 고전 자신이 결정할 수 있는 게 아니며 현재의 실제적인 사정이 결정하게 된다. 실제로 문헌을 선례로서 인용한 것만으로는 도무지 자신이 주장하는 것의 논거가 될 수는 없을 것이다. 문헌은 그것을 논거로서 보는 한, 곧바로 낡은 것이 된다. (2)라면 자료의 사용법에 대한 결정방식은 자료 자체에 속해 있는 게 아니라 전적으로 현재의 실제적인 인식목적에 기초해 있는 것이다. 자료 그 자체는 논거가 될 수 없는바, 오류의 역사에 이바지하는 자료라는 것이 있기 때문이다. (3)이라면 모범은 모범이되 적어도 그것이 논거일 수는 없다. ──따라서 어느 것이든 고전은 어디까지나 참고물의 한계를 벗어나지 않는 것으로, 현재의 실제문제를 위한 논거를 제출하는 사명을 갖지도 않으며 또 가질 수도 없다.

단, 고전의 중대한 조건 중 하나로서 그것이 역사적으로 전승되어 오늘 현재에 이르게 된 것이라는 점을 잊어서는 안 된다. 그렇지 않으면 고전이 아니라 그저 과거의 한낱 역사적 소산에 불과한 것이다. 그래서 그 고전이 끌어당

2 '문헌학'적 철학에 대한 비판

기는 전통의 실은 철학이라면 철학사의 흐름을, 사회과학이라면 사회과학사의 흐름을 관통하여 언제나 멈춤 없는 작용을 각 시대에 미치고 있다. 따라서 고전은 논거로 간주되어서는 안 되지만 반드시 참조해야만 하는 것이다. 즉 고전이란 실제문제의 필요에 응하여 비판되고 도태·도야되어가지 않으면 안 되는 것이다.

비판과 도태·도야를 준비하지 않고 고전의 의미를 무조건적으로 모종의 용도에 도움이 되게 하는 일은, 그 말이 드러내는 그대로 문헌학주의의 근본특색 중 하나이다. 이 테제는 고전의 인용에 대해서도 그대로 들어맞는다. 자신의 주장에 그저 권위를 부여하기 위해 고전적 문장을 인용하는 것은 단지 어리석고 무용한 일일 뿐만 아니라 현재의 문제를 고전 당대의 문제로 되돌려버리는 반동의 뜻마저 갖는 것이다.

흔히들 그런 수법을 한마디로 공식주의라고 말하지만, 그렇게 말하는 것은 정확한 게 아니다. 공식이란 실제로는 언제나 운용되기 위한 공식인 것이다. 공식주의의 특색은 이미 알려진 앎의 공식을 사용하는 데에 있는 게 아니라(공식을 사용하지 않으면 과학적이지 않다), 오히려 그렇게 하는 대신에 이미 알려진 앎의 공식을 고의로 다시 도출해 보여주고는 거기에 해결점이라도 있는 것처럼 문제를 중단해버리는 데에 있다. ──그러나 도대체가 공식이란 고전의 의미를 갖지 못하는 것인가, 흔히 고전적이라는 것은 균형이 잡힌 전형적인 것인데 그것은 과학적으로는 공식에 해당되는 게 아닌가라는 의문이 생길지도 모른다. 그러나 그렇지 않다. 전형적이라는 것은 위의 (3)에서 언급한 모범성에 다름 아닌 것이기 때문이다. 우리는 그것을 교육적 목적에서 사용할 수는 있어도 논증이나 제작상의 목적에서 기술적이고 실질적으로 사용할 수는 없다. 혹시 그런 게 가능하다면 미켈란젤로의 데생 위에 색채를 입히는 것도 완전한 회화의 창작이 되겠지만, 그것은 문학으로 말하자면 표절에 해당될 따름일 것이다. 그런데 공식은 단지 훈련의 차원만이 아니라 언제나 논증상의 목적이나 넓게는 제작상의 목적에 실질적이고 기술적으로 도움이 되어야 하는 것이므로, 고전처럼 과거의 어딘가에 위치한 사물이 아니라 현재 일상적으로 손닿는 곳에 준비되어 있는 관념적 생산도구에 다름 아닌 것이다.

고전을 무언가 실제적이며 곧바로 기술적으로 도움이 되는 공식과 같은 무엇인 듯 믿어버리는 일은 고전을 사용해 제작하는 것과 고전을 이상으로 삼아 제작하는 것을 혼동하기 때문에 일어난다. 그 구별은 유물론적으로는 중대한 의미를 갖는 것이지만 관조적인 해석가이자 심미적인 이해자인 고전학주의자(그와 같은 특수한 문헌학주의자)에겐 어찌돼도 좋은 것인 듯하다. 말할 것도 없이 그들은 고전을

2 '문헌학'적 철학에 대한 비판

실질적이고 기술적인 도구로서 사용하지 못한다. 처음부터 그렇게 사용할 생각조차 하지 못하는 것이다. 원래 그런 것이 고전인데, 이와는 반대로 위에서 말한 공식일 경우에는 그렇게 사용하지 않는 것이 허용될 수 없는 무익함不経済[낭비·헛됨]이 되는 것이다. ──고전의 권위에 대한 부당한 존중은 문헌학주의의 한 가지 숙명이다.

　셋째, 고전적 범주는 그것 자체로는 논리를 이루지 못한다. ──고전에서 논거를 찾는 잘못은 요컨대 고전적 범주 혹은 범주조직을 현재에도 논리적으로 통용되는 것으로 인정하는 일에 다름 아니다. 그리스 고전, 인도의 고전, 지나, 일본, 중세 유럽, 아리비아 이외 기타 고전적 문물은 제각기 고유한 범주와 범주조직=논리를 지니고 있다. 그렇게 고전적인 것이 아니더라도 미개인은 미개인 고유의 범주이론을 지니고 있다. 그런데 그것들은 오늘날 우리들의, 현대의 문명국가들에서 국제적으로 통용되는 논리와는 다르다. 극단적인 사례는 [뤼시앙] 레비브륄 등에 의한 일련의 연구를 통해 드러나고 있는데(미개인의 특유한 집단표상·분유分有[나눠가짐]=파티셔페이션[공유·분배·참여]의 논리·선先논리), 고대 인도인의 사고 메커니즘 또한 오늘날의 국제적인 논리와는 꽤나 결정적인 갭을 보이고 있다. 그 좋은 예는 인명因明[불교적 논리학의 이름]논리의 논증절차 등일 것이다(예컨대 Betty Heimann이라는 여사는 고대 인도적 사고에 대한 연구를 Kant-

Studien에 종종 발표하고 있는데, 그중 하나를 따르면 유럽과 고대 인도에서는 아날로지조차 초월할 정도로 서로 다른 사고의 메커니즘이 있다).

생각건대 범주조직=논리는 각각의 시대 속 사회들의 역사적인 조건에 의해 현실계에 대응하게끔 조립된 사고의 발판인데, 그런 현실계가 발전하면 당연히 그 발판도 발전하지 않을 수 없다. 그런 발판이 발전하기 위해서는 범주조직이라는 발판의 재료인 각 범주들이 모디파이[조정·수정]되고 지양됨으로써 끊임없이 그 발판이 재구축되어가지 않으면 안 된다. 고전적 범주라고 할지라도 제멋대로 가져와 현실의 실제문제를 처리하는 오르가논[organon, 사고의 원칙/도구]으로 삼는 것은 절대로 허용될 수 없을 터이다. 시대는 시대의 범주조직=논리를 지니고 있다. 그러함에도 문헌학주의는 고전의 권위에 대한 신뢰 속에서 시대의 범주조직=논리를 아예 모르거나 강하게 인식하지 못한다. 고전적 범주는 이해는 될 수 있을지언정 사용할 수는 없는 것이다.

넷째, 고전적 범주는 번역되지 않으면 안 된다. 그러나 번역은 언제나 번역에서 멈춘다. ─좁은 뜻에서의 번역은 어떤 국어 문장을 다른 국어 문장으로 치환하는 일이지만, 넓은 뜻에서의 번역은 일반적으로 문화의 소개를 의미한다. 어느 쪽도 문헌적 노작이라는 점에서 다르지 않다. 슐레겔의 셰익스피어 번역이나 칼라일의 괴테 소개 등

2 '문헌학'적 철학에 대한 비판

은 번역의 그런 좁고 넓은 뜻을 모두 구비한 것이었다. 바로 그런 번역이야말로 필로로기의 사명이고, 현재의 실제 문제 해결에 대한 필로로기의 유일한 기여의 방식인 것이다. ─하지만 번역은 번역이지 원형原物[실물]이 아니다. 미개·고대적·고전적인 문서나 말일지라도, 또 동시대적인 동일 문화수준의 외국어일지라도 번역은 말로써 어느 정도까지는 가능한 것이지 않으면 안 된다(이런 문학상에서의 번역 문제에 관해서는 노가미 토요이치로 씨의 「번역론」─이와나미 강좌 『세계문학』에 수록된 것을 보라. 페노메놀로기슈한[현상학적인] 시론으로는 L. F. Clauss, Das Verstehen des sprachlichen Kunstwerks, 1929─Husserls Jahrbuch, Ergänzungsband 등이 있는데, 그것이 대단한 작업이라는 생각은 들지 않는다). 하지만 넓은 뜻에서의 번역은 문화의 소개이기 때문에, 문제는 그런 종류의 문학상에서의 번역에서 그칠 수 없다. 오늘날 무엇보다 중요한 것은 범주 혹은 범주조직의 번역이라는 문제인 것이다.

그러하되 오늘날 동시대 여러 나라들 간의 논리의 번역은 그다지 문제될 게 아니다. 왜냐하면 세계의 생산력이 어느 정도 발달한 결과, 생산기술과 생산기구는 거의 전부 국제적인 공통부면을 갖게 됐기 때문이다. 그것들이 그렇게 각국의 생산관계의 첨단을 이루는바, 그 첨단이란 국제적으로 한 자리에 다 모인 것이라고 해도 좋겠다. 생산의 그런 첨단에 의해 유도되지 않으면 안 되는 이유를 가진 각 나라들의 논리기구는 그런 첨단을 한 자리에 모아야 할 이유가 있는바, 거기서 생겨나는 교통운수기관의 현저한 발달의 필요가 그런 논리의 국제성을 나날이 현실적인 것으로 만들어가고 있다. 그래서 동일한 것을 동일한 것으로 번역하는 것은 번역이 아니라 단지 교환이거나 수수에 지나지 않는다. 유럽 문명이 일본에서 소화되지 못했다거나 외국인은 일본정신을 알지 못한다고 생각하는 것은 논리의 번역이 갖는 의의를 알지 못하는 자의 데마고기[선동]이며, 그런 자들에겐 고대 인도나 고대 지나의 논리를 아무렇지 않게 현대의 일본에서 사용하려는 버릇이 있다는 점을 잊어서는 안 된다.

실제로 문제는 고대적·고전적 논리들을 현대적 논리로 번역하는 경우에 있었다. 예컨대 인도 원시불교의 문헌적 내용은 그 텍스트가 단지 국역되는 것만으로는 우리가 이해하기에 불충분한 것으로, 그것을 현대적 범주와 범주조직을 통해 해석해 주지 않으면 원시불교의 문화내용도 결국엔 오늘날 우리들의 문화내용과 접속할 수 없는 채로 끝나고 만다. 단지 고전학적인 흥미의 대상은 될지라도 문화적 관심의 권역 안으로는 들어오지 못하는 것이다. 그런데 예컨대 기무라 타이켄 씨처럼 그것을 칸트철학 풍으로 해석하여 재현하게 되면 그때 비로소 현대의 문화재로서의

2 '문헌학'적 철학에 대한 비판

의의가 생겨난다. 나아가 그것을 와츠지 테츠로 씨처럼 현상학적인 입장에서도 다르게 해석하게 되면, 그것은 이미 우리들에겐 이론적으로 충분히 읽을 수 있는 것이 되는 셈이다(와츠지 테츠로, 『원시불교의 실천철학』 참조).

　　하지만 범주 또는 범주조직＝논리를 번역한다는 것은, A를 B로 옮겨서 A의 생생한 생활연관을 B의 살아있는 생활연관인 것처럼 만들어내는作為 일에 다름 아니다. A에서 살아있던 논리는 그렇게 B로 번역된 상태에서는 결코 그런 고유하고도 살아있는 연관을 예전처럼 지닐 수 없게 된다. 그런 한에서 지금 B로 옮겨 심어진, 그렇게 번역된 A의 논리는 죽어있으며, 따라서 진정한 논리일 수 없다. 그런 A가 고대적·고전적 논리이며, 그런 B가 현재의 실제적 논리인 것이다. ──따라서 번역은 영구적으로 번역이며 결국 원형[실물]이 아닌 것이다. 즉 문헌학자는 문헌학자의 자격으로서는 활력 있는 논리의 사용자인 철학자일 수가 없다. 필로로고스는 결코 필로소포스가 아닌 것이다. 이 지점이 필로로기·문헌학이 갖는 권리의 한계를 이룬다. 문헌학의 그런 한계를 무의식적으로, 때로는 심지어 고의적으로 무시하는 것이 문헌학주의＝문헌학적 철학의 근본적인 오류이자 무엇보다 뿌리 깊은 기만의 요점인 것이다.

　　필로로기 현상＝문헌학주의는 해석철학(세계를 단지

해석하는 일에 의거한 관념론)의 한 가지 특수한 경우였다. 물론 문헌학주의의 모습을 취하지 않은 해석철학은 많다. 해석철학이 반드시 해석학적 철학에 한정되는 것은 아니라는 점은 주목되어야 하지만, 문헌학적·해석학적 철학의 조직적인 또는 단편적인 형태가 오늘날 우리나라의 곳곳에서 두드러지게 눈에 띄는 상황에 착목하는 일은 각종 일본주의에 대한 비판에 있어 지극히 중요한 것이다.

3 '상식'의 분석
— 두 가지 사회상식 간의 모순과 대립의 해결을
위하여

최근 문예의 영역에서는 일상성이라는 문제가 상당한 화제가 된 것처럼 보인다. 일부 지식인에 의하면 현재 문예가들 중의 어떤 이들이 존중하고 있는 불안이라는 것도, 사회생활의 경제적·정치적인 불안인가 관념적인 불안인가의 여부보다 우선적으로 먼저 일상 생활의식에 대한 회의와 공격으로서의 불안이지 않으면 안 된다는 것이다. 다름 아닌 그런 불안에 인텔리겐치아의 특색이, 나아가 인텔리겐치아의 적극적인 자각까지가 깃들고 있다는 것이다. 즉 일상적인 것은 그러한 불안과 대비되어 일부 문예가들의 관념으로 받아들여진다.

문학적 수사를 써서 말하자면, 일상적이라는 것은 또한 속물적인 것이 되어서도 안 된다. 따라서 일상성은 속물주의에 반대하기 위해서라도 거론될 필요가 있는 것이며, 그리고 다시 쳐서 쓰러뜨리지 않으면 안 되는 것이 된다. 이러한 사고방식은 확실히 일종의 일상적인 그럴듯함을 지니고 있다. 하지만 그때 일상성이라는 것은 무엇인가라고 질문하게 되면, 그 응답은 결국 일상이 불안을 감각하지 못하는 속물스러움의 대응물이라는 것으로 끝나버리는바, 사람들은 굳이 그 이상으로 성가신 혜량이나 고찰을 행하려고 하지 않는 듯하다. 일상성이라는 것이 불안을 알지 못하는 속물스러움의 대응물이라는 현재의 상식은, 그 본성을 규명하자면, 승려주의적인 생활로 전심轉心(이 종교적 체험의 비밀은 오늘날에는 각종의 전향이라는 세속적인 기적으로서 실현되고 있는데)하지 않는 와중에 공허해지고 타락하게 된 인간생활이 일상성이라고 할 때 어떤 특정한 신학 또는 철학으로부터 유래한 민간상식이라고 할 수 있는 것으로, 그 이외의 것이나 그 이상의 것은 그런 상식의 관점에선 어찌되어도 좋은 것인 듯하다. 그럴 때 필요한 것은 오히려 속물적인 정열로써 일상성을 속물스러움과 대치시키는 것밖에는 없는 듯하다.

그런데 이렇게 상식적으로 일상성을 속물적인 것으로만 보는 태도가 오히려 그 자체로 극히 일상적인 것에 다름아닌 것인바, 따라서 그런 태도 자체가 오히려 대단히 속물적인 상식에 불과한 것으로서, 속물로 호명하는 데에 열심인 이들 속물들에겐 속물스러움 자체가 가진 그런 아이러니나 패러독스는 어찌되어도 좋은 것이다. 이 상식은 아무런 애교도 유머도 없이 일상성을 오로지 속물로만 부른다. 일상성이라는 것에 어떤 디알렉티슈한[변증법적인] 뒷면의 뒷

3 '상식'의 분석

면이 있는지는 아무 상관 없이 말이다. ─일상성이라는 것에는 훌륭하게 일상성의 원리라고 불러야만 되는 것이 있는바, 예컨대 그것이 속악하게 무의미한 형이상론으로부터 철학을 구별하고 있다. 그것을 나는 거듭 여러 기회를 얻어 설명했었지만 일상성을 속물로 부르고 싶어 안달인 이 상식론은 지금 말하는 일상성의 의의에 대해서는 전혀 무감각할 정도로 비상식적인 것이다.

일상성이라거나 속물주의(그 둘 사이를 '불안'이 중개하는데)에 관한 오늘날의 상식이 곧바로 사실상 얼마나 비상식적인지를 보면, 일반적으로 상식이라는 것이 한 가닥 포승줄로 얼마나 정리되기 어려운 것인지를 알게 된다. 그런데 일상성이나 속물주의의 경우는 그런 상식의 아이러니(소위 로만틱 아이러니를 생각하면 곤란한데)의 단순한 한 가지 사례일 뿐만 아니라 그것 자신이 상식에 나란히 이어진 일종의 관념들에 다름 아니다. 이른바 일상성, 이른바 속물주의, 이른바 상식이라는, 말하자면 일련의 메피스토펠레스적인 또는 사탄적인 계열이 문제인 것이다. 따라서 그런 종류의 문제는 모두 상식에 관한 문제에 집중되는 것이다. 사실 상식이란 예컨대 학문·과학·진리·천재·독창 등등을 시험하고 비판하는 직능을 가진 것이다. 사탄은 시험하고 메피스토는 유혹한다.

상식 또한 역시 문예의 세계에서 얼마간 화제가 되고

있다. 상식적인 문예비평이란 끝내 상식 이상으로 나가지 않는다고 누군가 말하면, 그 누군가는 그렇게 말하는 쪽이야말로 비상식적인 게 아닌가라고 돌려받는다. 그런 관계 속에 뭔가 모순이 얽혀있음은 명확한데, 그 점에 대해선 누구도 그다지 주의를 기울이지 않는 것 같다. 즉 상식은 오로지 그저 상식적으로만 포착되고 있는 것이다. 그리고 상식 속에서 그저 상식적인 관념만을 발견하는 것은 오늘날 문예의 세계에 한정되는 일이 아닌바, 그런 사정은 현재의 이론이나 철학의 세계 일반에서도 다르지 않은 것이다. 따라서 필요한 것은 상식에 대한 (더 이상 상식적이지 않은) 분석이어야 하는 것이다.

1

상식은 상식적으로 보면 다음과 같이 서로 모순되는 두 측면을 갖고 있다. 한편에서 상식은 비(또는 반)과학적, 비(또는 반)철학적, 비(또는 반)문학적 등등의 소극적인 또는 부정적인 지식을 뜻하고 있다. 그런데 다른 한편에서는 그것과는 반대로 오히려 어엿한, 노멀한[정상적인], 사회에 통용되는, 실제적이고 건전한 상태의 지식을 뜻하고 있다. 앞의 뜻에서 상식적이라는 것은 부끄러운 것이며 뒤의 뜻에서 상식적이라는 것은 자랑스러움에 값하는 것이라고 여겨진다. 그리고 그렇게 서로 모순되는 두 의미가 상식이라는 동일한 관념 안에서 어떻게 매듭을 지을 것인지의 단계가 될지라도 상식 자체는 그것을 조금도 신경 쓰지 않는다. 상식은 모순된 것의 상식적 대립에 만족하고 있으므로, 그런 대립 단계에 머무는 것이 상식의 상식적 개념인 것이다. 대개 상식적인 태도의 특색 중 하나는 서로를 용인할 수 없는 두 테제를 태연히 견주어 놓고도 전혀 아랑곳하지 않는다는 것이다. 상식은 상식 그 자신에 대해서조차 그러하다.

어떤 뜻에선 문학적 과학이라고 할 수 있을 철학은 언제나 시대의 주어진 상식에서 출발한다. 따라서 상식 자신에 대한 철학적 반성이라는 것 또한 지금 말한 상식적 단계에서 출발하는 게 예사다. 그리스 고전에서의 '독사[doxa(억견)]'는 정확히 그런 상식에 관한 철학적 개념의 첫걸음으로, 이를 진정한 지식=학문의 관점에서 본 결과로부터 말하자면 독사란 대저 진리의 반대물 이외에 다른 것일 수 없다(플라톤의 단계). 하지만 그런 견해가 이미 상식적 개념을 벗어나고 있음을 뜻하는 것은 철학이 그러한 상식·독사가 가진 아나키스틱한 본질에 주목하고 있었다는 점에서 드러난다. 독사의 본질은 그 속에서 서로 모순되는 몇몇 테제가 태연히 견주어지고 있다는 점이다. 서로 모순되는 테제들을 정돈하고 처리함으로써 비로소 과학적인 지식으로 갈 수 있다고 여기는 것이다. 아리스토텔레스가 디알렉틱[Dialektik(변증법)]을 그런 종류의 독사에서만 인정했던 것은 마침 그런 플라톤 단계의 상식 개념에 해당되는 것이기도 했다. 그러나 거기서도 상식은 진정한 지식을 향한 하나의 발판은 될지라도, 따로 말할 것 없이 진정한 지식의 단순한 반대물 이외에 다른 게 아니었다. 대개 독사는 한편으로는 종래 자연학자들의 다소간 우연적인 견해나 지식적 전통이었던 것이며, 다른 한편으로는 데모크라틱한 민중의 자연발생적인 통념에 다름 아닌 것이다. 그러할 때 독사가 그리스의 귀족주의적 지식의 의지처가 되지 못하는 것은 당연할 일일 것이다.

그러나 상식이라는 말(Common sense, Gemeinsinn[공통의미]) 그 자체가 아리스토텔레스에게서 독사와는 전혀 다른 계통의 관념으로 제창되고 있는 점은 잘 알려져 있다. 그의 *De Anima*[『영혼론』]에 따르면 특정 종류의 지각에 대응해서는 그것을 받아들이는 각각의 감관이 있는 것은 말할 것도 없는바, 눈은 색이나 빛이나 형태를, 귀는 소리를 지각한다. 하지만 인간은 색이나 빛이나 형태와 같이—시각적인 것이 되어 드러나는 지각과, 소리와 같이 청각이 되어 드러나는 지각 간의 상이함 자체까지도 역시 알고 있다. 단지 빨강은 파랑이 아니라는 것만을 아는 게 아니라(그거라면 시각만으로도 알 수 있다), 빨강이나 파랑이 소리의 높고 낮음과는 전혀 다른 계열에 속함을 사실상 우리는 알고 있

3 '상식'의 분석

는 것이다. 게다가 그런 상이함은 어느 모로 보나 지각을 통해 알게 되는 것이지 별달리 지각 이외의, 또는 지각 이상의 심적인 능력을 통해 알게 되는 게 아니다. 그렇다고 한다면 오관五官이 각기 감각적으로 받아들이는 지각을 서로 비교할 수 있도록 하는, 따라서 오관에 공통되는, 나아가 오관의 바깥에 있는 모종의 공통적인 감관이 없어서는 안 되는 것이다. 그렇게 귀도 눈도 혀도 코도 피부도 아닌 감관이 상정되지 않으면 안 된다. 그러한 공통감관이 이후에 상식이라는 말로 번역되는 것의 어원이다. 물론 그것은 단순한 어원의 문제에서 멈추지 않는다.

이 공통감관이 물론 오관(외관外官)일 수는 없다. 아리스토텔레스에 따르면, 그것은 아마 뇌수의 어딘가에 위치한 기관으로 상정되고 있다. 하지만 우리는 그런 감관의 위치 문제는 감각생리학이나 해부학에 일임하기로 하자. 철학적 테어미놀로기[Terminologie(전문용어·술어학)]로서는, 감관이란 일종의 심적인 성능까지 뜻하는 것으로 추상되는 게 예사다. 공통감관이라는 것을 그렇게 생리해부학적으로 정해진 위치로부터 추상된 것으로 본다면, 공통감관이란 일단 그런 위치의 문제와는 관계없이 외관에 대한 내관인 것으로 생각될 수 있다. 물론 외관이나 내관이라는 철학상의 상식 관념은 한정하기가 상당히 곤란한 것이지만, 적어도 외관이 상식적으로 말해도 육체상으로 명확한 위치를 갖고 있음에 비하면, 내관은 결코 손쉽게 그런 육체적 기구와 일치시킬 수 없는 이유가 있을 것이다. 따라서 내관이라는 관념이 이미 철학적인 추상 개념을 의도했던 것이라고 말하지 않으면 안 된다. 왜냐하면 내관에 대해서는 더 이상 감각기관을 뜻하는 관官이라는 규정이 걸맞지 않게 되기 때문이다. 그 지점에서 그것을 내감內感으로 불러도 좋으리라는 생각을 하게 되는 것이다(그럴 때 내관에 대비되는 외관 역시도 외감으로 부를 만해진다).

그렇게 생각하면 감관이 드디어 감각을 뜻하게 되는 이유도 저절로 이해될 수 있을 것이다. 감관은 원래 감각—이 낱말에 대한 지각심리학에서의 정정이 있었음에도 철학에서는 그 낱말의 의미를 인정해도 좋겠는데—을 받아들이는 기관이었으므로 감관은 감각이 아니었을 터이지만 방금 말한 이유에서 감관과 감각이 동일한 관념이 되는 이유가 생겨났던 것이다. —거기서 공통감관이라는 것 역시도 드디어 공통감각으로까지 그 의미가 전변되는 것이다. 센스[sense]나 진[Sinn]이나 상스[sens]라는 외국어는 실제로 의미의 그런 전변을 잘 보여주고 있는 것으로, 그것들은 단지 감각을 뜻할 뿐만 아니라 의미라는 말이나 핵심이라는 말까지도 뜻하게 된다는 점에 주의해야 한다.

따라서 아리스토텔레스의 공통감관은 이윽고 공통감각이라는 뜻을 받아들이게 된다. 그때 내감內感이라는 문자

3 '상식'의 분석

의 뜻이 비로소 명료해질 뿐만 아니라 그 낱말이 이윽고 내
부지각이라는 개념으로도 치환될 수 있는 이유가 밝혀지게
된다. 내감, 즉 곧바로 내부감각은 그것을 심리학적 내성(內
省)에 의해 조금 분석해보면, 내부지각이라고 말하는 쪽에서
내용이 한정하고 문제가 좀 더 구체적으로 되기 때문이다.

공통감각이라는 고전적인 규정을 내감 또는 내부지각
이라는 주로 근세철학적인 규정으로 모두 표현할 수 있을
지는 의문의 여지가 있겠는데, 이는 내감 또는 내부지각이
라는 규정 그 자체에 여러 가지 결정방식이 있는 이상 어쩔
수 없는 일일 것이다. 여기서는 공통감각이 무언가 내부적
인 감각으로 사고되지 않으면 안 된다는 일반적인 지점만
이 중요한 것이고, 그것이 없다면 왜 공통감각이 후세의 상
식 개념의 선구로서 이어지게 되는지가 전혀 이해될 수 없
게 될 것이다. 그저 말이 공통적이기 때문일 뿐이라면 그것
은 전적으로 우연에 불과한 것이며 지금 여기서 문제 삼기
에는 충분치 못한 것이 되는 셈이다. 공통감각이 내부적인
것이라는 점에서 비로소 아리스토텔레스의 공통감관(코이
네 아이스테시스[koine aisthesis. 이 낱말의 라틴어 번역어가 센수스 코무니스
(sensus communis)이며, 그 연장선 위에 "센스" "진" "상스"가 있음])은 예컨
대 근세 상식학파의 철학을 통해 상식 개념으로 연결되는
것이다.

이런 고전적 공통감관의 개념과 근세적인 상식 관념

사이에는 스콜라 철학의 일반감관(이것이 곧 내부적 감각의 문제로 귀착되는 것인데)이 중개의 역할을 하고 있다. 하지만 이를 건너뛰어 상식학파의 경우를 살피는 쪽이 우리의 이야기가 간결해질 것이다.

2

상식학파는 다름 아닌 영국의 스코틀랜드 학파인데, 지금 특히 문제가 되는 것은 토마스 리드(Th. Reid, 1710~1796)의 경우이다. 흔히들 그는 영국 경험론(그 대표적 원천은 존 로크)에 반대하여 일어선 사람으로 여겨진다. 로크가 인간의 마음을 백지[타불라 라사(Tabula rasa; 빈 서판(書板)]와 같은 것으로 비견한 이후로 영국에서는, 심리학으로서는 연상심리학이, 인식론으로서는 각종 주관주의적 회의론이 결실을 맺는다. 정말이지 그런 전제와 귀결에 반대하는 일이 리드의 주된 의도였던 것처럼 보인다. 그는 샤프츠베리 경이나 허친스로부터 유래하는 심미적이고 윤리적인 직관의 의심스런 권위를 인간 마음 일반의 문제로까지 철저하게 사고하기 위하여 경험주의와 대립했음에 틀림없다. 하지만 리드는 결코 대륙의 래셔널리스트[합리(이성)주의자]가 직관주의자였던 뜻에서(예컨대 데카르트) 반경험론적 직관주의자였던 것은 아니다. 그가 직각直覺주의로 향했던 것은 오히려 영국식 경험주의의 한 가지 필연적 귀결이었으며, 이른바 경험론적인 경험(외적 경험)이 내적 경험으로까지 치환된, 말하자면 내적 경험론 혹은 내적 경험주의에 다름 아니라는 점에 주의해 두지 않으면 안 된다. 거기서 변함없이 중요한 근거로서 거론되는 것은 경험주의식의 '사실'이며, 단지 그 사실이라는 것이 내적인 사실이 아니라면 진짜 사실로는 간주될 수 없다는 생각일 따름인 것이다.

리드에 따르면 외부적 경험은 사람들에게 객관적이고 공통된 스탠더드를 가진 인식을 부여할 수 있는 것으로도 여겨질 것이다. 그러므로 혹시 그것만이 유일한 인식의 원천이라고 한다면 흄의 경우처럼 객관적인 실재계의 인과적 연쇄조차 의심하지 않을 수 없게 된다. 즉 외부적 경험에서 사실이라는 것은 사실로서의 경험의 이름에 값하는 권위를 휘두르지 못하게 된다. 따라서 그 경험의 권위를 옹호하기 위해선 인식의 근거를 내부적 경험에서, 내부지각에서, 직관에서 구하지 않으면 안 된다. 거기서 인간의 마음은 비로소 의심할 수 없는 [내적] 사실과 충돌한다는 것이다.

그런데 인간의 그 마음 내부에서 우리가 충돌하는 내적 사실은 그것이 사실인 한에서 이제 더 이상의 합리적 근거를 필요로 하지 않으며, 또 필요로 하지 않아야만 하는 것이다. 왜냐하면 사실이란 그 자신이 스스로의 근거이기에 비로소 사실의 이름에 값하는 것이기 때문이다. 데카르트의 표상(관념)이 참일 경우는 명석하고 판명한 합리적 근거가 그 표상의 유일한 직접적 근거 즉 직관이 되지만, 리드에게는 그러한 합리주의적 근거를 대신하여 경험주의적인 사실이 말을 하게 되는 것이다.

따라서 합리주의적인 게 아니라 경험주의적인 그런 직각直覺, 그 직접적인 내적 사실은 사실이라는 것에 고유한 것으로서 정말이지 사실에 상응하는 경험적 소여성을 지니고 있다. 그렇다는 것은 그 직각 내용의 다양성 혹은 잡다한 여러 내용물이 사실의 이름에 의해 단지 경험적으로, 즉 합리적인 근거 없이 '사실진리적'으로 결합되어 주어지고 있기 때문이다. 따라서 그 직관은 결코 단일한 직관이 아니라 일정한 구체적 내용으로 분할될 수 있는, 그런 뜻에서는 아티큘레이션(분절·음술音述[선율의 명료한 구분을 통한 표현])을 지닌 테제·명제여야 하는 것은 지당한 일일 것이다. 게다가 그 명제는 사실이라는 것의 권위에 의해 조립되고 있는 것인 한, 그것을 합리적으로 분해하는 일은 불가능하며 그 명제 내부의 응결력은 절대적이지 않으면 안 된다. 즉, 그 명제는 고정된—마치 합리주의에 의한 아프리오리[선험적인 것]처럼—부동의 명제, 공리의 성질을 띠지 않을 수 없다. 말하자면 그런 명제들은 인간이 실제 생활에서 행하는 모든 판단의 원소나 단위 같은 것으로서, 판단이란 언제나 그것들을 고스란히 사용할 수밖엔 없는 것인바, 적어도 그것들을

　　　　　　　　　　　3 '상식'의 분석

분해하여 그것 이상의 요소로 환원시킬 수는 없다. 그럼에도 그 원소적 단위란 실제로는 복합물雜合物이기에 다름 아닌 공리의 이름에 값할 수 있는 것이다.

그런데 공리란 자명한 것이다. 그것은 직각적으로 자명하지 않으면 안 되는 것일 터이다. 판단이 사용하는 인간적 오성=이해력은 그런 직각적 명백함을 지닌 공리를 유일한 근거로 삼는 셈인데, 객관적 세계가 존재한다거나 거기서는 인과관계가 행해지고 있다는 식의 공리를 인간의 오성은 본능적으로 승인하는 것이라고 리드는 말한다. 그런데 리드에 따르면 직각의 사실로서의 공리를 본능적으로 승인하는 것이 상식의 건전한 직능이며, 또 그 공리의 내용이 그런 건전한 인간오성에 속하는, 즉 상식에 속하는 각각의 내용이 되는 것이다. 상식이란 곧 심미적·윤리적·종교적으로 또 이론적으로 일정하게 완성된 불변의 테제들을 각각의 공리로서, 즉 보편적으로 통용되는 것으로서 승인하고 거기로부터 인식을 출발시킨다고 하는 태도 및 의식 내용이 된다는 것이다.

상식(건전한 인간적 오성)의 그러한 권능은 전적으로 외부적 경험에 의한 것이 아니라 내적 경험이라는 곳에서 발생했던 것이다. 거기에 아리스토텔레스의 공통감관과 리드의(일반적으로는 스코틀랜드 학파의) 공통감각=상식 간의, 낱말 수준에서만이 아닌 연결이 있었던 것이다. 말할 것도 없이 아리스토텔레스에게 공통감각은 오관 혹은 오관이 받아들이는 다섯 가지나 그 이상의 지각(감각) 사이에서 공통되는 것이었다. 이에 반해 리드의 공통감각＝상식은 사회에서의 각 개인들 사이에서 공통되는 것이다. 거기서는 예컨대 각 개인들이라고 할지라도 실제로는 모종의 뜻에서 평균인이라고 할 수 있는 것이 필요해지게 된다. 그러므로 아리스토텔레스와 리드가 말하는 공통의 의미란 서로 조금도 공통되는 게 없지 않을까라는 생각이 들지도 모른다.

하지만 리드의 주저(*Inquiry into the Human Mind on the Principles of Common Sense*[1764])가 인간의 외부적인 감관들의 문제로부터 출발하고 있는 점에는 다소 주의를 기울일 만하다. 왜냐하면 오관에 공통되는 감관에 의해 비로소 인간의 의식적 통일이 성립하는 것인바, 그런 인간적·개인적 통일이 없다면 사회 속에서 각 개인들에게 공통되는 상식적 통일 또한 성립하지 않을 것임은 말할 것도 없으며, 거기로부터 또 거꾸로 상식이라는 것이 비로소 다른 측면에서 개개인의 의식의 통일을 가져오는 것이라는 사실도 놓쳐서는 안 되기 때문이다. 한 개인의 의식의 통일을 가져오는 것은 한편에서 개인심리적으로 말하면 코이네 아이스테시스이면서, 동시에 그것과 마찬가지의 관계가 개인을 사회심리적으로 보면 소위 상식이 되는 것이다. 따라서 개인의식의 통일이라는 점에서 보면 아리스토텔레스적인 공통감관의 개념과 리드적인 상식 개념의 실질적인 연락이 명확한 것이다.

상식의 리드적인 개념이 실은 영국식 경험론을 그 발판으로 삼으며, 경험론의 직각주의적인 변용으로도 볼 수 있는 이유는 이미 서술하였다. 샤프츠베리 경이나 허친스는 말할 것도 없이 캠브리지 플라톤주의자 식으로 얼마간 플라톤적이거나 플로티노스적이고, 그 동기로부터 말하자면 경험론의 반대자로서 드러나는 외양을 갖고 있지만, 그것이 리드에 의해 단지 심지적인 혹은 윤리적·종교적인 것으로부터 지적 판단으로까지 일반화되어 확대되기에 이르고, 결국에 상식이라는 그 자체로 극히 경험적이며 일상적인 개념으로까지 도달했던 것이다. 대륙식의 합리주의와 명확히 대립하는 점에서 그 개념의 경험론적 본질은 의심의 여지가 없다. 모든 인간이, 즉 총總평균인으로서의 사회의 각 개인이 그 일상의 경험에 의해 무엇이 아름다움이며 추함인지 무엇이 선이며 악인지 무엇이 진리며 허위인지를, 이유 없이, 무조건적으로, 직각적·본능적으로 판정할 수 있다는 것이 다름 아닌 상식의 직능인 것이다. 모든 사람들이 경험적으로 객관계客觀界의 실재를 믿는 것이 상식으로 되고 있지만, 리드는 단지 그 일상경험의 근거를 인간의 마음에 미리 가로놓여 있는 내적 직관에서 구하고 있을 따름이었던 것이다.

3

하지만 누가 생각하더라도 리드적인 상식의 관념에는 많은 약점이 포함되어 있다. 첫째로, 일정한 테제의 형태를 이룬 도그마가 공리로서 상식의 내용이 된다고 하는 것은 지극히 무리한 설명이라고 해야 할 것이다. 왜냐하면 그럴 때 상식이란 그 내용의 차원에서 말해(그 전체의 태도는 뒤로 미뤄두고 말해), 단지 사회 속의 여러 사람들에게 평균적으로 통용되는 객관성을 가진 것일 뿐만 아니라 뭔가 인간의 오성=이해력에 고유하면서도 영구불변한 것으로 가정되고 있는 셈이기 때문이다. 합리주의는 인간의 오성이든 이성이든 영구불변함을 가정할지라도, 이는 오성이나 이성이라는 일반적인 활동태도에 대해 그렇게 가정되는 것이지, 그러한 오성이나 이성에 의해 규정되는 내용 자체까지가 일정하게 변하지 않는 것이라고 주장되는 건 아니다. 오히려 그러한 오성 혹은 이성의 내용은 그것들 자신의 판단력에 의해 합리적으로 수정되면서 진보하게 되는 것이라고 하겠다. 그런데 리드적인 상식에서는 상식(즉, 오성내용—오성공리)은 결코 진보해야 하는 것일 수 없는바, 말하자면 언제나 변함없이 보수적인 것이지 않으면 안 된다. 리드의 상식 개념은 당시의 영국적 상식을, 그중에서도 특정 사회층

85   3 '상식'의 분석

에 행사되었던 일부의 상식을 고정화·영구화하고 또 보편화한 것에 불과하다는 점을 상상해 볼 수 있다.

당시의 영국은 한편으로 정치적 반동기였고, 아일랜드 및 그 이외의 신교도에 의한 신교부흥운동을 눈앞에서 보고 있었으며, 다른 한편으로 프랑스대혁명에서의 자코뱅당의 활동에 직면하고 있었다. 대표적인 보수파인 만년의 에드먼트 버크(휘그[당]의 거두)가 프랑스 부르주아지의 그 신흥형태에 대해 취한 반계몽적이고 반동적인 태도는 유명하지만, 리드는 버크의 완전한 동시대인이기만 한 것은 아니었다. 버크는 또한 샤프츠베리 계열의 미학사상에 입각해 영구불변하는 미적 감정의 단위를 상정했던 점에서 스코틀랜드 학파의 투사 중 하나로 꼽히고 있었다. 스코틀랜드 학파, 상식학파는 영국식의 경험론에 서면서도 그 경험론 자체에 대립하는 것처럼 보이는 얼마간 상고적尙古的인 사조에 입각했던 것으로, 영국 부르주아지의 발달 위에서 발생했었던 영국적 현실을 존중하는, 일종의 독특한 귀족주의적 이데올로기에 입각한 것으로 봐도 좋겠다.

버크는 일종의 사회계약론자로 꼽히지만, [그 원류 중 하나인] 홉스의 사회계약설은 말할 것도 없이 개인주의에 서있는, 그런 뜻에선 오히려 일종의 데모크라틱한 원리에 입각해 있다고까지 말할 수 있는 것이다. 현실가現實家이자 역사적 전통을 중시하는 버크 또한 모든 형식의 정치에서 언제나 인민이 지배자라고 말한다. 따라서 그를 일종의 데모크라트로 볼 수 없는 것도 아니다. 프랑스대혁명에 대한 그의 격렬한 반감은 그의 자유주의에 근거한 윤리적 반발에서 유래하고 있다. 하지만 그는 또한 옛 휘그당 기본방침의 무조건적인 신봉자이자 민중적인 형평衡平[공평]의 반대자이기도 했다. 그렇기에 말하자면 그는 지극히 영국 귀족식으로 보수적인 데모크라트였다고 해도 좋을지 모른다. ── 그런데 그런 이데올로기는 리드의 상식 개념 속에 상당히 선명하게 반영되어 있는 게 아닐까 한다. 리드에 따르면 본래 데모크라틱한 개념이었던 상식은 즉각 그것 자체로 영국 귀족식의 고정감각을 뜻하게 되고 구래의 변함없는 보수적 영구법칙의 뜻하게 됐던 것이다. 거기서 상식 개념으로 강조되는 것은 요컨대 사회적으로는 혁명적 행동(자코뱅당)에 맞서, 관념적으로는 첨예한 회의주의(흄─그것이 진보적이든 반동적이든)에 맞서, 즉 그러한 실제상·관념상의 파괴적인 또는 돌진적인 움직임에 맞서 수세守勢와 보수保守의 역할을 떠맡는 것에 다름 아니었다.

상식이 그 자체 일반적으로 문제인 게 아니라 상식을 그러한 식으로 활용하는 것이 문제인바, 그 당시의 '상식'이란 그저 영국식으로 경험론적인, 그리고 영국식으로 데모크라틱한 '상식'의 반영이었을 뿐만이 아니라 그중에서도 특수하게 보수적인 귀족층의 상식에 의해 승인받게 된

상식에 불과한 것이었다고 해야 할 것이다. 리드 등의 스코틀랜드 학파가 캠브리지 플라톤주의자들([랄프] 커드워스 등)의 후예라는 것은 무의미한 게 아닌 것이다. 그러한 상식에 의해 상정된 평균인이란 말하자면 귀족을 모범으로 삼지 않으면 안 되는 일반민중이 될 것이다. ―리드적인 '상식'은 단지 그런 여러 겹의 제한에 의해 비로소 한정될 수 있는 상식에 지나지 않았던 것이다.

리드적인 상식 개념은 당시 영국 귀족층의 독특한 이데올로기를 동기로 하고 있기에, 상식이 가진 적극적인 귀족적 역할만 주목되었지 오히려 상식의 소극적인, 말하자면 서민적인 성질이 거의 완전히 무시되고 있었던 것은 놀랄 만한 일이 아니다. 당시에는 평민적 상식이 끝내 상식에서 멈추어 그것 이상으로 되지 못하는 제한도, 또 상식이 언제나 서로 간에 당착을 일으키는 성질도 애초부터 문제로 여겨지지 않았다. 모든 것은 귀족적 상식에 의해 근본적으로 또 최고의 형식에서 통일적으로 해결될 수 있다고 가정되었다. 따라서 그런 철학적인 상식 개념은 상식에 대해 오늘날의 우리가 지닌 상식적 개념에도 미치지 못할 정도로 단순하며 단조로운 상태였던 것이다. 이것이 세 번째 결점이다. ―처음에 말한 상식의 변증적 본질은, 결국에는 경험론적인, 경험주의적인, 그러므로 또한 현상주의적인 영국식 방식에 의해 완전히 간과되고 만다. 실제로 상식은 오늘날의 상식에서 말할 때조차 조금은 복잡하게 얽힌 모순을 포함하고 있는 것이었다.

4

상당히 순수한 부르주아적 상식에 흥미를 가졌던 것은 오히려 독일산産 '세계시민' 칸트였다고 해도 좋을 것이다. 사실 그는 훌륭한 상식가로서 유명하며 역사적으로 그의 철학이 갖는 거대함의 한 측면도 그런 '부르주아적 상식'의 철학이었다고 하겠다. 칸트 자신이 토마스 리드가 말하는 상식론을 다루고 있는바, 그 무렵 이미, 실제로는 당연한 일이겠는데, 칸트는 상식의 저 상호 당착적인 본성에 주목하고 있었다. 하지만 그것보다도 중요한 점은 칸트가 인간이성 혹은 인간오성이라고 불렀던 것이, 단적으로 말해 계몽기 부르주아 이데올로기에 의거한 인간상식의 능력의 약간 독일화된 관념에 다름 아니었다는 것이다. 칸트의 '순수이성' 비판은 '부르주아적 상식' 비판이었다고 볼 수 있는 것이다. 왜냐하면 그의 문제는 인간오성(이성)의 어디까지가 건전하며 어디부터가 불건전한 모순인지를 폭로하는 데에 설정되어 있었고, 전자의 경우(그것이 '분석론'이다)인 건전한 오성이 곧 다름 아닌 상식이며, 후자의 경우가 그것에 반대되는 '변증법'으로 불렸던 것이기 때문이다.

그렇게 생각해보면 감성의 '선천적 직관'이나 이성의 선험적 '범주'나 그 결합으로 간주되는 선험적 '근본명제'(공리)가, 예컨대 인과율에서도 알 수 있듯이, 리드적인 상식에 의한 직관적 긍정을 얼마나 현상학적(?)으로 분석하고자 했던 것인지를 알아차리게 될 것이다. 이 점에서 보면 칸트의 소위 형식주의란 리드적인 귀족주의적 내용상식의 제한을 부수고 그것을 부르주아적인 상식으로까지 일반화하려는 기획과 일치시킬 수 있는 것이다. 그는 흄의 회의론에 맞서 상식학파식의 상식의 독단(공리·도그마) 대신에 상식의 비판을 놓았던 것이다.

이성을 비판하는 것 자신이 그렇게 비판되고 있는 이성이라고 말해지는 것처럼, 칸트에 의한 부르주아적 상식의 비판은 그것 자신이 일종의 (독일적인) 부르주아적 상식을 따르고 있는 것이라고 하지 않으면 안 된다. 하지만 부르주아적 상식에 대한 부르주아 상식의 그런 비판은 부르주아적 상식의 '자기비판'으로서, 이윽고 부르주아적 상식이 지닌 한계의 지극히 아슬아슬한 지점으로까지 육박해가고 있다. 왜냐하면 칸트 자신이 변증법이라고 부르고 있는 것이 그런 아슬아슬함을 보여주고 있는 것이었고, 예컨대 이율배반 같은 것은 바로 그런 상식이 가진 상호간의 당착성을 논리학적으로 표현한 것에 다름 아니기 때문이다. 거기서 드러나고 있는 것은 부르주아적 상식이 좋은 뜻에서도 나쁜 뜻에서도 다름 아닌 변증법적인 일종의 어긋남[차이·엇갈림]을 지녔다는 인식이다. 헤겔로까지 와서 변증법이 학적인 사유의 방법으로서 적극적으로 드러나게 되면 이제 그런 부르주아적 상식—학적인 사유에 반대되는 비과학적 사고로서의 부르주아적 상식—은 퇴장하며 상식에 대립하는 변증법만이 남는다. 하지만 그렇다고 해서 상식의 모든 문제가 거기서 소멸되는 것은 아니다. 실제로 변증법적인 사고는 오늘날의 우리에게 더 이상 부르주아적이지 않은 일종의 상식이 되어 있고, 또 그렇게 되지 않으면 안 되는 것이기 때문이다.

상식의 이율배반이나 변증성은 그저 두 가지 상식적 명제가 서로 모순되는 경우로 끝나지 않는다. 칸트가 본 것은 그런 경우뿐이었지만 그것 말고도 상식이기에 진리라고 여겨지면서도 동시에 상식이기에 진리가 아니라고 여겨지는 이율배반이야말로 상식 그 자체의 근본적인 변증성이었던 것이다. 그리고 거기에는 대단히 복잡한 것이 은닉되어 있다.

이 모순을 푸는 수단으로서 다시 한 번 리드적인 상식의 성질 하나를 떠올리지 않으면 안 된다. 리드적인 상식은 일정한 독단적 테제로서 드러나는 근본명제(공리)였기 때문에, 그런 한에서 그것은 실제로는 개개의 상식내용을 뜻하고 있다. 하나하나의 상식적 주장을 포함한 명제가 상식이라는 것의 실질이라고 여겨졌던 것이다. 그런데 다른 한편에서 그런 개개의 상식내용은 인간의 건전한 이성에 구비된 어떤 본능과도 같은 필연성에 의해 벌리디티[validity(타당성·유효성)]를 부여받고 있는 것이었기 때문에 개개의 상식내용이외에 그 개개의 상식내용을 상식내용답게 하는 형식이, 달리 말해 상식적인 태도가 상식의 다른 한 가지 계기이지 않으면 안 된다. 그렇기에 거기서는 우선 개개의 상식내용과 그것을 성립시키는 상식형식이 구별된다. 그 둘은 상식의 내용과 형식에 해당한다. 그러나 그것이 그저 어디에나 있는 내용과 형식의 관계인 것은 아니다. 실제로 우리가 지금 상식적으로 생각하는 상식이라는 것에 있어 그 개개의 상식(테제의 형태를 가진 상식)이라는 내용과 상식이라는 형식은 서로 대립되거나 혹은 서로 어긋나기까지 하는 관계에 있기 때문이다. 그 둘 간의 구별을 좀 더 전개시키자.

　　<군부>가 오늘날과 같은 자신감을 가질 수 없었던 대전 직후, 내가 아는 어떤 장교가 내게 말하기를, 군인에게 상식이 없다는 비난이 있으므로 상부에서는 상식함양을 위해 법률이나 경제 공부를 권장하고 있는데 대체 그런 지식이 부족하다는 게 어떻게 군인의 비상식이나 몰상식을 뜻하는가라고, 아무리 지식을 소유했다고 해도 비상식적인 것은 비상식적인 것이며 그런 상태 그대로는 상식의 함양이란 결코 불가능한 게 아닌가라고 했었다. 과연 법률이나

경제나 정치라는 사회과학적인 지식을 갖지 못했을 때 인간은 틀림없이 비상식적으로 되며, 반대로 그런 지식을 갖는다면 지식 함양의 한 가지 조건이 구비되는 것도 틀림없겠지만, 어떤 특정한 뜻에서는 그러한 상식의 획득이 반드시 상식 그 자체를 높여주지는 않는다.

혹시 상식이라는 것을 개개의 지식이나 그 총화라고 여긴다면 지식의 획득이란 그만큼 상식내용의 양적인 증가가 되겠지만, 그것으로써 반드시 인간적 견식의 수준이 높아진다고는 단언할 수 없다. 말하자면 인간이 질적으로 높아짐으로써 상식의 수준에 접근하는 것은 양적인 상식내용의 증가와는 일단 독립된 것이다. 지식과 견식이라는 것이 즉각적으로 하나가 되지 않는다는 것은 누구나 아는 것으로서 지식의 단순한 총화가 견식인 것은 아니다.

무엇보다 지식이 풍부할 때 저절로 견식도 높아지는 것이 사실인바, 지식이라는 것을 잘 생각해보면 특히 사회과학적 지식과 같은 것에서 명확하듯 그것 자신이 일종의 견식에 기초한, 혹은 그것 자신으로 하나의 견식을 뜻하는 것이라고 할 수 있는데, 그러나 그러함에도 단순한 지식이나 지식의 총화가 견식이 될 수는 없다. 조금 생각해보면, 지식의 총화적인 평균이 인간적 견식인 것처럼 보일지 모르지만 그 평균이라는 것은 결코 간단한 게 아니다. 내용으로서의 상식(개개의 중용의 지식 혹은 그 총화)과 수준으로서의 상식(지식의 총화적 평균이라고 상상되는 것) 간의 관계는 정확히 사상事象의 여러 개별 경우들과 그 집단적·총계적 경우 간의 관계와 유사하지만, 그 두 경우 사이에 뭔가 실질적인 연결이 있음이 분명함에도 일단 그 둘은 제각기 독립된 입장에 있다. 한 가지 경우를 두고 말해지는 것은 고스란히 다른 한 가지 경우로 이식될 수 없는 것이다. 모든 경우를 그저 평균한다는 것은 실은 그것만으로도 이미 개별적인 것의 입장으로부터 평균적인·수준적인 것의 입장을 독립시키는 것을 뜻한다. 정확히 그것과 마찬가지로 개개의 지식내용으로서의 상식으로부터 독립적으로 수준으로서의 상식이 구별되지 않으면 안 된다.

수준으로서의 상식, 상식수준으로서의 상식은 상식 내부에서가 아니라면 찾아낼 수 없는 상식의 독자성을 가리키고 있다. 따라서 상식이 상식으로서 다른 것으로 환원되지 않고 문제화될 수 있는 것은 내용으로서의 상식이 아니라 수준으로서의 상식에 관해서일 뿐이다. 잘 생각해보면 내용적 상식이란 실제로는 진짜 상식이 아니었던바 개개의 지식이나 그 총화에 지나지 않는 것이다. 따라서 실제로는 그것을 고스란히 평균할지라도 상식(상식수준)이 아니라 요컨대 지식수준만이 생겨날 따름일 것이다. 그런 지식수준은 조직적인 지식에 관해서는 학술적 수준으로까지 발전할 것이며 총합적인 지식에 관해서는 문화수준으로까지 발전할 것이다. 하지만 아직 그것은 전혀 상식수준이 되지는 못한 것이다.

오늘날 일반적으로 상식화된 것을 그러한 지식수준·학술수준·문화수준에 의해 측정한다면, 즉 달리 말해 상식화된 것을 그것 자신의 표준척도로 재지 않고 지식·학술·문화 등등의 척도로 비추어 잰다면, 그것은 상식이 갖는 독자성, 상식을 지식·학술·문화 등등으로부터 구별하고 있는 그 독자성을 무시하게 될 것이므로 상식이라는 개념은 실은 처음부터 부정적으로 관련되어 있을 따름인 것이다. 그 당연한 결과로서, 상식화된 것은 언제나 지식·학술·문화 등등으로 환원되고 만 상태에서 문제화되기에 상식화된 것은 언제나 지식·학술·문화 등등보다 아래에 놓인 것으로, 따라서 불완전하고 미숙한 지식·학술·문화에 지나지 않는 것으로 될 따름인 것이다. 상식이 자기 자신의 원리를 갖지 못하는 것으로 가정되고 있기 때문에 상식이란 일반적으로 그것 자체로 가장 낮은 것을 뜻하게 되며, 상식 이하의 것은 아무것도 존재하지 않는다는 것이 동어반복적으로 자명한 게 된다.

그것이 상식을 상식내용으로 삼은 결과인데, 그것은 상식의 지식중심주의적 혹은 학술중심주의적인, 아카데미션[학자]식의 개념 이외에 다른 게 아니다. 사실 최근의 우리나라 아카데미션들에 따르면 상식이란 항상 그렇게 네거티브한 것으로서, 예컨대 과학이나 예술을 비속화하고 통속화한 것이 상식이라고 생각되고 있다. ─하지만 한편에서 수준으로서의 상식, 상식수준에 상식의 본체가 있다는 점에 주목한다면 그 상식 개념은 완전히 고쳐지지 않으면 안될 것이다. 그렇게 해서 보이는 것은 상식이 그것 자신의 척도를 갖는다는 것이며 그것 자신이 하나의 수준을 의미하고 있다는 것이다. 상식은 독자적인(지식수준 등등과는 독립된) 노흠[norme(규범·표준·전형)]을 뜻한다. 그런데 그런 노흠에 따르자면, 상식이 노흠에 일치하는 것이라는 점에서 당연히 다른 모든 것은 상식 그 자체와는 견줄 수 없게 된다. 따라서 거기서는 상식이 최고이며 상식 이상의 것은 있을 수 없게 되는 것이다.

상식이 한편에서 상식이기에 언제나 진리가 아니라고 여기지면서도 동시에 다른 한편에서는 거꾸로 상식이기에 언제나 진리라고 여겨지는 상식 개념의 저 모순, 이율배반, 어쩌면 오히려 상식의 파라로기스무스[오류 추리]는 위와 같은 내용을 갖고 있었던 것이다. 즉 상식의 독자성, 상식 고유의 원리를 승인한다면 그 변증성이 풀리게 되는 것이었다.

5

상식이 비난받는 것은 그것이 독창성을 결여하고 있

다는 것, 그런 뜻에서 단지 평균적인 범용함에 머물고 있다는 것에 대해서이다. 즉 그때 어떤 지식이라는 것은 사회적인 평균에 의해 주어진 일정한 상식적 수준(상식수준이 아니다)을 갖고 있고, 그 이하의 경우는 문제되지 않는 것으로서 그 수준 이상으로 빼낼 수 없는 것이 상식이라는 것의 네거티브한 숙명이라고 비난받는 것이다. 세간에서는 거의 모든 것이 그러한 뜻에서 상식 이하라거나 상식적이라거나 상식 이상이라고들 말한다. 그 상식 이상의 지식수준에 도달한 것이 독창성이다. 말할 것도 없이 지식은 언제나 독창적이지 않으면 안 된다. 독창적이지 않은, 즉 상식적인 지식(이것이 예의 저 상식내용인데)은 언제나 불완전하고 미숙한 지식만을 뜻할 뿐이다. 물론 사회의 평균인이 가진 지식에 비해 뒤떨어지지 않다는 것이 지식의 그런 불완전함·미숙함의 변명이 되지는 못한다.

하지만 지식이 독창적인 게 아님에도 일단 그러한 것과는 독립적으로, 상식수준의 척도라는 문제, 말하자면 상식 자신이 독창적인지 아닌지의 문제까지도 존재한다. 물론 수준으로서의 상식이라고 할지라도 그것이 갖는 사회인의 견식의 평균치라는 단초적 성질을 무시할 수는 없다. 그런데 그렇게 보는 한에서 지식의 평균치로서의 상식적 수준(상식내용)과 상식수준은 다른 게 아닌 것처럼 보인다. 그러나 조금만 생각해보면 알 수 있듯이, 그저 평균치적이라고 말하는 것만으로는 아무리 상식이라는 말에 애착을 가질지라도 그것이 평가의 노흠[규범·표준·전형]이나 표준척도가 될 수 있다고 할 수는 없을 것이다. 그래서 사회인의 견식의 평균치로 인식하면서도 실제로는 그것 이상이지 않으면 안 된다고 여기는 것이 상식수준이라는 것 안에서 발견되는 새로운 모순이 되는 것이다.

오늘날 그런 모순을 풀기 위해서는 평균치라는 관념의 수수께끼를 풀 필요가 있다. 그렇다는 것은 평균치를 정직하고 단순하게 사회 속 개인들의 양적·질적 총화평균이라고 여겨서는 그 모순이 풀리지 않는다는 것을 말한다. 그것이 평균치인 까닭에(어떤 근거로 평균치인지는 알 수 없지만) 저절로 표준적인 것이고 또 이상적인 것이 되지 않으면 안 되는 것이다. 리드적인 상식에 대한 상식적 태도는 마치 그것을 건전함이라는 표준 또는 이상으로 표현했던 것과 마찬가지다(bon sens[양식(良識)]라는 상식 개념 역시도 그러한 표준 또는 이상을 은밀히 상정하고 있다). 물론 건전함이란 질병과 건강의 사이의 평균치 같은 게 아니라 각 개인의 건강상태의 표준이자 이상을 말하는 것이다. 그러함에도 건전함은 인간 건강의 노멀[normal(정상적인·통상적인)]한 상태라고 여겨진다. 질병과 건강 사이를 잇는 소식은 건강의 유지(건강치 못한 피로물질의 신진대사와 건강회복)라는 것이 전하고 있다. 즉 끊임없이 건강을 끌어올리는 건강함 자체를 발달시키는 것이 인간의 평균적인, 따라서 노멀하게 통상적인 건강상태로 여겨지는 것이다.

상식 역시도 언제나 상식이라는 살아있는 사회인의 견식까지를 끌어올려 발달시키는 것에 의해 비로소 스스로를 유지할 수 있으며, 그 상식수준의 유지가 노멀한 상태인 것인바, 나아가 그 노멀한 상태란 언제나 그런 상태로까지 사회인의 총평균치를 높여야만 하는 동적인 이니시에이션[개시·착수·입회·통과]으로서 드러나는 것이다. 거기서 비로소 평균치적인 것이 자연스레 노멀한(노흠적[규범적·표준적·전형적]이고 표준척도적인) 것이 되는 것이다. 그렇기에 상식수준에서 평균치적인 것으로 여겨졌던 것은 실제로는 단순한 평균치가 아니라 그 평균치 자신을 항상 높여가면서 작용하는 솔리시테이션(촉동觸動[촉발되어 움직임(촉발하여 움직이게 함)])이었던 것이다.

따라서 상식수준이란 그때그때 주어졌던 사회인의 견식의 평균치가 아니라 오히려 그 평균치를 높여가야 할 목표·이상선理想線을 뜻하는 것이다. 모눈종이 위에 놓인 그 이상선의 위치는 정해지지 않았고, 어쩌면 그 위치를 문제 삼는 것은 불가능한 것일지도 모르는바, 언제나 상식수준이 평균치의 어떤 지점 가까이에서 힘의 장場과도 같이 작용하면서 가로놓여 있기 때문이다. 진정한 상식은 그것 자신이 언제나 저하되고 사라져 흩어지며 사멸해가는 어떤 살아있는 것인데, 그것을 언제나 자극함으로써 살려가고 유지·발달시키는 것이 상식수준이라는 말의 뜻이지 않으면 안 된다. 정확히 진리라는 것이 진리를 유지하고 높이는 것이라고 할 수 있듯, 상식이라는 것은 상식을 유지하고 높이는 것이라고 할 수 있을 것이다.

진정한 상식·상식수준은 사회인이 가진 견식의 단순한 평균이 아닌바, 하물며 사회인이 가진 지식의 중용 또한 아니었으므로 소위 여론과 같은 것과는 상당히 거리가 먼 것이다. 여론이라는 것이 대중의 정치적 견식의 평균치(실제로는 다수자에게 공통된 한에서의 정치적 견식)로 간주되는 한에서 그러하다. 여론은 일반적으로 다수결의 원리에 의해 이해된다. 하지만 다수결의 원리 역시 다수자의 권리를 긍정하는 근거가 되면서도 동시에 그것을 부정하는 근거 또한 된다. 다수원리를 정직하게 받아들이는 한에서, 다수자의 권리를 끌어내기 위해서는 이론적으로는 컨벤션[인습·습속]에, 행동으로서는 단순한 다수존재 이상의 행위·폭력에 호소하지 않으면 안 된다. 특정 시대 그리스의 의회에서는 목소리가 제일 높고 큰 것이 다수를 뜻했다. 그래서 여론이라는 근세 부르주아지의 데모크라틱한 관념을 그러한 철학적 곤란에서 구해내기 위해서는 여론에 있어서의 다수결의 문제를 '상식수준'에서의 평균치에 준하여 다시 사고하지 않으면 안 될 것이다(앞에서 상식을 리드적인 상식과 결부하여 분석했듯이, 여론—Opinion, Meinung[의견·견해·평가신념]—을 그리스의 저 독사와 결부시킬 수도 있을 것이다).

하지만 실제로는 상식수준 그 자체가 정치적인 성질을 띤 것임에 주의해야 한다. 우리는 이미 그것을 단순한 지식(즉 학술·문화)으로부터 구별된 뜻에서 견식이라고 불러왔지만, 사회인의 견식이란 단지 개인의 지적 의지의 통일을 뜻할 뿐만 아니라 각 개인이 사회에서 (물질적 생산을 매개로 하여) 서로 간의 관계에 들어가는 데에서 유래하는 사회를 통한 지적 의지의 통일을 뜻한다. 그러한 사회적·정치적 통일을, 사회적·정치적 평균치를 끌어올려 발전시키는 것이 저 상식수준이었다. 따라서 상식수준은 언제나 정치적인 근본특색을 띠고 있는 것이다. 여론이란 아마도 그것 자신이 정치적인 상식으로서, 특히 좁은 뜻에서 정치적인 경우에 다름 아닐 것이다.

나아가 상식에 이어진 것은 통속화 혹은 대중화인데, 그것들 역시도 흔히 느슨하게 여겨지는 것과는 달리 평균치나 다수결의 문제를 통해서는 해결이 불가능한 것이다. 대중화라는 것은 사물을 다수자의 평균치에 근접시키는 것이 아니라 다수자여야 할 것을 사물로까지 근접시키는 통로를 제공하는 것인데, 이를 위해서는 사람들이 대중으로까지 혹은 다중多衆으로까지 조직되지 않으면 안 된다. 따라서 대중화라는 것은 대중으로의 조직화를 제쳐놓고는 정확

3 '상식'의 분석

한 의미를 가질 수 없을 것이다. 오늘날에는 상식수준이 가진 상식의 유지·발전력이 대중조직화에 상응하는 것이다. 그리고 통속화란 그런 대중화 말고 정당한 관념내용을 따로 갖는 것이 아니다. 혹시 그런 것을 갖는다고 한다면 거기에는 예의 저 나쁜 상식(지식수준에 비춰진 상식내용)이 혼입되어 있을 뿐이기 때문이다.

지금까지 서술해 왔듯, 상식이 일단 단초적으로는 다수 사회인이 가진 견식의 평균치와 관계된 것일지라도, 또 나아가 그것을 언뜻 사실상의 현상으로 보았던 한에서는 다수자의 평균적이고 범용한 견식에 불과할지라도, 그런 다수나 평균이라는 것이 음미되어야 할 필요가 있는 것인바, 그렇게 음미한 결과로서 진실을 말하자면 상식이란 혹은 상태로서의 상식이란 다수나 평균 그 자체가 아니라 오히려 그것들을 끌어올리고 밀어 올려 디벨럽[발전·전개]시키는 이상선理想線과도 같은 것이었다. 그렇기에 상식은 결국에 다수자가 가진 것도 아니며 평균치적인 것도 아닌, 사실상 오히려 모종의 소수자만이 노흠[norme(규범·표준·전형)]에 접근(?)할 수 있도록 하는 것이며, 오히려 사실상 평균치를 벗어나는 곳에 탁월한 상식이 가로놓여 있다고 생각하게 만드는 것이라는 점이 설명될 수 있는 것이다.

가령 진정으로 상식이 평균치적인 것에 불과하다면 사회 속의 각 개인들이 가진 상식을 다시 한 번 평균하는 일은 전혀 무의미한 것일 따름이겠는데, 그러함에도 실제로 탁월한 상식이란 그러한 평균치적 상식을 훨씬 벗어나 있기 때문에 탁월한 것이다. 그리고 탁월한 상식가(저 에드먼드 버크나 칸트, 나아가 헤겔이나 마르크스까지도 거기에 속한다고 할 수 있겠는데)는 결코 다수가 아니다. ──무엇보다 지식내용이 예의 저 내용적 상식이라는 상식적 수준에 머물고 있는 것이라는 뜻에서의 '상식가'란 세상에 꽤나 많다. 하지만 그런 상식가가 결코 절대적으로 다수는 아니기에 실제로는 평균치적인 지식인보다도 약간은 더 높은 지식수준을 갖고 있을지도 모른다. 게다가 그렇게 티피컬하게[전형적으로] 평균적인 인간이라는 것조차도 그리 많지는 않은 것이 사실이다.

6

이리하여 상식은 평균치적인 것이나 다수성에서 유래하는 단초적인 개념 규정에서 드디어 해방된다. 이 절차를 밟지 않고서, 나아가 억지로 상식에 독자적인 원리를 인정하고자 함으로써 부르주아 민주주의적인 상식 개념은 평균성이나 다수성을 상식의 고유원리다운 것으로 사고하지만, 그것은 상식의 원칙을 확립하는 까닭이 될 수 없다. 상식의 고유원칙은 그러한 부르주아 민주주의적인(거기에는 사회인의 추상적인 동일성·평균성이 기계론적으로 설정되어 있다) 상식 개념으로부터는 결코 나오지 않는다.

이러한 수량적 평균성이나 다수성의 규정을 벗어나 상식의 규정이 어디로 가는지를 말하자면, 그것은 맨 처음에 언급한 일상성의 원리로 불려도 좋을 것으로 귀착한다. 무엇보다 세간에서는 속물이건 속물을 벗어난 것이건 일상성이라는 것을 평균적인 다수자인 세속적 속물의 원칙을 잃어버린 생활상태라는 식으로 생각하는 듯하지만, 일상성을 그러한 수량적 규정으로 정리할 수 있다고 생각하는 것 자체가 속악한 상식적 지혜에 다름 아닌 것이다. 일상성의 원리란 그런 상식적 지혜로부터 독립된 실제성(Actuality)의 원리였던 것이다(이는 독일어로 현실—Wirklichkeit[실제·사실]—로 불린다. act=wirken[행동·행하다]). 일상성의 원리에 대한 분석 그 자체가 또한 상당히 성가신 것으로 생각되지만, 그것에 관해 나는 가능한 기회들 속에서 거듭 설명해왔다(졸저『현대철학 강화講話』참조).

지금 무엇보다 간단히 실제성의 원리를 떠올리기에는 신문의 일상적인 기능을 반성해보면 될 것이다. 대체 누가 신문 지면의 기능 속에서 아카데미의 연구실에서 행해지는 기능을 요구하겠는가. 또 단순한 연구가나 학자나 독학자가 신문에 쓰거나 잡지를 편집할 수 있다고는 누구도 생각하지 않는다. 아카데믹한 기능에 대립하는 신문의 저널리스틱한 기능이야말로 일상성의 원리를 보여주는 가장 가까운 증거가 되는 것이다. 저널리즘이란 말 그대로 하루하루의 실제생활에 입각한 주의[-ism]이며, 따라서 일상성의 원리에 서있는 것이다. 말할 것도 없이 그것은 학구적 속악함의 대표자인 아카데믹 풀[바보·멍청이]이 상상도 하지 못하는 원리일지도 모른다.

그리고 최후에 크리티시즘(비판·비평)이란 다름 아닌 그 저널리즘적 일상성의 원리에 입각한 하나의 기능인 것이다. 일반적으로 사물의 비판 혹은 비평은 언제나 상식수준(사회적·정치적 표준척도)에 준하여 행해진다. 지금에 와서 말하자면 상식이란 사회상의 단순한 공통감각이 아니었으며 사회적인(따라서 역사적인 것이 되는) 일상감각이었던 것이다. 이는 인간의 역사적인·사회적인 본능과 같은 것으로서 인간생활에서의 지능의 한 가지 형태였던 것이다.

그러나 거듭 말하지만, 인간의 일상감각·상식(수준으로서의 상식)이란 단지 사회적 평균물이 아닐뿐더러 사회적 공통물도 아니었다. 그것은 노흠[norme(표준)]·수준이었다. 따라서 그것은 반反노흠에 대립하고 있는 것이며, 반反노흠 자체는 얄궂게도 노흠의 이름을 참칭하여 행해지고 있는 것이다. 그렇게 대립하는 카이사르와 게겐[gegen(反)] 카이사르 사이에서는 상식의[상식이라는] 메피스토펠레스가 분발하지 않으면 안 된다. 상식수준은 계급적 대립에 따라 분열·

대립한다. 지식—과학에 계급성(계급적 대립)이 있듯이, 그리고 지식—과학의 논리가 수미일관된 계급적 <당파>성에 다름 아니듯이, 상식에도 마찬가지로 계급성 및 계급적 대립이, 수미일관된 계급적 <당파>성이 있다. 그리하여 지식—과학에 관한 '논리'로 불렸던 것이 여기서 '상식'수준으로 불렸던 것의 그 수준에 해당되는 것이다.

거기서 지금 두 가지 상식수준이 대립하고 있고 있는 바, 그 대립(둘 모두 수준으로서의 노멀리티[normality(정상성)]를 주장하면서 양보하지 않는다)은 어디로 인도되며 어떻게 해결되는가. 여기서 거듭 예의 저 상식내용과 상식수준 간의 관계를 참고할 만하다. 지금 탁월한 상식수준에 비교해 저열한 쪽의 상식수준이 종종 더 상식적이고 더 그럴듯한 통념이 된다는 사실에 주의하자. 즉 그것은 저열한 쪽의 상식수준이 사회인의 상식적인 지식수준에 한층 더 많이 적응한 경향을 띤다는 증거이다. 그럴 때 수준이 낮은 쪽은 예의 저 상식내용이라고 불린 지식의 상식적 수준과 혼동되는 분량만큼, 탁월하게 높은 상식수준으로부터는 뒤처진 것임을 알 수 있다. 대체로 지식이 완전하게 상식적 수준(이는 상식수준이 아니다)에 멈춰있는 한에서, 적어도 그것에 대비되는 상식수준 쪽에서도 탁월함을 기대할 수 없는 것은 당연한데(또한 거꾸로 지식이 상식적 수준을 벗어날지라도 그것만으로는 상식수준을 확립한 것일 수는 없었던 것이기도 한데), 저열한 상식수준은 언제나 그 전제로서 상식적 수준 또는 그 이하의 지식내용을 조건으로 삼고 있다. 그것은 곧 지식의 결핍이 비상식적인 것을 낳는다는 뻔히 알려진 관계로 귀속되는 것이다.

상식이라는 것에 오늘날 부르주아적 상식수준과 무산자적 상식수준이 있는 것은 일상경험으로서 명확한 것일 뿐만 아니라, 저널리즘이라는 것에 부르주아 저널리즘과 프롤레타리아 저널리즘 간의 대립이 있는 것으로부터도 명확하다. 이는 대중화 개념에 관해서도, 여론이라는 개념에 관해서도 실증된다. 예컨대 말하자면 부르주아적 대중화란 비속화·통속화 이외에 다른 게 아니다. 그것들 말고는 대중화의 부르주아적 개념을 분석할 수 없는 것이며, 따라서 원래 대중화라는 개념에 의해 일반적으로 기대된 목표에 도착하기에는 풀어야 할 곤란이 너무도 감당하기 힘겨운 것이다. 오늘날 대중화라는 이데[Idee](분석의 결과가 기대되는 관념)가 무산자적인 것으로서만 분석될 수 없다는 점은 잘 알려진 사실이다.

여론 또한 그것과 마찬가지로, 여론이라는 부르주아 민주주의적 관념은 부르주아적 개념으로서는 완전히 막다른 골목에 이르고 말았다고 하지 않으면 안 된다. 여론은 오늘날 부르주아적 푸브리쿰[publikum·공중(公衆)·세간]이라고도 불러야 할 사회의 한구석에서 푸지지 타오르고 있는 사적인 언어이거나, 그게 아니라면 통제적 관청의 돌계단을 숙연하게 내려오는 '목소리'인 것이다. ──상식은 더 이상 오늘날 땅위의 어느 곳에서도 발견되지 않는다. 상식은 '지하실' 같은 곳에 강제로 감금당하고 말았으며 상식의 숨통은 짓눌려 끊어지고 만 것처럼 보인다. 나아가 그러한 상태가 오늘날의 일본주의 등등이 말하는 '상식'(!)이 된 것이다.

자, 내가 분석을 통해 얻은 결과란 수준으로서의 상식, 상식수준이라는 규정이었다. 이 규정을 필요에 따라 선명하게 만듦으로써 상식이라는 것이 지닌 곤란은, 그 모순·이율배반·변증성은 해결되고 지양될 것이다. 상식에 흔한 상반되는 두 테제의 잡거, 상식 그 자체의 부정과 긍정, 상식에서의 평균성과 탁월함, 상식이라는 노흠[규범·표준·전형]의 계급적 대립 등등이 그런 곤란함의 목록이었다.

독자들 중 누군가는 반드시 이렇게 말할 것이다. 오늘날 상식 따위를 분석하는 일이 대체 실제문제와 어떤 관계를 맺는 것인가라고. 그러나 상식 그 자체는 어찌됐든, 상식의 독자적 원리 문제에 주목하는 것은 오늘날, 유물론의 초석 하나를 놓는 일이다. 왜냐하면 상식에서 발견되는 일상성의 원리 및 실제성의 원리야말로 대중의 사상을 해석철학으로부터, 그런 뜻에서의 형이상학으로부터, 또 그런 뜻에서의 관념론으로부터 방위하기 위한 원리에 다름 아닌 것이었기 때문이다.

3 '상식'의 분석

4 계몽론

— 현대에 계몽이 갖는 의의와 필요에 관하여

1

계몽(Aufklärung)이라는 관념은 현재 두 가지로 구별
되고 있다. 하나는 문화사에서 계몽기라고 할 때의 이른바
'계몽'이고, 다른 하나는 오늘날 일반 세간에서 일상어로
표현되는 계몽이다. 그 둘 사이에는 물론 근본적인 연관이
있는데, 역사상의 '계몽'은 한쪽 측면에서 그 말이 있는 한
에선 영구히 남게 될 보편적인 규정을 가지면서도 동시에
다른 측면에서는 그 시대 공통의 특정한 역사적 제한도 갖
는다. 따라서 그것은 현재의 계몽과 결코 하나일 수 없다.
그래서 그 둘 사이를 역사적으로 또 이론적으로 매개하는
일이 당장의 목적이 되는 것이다.

계몽이라는 관념의 정확한 또는 세세한 내용은 어찌
됐든, 적어도 오늘날 세간의 대다수 사람들은 그 말이 무
엇을 뜻하는지 이미 알고 있을 것이다. 왜냐하면 필요가 없
는 것은 누구라도 쉽게 직각하기 어려운 것이고, 거기서 때

로 쓸데없이 번잡한 현학적 분석도 나오는 것인바, 그것과
는 반대로 필요가 있는 상태에서는 사물이란 가장 빨리 직
각적으로 이해될 수 있는 것이다. 그래서 혹시 오늘날 계몽
이라는 말을 일상적으로 이해할 수 없다는 사람이 있다고
한다면, 그 사람은 반드시 오늘날 계몽의 필요를 느끼지 못
하는 어떤 특별한 사정 속에 있는 사람임에 틀림없다. 그런
사람은 계몽이라는 것에서 전혀 이익을 느끼지 못하는 사
람이거나 거꾸로 적극적으로 계몽에 의해 손해를 입을 것
이라고 생각하는 사람일 것이다. 최근의 일본만큼 계몽이
라는 것이 필요한 시대는 메이지 이후로 아주 오랜만의 상
황이라고 하지 않을 수 없다. 최근에 계몽의 필요를 절실하
게 느끼는 사람은 계몽이라는 말이 지닌 대강의 뜻을 이미
일상적으로 이해하고 있을 것이다. 우리가 결국에 그러한
일상관념을 토양으로 삼아 분석한 결과를 들고 그 일상관
념의 땅으로 돌아온다면, 앞으로의 목적을 달성할 수 있게
될 것이다.

　　오늘날 우리나라에서 계몽으로 번역되는 독일어 아우
프크레룽은 아마도 영어 인라잇트먼트[Enlightenment]──문
명──의 번역이 아닐까 한다. 그런데 인라잇튼되고 아우프
크레른되는[밝혀지고 깨우쳐지는] 것은 예컨대 어둠이거나 불길
한 구름 같은 것이어야 한다. 역사상에서 그것은 봉건적인
잔존기구에서 자연발생적으로 생겨난 불합리한(아우프크레

롱 자신의 입장에서 볼 때 불합리한) 관념·이데올로기였다. 물론 그때 문명이라거나 아우프크레룽이라는 것은 사회의 경제적·기술적 기구의 발달이라기보다는 오히려 사회 속에서의 문화적 관념의 발달을 주로 뜻하는 것이었다. 예컨대 독일은 영국에 비해, 특히 프랑스에 비해 문명 혹은 계몽이 현저하게 늦어지고 있었다. 일종의 계몽사상의 대표자이기도 한 칸트는 프리드리히 대왕 아래의 프로이센을 두고 계몽된 시대는 아니지만 계몽되어가고 있는 시대라고 불렀다. 영국·프랑스에 비해 생산양식과 문화의식이 현저히 늦어지고 있던 당시의 독일까지도 이미 '계몽되고 있는' 시대로 본 것인데, 잘 생각해보면 그렇게 계몽되어야 하는 것이란 당시의 봉건적 잔존기구로부터 완전히 자연발생적으로 생겨난 어둠이자 불길한 구름이었음을 뜻하는 것이어야 한다. 일본이 프로이센의 헌법에 준하여 헌법을 제정했다는 (이는 오늘날까지의 권위 있는 여러 법학자들이나 역사가들 사이에서 과학적 상식이 되어 있다) 것도 역시 일본의 지극히 오랜 봉건제로부터 자연발생적으로 생겨난 관념적 잔존물에 대한 아우프크레룽으로서 그랬던 것이라고 하겠다.

그것은 대체로 역사상에서 말해지는 소위 '계몽'의 계열에 속하지만, 오늘날 필요한 계몽, 따라서 현대적 의미에서의 계몽은 적어도 또 하나의 근본적인 조건에서 그런 계몽의 계열과는 전혀 다른 새로운 종류의 것이라는 점에 주목해야 한다. 오늘날의 계몽이 쫓아내야 할 불길한 구름은 사실상 오늘날까지도 농후하게 남아있는 일본의 봉건적 기초조건에서 자연발생적으로 생겨난 것이 결코 아니다. 오늘날의 계몽이 쫓아내야 할 어둠이란 일본적 봉건제의 기초조건을 목적적으로 채용함으로써 의식적으로('의식한다'는 것에 의해, 또 국민으로서의 '자각'에 의해) 끌어들이려는 어둠인 것이다. 하지만 어느 시대에나 완전한 어둠이 있을 수는 없으므로 그 어둠이란 실제로는 희미한 밝음이지만, 동일하게 희미한 밝음일지라도 역사상에서 말해지는 소위 계몽기의 '계몽'이 '계몽되고 있는' 여명이었음에 비해 오늘날의 희미한 밝음은 몽매화되고 있는 황혼과도 비슷할 것이다. 어쩌면 그것은 햇빛을 뒤덮는 [일]식마[日]蝕魔의 어두운 그늘일지도 모른다. 그것만 봐도 저절로 오늘날 계몽의 성능과 기능에 종래와는 다른 새로운 것이 없어서는 안 될 이유를 알게 된다. 그렇기에 오늘날의 계몽은 단지 봉건제에서 자연발생적으로 혹은 의식적으로 끌어내진 관념에 빛을 비추지 않으면 안 될 뿐만 아니라, 역사상에서의 이른바 '계몽'을 낳는 자본제 자신에 기초한 관념 그 자체에도 역시나 강한 빛을 비추지 않으면 안 된다. 이리하여 오늘날의 계몽이 갖는 의의는 역사상에서의 이른바 계몽에 비하여, 한편으로는 그 규정이 더욱 일반화되며 다른 한편으로는 그 규정이 더욱 한정되는 것이다.

하지만 가령 내가 이제까지 말한 것에 반대하지는 않을지라도, 그리고 방금 말한 오늘날 계몽이 갖는 의의를 일단은 인정하긴 할지라도, 일본의 인텔리겐치아 속에는 여전히 그런 문제에 큰 흥미를 갖지 못한다는 이가 결코 적지 않다. 우리는 그러한 사실을 간과할 수 없다. 계몽도 좋겠지만 계몽보다도 훨씬 중요한 것이 우리 곁에는 많다고 말하는, 예컨대 연구·반성·자기불안 등등이 무엇보다 중요한 일이며 애초에 사람들을 계몽한다는 따위의 주장은 뒤로 미뤄두는 게 어떤가라고 말하면서 그들 인텔리는 먼저 우리 자신을 '계몽'시키고자 하는 것이다. ──물론 그런 것들도 좋을 것이다. 하지만 그렇게 연구하고 반성하고 또 자기불안에 떨면서 당신들은 무엇을 끌어들이는가. 예컨대 전체성·체험·게마인샤프트[공동(체)사회] 같은 '철학적'으로 그럴듯해 보이는 범주들에 대한 거의 모든 강조는 그렇게 겸양을 갖춘 연구가나 반성가나 불안가 자신의 입에서 새어나온 것에 다름 아니다. 이는 현대적 신비주의 및 현대적 몽매주의의 현학적인 기초공사 이외에 다른 게 아니다. 추상적으로 생각해보자면, 부분주의보다는 전체주의가 좋고 체험의 무시보다는 체험의 존중이 올바르며 게젤샤프트[이익사회]보다 게마인샤프트가 인간관계로서 더 낫다는 것은 분명 정해져 있다. 하지만 그것은 형식적으로 말하는 것인바, 그 내용에 합리적이고 계몽된 것이 들어있는가 신비적인 몽매가 들어있는가에 따라 백 일의 설법도 한 번의 방귀로 허사가 될 수 있다. 계몽활동의 필요를 느끼지 못하는 이들에겐 그 어떤 자기계몽도 없다는 것이 오늘날 우리들이 놓여 있는 사정인 것이다.

그렇다면 역사상의 계몽기에서 말해지는 계몽이란 어떤 것일까. 그것은 우선 첫째로 자유주의로서 드러나며, 또 자유주의를 그 제1의 규정으로 설정한다. 대체로 역사상의 계몽이라는 것은 말하자면 문화사에서의 한 시기 혹은 한 범주로서, 결코 그 즉시 정치적 범주로 여겨질 수는 없는 것이며 나아가 경제상의 범주일 수도 없는 것이다. 따라서 거기서의 자유주의라는 것은 물론 경제상의 자유주의(자유계약·자유매매·자유경쟁)도 아닐뿐더러, 그 원래대로라면 정치상의 자유주의(의회주의·입헌주의·데모크라시)도 아닌바, 다름 아닌 문화적 자유주의로 불러야만 되는 것이다.

하지만 그러함에도 문화상에서의 자유주의(그 뜻은 점점 더 설명될 것이다)란 물론 경제적 혹은 정치적 자유주의로부터 증류된 것에 다름 아닌바, 사실 존 로크에게선 정치상의 자유주의에 기초함으로써 비로소 계몽기적인 계몽의 철학조직이 창시됐다고 하겠다. 근세 부르주아 사회에서의 개인이 지닌 경제상의 리버럴리즘에 해당하는 자유의 관념이 문화적인 성질을 받아들이기 위해서는 기업·상업행위

·계약·노동 등에서 갖는 개인의 자유 관념을 대신하여 동일한 개인의 자유일지라도 얼마간 문화적인 측면에 속하는 자유로까지, 즉 개인의 오성이나 의욕의 권위를 확립하는 것으로까지 증류되지 않으면 안 된다. 그럴 때 비로소 그 자유는 정치적 자유의 관념으로도 완전하게 이행할 수 있다. 그런데 로크는 그 가운데서도, 특히 그 문화적인 모멘트를 오성 안에서, 즉 인간오성(여기서는 이성이라고 불러도 좋다) 안에서 추구하려는 것이다. 그렇게 이제는 개인의 경제적·정치적인, 나아가 문화적인 자유는 인간오성이 갖는 권위의 이름 아래 한곳으로 집중된다. 인간오성 앞에서는 인간오성 자신을 빼고서는 그 어떤 권위도 있을 수 없게 된다. 교회·귀족·국왕 및 이외의 다른 것들도 부르주아의 그 살아있는 오성을 앞에 두고서는 그 어떤 절대성도 자랑할 수 없게 된 것이다.

이 오성 혹은 이성은 말할 것도 없이 프랑스 계몽가들의 신조가 되는 것으로, 오성 혹은 이성이야말로 프랑스 시민의 자유를 (평등이나 우애와 함께) 보증하는 문화적 권위에 다름 아니었다. 그런데 독일에서는 칸트가 그런 오성 혹은 이성의 권위를 오성 혹은 이성 자신의 자유＝자율 안에서 추구하는 것을 창안해낸다. 그때 자유는 단순한 경제적·정치적 자유로서 수용되는 게 아니라 오성 혹은 이성의 자기 자유로서, 곧 문화적 자유로까지 증류되어 수용된다. 자유주의는 칸트에 의해, 그 프러시아 세계시민의 두뇌에 의해 문화적 자유주의로까지 '철학화'된다. 정치적 행동의 자유를 대신하여 철학적 사변의 자유가, 사회에서의 자유를 대신하여 관념의 자유가 그때 이래로 독일 고전관념론의 중심과제로서 도입됐던 것이다. 계몽은 그리하여 첫째로 문화적 자유주의로 귀착한다.

칸트 자신이 생각한 계몽의 관념이 무엇보다 그런 사정을 잘 이야기해준다. 유명한 문장인 「계몽이란 무엇인가라는 물음에 답한다」[1784]에서 그는 계몽에 관해 정의하면서 말한다. '계몽이란 이성이 자업자득으로 빠져있는 미정년未丁年[미성년]상태로부터 해방되는 것이다'*라고. 이성이 자

---

* [이는 「계몽이란 무엇인가라는 물음에 답한다」의 첫 문장이다. 원문에 따르면, 토사카가 옮기고 있는 그 문장 속의 '이성'은 "인간(Menschen)"이고, '자업자득'은 "selbst verschuldeten", 곧 자기책임·자기죄책·자기부채 등으로 달리 옮겨질 수 있으며, '미정년(未丁年)상태'는 어른이 되지 못한 연소(年少)함의 뜻 너머에서 "미성숙(Unmündigkeit)"의 뜻을 지닌다. 토사카는 조금 뒤 '미정년'을 "미성년(未成年)"으로 달리 표기하기도 하는바, 참고가 되도록 앞질러 기존 국역본의 문장을 옮겨 놓는다(원문의 글자체는 볼드체로 다르게 강조되어 있다). "**계몽이란 우리가 마땅히 스스로 책임져야 할 미성년 상태로부터 벗어나는 것이다.**"(임마누엘 칸트, 「계몽이란 무엇인가에 대한 답변」, 이한구 편역, 서광사, 1992, 13쪽) 이 문장이 들어 있는 단락의 마지막은 다음과 같다. "그러므로 **과감히 알려고 하라!**(Sapere aude!), **너 자신의 지성을 사용할 용기를 가져라!** 하는 것이 계몽의 표어이다."(같은 곳) '과감히 알려고 하라!'에 붙은 이한구의 역자주는 다음과 같다. "이것은 1736년에 독일 계몽주의의 중요한 단체인 '진리의 벗들 모임'에 의해 채택된 표어였다."]

기 스스로 성취하는 자유를 지니고 있음에도 여전히 미성년상태에 멈춰있는 것은 전적으로 이성 자신의 책임이라는 것이다. 독일 자본주의의 뒤늦은 발육이 이성을 미성년상태에 붙들어 맨 책임자라고는 결코 생각되지 않고 있다. 칸트에 따르면 독일이 점차로 계몽되고 있는 것은 프리드리히 2세의 문화적 경륜 덕분이지, 독일 통일에 의한 독일 자본제화化를 위하여 독일 제후들에 맞선 대왕의 진보정책의 결과였다고도 생각되지 않고 있다. 특히 주의해야 하는 것은 칸트가 계몽에 의한 이성의 자유활동을 오직 문화인들 상호 간의 문화활동에 한정하고 있다는 점이다. 시민적 직업이나 지위에 관하여 아무리 이성을 자유로이 사용할지라도 그것은 칸트에게 아무런 계몽활동이 아닐뿐더러 프리드리히 치하에서는 하나의 바버리즘[야만주의]이기도 하다는 식으로 생각되고 있는 듯하다. 칸트의 계몽에서 자유주의의 계기가 얼마나 문화적 자유주의에 한정되어 있는지를 이로써 알 수 있을 것이다.

계몽에 있어서의 자유주의의 계기를 그렇게 증류하여 보였던 점에서 칸트는 누구보다 대표적인 계몽사상가라고 해도 좋겠으나, 실제로 칸트는 독일에서 다름 아닌 계몽비판가·계몽탈피자였다. 계몽에 대해 그가 내린 저 정의 자체는 독일은 말할 것도 없고 당시 유럽·영국에서 결코 사실상의 계몽현상을 표현했던 게 아니었다. 말하자면 그것은 오히려 계몽의 이상을, 계몽의 영구적으로 변함없는 보편적인 주의主義를 포착해냈던 것이다. 칸트의 눈앞에는 유명한 계몽철학자 모제스 멘델스존이 있었고, 칸트의 선생으로는 독일 계몽철학의 조직자 크리스티안 볼프가 앞서 있었다. 그리고 세간에는 남아돌 만큼의 '통속철학'이 횡행하고 있었다. 칸트는 실제로 그러한 상식적인 여러 현상들에 대한 비판을 자신의 사명으로 삼았던 것이다.

영국 계몽사상의 철학적인(세계관적인·이론적인) 근저는 물론 경험론이다. 이에 대해 프랑스의 그것을 다른 무엇보다 특징적인 것으로서 거론하자면 유물론(부르주아적인, 형이상학적인 유물론)이라고 하겠다. 이에 비해 독일 계몽철학=볼프학파의 철학적 근저는 '오성의 철학'이었다. 우리는 이제 독일 아우프크레룽을 적어도 거기까지 거슬러 올라가서는 그 제2의 규정을 그런 오성의 철학에서, 그 합리주의에서 발견할 수 있을 것이다. 그렇다는 것은 역사상에서 말해지는 이른바 계몽의 제2의 규정이 그 모순율 중심주의의 철학조직(볼프에게서 비로소 전통적인 독일철학의 저 '계보'가 완성됐다)에 있다는 말과 다르지 않다.

그러나 실제로 그 제2의 규정이란 독일 아우프크레룽에서는 단지 가장 극단적인 독일식 형태로 드러났던 것일 따름으로, 넓게는 프랑스의 유물론과도 공통되는 하나의 논리기구에 다름 아니었다. 모순율, 그 이면을 뒤집으면 동일률이겠는데, 그 모순율을 사고의 최후 근거 또는 거의 유일한 근거로 하여 사상의 추축을 삼는다는 것은 기계론＝기계주의의 논리를 채용한다는 선언 이외에 다른 어떤 것도 뜻하지 않는다. 이른바 경험론도, 이른바 프랑스 유물론도 그러한 기계론이라는 점에서 독일 계몽적 합리주의와 온전히 하나인 것이다. 따라서 그 셋은 경험론임에도, 또 유물론임에도, 그리고 합리주의임에도 한결같이 형이상학적인 것이라고 불리는 이유를 갖는 것이다. 결국 계몽에 대한 제2의 규정이란 그런 형이상학으로서의 특징을 컨덴스[압축·집중]하여 표현한 것에 불과했다.

위에서 두 가지 규정을 부여한 역사상의 이른바 '계몽'과 현재에 의미를 갖는 계몽 간의 연관이 이어지는 문제인데, 이는 전자에서 후자로의 필연적인 역사의 움직임을 보면 될 것이다. 그런데 계몽이라는 문화적 범주는, 그것이 문화적인 것일 뿐 결코 경제적인 범주도 정치적인 범주도 아니었던 만큼 그러한 범주를 실제로 사용할 필요를 느끼지 못했던 독일 고전철학의 내부를 특히 선택하여, 거기서 발육과 변천과 탈피脫化를 거치지 않으면 안 될 이유가 있었던 것이다. 앞에서 비판을 통해 계몽을 탈각하고자 했던 최초의 사상가는 칸트였다고 말했는데, 마치 그런 사정이 원칙적인 형태로서는 칸트의 이성비판＝변증법의 견해로 드러난다.

칸트의 변증법(그것은 이성의 잘못된 사용법에서 기인하는 이성의 각종 모순들에 관한 이론을 뜻한다)은 그의 철학조직에서 외견상으로 소극적이고 부정적인 역할만을 하는 것 같지만, 그것이 피히테·셸링을 통해 헤겔에 이르면 논리 그 자체의 근본적이고 적극적인 본성으로 회귀되는 것으로까지 전개된다. 이에 대해 여기서 다시 서술할 필요는 없을 것이다. 지금 중요한 점은 칸트에게서는 약간 애매했던 오성과 이성의 구별 또는 대립이 헤겔에 이르러 비로소 명확해졌다는 것이다. 헤겔은 칸트의 이성이 아직 여전히 오성의 단계에 멈춰있다고 보고, 그것을 형이상학 혹은 기계론의 대표로 진단하면서 그것에 진정한 이성의 디알렉틱을 대립시켰던바, 흡사 그것은 칸트가 비판함으로써 탈피하고자 힘썼던 계몽주의 특유의 합리주의 및 모순율 중심주의에 대한 확연廓然한 비판을 뜻하는 듯하다. 즉 역사상의 이른바 계몽에 대한 제2규정은 헤겔에 이르러 비로소 철저하게 지양됐던 셈이다.

논리적인 기구만을 보는 한에선 그 결과가 갖는 구체적 의의는 알기 어렵지만, 실제로 그 결과란 역사에 관한 인식에서 이른바 아우프크레룽이 면할 수 없는 불길한 숙명과 관계된 것이다. 적어도 독일 아우프크레룽은 그 오성의 입각점에서 보건대 역사의 관념에 적지 않은 주의를 기울인다는 점이 특징을 이룬다. 칸트는 독일식 역사철학의 선구자 중 한 사람이고 또 우주진화론의 창설자이기조차 하지만, 그러함에도 그 역사관, 즉 또한 그 사회관은 역사에 독특한 이른바 비합리성(흔히 그렇게 불리지만 그것은 신용할 수 없는 말이다)이 갖는 의의를 충분히 인정할 수 없는 것이었다. 그 이유는 헤겔에 따르면 그것이 오성의 형이상학이라는 입장에 서있다는 점으로 귀착된다. 따라서 이성의 변증법이라는 입장에 선 헤겔은 온전히 역사적인 관점을 얻게 된다.

그런데 사람들이 아는 그대로 헤겔의 역사관 자체가 또한 이른바 역사의 비합리성에 대한 인식에 있어 근본적이고 치명적인 결함을 폭로한다. 그것은 얼마간 본줄기를 벗어난 곁가지로부터 후기의 셸링이 지적한 것처럼, 즉 이성의 변증법에 의한 역사 및 이념의 발전이 현실의 역사의 필연성이라는 헤겔의 사상은 결국엔 역사의 합리주의적 관념화에 불과한 것이었다. 이제는 이성 그 자체가 더욱 비판되고 탈각되지 않으면 안 되는 것이다. 그런데 헤겔에게서 이성의 특색은 무엇보다 먼저 자기 스스로를 알고 있다는 이성의 근원적인 자율·자유에 있었다. 이는 칸트가 계몽에 관해 요구했던 예의 저 제1규정 그 자체를, 즉 문화적 자유의 관념을 그저 철학적으로 정돈하여 표현한 것에 불과하다. 따라서 헤겔이 말하는 거꾸로 선 이성이 바로 세워지고, 그것이 물질(철학적 범주로서의 물질)에 의해 옮겨 놓아질 때 계몽기적인 계몽의 저 제1규정에서 유래하는 문화적 자유주의의 제한을 완전히 밟고 넘어서게 된다. 거기에 유물론이 있었던 것이다.

그래서 역사상의 이른바 '계몽'의 두 가지 규정에서 유래하는 계몽의 두 가지 제한(오성의 철학과 이성의 철학, 즉 형이상학과 절대적 관념론)을 밟고 넘어서 계몽이라는 것의 진정으로 자유로운, 그리고 진정으로 합리적인 의의를 현재에 역사적으로 끌어낸다면, 그 내용이라는 것은 결국 변증법적 유물론이었던 게 된다. ——어쩌면 독자들은 내가 처음부터 계몽이라는 명목의 외견 아래서 그저 일반적인 철학사를 더듬고 있을 뿐인 게 아닌가라고 말할지도 모른다. 그러나 그렇지 않은데, 다름 아니라 그렇게 함으로써만이 비로소 오늘날 필요한 '계몽'의 무엇보다 합리적이고 일반적인 현실의 관념을 역사적으로 도출할 수 있기 때문이다.

예컨대 오늘날 필요해질 계몽을 막연하게 표상한다면, 그것은 아마도 리버럴리즘(더하여 문화활동에서의 리버럴리즘, 따라서 문화적 자유주의) 따위가 최초로 떠오르지 않을까 한다. 그러나 그 기능상의 문제는 별도로 치더라도, 적어도 오늘날의 계몽과 계몽 개념의 기구機構내용의 관점에서 말하는 한에서, 리버럴리즘은 계몽의 규정으로서는 오늘날 이미 때늦은 것이다. 이는 방금 설명했던 것이다. 칸트가 일찍이 계몽을 설명했던 방식—이성의 자유로운 사용—을 통해서는 우리는 오늘날 자기 자신조차 계몽할 수 없는 시대에 와있는 것이다. 도대체가 오늘날의 '이성'만큼 몽매한 것은 없으며 오늘날의 '자유'만큼 부자유한 것은 없다. 어떤 민족의 역사를 인식하는 일에는 다른 민족들이 단 하나도 알 수 없을 자각=이성이 필요한 듯하며, 국민의 자유를 신장·방위하는 일에는 국민 자신이 극도로 자유를 박탈당하지 않으면 안 되는 듯하다. 진보적인 프리드리히 치하의 프로이센이라면 이성을 자유로이 사용할 수도 있겠지만 반동 아래의 오늘날에는 이성을 자유로이 사용하는 것 자체가 공짜로는 가능할 수 없는 것이다.

여기까지는 계몽 혹은 계몽 개념의 내용기구에 관한 것인데, 그것의 활동기구가 문제로 되면, 즉 계몽은 오늘날 어떤 활동형태를 취해야 하는가라는 물음에 이르면 다시 새로운 문제로 들어가게 된다. 원래 계몽활동은 적어도 일종의 대중화, 상식화, 저널리즘 활동, 비판활동인 셈이므로 그 활동형태는 극히 중요한 문제로 인식되어야 한다. 이는 다른 기회로 미루기로 하자.

2

위의 1을 보충하기 위해 다시 한 번 반복하기로 하자.

최근 문단에서는 로만티시즘[낭만주의]의 외침소리가 드높다. 로만티시즘은 리얼리즘에 대비되어 그렇게 불리고 있는 것이다. 그런데 그 말에 의해 표현되는 내용은 과학적으로 말해 결코 아직 확연佛然한 것이 아니다. 사람에 따라서는 그것의 윤곽을 규정할 때 독일 로만티시즘의 여러 규정들에 기댄다. 문학사 혹은 넓게는 문화사에서의 로만티시즘으로 불린 운동을 가장 특징적으로 대표하는 것은 물론 독일 로만틱[낭만파]이며, 거기서 그 운동은 단지 문학에 한정되지 않고 널리 철학·경제학에까지 관통되고 있다. 오늘날 일본의 문학자들이 생각하거나 말하고 있는 소위 로만티시즘을 독일 로만티시즘의 여러 규정들로 규정하는 것은 그 역사상의 특정한 운동과, 지금 현재 규정을 모색 중에 있는 모종의 운동을 직접적으로 접합시키는, 그렇게 그둘이 혼동되고 마는 것으로서 결코 역사적인 견해일 수 없다. 또한 동시에 로만티시즘이라는 말이 적어도 한쪽에서 특정 시기의 역사적인 한 가지 운동의 이름이었다는 점에서, 그 말의 현재적 사용방식은 좀 더 신중히 생각되지 않으면 안 될 것이다.

이와 거의 동일한 것은 계몽(아우프크레룽)이라는 관념

에 대해서도 말해질 수 있는 것이다. 대체로 계몽이란 이른 바 계몽기(영국·유럽의 17~18세기)의 정치적 또는 문화적 이상의 한 가지 이름이며, 따라서 그것은 특정한 역사적 정형을 가진 말이다. 실제로 아우프크레룽은 클래시시즘[고전주의]과 로만티시즘에 대립했던 문화이상이었다. 오늘날에는 로만티시즘을 리얼리즘이라는 창작방법에 대비시키고 있지만, 역사상의 로만티시즘이 무엇보다 먼저 클래시시즘에 대립한 것이었다는 점을 잊게 되면 위험해진다. 그런데 그런 역사적 로만티시즘, 그리고 마찬가지로 역사적인 클래시시즘에 대립했던 것이 역사적인 '계몽'운동의 특색을 이루고 있었다. ──하지만 현재 우리가 계몽이라고 말할 경우가 반드시 그런 계몽기적인 계몽을 뜻하는 것이 아니라는 것은 말할 것도 없다. 실제로 아우프크레룽의 시대는 지나갔고 문화사에서의 클래시시즘이나 로만티시즘이 뒤를 이어 곧바로 그것을 대신했다고들 여긴다. 그렇게 지나가버린 의미에서의 계몽이 오늘날 우리들 사회의 진보적인 과제가 될 수 없음은 말하지 않아도 알 수 있는 것이다. 오늘날 필요한 계몽이란 말할 것도 없이 그런 역사적인 계몽기적 '계몽'과 전혀 다른 것일 리가 없지만, 그럼에도 그런 계몽과는 구별되는 좀 더 일반적인 혹은 좀 더 개별적인 계몽이지 않으면 안 된다.

　　역사상의 로만티시즘이라고 할지라도, 예컨대 무한을

향한 동경이라거나 자아의 세계적 확장과 같은 더 이상 역사적인 한 시기의 특색으로만 한정되지 않는 규정을 도출해낼 수 있거니와, 마찬가지로 글래시시즘에서도 형상적이고 유형적인 균형과 같은 규정을 추출해 낼 수 있지만, 그것과 동시에 계몽 역시도 이른바 계몽기적인 계몽으로부터 어떤 일반적인 것으로서 추출될 수가 있는 것이다. 그것이 곧바로 작금의 필요한 계몽의 뜻을 이룬다고 단언할 수는 없지만, 적어도 그것을 빼놓거나 그것에 의지하지 않고서는 필요한 계몽문제의 과학적인 해결을 바라볼 수 없게 된다는 것은 분명하다.

후쿠자와 유키치는 이제까지 일본이 낳은 최대의 계몽가였다고 해도 좋다. 또한 메이지의 전반부를 문화사적으로 규정할 때 그 시기는 말하자면 일본에서의 계몽기에 해당할 것이다. 그러나 그 시기는 이미 유럽에서는 이른바 계몽기가 멀리 지나가버린 시대였다. 따라서 일본의 계몽기라는 관념도, 후쿠자와 옹이 계몽가였다는 것도 이미 이른바 '계몽' 이상의 혹은 그것 이외의 무언가를 뜻하고 있다. 그럼에도 그것이 어떤 이유에서 여전히 계몽의 이름에 값했던 것인가. 적어도 계몽기적인 계몽이 가진 몇 가지 주된 규정이 거기서 반복되고 있기 때문이다. 그렇다면 대체 오늘날 필요하다고 여겨지는 계몽이란 어떤 규정을 갖는 것인가, 후쿠자와 식의 계몽 혹은 아우프크레룽적인 계몽과 어디까지 같고 어디부터 다른가, 또 왜 그렇게 다르지 않으면 안 되는가와 같은 문제들은 지금까지 세간에서 그다지 응답되지 않았던 게 아닐까 한다. 아니, 대체 계몽이라는 운동 혹은 관념조차가 어떤 의의에 근거하여 오늘날 필요한 것인가라는 문제가 세간에서는 그다지 많이 설명되지 않고 있는 것처럼 보이는 것이다.

　　나는 앞서 상식이라는 것을 문제시했었는데, 상식은 이미 오늘날의 문단과 같은 데서도 다소간 문제시되고 있다. 그런데 그 상식이라는 관념 역시도 한편에서는 역사적인 어떤 특정 의미를 갖고 있는 것으로서 소위 상식학파의 '상식'을 참조하지 않고서는 과학적으로 분석될 수 없는 것이었지만, 좀 더 넓게 그것을 문화사적으로 말하면 실제로는 그 상식학파라는 것 자체가 이른바 아우프크레룽(특히 영국 계몽기) 철학학파의 하나에 다름 아닌 것이다. 따라서 그 관계로부터 거슬러 올라가더라도 상식이 문제가 되는바, 반드시 계몽 역시도 문제시되지 않으면 안 된다. 프랑스의 행동주의 문학자들 모두는 그런 계몽이라는 문제에 상당히 실질적인 관심을 기울이고 있는 게 아닐까 한다. ─동일한 것이 좀 더 구체적이고 선명한 경우를 통해, 즉 유물론의 문제를 통해 오늘날의 테마가 되지 않을 수 없게 되고 있다. 이미 프랑스 유물론은 아우프크레룽의 가장 대표적인 운동 형태 중 하나였다. 계몽활동이라는 것을 빼놓고서 프랑스 유물론을 거론한다면 그것만큼 흥미가 결여되고 뜻을 알 수 없게 되는 사상은 따로 없을지 모른다. 논지의 그런 줄기를 더듬어 가면 오늘날의 유물론이 문제되는바, 또한 반드시 계몽이 문제시되지 않으면 안 될 것이다. ─그러나 그러한 사상사적·문화사적 연관을 더듬어가지 않더라도 오늘날의 유물론에 계몽만큼 중대한 과학적 사명이 따로 없으리라는 점은 무엇보다 직접적으로 감지될 수 있을 것이라고 생각한다. 유물론은 학자들의 학설이 아니다. 그것은 진리이지 않으면 안 된다. 그렇다는 것은 대중이 그것을 이해하고 몸에 익혀야만 한다는 뜻이다. 그렇게 과학 혹은 문화의 대중화·보급·교육 등등의 문제는 실제로는 계몽문제로 귀착하는 것이다.

무엇보다 오늘날 일본과 같은 문화적 바버리즘[야만주의]이 횡행하는 시대, 그런 시대가 아니라면 어쩌면 계몽이라는 말 또한 크게 필요한 것은 아닐지도 모른다. 그런데 오늘날에는 모든 문화가 그 합리성을, 그 자유를, 그 현실성(유물론성)을 잃어버리려 하고 있다. 이후 뒤에서 보게 될 것처럼 그런 합리성이나 자유나 유물론성이야말로 계몽이라는 것의 특징 속에 가로놓여 있지 않으면 안 되는 것이었다.

나는 계몽의 문제를 다소 상세히 생각해보고 싶은데, 그것은 다른 기회를 얻지 않으면 안 될 듯하다. 지금은 그

4 계몽론

저 극히 간단하게 그 문제를 스케치하는 데에서 멈추고자 한다.

이른바 계몽기에서의 계몽활동은 네덜란드와 잉글랜드에서 일어났다고 여겨진다. 또한 무엇보다 그 선구적 단계가 르네상스와 종교개혁 속에 가로놓여 있었다고들 말하는데, 본래의 계몽기란 17세기, 특히 영국의 존 로크에서 시작하는 것으로 보인다(실상을 말하면, 아우프크레룽의 이상에 포함된 관념 속에서는 프랜시스 베이컨으로까지 거슬러 올라가는 것이 발견되지만 말이다). 로크의 이른바 정치적 리버럴리즘, 그것은 H. 라스키 등의 표현을 빌리자면 경제적 리버럴리즘에 기초한 것인데, 그 자유주의란 말할 것도 없이 개인의 행동의 자유에 집중된다. 경제적·정치적·도덕적 자유, 행동과 의지의 개인적 자유가 로크에 의해 처음으로 강조됐던 것은 잘 알려진 대로이다. 이것이 당시의 봉건적 잔존물·절대왕권·가톨릭교권의 타도를 요구했던 근대 부르주아지의 무엇보다 대표적인 정치적 이데올로기였던 점은 말할 것도 없지만, 지금 필요한 것은 특히 그 이데올로기가 로크의 손에 의해 개인의 지적 자유, 이성 혹은 오성의 자유라는 것으로써 근저를 부여받게 됐다는 점이다. 그의 『인간오성론』[1690]은 관념이 경험에서 생겨난다는 경험론을 단순히 주장했던 것만이 아니라 동시에 오성이야말로 인간의, 즉 개인의 핵심을 이루는 것이라는 상정에 입각해 있었던 것이다. 그래서 로크는 오성=이성 안에서 개인의 정치적 자유의 근거를 발견하고자 했다. 왜냐하면 개인의 오성이야말로 자유롭지 않으면 안 되는 깃이기 때문이다. 오성의 자유를 빼고서는 근본적으로 그 어떤 다른 권위도 있을 수 없다고 생각됐던 것이다.

독일의 계몽기 철학에서는 그런 오성과 자유 간의 관계가 특별한 형태를 취해 정면으로 밀려나왔다. 그 가장 대표적인 것이 칸트 속의 계몽적인 부분인바, 한편으로 거기서는 오성과 이성의 구별이 준비됨으로써 그 둘의 외면적인 제한과 더불어 그 둘의 내면적인 자유(자율)가 비로소 체계적으로 떠오르게 된다. 칸트에게 계몽이란 이성의 자율에 다름 아니다. 따라서 그는 논문 「계몽이란 무엇인가라는 물음에 답한다」에서(이 문제는 모제스 멘델스존 역시도 거론하고 있었던 듯한데) 그것은 '인간이 자업자득의 미성년으로부터 졸업하는 것이다'라는 유명한 정의를 내리고 있다. 자업자득이라는 것은 이성적인 인간이 자기 자신에 관해 책임을 진다는 것, 즉 그의 오성이 자유롭다는 것을 상정할 때에 비로소 의미가 있는 것이다. 칸트는 인간이 자기 자신의 오성을 언론 속에서 또 문장 속에서 공적으로 자유롭게 구사하고자 했고 그런 결심과 용기가 아우프크레룽이라고 말하고 있다.

하지만 그런 오성 혹은 이성과 그것의 자유 혹은 자

율이라는 것만으로 아우프크레룽의 규정이 충분해지는 게 결코 아니라는 점은, 한쪽에서 이성이 그저 세계를 해석하는 정신이 되거나 다른 한쪽에서 자유가 의지의 자유나 신에 대비되는 것으로서의 인간의 종교적 자유 따위로 되어가는 과정에 주의한다면 곧바로 알 수 있는 것인바, 한편에서 아우프크레룽의 오성 혹은 이성이란 어디까지나 일종의 합리주의이지 않으면 안 되며 다른 한편에서 아우프크레룽의 자유란 어디까지나 정치적 자유임을 잃어버려선 안 된다. 그래서 거기로부터 아우프크레룽의 두 가지 규정이 거듭 도출되는 것이다. 하나는 합리주의, 다른 하나는 정치적 변혁의 이상.

계몽기적 합리주의는 독일 아우프크레룽의 특징을 이루고 있다. 그 대표적인 것이 크리스티안 볼프인데, 그는 라이프니츠 사상의 절반을 차지하는 소위 합리주의를 철저하게 합리화하였다. 그런 합리화란, 볼프가 한쪽으로는 라이프니츠의 사실진리의 문제(이는 역사 문제의 원리로서 유용하다)를 거의 무시하고 그 영구진리의 문제만을 철학의 중심에 놓음과 동시에, 다른 한쪽으로는 그 영구진리적 철학을 조직화하여 학교 식으로 정비했던 점에 있는 것이다. ──프랑스 계몽운동의 대표자 볼테르는 '역사철학'이라는 말을 만든 사람으로 회자되듯이, 헤르더로부터 칸트에 이르는, 나아가 유물사관에까지 이르는 여러 종류의 과학적 역사관을 마련한 선구자 중 한 사람이지만, 볼프에게서 역사의 문제는 역사의 문제로서 거의 완전히 망각된다. 그는 형식논리학적 모순율(이는 동시에 동일률까지도 의미한다)을 유일한 오르가논[organon, 사고의 원칙/도구]으로 삼는 기계론(즉 형식논리주의적 오성주의)을 철저화했던 것이다.

　기계론의 철저화는 결코 볼프 혹은 독일 아우프크레룽만의 특색이 아니다. 그것은 넓게는 계몽기 영국·유럽의 국제적 논리였고, 그 논리에 실질적인 지반을 제공한 대표자는 뉴턴이었다. 그의 입장은 라이프니츠의 경우와 마찬가지로, 데카르트의 기계론에 견주어 말하자면 다이너미즘[dynamism]이지 단순한 기계론이 아니다. 이를 그의 미분微分 관념이 말해주고 있다. 그럼에도 그것이 넓은 뜻에서의 메샤니스무스Mechanismus[기계(론)·메커니즘·기관·장치]를 벗어나는 것은 아니다. 뉴턴은 당시의 국제적 기술수준을 이론적으로 체현한 인물이었고, 당시 주로 잉글랜드가 가진 생산력의 학자적 표현에 다름 아니었는데, 뉴턴에 대한 관심은 널리 프랑스 계몽가들에게도 공통되는 것이었다. 예컨대 퐁트넬, 모페르튀, 볼테르 등이 그러한데, 그 점에서는 독일 계몽가라고 하더라도 다를 바 없다. 오일러, 람베르트, 칸트 등이 문제의 설정을 얼마나 많이 뉴턴에 빚지고 있는지 주목한다면 충분할 것이다. 칸트가 제1비판에서 문제로 삼았던 과제의 절반은 뉴턴 물리학의 객관성을 철학적으로 해명하고 또 비판하는 것이었다. 칸트에 이르면 다름 아닌 뉴턴에 대한 비판이기에 그만큼 기계론(=형식논리)의 비판을 포함하는 것인바(괴테나 헤겔이 되면 뉴턴 비판은 더 두드러진다), 따라서 그만큼 뉴턴주의는 아우프크레룽의 특색을 보이게 되는 것이다. 그런 계몽적 합리주의는 볼프의 무無모순율 원리에서 전형적으로 드러난다.

그런데 볼프는 그런 계몽철학을 처음 체계적이고 강단講壇적으로 정비한 점에서도 유명한 합리주의자였다. 볼프에 의해, 혹은 적어도 그의 철학에 의해 오늘날 독일 강단철학의 용어 및 통념 대다수가 확립됐으며, 말할 것도 없이 칸트는 직접적으로 볼프의 철학에서 용어와 문제의 시사를 얻었다(예컨대 온톨로기[존재론]라는 말은 볼프에 의해 결정된 것이며 페노메놀로기[현상학]라는 말은 람베르트의 인식론에서 처음으로 사용됐던 듯하다. 람베르트는 볼프학파의 유력자였다).

그러나 계몽철학이 그렇게 강단철학으로서 정비됐다는 것은 뭔가 잘못 어긋나 있는 듯이 보일지도 모르는데, 실은 그 과학적 엄밀함이란 아우프크레룽의 철학에서는 볼프학파가 거의 유일한 예외로서 지니고 있는 것이었다. 그렇게 예외적으로 엄밀과학적인 사상체계였음에도 어쩌면 독일적으로 뒤처졌던 생산기구 덕분에, 따라서 정치적 자유나 정치적 실천을 위한 이성 혹은 오성의 활용으로부터 절연됐던 덕분에 그 결과로서 전적으로 강단화된 볼프의 엄밀철학은 결국엔 절충철학을 벗어나지 못했다. 그 결과, 독일에서 그 철학은 나쁘게 통속화되어 소위 '통속철학'을 낳기에 이른다. 그 지점에서 독일 게몽주의의 속악한 일면이 노출됐다고 하지 않을 수 없다. 그러나 예컨대 프랑스 계몽주의에서는 한쪽으로 그 운동의 국제적 연대(정확히 프랑스의 여러 혁명들이 그랬던 것처럼)가 있었음과 동시에 다른 한쪽으로 국어 혹은 속어의 자유로운 구사에 의해 말뜻 그대로의 계몽적인 역할이 완수되고 있었음을 잊어서는 안 된다. 프랑스의 많은 계몽가들(그 속에는 숱한 유물론자나 이른바 프랑스 이데올로그까지도 포함된다)은 철학적인 저술가였을 뿐만 아니라 문학적·연극적 작가이자 비평가·평론가이기도 했다. 그들은 결코 절충가가 아니었음에도, 말하자면 인사이클로피디스트[encyclopedist(백과전서파)]였던 것이다. 당시의 프랑스는 평론잡지와 서재와 살롱의 시대였다. 그때는 프랑스의 이른바 '앙시클로페디[백과전서(사전)]'와 나란히 그것의 판본을 바꾼 모조 백과사전이 적지 않게 만들어진 시대였던 것이다.

이제 끝으로 계몽주의의 자유 규정에서 오는 사회변혁의 문제가 남아있다. 그것은 말할 것도 없이 프랑스에서는 계몽운동의 중심적인 목적이었고 또 일단 훌륭하게 실현되었다. 아니, 진상을 말하자면 프랑스적 계몽주의의 자유 관념은 평등이나 우애와 나란한 것이었지만 실은 프랑스혁명의 이데올로기가 계몽주의의 사상체계에 편입됐던 것에 다름 아니었다. 프랑스의 계몽주의는 정치적인 실질을 온전히 구비하고 있었다고 하지 않으면 안 된다. 이에 반해 독일 아우프크레룽은 일반적으로 인간을 이성에 의해 교육한다는 이상理想이라고 말해지듯이 단순히 문화적이고 문인적인 이상으로까지 추락했다. 독일의 계몽주의는 문화사의 단순한 에포크[전환기·획기] 이외에 전혀 다른 것을 뜻하지 않는다. 그것은 단지 문화사의 클래시시즘이나 로만티시즘의 선행 시기에 다름 아니다. 칸트는 그 점을 대단히 선명하게 드러내고 있다. 계몽이란 오성의 공공적인 사용이지 오성의 사적인 사용이 아니다. 거기서 사적이라는 것은 예컨대 관리가 관리로서 명령을 받들어 행하는 부르주아의 시민적이고 세속적인 행동인데, 이에 반해 계몽은 전적으로 '공중公衆' 즉 '독자층'을 상대로 하는 것이며 그런 뜻에서 공공적으로 문서를 통해 학자로서 거동하는 것을 말한다. 거기서만 인생의 진보가 초래되는 것인바, 혁명을 통해서가 아니라 '서서히' 변혁이 행해지게 되리라는 것이다. 칸트는 '계몽시대(계몽된 시대가 아니라 계몽되어 가고 있는 시대)는 프리드리히 [빌헬름 2세]의 세기世紀'라고 결말짓는다.

계몽으로서 무엇보다 특색을 띤 것은 프랑스의 계몽과 독일의 계몽이지만, 그 둘 사이에는 그만큼의 차이가 있다. 그럼에도 기계론(메커니즘)이 그 둘에 공통적인 것이라는, 오늘날까지 말해져 온 설명으로 결론이 맺어질 듯하다. 그것은 분명 역사의 한 시기로서의 계몽기에서 계몽이 가졌던 특색이었다. 그 이후 세계의 정치적이고 문화적인 발전은 그런 계몽기적인 기계론을 어떻게 탈각할 것인지를 궁리한 것이었다고 해도 되겠지만, 그것이 디알렉틱 [Dialektik(변증법)](실제로는 유물론)으로까지 향해 가지 않는다면 그런 탈각이란 불가능할 것임은 역사적으로도 논리적으로도 오늘날 증명이 마무리된 상황이라고 하겠다. ──그래서 오늘날 필요한 계몽은 말하자면 변증법적 계몽이지 않으면 안 될 것이다. 변증법에 의해 비로소 절충이나 통속철학으로 추락하지 않는 과학적인 문화총합의 목적도 확실히 보증될 수 있을 것이다. 그런 문화총합이 없는 곳에서는 그 어떤 계몽도 대중화도, 나아가 정치적인 활동도 뿌리 없는 풀이 되는 것 말고는 다른 선택의 여지가 없을 것이다. 거기서 비로소 새로운 시대의 인사이클로피디스트라는 것의 의미 또한 그 내용을 얻게 될 것이다.

인사이클로피디스트와 유물론자가 프랑스 계몽기에 하나로 관계 맺었다는 것은 오늘날에도 조금도 변하지 않을 것이다. 다만 그 유물론이 기계론을 탈각한 것이라는 현재의 논리학적 조건이 오늘날의 계몽이 지닌 새로운 내용을 결정하는 것이다. 거기서야말로 진정한 합리성과 자유가 비로소 실제적인 문제로 될 수 있는 것이다.

5 문화의 과학적 비판
─ 특히 국수주의 비판을 위한 플랜

구체적인 현실물이 제각기 자신의 특수성 혹은 독자성을 지니고 있는 것은 당연하다. 일본이라는 국가·민족·인류(?)가 경제상·정치상·문화상으로 세계의 다른 여러 국가·민족·인종에 대해, 또 세계의 총체에 대해 특수성 혹은 독자성을 지니고 있는 것은 당연하다. 편의상 그런 특수성 혹은 독자성을 일본적 현실이라고 부르기로 하자. ─무엇보다 일본적 현실이라고 하면 곧바로 아세아적 현실이라거나 동양적 현실 같은 것이 연관되겠지만, 그 연관에 대해서는 다른 기회로 넘긴다.

예컨대 잡지 『사상』(1934년 5월)은 '일본정신' 특집호를 냈다. 이는 아마도 방금 말한 '일본적 정신'을 주제로 삼은 특집이라는 뜻일 것이다. 그러나 그 일본적 현실이라는 것이 어째서 특히 일본'정신'이지 않으면 안 되는가. ─혹시 정신이라는 것이 에센스 혹은 본질이라는 뜻이라면 별달리 문제될 게 없을지도 모른다. 그 경우에는 사물을 살리고 사물에 생명을 부여하고 있는 것이 무엇과도 달리 정신이라고 불리는 것이므로 정신은 생명을 뜻하는 정도로, '그리스도교의 정신(지니[genie(génie)])'이나 '그리스정신'이나 '자본주의의 정신' 등으로 말해지는 것이다. 하지만 그럴 때 이미 의문시되는 것은 사물의 에센스 혹은 본질을 습관적으로 정신이라고 명명함으로써 어느새 모르는 사이에 정신주의를 혼입시키고 있는 게 아닌가라는 점이다. 단지 문장을 꾸미는 것이라면 괜찮겠지만 그런 문장 수식으로부터 논리에 이르기까지 정신이라는 말을 진지하게 들고 들어간다면 그것은 이미 정신주의의 논리가 된다. 사물의 본질은 정신이라고 말하는 철학적 관념론이 되는 것이다.

이른바 '그리스도교'로서의 그리스도교는 원래 정신적인 것으로 되어 있기에 그 본질이 정신(지니)이라고 말하는 것은 아직 괜찮을지 모르겠지만, 이미 '그리스정신(지니)' 같은 것이 되면 상당한 정도로 철학적 가정을 암시하고 있다. 그럴 땐 그리스에서의 노예제도 역시도 그러한 그리스'정신'의 일부분에 속하지 않으면 안 되는바, 과연 그래도 상관없는 것인가. 자본주의의 정신이 M. 베버에서처럼 칼뱅주의 따위와 다른 게 아니라고 한다면 자본주의는 프로테스탄트의 신앙으로부터 생겨난 소산이 되고 말지도 모른다. 그래서 거기까지 이르게 되면 '정신'이라는 명명법 또한 결코 간단치 않은 의의를 지니고 있다는 것을 알게 될 것이다.

　　　　　　　　5 문화의 과학적 비판

일본적 현실을 특히 일본정신이라고 부르는 것은, 즉 일본적 현실을 특히 일본정신이라는 것으로까지 추상하는 일은 일본에 관한 논의에 은밀히 정신주의를 혼입시키는 것의 증상으로 볼 수 있다. 위의 잡지 특집호는 여러 문화 영역에서 '일본적인 것'의 검출을 노리고 있는 듯한데, 문제가 경제적이고 정치적인 영역 일반이 아니기 때문에 일본적인 것이 특히 일본정신으로 불리는 것도 일단은 괜찮을지 모르겠지만, 그렇다고 할 때는 그것이 이른바 일본정신주의의 입장에 선 것이 아닌 이유를, 즉 일본정신주의에 대한 명확한 비판을 강조하지 않으면 '일본정신'이라는 명명 자체의 의미가 심히 의심스럽게 될 것이다. 그런데 일본적인 것 혹은 일본정신의 검출에 간여하는 논문, 또는 단지 일본의 특수사정에 관련된 한에서 작성된 논문은 많이 실려 있음에도, 일본정신주의 혹은 그것으로 통하는 여러 일본주의들에 대한 비판은 히라노 요시타로 씨의 「메이지 중기 국수주의의 대두, 그 사회적 의의」한 편을 빼고는 거의 없다고 해도 좋겠다. ―그러하되 일본적인 것을 문제로 삼으면서, 혹은 일본정신을 문제로 삼으면서 일본정신주의 쪽은 그다지 문제시하지 않는 그 태도 자체가 일본정신주의가 모르는 사이에 혼입되어 있는 유력한 증상이다. ―일본의 대표적인 사상 잡지 중 하나에서 보이는 그 일례는 의미심장한 것이다.

무엇보다 일본적인 것의 검출 및 일본의 특수사정에 대한 강조라고 할지라도 그 둘의 완전히 상반되는 동기나 흥미로부터 문제가 발생할 수 있는데, 일본적인 것에 특수한 흥미를 보이는 것이 그 자체로는 결코 보수적이지도 반동적이지도 않다는 것, 오히려 그것이 구체적으로 진보적인 것임을 뜻할 경우가 있음은 꽤나 잘 알려진 것이다. 하지만 그렇다고 해서 자신의 동기에 대한 식별 없이 단순히 일본적인 것에 특수한 역점을 두는 것이 보수적이거나 반동적이지 않은 자흐리히[sachlich(물적인·사실적·실질적·객관적)]하며 충실한 연구태도나 인식태도가 되지는 않는다.

'일본적인 것'이 다른 것들에 대한 설명원리로서 받들어 앉혀질 경우와, 그것이 다른 여러 원리들에 의해 설명되어야 하는 구체적 과제로서 제출되는 경우는 그 조건이 전적으로 상반되는 것이다. 각종 '아시아적 현실'주의자나 일국 사회주의자들을 위시해 미터[meter(길이단위)]법 강제 반대파의 논거에 이르기까지 일본적인 것은 설명되어야 할 구체적 사실로서가 아니라 그것으로 설명을 시작해야 하는 추상적 원리로서 의식되고 있다. 거기서는 국제적인 것의 구체적 일환으로서의 일본적인 것이 아니라 국제적인 것에 선행하는 추상적인 대립물로서의 일본적인 것이 원리가 되고 있는 것이다. 일본적인 것의 강조가 보수적인 혹은 반동적인 것인가 아니면 구체적으로 진보적인 것인가는 그것이 국제적인 것과 어떤 관계를 맺는가를 보면 일반적으로 판별 가능하다. 이 점이 중요한 것이다.

일본적 현실을 국제적 현실로부터 고립·독립된 하나의 소여로 간주하고, 그럼으로써 그것을 하나의 원리로까지 추상·승화시키는 것이 오늘날 가장 대표적인 사회 파시스트 혹은 전향 파시스트의 논리적인 트릭이라면, 그런 일본적 현실의 실체를 일본정신으로까지 추상하여 드러내는 것이 국수国粹 파시스트의 공통된 수법이다. 오늘날의 일본 국수 파시스트철학은 우선 첫째로 '일본정신주의'로 귀착하는 것이다. 따라서 나는 예컨대 저 『사상』 특집호의 내용과 표제를 사회 파시스트나 국수 파시스트와의 관계 속에서 연상했고 신경을 쓰게 됐던 것이다.

일본의 이른바 파시즘이 그 원리로서 이름을 내거는 '일본적 현실' 혹은 '일본정신'은 그러나 아직 계통적으로 비판되고 있지 않다. 하지만 그것은 오늘날 이론가들의 무엇보다 절실한 과제를 대표한다. 나는 여유를 얻어 그 일부만이라고 거론하고 싶은데(6장 참조), 지금은 마음가짐의 일부분으로서, 일반적으로 그런 이데올로기 현상에 대한 비판방법의 요점만을 간단히 정식해 놓고자 한다.

이른바 내재적이고 내부적인 비판이 비판일 수 없는 것은 말할 것도 없다. 예컨대 문예작품을 두고 말할지라도 작가의 주관적(이는 때때로 주체적이라는 말로 호도되지만)이고 내부적인 이데[idee]를 천착하는 데에 머문다면, 그것은 아마도 동정이나 반감, 이해나 주문注文은 될지라도 비판은 될 수 없다. 그럴 때 그 이데를 표상하는 기법의 설명에 이르러서는 그것은 '작가'의 무대 뒷면樂屋[분장실·내막]에 속하는 문제이지 일반 관객의 앞쪽 전면에 밀려 나온 물건 같은 것이 아니다. 그런 뜻에서 비평은 그것이 객관적이고 과학적이기 위해서는 원래 외부적인 것이라고까지 생각될 필요가 있는 것이다.

그런데 객관적 비평이나 과학적 비평이라고 하면 사람들은 곧바로 사회적 비평을 떠올린다. 밀류[milieu(환경)]이론적 비평이 사회학적 비평으로서도 이미 불충분하다는 점은 오늘날에는 누구에게나 명확한 것인데, 사회적 비판(실은 사회학적 비판)이라고 하면 아직도 상당한 신용을 얻고 있는 것이다. 프리체의 예술사회학이나 칼버튼의 사회학적 비평 등이 그런 사례로서 오늘날에도 큰 가르침을 주는 것은 의심의 여지가 없는 사실일 것이다. 그리고 사회라고 말할 때 그것은 물론 역사적 사회이기 때문에 특히 사회로부터 역사를 버리고자 하는 특별한 입장에 서지 않는 한, 사회적(사회학적) 비판은 동시에 그 나름의 뜻에서는 역사적인 혹은 역사학적인 비판을 포함한다고 봐도 좋다. 그런 역사적 관점이 독특한 형태로 발달했던 사례로는 딜타이의

5 문화의 과학적 비판

해석학적 비평방법을 들 수 있을 것이다. 하지만 '사회학'적 비판이나 '해석학'적 비판은 그것이 아무리 이데올로기 이론과 공통되거나 접근되는 지점을 갖더라도 결국엔 이데올로기 이론—사회과학적 문화이론—일 수는 없다. 우리는 이데올로기 이론의 관념에 서서, 즉 문화를 이데올로기로서 사회과학적으로 비판하는 입장에 서서 방금 말한 내부적 비평과 외부적 비평을 다시 대치시켜 보일 필요가 있다.

앞질러 분명한 것은 내부적이라는 형용사가 본질적이라는 뜻을 표현하지 않으면 안 되는 것인 한에서 비평 또한 내부적 비평이지 않으면 안 된다는 것이다. 따라서 소위 외부적(외면적·피상적) 비평도 그런 내부적 비평과 모종의 방식에서 필연적으로 결합·통일됨으로써만이 비로소 비평이 될 수 있는 셈이다. 그렇기에 일단 내부적인 것과 외부적인 것이 통일되는 곳에 사회과학적 비판의 기능이 있으리라고 말할 수 있을 것이다. 하지만 그런 관계는 구체적으로 분석하면 결코 간단히 전모를 알 수 있는 게 아니다.

사회과학은 이데올로기 내용을 역사적·사회적으로 분석한다. 즉 현재 존재하고 있는 이데올로기 현상이 적어도 현재의 어떠한 생산관계에 의해 제약받고 또 대응하도록 되어 있는지, 나아가 그것이 적어도 현재의 어떤 법제적·정치적 여건을 통해 제약당하고 있는지가 우선 첫째로 분석된다. 제국주의화된 독점자본에 의한 사회<지배>가 <계

급적> 필요에 따라 생겨난 <절대주의>를 매개함으로써, 나아가 봉건적 잔재를 기저로 급속히 싹 텄던 자본주의 혹은 그것의 <고도화>된 <계급을> 표현하는 각종의 입법·행정·사법을 통로로 함으로써 오늘날 일본의 국수 파시즘과 그에 상응하는 사회 파시즘이 성립하고 있는 것이다.

그러하되, 둘째로, 물론 현재에 연관된 생산관계의 사정, 법제관계, 정치사정은 제각각으로 또 상호연관 속에서 과거로부터의 역사적 계기와 발전의 연쇄를 끌어가고 있는 것 것이다. 현재의 그런 경제적·정치적 조건은 과거 역사적인 것의 결론을 총괄함으로써만이 진정으로 기능적인 것이 되므로, 파시즘이라면 당연히 파시즘이라는 이데올로기가 그렇게 물질적인·사회적인 객관적 정세에 의해 제약을 받고 또 그것에 대응해 가게 된다는 점을, 그리고 그 점이 객관적 정세의 역사적인 운동기구에 의해 발전해 가게 된다는 점을, 그런 인과적인 '제약'이나 '대응'을 설명하지 않으면 안 된다. 따라서 그때 이데올로기는 그런 객관적 정세의 운동기구에 의해 그 역사적 발생과 그 역사적 추이를 설명하게 되는 것이다. 이데올로기 이론의 기능은 그런 한에서 그 발생과 추이에 대한 설명 속에 존재한다. ─그 설명을 통해 비로소 이데올로기는 특색을 부여받을 수 있는 것으로서, 그 이데올로기가 현재에 혹은 다른 시대에 얼마만큼이나 유력한지, 유력했던 것인지, 유력할 것인지에 관련된,

5 문화의 과학적 비판

오늘날 그 이데올로기가 과거의 특정 시기와 어떻게 대비되거나 구별되고 있는지에 관련된 특징의 부여가 그 지점에서 비로소 행해지는 것이다. ──나아가 그런 특징의 부여를 통해 현재의 이데올로기 내용과 현재적 정세가 언뜻 보아 거의 최후적으로 설명되는 것이다(예컨대 자유주의 및 국수주의에 대한 히라노 요시타로 씨의 설명──『일본 자본주의사회의 기구』 같은 저작이 그런 경우의 '설명'에 해당하는 좋은 모범이라고 하겠다).

  하지만 이데올로기의 발생과 발전에 대한 설명이나 특징부여는 단적으로 말해 사물의 설명이지 아직 사물의 비판이 아니다. 물론 '설명'을 수행해 가는 사이에는 자연스레 비판 또는 비판적 관점이 생겨나거나 상정되지 않는 것은 아니지만, 그 '설명' 속에서는 아직 '비판'이 의식화된 범형을 획득되고 있다고는 말할 수 없는 것이다. 요컨대 설명의 단계에서는 기껏해야 이데올로기의 내부적 내용──비판의 대상은 거기에 있는 것이다──이 외부적인 역사적 사회의 객관정세에 그저 대응해 가게 될 따름으로, 그 외부적인 것과 이데올로기의 내부적 내용이 이데올로기적 구체성으로써 결합되는 상태로는 이르지 못한다. 즉 그것만으로는 단순한 외부적 비판에 불과한 셈이다.
  임의의 어떤 이데올로기(일정한 사상·이론·주장)가 특

정한 사회적 기구분자와 역사적 필연관계에 원인을 두고 제약받고 대응할지라도, 그 이데올로기 내용이 널리 승인 받고 있는가 아닌가, 유행하는가 유행하지 않는가, 나아가 아직 얼마만큼의 진실성·진리를 갖고 있는가, 진짜인가 거 짓인가 같은 물음 앞에 직면하면, 즉 그러한 이데올로기 내 용의 통용성·신용도·설득력·납득가능성의 문제가 되면 그것은 이데올로기의 발생에 관한 설명의 단계에 머무는 한에서는 해결이 불가능하다. 그런 해결이 현실 혹은 진실 의 객관적 구조를 어떻게—왜곡되게 혹은 상당히 올바르 게—반영하는가라는 논리학적인 혹은 인식론적인 내부적 설명이 되면, 위와 같은 단순한 역사적·사회적 발생에 관 한 '외부적' 설명으로는 주어질 수 없는 것이다.

그런 역사적·사회적 발생(제약과 대응의 인과관계)에 대 한 설명에서 멈추고는 그것을 방금 말한 논리학적인 혹은 인식론적인 설명으로까지 의식적이고 계획적으로 결부시 키지 못하는 한, 그것은 아직 그 어떤 유물사관도 사회과학 도 아닌 것으로서, 지식사회학이나 문화사회학과 같은 식 의 부르주아 '사회학'의 원칙에 머무는 것일 따름이다. 아 무리 그것이 '계급적' 관념을 강조할지라도 원칙상의 결함 을 덮을 수는 없다. —이데올로기 비판의 문제는 그런 외 부적인 것의 귀결을 통해 내부적인 것을 어떻게 거론할 것 인지에 달려 있다. 그 문제가 풀리지 않는다면 단순히 이데올로기 비판이 될 수 없을 뿐만이 아니라 이데올로기에 대한 충분한 설명조차도 될 수 없다는 것, 그러하되 마찬가지로 왜곡이나 오류에 대한 지적만으로는 그런 비판으로서도 불충분한 것인바, 동시에 그런 왜곡이나 오류의 발생에 대한 설명을 줄 수 있는 것이지 않으면 진정한 비판이 될 수 없다는 것 또한 중요하다. 설명(외부적)과 비판(내부적)이란 제각각의 요구로부터 말하자면, 그 둘의 상호관계에서 비로소 각자를 만족시킬 수 있는 것이다.

그런 상호관계를 구체적으로 의식하고 있지 않으면 왜 존재의 필연성에서 가치의 통용성이 나올 수 있는가와 같은 칸트주의적인 우문을 진지하게 제출하게 될 뿐으로, 철학의 레닌적 단계로서 유명한 논리와 역사 간의 원칙적 교섭이라는 것은 당연히 이데올로기—이는 어느 것이나 '논리'를 갖추고 있는 것이다—에 대한 '비판'에도 고스란히 적용되지 않으면 안 될 터이다. 데보린주의가 가진 방법론주의의 결함은 말할 것도 없이 승인되어야 하지만, 그런 방법론주의적 오류가 발생했던 동기는 이데올로기에 대한 논리학적 '비판'의 과제 앞에서 조급해졌던 것으로, 데보린주의를 부정함으로써 데보린주의적 방법론주의로까지 길을 잘못 들게 된 '비판'의 과제 자체가 갖는 의의를 몰각해서는 안 된다. 논리학이나 인식론은 우리가 당장 눈앞에서 보고 있는 이데올로기에 대한 과학적 비판의 무기로서 역할하는 데에 그 실천적인 의의가 있는 것이다. 그러한 '비판'과 '논리학' 간의 직접적이며 떨어질 수 없는 관계는 레닌의 『유물론과 경험비판론』에서 모범적으로 찾아볼 수 있는 것이며, 거기에 중심점을 두지 않고서는 소위 당파성의 문제도 단지 포복하는 상태匍匐的[땅바닥을 김]로서만 파악될 수 있을 따름일 것이다.

(만일을 위해 말해 놓지만, 여기서 말하는 '논리'를 과학에만 한정된 것으로 생각해서는 안 된다. 예술적이든 윤리적이든, 무릇 문화가치적인 것이란 일반적으로 논리적인 것이다.)

그렇기에 이데올로기의 객관적 여건에 의한 제약·대응에 대한 '설명'을 진행해 간다면, 그것은 저절로 그 이데올로기의 논리적 진위 문제에 관한 '비판'으로 들어가게 되는 것이다.

우선 이데올로기가 이데올로기인 이유로서, 시대적인·계급적인·섹트[파벌·분파·종파]적인, 또 개인적인 생활의 이해관계에 의해 이데올로기의 진리 대對 허위의 관계가 편성되고 있는 것이 발견된다. 인간의 일정하게 공통된 생활의 이해관계를 대표하는 것으로서 역사적·사회적 구조분자들(계급·신분·국가·지방성 등등)이 분석되지만, 그러한 역사적·사회적 구조분자들 각각의 입각점으로부터도 역사적 사회전체의, 또는 객관적 자연의 '객관적 현실'이 주체적으로 (주체의 능동적 실천을 매개로), 또는 주관적으로, 부분적으로 반영되고 모사된다. 그렇게 반영·모사되는 쪽에서의 제한과 왜곡성(거울로 말하자면 면적 혹은 대물(對物)거리와 굴곡(屈曲)률)이 이데올로기가 가진 '비판'되어야 할 이데올로기성인 것이다.

실제로 그것은 역사적 사회전체에서의, 또 객관적 자연에 대한 역사적·사회적 구성분자의 각 개별 부분들이 점하는, 말하자면 객관적인 존재상의 구조관계가 고스란히 논리학적인 '이데올로기성'으로 비춰지고 있는 것인바, 이데올로기의 역사적·사회적 발생·제약·대응의 일정한 관계가 고스란히 그 이데올로기의 논리적 이데올로기성, 즉 진리 대 허위의 구도로 편성이 되고 있는 것이다. 거기서 알 수 있듯, 이윽고 '설명'이 '비판'으로 이행하는 것이다. 생각건대 그 단계에서는 오류의 발생과 그것이 오류인 까닭이 설명될 수 있다. 그것은 단지 인과적인 설명이 아니라 이미 논리적인 설명인 것이다. ─하지만 아직 논리적인 증명은 아니다.

이데올로기가 객관적 현실에 의한 피제약자, 대응물, 인과적 소산일 뿐만 아니라 나아가 그것의 반영물·모사물이라는 점을 방금 강조했던 셈인데, 그렇게 피제약물이자 반영물인 이데올로기는 객관적 현실과는 일단 독립된 자기 자신의 발전법칙을 지니고 있다. 그 독자적 발전법칙에 의해 이데올로기 현상과 논리적 기능은 다시 일부분의 객관적 현실 내용이 되고, 객관적 현실의 객관적인 운동법칙에 참여하게 되는 것이다. 그렇기에 이제 문제가 되는 것은 이데올로기의 이데올로기로서의 독자적 운동법칙을 표현하는 논리적인 역사적·사회적 필연성(흔하게는 조금 불충분하지만 계보라고 불리고 있는)인 것이다. 거기서는 이데올로기가 가진 이데올로기성(오류관계)의 발생과 근거에 대한 설명뿐만 아니라 그 이데올로기의 이데올로기적 특징들의 근원으로 거슬러 올라가溯源 계보적으로 교착시킴으로써 그 설명을 논리학적으로 요약하고 컨덴스[압축·집중]할 수가 있는 것이다. 그렇게 논리학적으로 컨덴스되고 요약된 것의 극치가 논증이라는 것인데(논리란 사물을 요약하고 컨덴스하고 절약하는 기능이며, 이를 위해 필요한 것이 논리의 일반성·보편성이다), 거기서는 그 논증이 순수한 논증의 형태를 취하지 않고 여전히 역사적·사회적(계보학적)인 설명의 형태로 주어진다. 현대의 여러 이데올로기들이 지닌 오류 혹은 진실은 고전적인 오류 혹은 진실로까지 거슬러 올라가게 되는 것이며, 그런 계보적 설명에 의해 오류 혹은 진실이 그렇게 오류 혹은 진실인 이유가, 곧 이데올로기성이 간접적으로 논증되는 것이다. 이데올로기의 문제에서 그러한 역할을 맡고 있는 것이 '고전'이다. 예컨대 마르크스·엥겔스·레닌으로부터의 모든 인용 또한 오직 그런 고전의 뜻에서만 허용되는 것이다(2장 참조).

5 문화의 과학적 비판

'외부적' 비판에서 출발하여 도달하는 가장 '내부적'
인 비판은 이데올로기 내용의 논증에 관련된다. 이는 어떤
이데올로기의 논리적 근거에 대한 반박이나 논거의 제출
인데, 그럴 때 지금까지 서술한 비판의 세 단계에 상응하는
세 가지 형상이 구별된다. 즉, 첫째로는 현실의 사실과 주
장된 사실 간의 대질(이는 객관적 현실과 이데올로기 간의 대응
및 제약의 관계에 해당한다), 둘째로는 현실과 그것에 대응하
는 논리적 체계 간의 대비를 통한 체계의 비판(이는 객관적
현실의 반영물·모사물로서의 이데올로기성에 대한 설명에 해당한
다), 셋째로는 범주의 사용방법에 대한 비판(이는 계보적 설
명의 형태로 주어졌던 간접논증에 해당한다). 이리하여 일정한
이데올로기의 이데올로기성, 진위 관계가 제3자(사회의 대
중·아군身方 및 중립자)와 논적에 맞서 논리적 설득을 부여받
는다. 이것이 논증으로서의 내부적 비판이다.

　하지만 앞서 말했듯이 단순한 논증으로서의 논증처럼
완전히 '내부적'인 비판은 사실상 결코 충분한 논리적 논증
력과 설득력을 가질 수 없다. 필요한 것은 그 내부적 비판
이 비로소 외부적인 비판(이데올로기 발생에 대한 설명, 이데올
로기성의 발생에 대한 설명, 이데올로기성의 계보적 논증)의 총결
산으로 드러나는 것이어야 한다는 점이다. 사실, 오류를 지
적하고 오류인 이유를 논증할지라도 그 오류가 어째서 생
겨나지 않으면 안 되었던가에 대한 '설명'을 덧붙이지 않는

한에서는 설명력도 설득력도 없는 것으로, 동정의 여지가 없는 비판이란 결코 쓰라린 비판일 수 없다. 이런 뜻에서 가장 구체적인 비판이야말로 비로소 가장 실제적인 효과를 갖는 것인바, 그렇게 비로소 비판받아야 할 것이 사실상으로 비판받아 제거되는 것이다. 비판의 과제란 언제나 오류로 넘치는 것이 어째서 널리 통용되고 있는가라는 질문의 형식에서 나온다. 그 모순을 실지로 해소하는 일에는 단순한 '설명'도 단순한 '비판'도 도움이 되질 않는다. 설명을 비판으로까지 전개하고 비판을 설명으로까지 추적하지 않는다면 비판도 설명도 될 수 없다.

이런 사회과학적(역사적—사회적—논리적) 비판의 공작에 있어서는 다분히 인간의 앎 혹은 심리학이 필요할 것이라는 점을 간과해선 안 될 것이다. 원래 비판에는 객관적 현실에서 유래하는 유머나 아이러니가 어찌하든 필요해진다. 그것들은 말하자면 변증법에 대한 문학적 파악이기 때문이다. 마르크스 특유의 표현기술은 비판의 방법상에서 말하더라도 큰 의미를 갖는다. 나아가 내부적으로는 비판에 견딜 수 없을 것 같은 논리적으로 난센스인 것이 외부적으로는 비판의 거대한 대상이 된다는 점은 사실상의 아이러니컬한 여러 현상들에 해당될 것이다. 의미를 갖고 있기 때문에 비판되어야 하는 것만은 아닌데, 오히려 의미가 없기 때문에 비판되어야 하는 것이 더 많기 때문이다. 현대의 각종 파시즘 이데올로기 혹은 반동 이데올로기가 그 좋은 사례인바, 거기서도 내부와 외부를 관통하는 비판이 점점 더 필요한 이유가 명확해질 것이다.

끝으로 특히 국수주의 이데올로기의 비판에 관해 한 가지 주의할 점을 덧붙여 놓고자 한다. 이미 앞서 범주 사용방법의 최후 단계로 거론했었는데, 일본주의적 이데올로기에 대한 비판에서는 특히 그 단계가 중요한 역할과 의의를 갖는다. 왜냐하면 일본주의적 이데올로기만큼 범주론적으로 말해 취약한 관념체계는 없기 때문이다. 그런 취약점들 가운데 으뜸은 일본주의가 즐겨 사용하는 여러 범주들(일본, 국민, 민족정신, 농업, <신 그 자체인 길>†, <신>, <천황>, 그것 이외에 둘러대기 좋은 어수선한 모든 것들)이 언뜻 일본대중의 일상생활에 직접 결부되어 있는 것처럼 보이지만 실

---

† [원문은 "<神ながらの>道". 7세기 후반에서 8세기 후반에 걸쳐 만들어진 가집(歌集) 『만요슈(万葉集)』에서 연원하는 구절이며, '신으로서 계신 그대로'의 길, '신의 마음[御心] 그대로'인 길/법[法道]을 뜻함. 음역하면 <카미나가라노>미치, 곧 오직-신(의 뜻)을 따름이라는 뜻의 '카미나가라(神隨·隨神·惟神)'의 법도를 가리킴. 국가종교로서의 신토(神道)를 제정일치의 법리, 역사, 신성성을 중심으로 황후 어전강의했던 것을 동일한 이름인 『神ながらの道』(内務省神社局, 1925)로 출간한 이는 도쿄대의 법학자이자 신토사상가 가케이 가쓰히코(筧克彦)였다. 이후 그 저작은 국가신토의 요강이 되며 거듭 복간된다. 그 저작 앞뒤로『법리학(法理学)』(有斐閣, 전3권, 1911~1920)과『대일본제국헌법의 근본 의미(大日本帝国憲法の根本義)』(皇學會, 1936)가 있음.]

제로는 일상의 실제생활과는 아무런 친화·친연관계도 없다는 점이다. 농산물이나 양잠이나 가축은 인위적 도태와 관련된 농업기술을 빼고서는 그자체로서는 불가능한 일이며, 또 공업기술을 떠나 오늘날의 농촌생활을 영위하는 일도 불가능하다. 농업기술을 뺀 산업생활이라는 게 불가능하다는 것을 모르는 사람은 없을 터이다. 그런데도 일본형 농업주의자는 거의 모두가 농본주의적 반기술주의 이데올로그인 것이다. 일본정신주의나 아세아주의의 사도들도 반기술주의라는 점에서는 완전히 일치하고 있다. 그들 간의 실제적인 행동의 연관이야 어찌됐든, 적어도 이데올로기적 차원에서 말하자면 반기술주의는 반유물론의 깃발 아래에서 세계 전체의 파쇼적 반동의 공통된 동작이 되어 나타나고 있는 것이다.

무릇 그런 반기술주의가 실제의 기술적 생활과는 완전히 동떨어진 반기술주의적 범주를 선택하게 하는 것인바, 그것이 파시즘의 철학이 영구히 단순한 관념물로서의 이데올로기를 벗어나지 못하는 이유이고, 또한 일본주의적 이데올로기가 단순한 문학적 프라제올로기[Phraseologie(관용어법)]에 머물고 있는 이유이기도 하다.

하지만 그런 반기술주의는 그 어떤 것도 국수주의 혹은 넓은 뜻의 파시즘 이데올로기에 한정되지 않는다. 오늘날 많든 적든 파쇼화된 자본주의 혹은 반半봉건적 부르주

아철학이 가진 공통된 마지막 결정적 카드가 그것이다. ──
일본의 국수주의 이데올로기의 범주 사용법이 지닌 약점은
오히려 그런 고대주의(Archaismus)라고도 할 수 있는 것
속에 가로놓여 있다. 국수적인 체계를 건설하기 위해서는
현대의 국제적인(흔히들 외래 구미사상이라고 불리는) 범주로
는 형편에 알맞지 않은 것이므로 수고스레 고대적인 범주
가 도입되는 것이다. 국학國学‡적 범주나 <절대주의>적 범
주가 그것이다. 그런데 그런 고대주의는 때때로 탈선하여
대체로 국수적인 것과는 관계가 없는 말하자면 국수적 외
래사상으로의 복귀를 낳기까지 한다. 한학적인, 지나[중국]
불교적인, 원시불교──바라문[정행(淨行)·정지(淨志)·정지(靜志)]적
인 범주까지도 받들고 나오려는 것이다.

---

‡ [이른바 '코쿠가쿠'. 이것의 근대적 기원은 모토오리 노리나가
(1730~1801)의 '고가쿠(古学)', '경서(經書)로의 회귀(직접적 접촉)'라는 방
향성을 취한 학적 유파가 헤이안 시대 왕조문학의 미의식에 이어진 '모노노
아와레(物の哀れ; 사물이 촉발시키는 정취·비감·비애·애수·슬픔·적막)'
의 자연적 감정 및 정서를 중시하고, 그것을 기초로 하여, '카라고코로(漢
意)'라는 중국의 외래적 가르침을 자연적인 것으로 사고하던 기존의 유교
및 불교를 비판한 지점이다. 노리나가를 국수주의적인 형태로 다르게 이은
히라타 아츠타네(1776~1843)는 예컨대 로마가톨릭의 삼위일체/신을 일본
『고지키(古事記)』의 남매신이자 부부신 이자나기노미코토·이자나미노미
코토와 합성함으로써 당대의 천황이라는 존재와 그 통치의 정당성을 정초
하고자 했으며, 이는 메이지 유신 전후로 '막부 토벌' 및 '존황(尊皇)운동'의
근거가 됐다. 이하 본문의 '국학'이라는 번역어는 '코쿠가쿠'의 그런 문맥과
관계 맺고 있다.]

그러한 범주상의 고대주의가 지닌 특징은 즐겨 선택되는 고대적 범주라는 것이 오늘날의 실제생활에서 사용되는 범주와는 아무런 논리상의 짝·켤레共軛 관계나 번역가능성의 관계를 맺지 않고 있다는 점이다. 그것은 이제 이미 <부쩍 늙어>버린, 단지 문헌학적으로만 의미를 가질 따름인 범주를 위하여 눈에 띄는 큰길에서 시위적인 곡예를 하고자 하는 것이다. 세계사적으로도 국제적으로도 태환불가능한 지폐를 강제적 힘으로 거래되도록 만들려는 것과 다르지 않은 것이다. ─이러한 약점은 범주론적으로 비판될 수 있고 또 그렇게 비판되지 않으면 안 될 부분이다.

예컨대 오늘날 실제로 많은 문헌적 연구들이 왕왕 그렇게 범주의 고대주의와 결부되어 있음을 주의해야 한다. 불교나 유교나 국학은 문헌학적으로 크게 연구될 필요가 있을 것이다. 그것은 정확히 문예가 일반적으로 문예부흥되지 않으면 안 되는 것과 한 짝을 이룬다. 하지만 거기로부터 불교적 철학 개념이나 유교적 윤리학이나 국학적 법률학이 나온다면, 그것은 문헌학의 직분을 넘어선 것이라고 하지 않으면 안 된다. ─무엇보다 소위 해석학(이는 문헌학을 야심차게 명명한 것이다)에 의거하게 되면 문헌학적인 범주와 현실적인 범주 간의 논리학상의 구별은 깨끗이 해석되어 어딘가로 사라져버리고 만다.

문화에 대한 과학적 비판은 대체로 위와 같은 플랜에

따라 수행되어야 할 것이다. 그렇긴 해도 그러한 조직적 비
판이라는 것이 결코 손쉽게 수행될 수 있다고는 생각될 수
없으므로, 그 일부분의 수행만으로도 결코 무익하지 않을
것이다. 일부분만이라도 과학적으로 수행된다면 이후에는
상식이라는 것에 의해, 불완전한 가운데서도 우선은 상당
히 쉽게 수행되어갈지도 모른다. 그 점에서도 그것은 우리
의 지극히 실제적인 플랜일 것이다.

6 닛폰 이데올로기

— 일본정신주의·일본농본주의·일본아시아주의

1

일본주의·동양주의 혹은 아시아주의 등등으로 불리는, 멈출 수 없는 하나의 감정과 같은 것이 현재 일본의 생활을 지배하고 있는 것처럼 보인다. 그리고 그 감정에 의해 뒷받침되고 있는 사회행동은 이르는 곳곳에서 우리의 눈에 거슬리고 있다. 게다가 그러한 종류의 사회행동은 크든 작든 뭔가 지극히 중대한 의미를 가진 것처럼 세상에 보도되고 있다.

그런 감정에 얼마만큼의 근거가 있는지, 혹은 오히려 그런 감정이 얼마나 무근거한 것인지는 지금부터 살펴보려는 당면한 문제인데, 어쨌든 그러한 감정이 왕성하게 넘쳐나고 있고 또 그렇게 되고 있다고 믿는 것은 마찬가지로 현저한 사실인바, 그 사실은 정치적인 의의로부터 말하자면, 즉 그런 사실이 정치상으로 상정되지 않으면 안 되며 그렇게 이용될 수도 있으리라는 점에서 보자면 지극히 중대성

5 문화의 과학적 비판

을 띠는 것임은 지금 다시 말할 필요도 없는 것이다.

하지만 원래 감정이나 감정에 기초한 사회행동은 요 컨대 감정의 자격과 기능 밖으로 벗어나지 않는 것이며, 그 런 감정이나 행동이 왕성하게 넘쳐나는 사실이 있을지라도 결코 그 이성적 가치가 풍부하다고는 말할 수 없으므로, 그 런 사실은 이론적인 의의로부터 말하자면 중대함이 지극히 결여된 것이라고 해도 무방하다.

우리가 좋은 비평가이기 위해서는, 예컨대 인물이 문 제라면 전도유망한 인물에 한정하여 비평의 대상을 설정해 야 하고 야쿠자 같은 인물은 특히 의식적으로 네글렉트[무 시]할 덕성과 신의를 마음의 수칙으로 가져야 할 터이지만, 그것에도 일정한 한도가 있으므로 아무리 시시한 인간일지 라도 그것이 우연에 의해 또는 외부로부터의 필연성에 의 해 어쨌든 상당한 사회적 영향력을 갖는 위험성이 일시적 이나마 없지 않다고 할 때에는 어리석고 열등한 인물일지 라도 때로는 불만감 속에서 상대하지 않을 수 없는 것이다.

그래서 일본주의·동양주의 혹은 아시아주의 등등의 거의 모든 것들이 심드렁한 느낌 속에서도 우리들 비평의 대상으로 거론되는 것이다. 그것들은 아무리 그럴듯한 의 미를 가진 것처럼 포즈를 취해도, 실제로 내용 속으로 들어 가 보면 거의 전적으로 잡동사니로 넘쳐나고 있다. 일본에 한정되지 않는 현재의 사회들 속에서 이 절실하게 어리석

은 거대한 희비극의 지시문ト書き을 폭로하는 일은 우리에게 지극히 하찮은, 그러나 지극히 중대한 의무가 되는 것이다.

그러나 그러한 국수주의(또는 좀 더 충실하게 설명하자면 국수확장주의)의 세력은 최근의 일본에서 비로소 번성했던 게 아니다. 막부 말기 국학운동에서 계통을 끌어오고 있는 그 이데올로기는 메이지 초엽부터 메이지 20년대에 걸쳐, 우선 첫째로 '유럽화歐化주의'에 대한 반대운동의 형태로 현저하게 드러났다. 이어 둘째로 청일전쟁에서의 역할을 두드러진 계기로 하여 대두됐던 초기의 무산자운동에 맞서 국수주의적 세력은 그 반동 이데올로기로서의 눈부신 생장을 새롭게 다진다. 셋째로 그것은 세계대전을 경계로 하여 일어난 데모크라시 운동에 맞선 반감으로서 잠행적으로 상당히 깊이 뿌리박고 발육했던 것이다. 그것이 세계적 위기를 이루는 한 가지 고리로서의 일본자본주의의 <위기>와 만나면서, <만주사변>이나 <상해사변>의 나팔 소리와 더불어 이제는 방방곡곡으로까지 그 작용을 꼼꼼히 널리 퍼지게끔 하고 있는 것이다. 그렇게 뒤를 밟아 생각해보면 국수주의의 횡행이란 실제로는 오히려 '국수'의 <위기>를 말해주는 인덱스에 다름 아닌바,

국수주의란 곧 자기 자신에 대한 배반을 그 본질로 하는 것에 다름 아닌 것이다. 일반적으로 그것이 반동 이데올로기의 '숙명'이다.*

* 이 한 단락의 내용에 관해서는 사카모토 미요시 씨의 간결한 스케치가 있다(「일본주의 사상의 발로·범람(露漲)」, 『유물론 연구』 1934년 4월호).

하지만 일본주의·동양주의 혹은 아시아주의 등등의 '닛폰ニッポン' 이데올로기(이를 니혼ニホン이라고 읽는 것은 위험사상으로 간주된다고 한다)가 대량으로 생산되고, 그것이 언론계나 문학이나 과학의 세계로까지 스며들기 시작하는 것은 확실히 근래 2~3년간이다. 독일에서의 히틀러 독재의 확립, 오스트리아에서의 국수운동, 오스트리아에 대한 무솔리니의 작용력[압력], 아메리카 루즈벨트의 독자적인 산업국가통제, 다음으로 만주국 건국과 황제의 등극, 그리고 우리들 사랑하는 대일본제국에서 끊임없이 이어지는 국수강력国粹強力[국수적 강권·폭력]의 운동들. 그러한 최근의 국제적 일반정세 아래에 위치함으로써 일본은 비로소 국수적으로 또 선정적으로 됐던 것이다. 물론 우리들 권위 있는 국수주의운동을 그렇게 인터내셔널하게 나열하는 것은 일부 국수주의자들의 마음에는 들지 않을 것이지만(그들은 '일본주의가 서양의 것과 달리 파시즘이 아니다'라고 말한다), 오직 일부 인간들의 마음에만 드는 일 따위란 사실상 불가능한 일인 것이다.

2

지금 세간에서는 현재의 일본이 완전히 막다른 곳에 있다고들 말한다. 실업가나 일부 자유주의자들은 그러한 유언비어에 찬동하지 않을지도 모르지만, 어딘가에서 꽉 막혀 있기 때문에 여러 애국강력의 운동들도 발생하는 것이며, 또 설사 그렇지 않더라도 여러 애국강력의 운동들이 발생하는 것 자체가 적어도 일본이 꽉 막혀 있음에 말해주는 것에 다름 아닌 것이다. 그렇다면 그 원인은 어디에 있는 것인가. 비상시非常時라는 말이 요즘 주문呪文으로서의 효력을 잃고 있는 것은 별도로 치더라도, 비상시라는 말이 그렇게 꽉 막힌 상태를 해석하기 위한 말로서도 실제로는 대단히 형편이 나쁜 것이라고 할 수 있다. 왜냐하면 어떤 것이 비상시인지를 질문해보면 다름 아닌 비상시의 절규 그 자신이 비상시의 원인이었다는 것을 알 수 있기 때문이다.

그러나 일본의 일본주의자들에게는 사물의 객관적인 원인을 이론적으로 천착한다는 것은 어찌돼도 좋은 일이다. 설명이란 언제나 세속의 귀들이 알아먹기 쉬운 그럴듯함만을 갖추고 있다면 그것으로 된 것이다. 예컨대 그들은 저 막다른 꽉 막힘이란 '일본정신의 본질을 선명히 파악하지 못한' 데서 기인한다고 주장하는 것이다(다카스 요시지로, 「일본정신의 구성요소」, 『경제 왕래』 1934년 3월호). 이때의 총리 또한 의회에서 동일한 내용의 발언을 하고 있기 때문에, 그런 사고방식의 그럴듯함이 상당히 신용해도 좋을 것처럼 보일지 모르지만, 한쪽으로 귀족원에서 수상은 그 발언의 말꼬리를 잡혀 설명을 요구받았다. 하지만 어쨌든지 일본의 위기란 일본정신의 본질을 선명히 파악하지 못한 데에 그 원인이 있다는 것이다. ──마찬가지로 중국에서는 지나정신의 본질을 선명히 파악하는 이가 없었기 때문에 <중공中共> 문제나 <상하이 폭동>[1926~1927]이 발생하고 말았다는 것이다.

그렇다면 그런 일본정신의 본질이라는 무엇인가. 다카스 씨에 따르면 일본정신의 '구성요소'는 '생명창조주의적'인 것이고 '공정하고 치우치지 않는中正不偏' 것이고 '합주輳合조화에 능한 것'이고 '적극적인 진취·팽창을 으뜸으로 여기는 것'이고 '명랑한 것'이고 '도道의 실행·실천에 무게중심을 두는 것'으로, 상상할 수 있는 거의 모든 좋은 것善いもの[선한 것]이 망라되고 있다. 하지만 그렇게 좋은 것은 좋다고 치더라도 이는 좀 이상하지 않는가. 생명창조주의적인 것이 대체 어떤 규정인지는 모르겠지만 철학에서 사례를 뽑으면 베르그송의 형이상학은 틀림없이 그 이름에 값할 것이고, 공정하고 치우치지 않는 것은 그리스정신으로서의 정치상식이고, 합주조화의 정신으로는 독일의 학술서 따위가 모범적일 것이고, 적극적인 진취·팽창과 명랑함은 각기

아메리카의 함선 건조계획과 양키 걸[Yankee girl]이 무엇보다 득의양양해 하는 것이다. 그리고 도의 실행·실천에 무게중심을 두는 것은 말할 것도 없이 소비에트 러시아정신이 아니겠는가. 일본정신이 그런 외국정신으로 '구성'되고 있다고 한다면 유감스럽기 짝이 없겠다.

다카스 씨는 거기서 '화룡점정'을 위하여 '일본국체에 관한 자각'을 들고 나온다. 왜 그것이 제일 먼저 나오지 않았던지 아쉽다. 그러나 국체에 대해서든 뭐든 자각한다는 것은 강제적으로 승인하게 만든다거나 사기를 쳐서 믿게 만드는 것일 수 없다. 일본의 국체를 자각하는 것은 일본의 진정한 역사에 대한 과학적인 인식을 통해서만 가능할 것이다. 그런 한에서 묻게 되는 것은 다카스 씨 등의 일본주의자들이 어떤 특별한 '일본주의적' 역사방법론을 갖고 있는가라는 것이다. 그 점을 좀 더 세간에 혹은 세계에 어긋남 없이 드러낼 의무가 있을 것이다.

그런데 '무아애無我愛'의 신심가無我愛 이토 쇼신 씨는 어떤 동기였는지는 모르겠지만 「일본정신의 진수」라는 논문을 썼다(잡지 『웅변』). 대체로 일본정신은 일본이라는 하나의 '아我'에 속하는 것인바, 그런 일본의 아애我愛와 무아애가 어떻게 결부되는지를 보자면, '일본정신'이란 '일본이라는 나라를 진정으로 사랑하고 국민주의와 국제주의를 일치시키는 길을 따라 개인적으로도 국가적으로도 일본이 더

욱 참되게 좋은 나라로 생장·발전되도록 목숨을 걸고 노력하는 살아있는 정신'이라는 것이다. 이는 이토 씨 자신이 말하고 있는 그대로, 일본인만이 행할 수 있는 길이 아니라 아메리카인은 아메리카인으로서, 러시아인은 러시아인으로서 행할 수 있는 '보편의 길'이라고 할 수 있는 것이다. 정말이지 '무아애'의 관점에서 말하자면 당연히 그렇게 말하지 않으면 안 될 것이다. 그러하되 우리가 알 수 없는 점은 무아애의 입장에서는 도대체 어떤 필요가 있기에 굳이 일본정신 따위의 테마를 거론하게 됐던가라는 것이다. 일본이 끝내 세계를 정복하고 말 그때에 일본정신=즉=무아애가 된다는 상서로운 조짐緣起이라도 있는 것인가.

그러나 일본이 세계를 정복하는 일은 결코 없을 듯하다. 실제로 가쿠슈인学習院 교수 기히라 다다요시 박사에 따르면 일본정신이란 '타인과 합동·조화'되는 정신에서 흘러나오는 것이다(「일본정신에 대한 하나의 고찰」[단행본 출간은 1933년]). 오늘날에는 한때 열강으로 불렸던 부르주아 국가들이 지나[중국] 분할을 꿈꿨던 경우와 같은 식민정책은 실행불가능하게 됐기에, 타인을 '합동'시키는 것으로는 결코 '조화'가 담보되지 않는다는 것이 세계의 외교상식이 되었다. 따라서 그 말은 결코 일본의 세계정복을 의미하는 것일 수 없다. 그 저작에서 기히라 박사는 '화평和平'을 사랑하는 국민이 일본국민이라고 말하기도 한다. 이에 더하여 타인에 대한 서양인의 태도는 테이크 엔 기브(받고 줌)이지만 서양인에 대한 일본인의 태도는 '주고 받음'이라고 말한다. 즉 이토 쇼신 씨와 같은 방식으로 말하자면 일본국민이 얼마나 무아애적인지를 그 점에서도 엿볼 수 있는 것이다. 일본국민의 이웃사랑隣人愛, 즉 이웃나라사랑隣国愛은 지나만주支那満洲제국에 대한 일본국민의 우의友誼를 보더라도 더 이상 의심의 여지가 없다는 것이다.

그런데 기히라 박사는 일본인의 '일본정신'을 어떤 것으로 규정하고 있는가. 다름 아닌 예의 저 '일본국민으로서의 자각'—나는 일본인이야!!—이 그것이다(『일본정신』 [1930]). '일본국민정신'이라는 것은 '뜻을 정의하는 일로써는 정해질 수 없는 것이다'—곧 '3천년의 역사를 내용으로 지닌 것을 그리 간단히 정할 수는 없을 터이다'(「하나의 고찰」). 전적으로 그러하다. 그러나 그 3천년(?)의 역사란 어떤 식으로 연구되어야 하는 것인지가 앞질러 문제로 되는 것이다. 명민하지 못한 우리는 오늘날에 이르기까지 기히라식 헤겔(?)의 역사철학이 지닌 참뜻을 이해할 수 없어 아쉽지만, 그것이야 어찌됐든, 3천년(?)의 진정한 역사를 과학적으로 서술해 보여주지 않는다면 아마 오늘날의 세상에 의해 그 '3천년 역사'는 무심결에 '간단히 정해져'버리고 말 것이다.

킨케金鶏학원 야스오카 마사히로 씨의 다음과 같은 말

은 일본역사의 인식에 관하여 일종의 암시를 주는 것처럼 보인다. '일본민족정신의 본령은 세 종류의 신기神器에 적절히 표징되어 있듯이 맑고 밝은 거울 같은 마음에서 발하는 지혜의 빛을 닦고, 용맹하게 정의의 검을 휘두르고, 온화한 옥玉과 같은 덕을 가짐으로써 이윽고 신인神人합일에 이르는, 세계 전체十方世界를 온몸으로 삼는 노력이지 않으면 안 된다.'(『일본정신의 연구』[1924]) 그런 마음 상태에 관한 묘사는 지극히 미문적인 것이고, 따라서 추상적이며, 따라서 일본주의가 국수적인 신新관료들에게 무엇보다 쉽게 친근해질 수 있는 이유를 알게 하지만, 역사의 리얼리티를 그렇게 옛날의 고풍스런 마음 이야기로 환원하고 마는 것이 예부터의 사실적 일본민족이 지닌 정신으로 간주되는 것이다. 하지만 그것은 역사가 아니라 도덕적 교훈이거나 미문학美文學에 다름 아니며, 도덕적 교훈이나 미문학 중에서도 극히 원시적인 것에 불과하다는 점이 유감이다.

사실 유치한 문학은 도덕률과 다른 게 아닌데, 신화가 바로 그런 것이다. 야스오카 씨에 따르면 3종의 신기는 지·덕·용知德勇을 표징하는 것이고, 일본 국토는 단지 자연적·지리적 토양이 아니라 <나라를 출산하는 신>§의 눈에서

---

§ [원문은 "国生みの神". 고대 일본의 신화 속 신들이 거주하던 다카마가하라(高天原)에서 그 신들을 봉행하면서 그 신들의 명령을 받아 국토 '오노코로섬(自凝島)'을 낳았던 다른 두 신, 곧 부부신이자 남매신 이자나기노

나온 오야시마大八州이므로, 그 국토 자체가 '<천황종족>'과 형제 관계에 있다는 식의 설명이 행해지는 것이다. 그리되면 아무래도 저 일본정신적인 역사인식의 방법이란 단적으로 말해 '신화적 방법'이었다고밖에는 할 수 없게 되며, 일본정신이란 영구히 신화적 단계에 머물러야만 하는 것처럼 받아들여진다. 그렇게 될 때 일본정신이라는 것은 진보하거나 발달하지 않는 것으로서 진보나 발달의 적이라는 결론에 도착하게 되는 듯하다.

이상과 같은 사정에서 '일본국민으로서의 자각'이라는 것은 실행의 단계에 이르게 되면 그 당장엔 좀처럼 실행의 조건이 구비되기 힘든 것으로서 실제로는 결코 용이한 게 아니라는 것만을 알게 된다. 하지만 일본정신을 이해하는 데에 좀 더 과학적인 지름길이 있는 듯하다. 가노코기 가즈노부 교수는 그것을 '신新일본주의'라고 명명하고 있다(『신일본주의와 역사철학』[1932]). 그는 우선 첫째로 일본정신의 성립이 불가능하지 않음을 증명한다. 그는 정신의 '뜻

미코토(伊邪那岐命)와 이자나미노미코토(伊邪那美命)와 관련된다. 그 두 신이 성교하여 낳은 신이 아마테라스오미카미(天照大神)이며, 그 신을 현세적 통치의 정통성 레벨을 담당하는 천황가의 코우소싱(皇祖神)으로 배치한 것이 기기신화─『고지키』와 『니혼쇼키(日本書紀)』─의 핵심이다. 거기서 각각의 신들은 상위의 신을 향해 질문하고 답을 구하는 신, 신을 모시는 신이며, 근대의 천황은 그런 신들을 국가적 의례로서 봉행하는 신, 아라히토가미(現人神)였다.]

[寸]'을 개성이라고 생각하는데, 그 개성=뜻이라는 것은 공간적 차이나 기후·풍토·지리적 차이 등등에 의해 정도의 차이를 발생시킴으로써 특수·구체적인 구성을 만들었던 것이며, 그것이 국토에 따라 다른 국민정신의 발전양식의 특수성이 됐던 것이다. 따라서 일본에서는 일본국민정신이라는 특수성을 가질 수 있다는 것이다. 전적으로 그러한데, 일본국민이 적어도 정신을 갖는 한에서는 '일본국민정신'이라는 것이 존재할 수 있음은 증명할 필요도 없이 자명한 이치가 아닐까 한다.

그러하되 그렇게 일본국민정신이라는 것이 발생할 수 있음을 안다고 할지라도 문제인 것은 그 일본국민이라는 게 대체 어떤 것인가라는 점이다. 가노코기 박사는 '신일본주의'적 역사철학을 통해 그것을 명확히 하고자 한다. 그는 연구의 결과를 다음과 같은 요점으로 정리한다. 자연의 세계는 '데키고토できごと[우발적인 일·사건]'의 세계이고, 역사의 세계는 '데카시고토でかしごと[행함·잘해냄]'의 세계이다. 이 '행함·잘해냄'의 세계라는 것은 행[위]의·주체의·개성의·마음의 세계이다. 따라서 역사는 '주체(정신)=행[위]=마음 위에 서서 인식하지 않으면 안 되는' 것이다. 그런 요점들을 보면 '신일본주의'적 역사철학이란 서양의 '유심唯心사관(?)'과 그다지 다른 게 아닌 듯하다. 서양식이라는 게 신일본주의가 '새로운 것'인 이유인 듯하다. 그리고 Geschehen[사건

(벌어지는 일)] 대신에 '데키고토'라는, Tat[행위·행동·실행·실천]나 Tatsache[사실] 대신에 '데카시고토'라는 '야마토코토바[일본 고유어(大和言葉＝和語)]'를 사용하는 점이 신일본주의가 '일본주의'인 이유일 것이다.

그러나 그런 유심사관은 심히 통일성 없는 것으로서, 저 중대한 개성, 즉 일본국민정신 자체는 공간·기후·풍토·지리 등의 물질적인 것의 상이함에 의해 구성되는 것으로 인지되고 있기에 모처럼의 '데카시고토'라는 것도 '데키고토'에 의해 결정되고 있다고 할 수 있는바, 서양에서는 그러한 역사철학을 '신일본주의'라고 부르는 대신에 '지리적 유물론'이라고 부르고 있다.

그런데 뜻밖의 것은, 어떤 이유인지는 모르겠으나, 서양의 지리적 유물론으로부터도 멀지 않은 이 신일본주의에 입각한 '일본국민정신'이 별안간 '오오키미大君[천황의 존칭] 곁에서야말로 죽으리라'는 의기로 충만해져 상대上代 이래의 <천황>을 <주군>으로 하여 면면히 영위해 왔던 생활의 원리로 설정되는바, 그 생활의 모토란 '의義는 곧 군신이요, 정情은 곧 부자'라는 지나의 문인들이 좋아할 대구에 있는 것이었다. 이로써 신일본주의는 점점 더 '새로운' 일본주의로서의 면목을 명확히 하게 되는 셈이다.

3

이상 '일본정신'을 음미하고 거기에 도달했던 사람들의 견해를 접해보았는데, 적어도 이제까지의 서술로 알게 된 것은 무엇이 일본정신인지에 관한 게 아니라 일본정신주의라는 것이 얼마나 논리적 실질의 차원에서 공소하고 어수선한 것이었는가라는 점이다. 그래서 일본정신이라는 문제도 일본정신주의라는 형태를 통해서는 거의 아무런 해답이 얻을 수 없으리라는 점을 알게 된다. 문부성 아래에 국민정신문화연구소가 생겨도, 『일본정신문화』라는 잡지가 나와도, 또 일본정신협회라는 것이 있어 그 기관지 『일본정신』이 간행될지라도 그러한 일본정신주의를 통한 일본정신의 해명은 당분간은 절망적이라고 하지 않으면 안 될 것이다. 따라서 일본정신주의라는 것은 목소리만 있을 뿐 정체가 없는 Bauchredner[복화술사]와도 같은 것이다.

일본정신이 조금 다른 방향에서, 좀 더 정신적주의적이지 않게(?) 해명될 수 있는 길은 없는가. 예컨대 일본농본주의가 그런 길이 되고 있다.

아이쿄주쿠愛鄕塾 원장 다치바나 고자부로의 『농촌학』[1931]은 일본의 경제·정치·사회제도의 특색을 설명하면서 "일본국민사회의 국질国質[국가적 특질·본질]"이 "농촌국질"이라고 말한다(177쪽). 그렇다는 것은 일본이 '자본주의국'과 같은 다른 뭔가가 아니라 다름 아닌 농촌국질을 띠고 있다는 뜻이다. 그는 대체로 마르크스 등이 농업과 공업이 본질적으로 다르다는 것을 몰랐으며, 땅위의 존재물에는 생물과 무생물이 나눠져 있어 생물을 대상으로 하는 농업과 무생물을 대상으로 하는 공업을 동일한 입장에서 취급하려는 것은 애초의 근본적인 잘못인바, 공업은 상대가 죽은 '물질'이기 때문에 기계적으로 처리할 수 있는 성질의 것이지만, 식물이나 가축·날짐승을 상대로 하는 농업의 생산활동에는 무엇보다 정신적인 요소가 중요하다고 말한다.

따라서 그에 따르면 농업에서의 기계화라는 것은 혁명을 뜻하는 게 아니라 오히려 파괴까지도 뜻하는 것이었다. 그는 경운耕耘[논밭을 메고 김을 맴]은 기계로 가능할지라도 모를 심는 기계는 있을 수 없는바, 마르크스가 생각했던 대농大農주의는 농업 그 자체에 대한 무지에서 유래하는 것으로서(마르크스는 런던이나 파리에 있었고 농촌에서 살았던 일은 없다), 영국에서의 대농의 발달 따위도 시장경쟁 속에서 소농이 내몰려 축출됐기 때문에 발생한 것일 뿐 농업의 기계화 덕분이 아니라고 말한다.

특히 일본에서는 쌀을 주식으로 하지 않으면 안 되고 쌀농사는 수전水田에서만 가능하므로 트랙터 따위를 농장에 들여올 수는 없는바, 그 점만을 말할지라도 일본의 농업은 절대로 기계화될 수 없다는 것이다. 따라서 일본에서는

'농업의 대농경영'이 일어날 수 없으며 '소농이 오히려 세력을 얻고 있다'는 것이 '현실'이라는 것이다(일본의 관제 국수주의 소개 영화를 본 소비에트의 주민들이 모내기 장면에서 돌연 크게 웃기 시작했을 때, 일본 당국은 심한 낭패감을 맞봤다는 현실이 있다).

그리고 거기로부터 "자본주의의 병환 아래 그것에 가장 결정적이고 치명적인 파괴의 철퇴를 내리는 것은 공업이 아니며", "임노동자도 아닌바", "그것은 농업이며 또 농민이다. 그렇기에 <자본>주의적 파괴로부터 국민사회경제조직 전체를 해방시키고자 한다면 무엇보다 먼저 농촌사회를 구하지 않으면 안 된다"(43쪽)라는 농촌학의 "근본주장"이 나오는 것이다. ―도시사회는 지적인 결합이지만 농촌사회는 영적인 결합이라고 하는 듯한데, 조상숭배의 정서나 자연숭배나 물건庶物숭배가 농촌의 중대한 특색이라는 것이다. 땅과 자연을 존숭하는 "흙의 철학"에 입각한 "후생厚生주의사회"야말로 일본의 현실이 향해 나아가야 할 이상이지 않으면 안 된다는 것이다(240쪽).

이리하여 모처럼 일본의 경제적·정치적 '현실'에서 출발한 농촌학의 농본주의도 결국엔 저 '정신적'인 일본정신주의의 한 가지 변종이었음에 불과하다는 것을 알게 된다. 농업이 어째서 원리가 되어 일본농본주의를 낳을 정도로 위대한 것인지는, 다름 아닌 원래부터 '일본적'인 농업이나 농촌이 원래부터 '비일본적'인 상공업이나 도회都會와 비교해 적절하게도 '정신적'이었던 것이기 때문이다. 농업이나 농촌에 관해 이어지는 설명은 단지 그것을 위한 구실과 변명에 불과한 듯하다.

다치바나 씨의 농본주의가 말 그대로 농촌학적이었음에 반해, 곤도 세이쿄 씨의 그것은 '제도학적'인 것이 되고 있다. 그에 따르면 일본의 특이점은 우선 일본이 '사직체통社稷躰統'의 나라라는 점에 있다(『자치민범民範』[1932]). 곧, 사社는 토지신주土地神主를 말하고 직稷은 수수[곡식의 신]을 뜻하는 것으로서, 그러한 사직의 숭배 즉 토곡土穀숭배가 일본의 제일 특질을 이루고 있는 듯하다. 따라서 '농農은 천하의 큰 근본'이 된다는 것이다.

그래서 농본적 사회인 일본에서는 또한 농본적 제도가 발생하지 않으면 안 되는 것이다. 곤도 씨에 따르면 원래 풍속은 상례恒例로, 상례는 의례礼儀로, 의례는 제도율령으로 진화·점화漸化[점차로 이뤄져감]되는 것이지만, 그러한 도덕적 풍속의 이뤄짐이란 자연을 근본으로 삼지 않으면 안 되는 것이다. '음식·남녀는 사람의 상성常性이고 사망·빈고貧苦는 사람의 상간常艱[항상적 간난(신고)]인바, 그런 성질을 이루고 그런 간난신고艱를 벗어나는 것 모두가 자연의 부符[징표·신표(信標)]가 된다면, 권하지 않아도 그것을 향해 가며 형벌을 내리지 않아도 그것에 힘쓰게 되는' 식으로 자연스레 '천하'가 다스려진다는 것이다. 그런데 마치 일본은 원래부터 그런 자연적 풍속의 이뤄짐을 따랐던 국풍国柄[나라 성립의 사정·형편]을 가진 것으로서 자치주의야말로 일본의 최후 특색이 된다. 그런데 농農은 천하의 큰 근본이었으므로 자치주의는 전적으로 농촌자치로 귀착하게 되는 것이다. 최근 내각의 농촌정책으로 말하자면 농촌은 자력갱생해야만 할 것이다.

하지만 한 가지 주의해 둬야만 하는 점이 있다. 농본주의적 자치주의에 입각한 그런 '제도학'이 다른 일군의 일본주의와는 달리 반드시 <절대제絶対制>주의인 것은 아니라는 점이 그것이다. 곤도 씨에 따르면 우다宇多 천황은 후지와라노 모토츠네를 향해 '경卿은 사직의 신하이지 짐의 신하가 아니다'라고 말하게 되는바[섭정권력 혹은 정무위임을 둘러싼 후지와라노의 압력에 우다 천황이 굴복하는 과정에서 나온 말(887년)] 그것이야말로 자치주의의 진수이고, 그것에 비하면 국가주의 같은 것은 공익과 사익의 충돌을 면하지 못하는 것이다. 현재의 일본에 가장 널리 보급되어 있는 일본주의란, 예컨대 치안유지법을 엄벌주의로 '개정'하고자 하는 관료정치적 일본주의이지만, 곤도 씨에 따르면 그러한 관치官治주의야말로 일본의 풍속을 이루는 자치주의에 해를 가하기에 더할 나위 없는 것이다. 그는 오늘날의 일본이 당면한 막다른 골목은 직접적으로는 무엇보다 메이지 유신 이래의 관료주의의 책임으로 귀착되는 것이라고 본다. 그렇다고 한다면 그의

『자치민범』은 오늘날의 시세 속 파쇼적 풍경에는 약간 부합하지 않는 책이 되는바, 그가 일찍이 자신의 사상에 대한 억압을 각오했다고 말하는 것은 자기 스스로를 잘 아는 명석함이 있었기 때문이다.

그러나 곤도 씨의 사상이 그 어떤 위험사상이거나 나쁜 사상이 아님은 물론이다. 그의 정치적 슬로건은 '사직의 전례典例'로 돌아가고 '민가民家의 공존조직'을 '널리 부흥'시키자는 것인바, 그것이 사회주의인가 공산주의인가(그에 따르면 마르크스는 사회주의자이지 공산주의자가 아니다), 그게 아니라면 다른 어떤 정치방침을 택하고 있는 것인가라고 질문한다면, 그는 "그 어떤 민속도 민속국정国情을 따르는 것 바깥에는 있을 수 없다고 말할 따름이다."(518쪽) 그렇기 때문에 우익단체의 피고인들 가운데 한 명이 곤도를 함부로 다룰 수 없는 사람이라고 비평하는 것이다. ──곤도 씨의 사상은 위험사상도 아니며 나쁜 사상도 아닐뿐더러 실제로는 오히려 극히 유익하고 좋은 사상이다. 왜냐하면 곤도 씨는 실제로 오늘날에 한층 더 절실한 급무는 법률제도의 개혁보다도 인심人心의 개혁(리포메이션)에 있고, 인심이 긴장하고만 있다면 어떤 악법이나 악한 제도도 어느 정도까지는 바른 길로 이끌 수 있는 것이므로 지주도 소작농도 그 점을 반성하면서 예컨대 강력[강권·강제력]에 의한 실행수단 등을 배척해야만 하는바, 중요한 것은 풍속이 '점차로 이뤄져가는 일'이라고 말하고 있는 것이다.

곤도 씨의 제도학적인 농본주의에 따르면 일본의 특색, 따라서 일본정신의 특색 역시도 위와 같이 묘사될 수 있겠지만, 그럼에도 그것이 반드시 저 일본정신주의와 같은 것이라고는 할 수 없다는 점에 주목해야 한다. '인심의 개혁'으로 풍속을 점차로 이뤄간다는 관념론도 반드시 이제까지 봐왔던 사람들의 '일본정신'주의와 하나가 되지는 않는다. ―그러하되 그것은 대국적으로 보면 조금이라도 좋은 징후는 아닐 것이다. 정말이지 곤도 씨는 제도학자로서 국수적 범주 이외의 것은 생각할 수 없는 사람인데, 거의 동일한 목적을 수행하기 위해 혹여 철학적 범주를 일단 파악하고 있는 국수적인 윤리학자나 국수국사가国粋国史家가 나타났다고 하면 그들의 손에 의해 문제는 다시금 '일본정신'주의로까지 되돌려질 것이다.* 곤도 씨가 일본정신주의의 특색을 전면에 내세우지 않는 것은 오늘날 일본에서 무엇보다 소중히 여겨지는 정신(Geist)이라는 독일 철학의 범주를 단지 파악하지 못했을 따름이기 때문이다.

* 도쿄대 윤리학 교수 와츠지 테츠로 박사('쵸닌町人[도시상인계급] 근성', '일본정신사', '국민도덕', '윤리학' 등등이 그런 테마이다), 히로시마 문리과대학 교수 니시 신이치로 박사('국민도덕', '충효론' 등등이 그런 테마이다), 도쿄대 국사과 교수(주광회[메이지 초기부터 있어왔던 황국사관 이데올로기 학생단체] 회원) 히라이즈미 기요시 박사('겐무建武[1334~1336] 중흥', '독일

정신' 등등이 그런 테마이다) 등의 국수윤리도덕학자 및 현대식 국학자들은 다시금 비판될 필요가 있다고 하겠다.

4

일본정신주의철학의 관점에서 말할지라도, 또 일본 농본주의철학의 관점에서 말할지라도 일본의 특질이란 그것이 다른 국가 혹은 민족과 비교해 더 우수하게 정신적이라는 데에 있게 되는 듯하다. 모든 일본주의가 아마도 그런 일본정신주의에 일단은 귀착하게 될 것이다. 그러나 일본정신(이것이 일본의 본질이었던 셈이다)이 무엇인지는 합리적으로 또 과학적으로 끝내 설명되고 있지 않다. 그것은 애초에 그런 것으로, 원래 일본정신이었던 것은, 아니 어쩌면 '일본'이라는 것 자체까지가 일본주의의 입장에서는 설명되어야 할 대상이 아니라 오히려 그것으로 뭔가를 대단히 멋대로 설명하기 위한 방법 혹은 원리에 다름 아니었던 것이다.

그런데 '일본'이라는 우주에서 지리적인·역사적인·사회적인 구체적 한 존재를 제멋대로 가져와서는 그것이 무언가 철학의 원리가 될 수 있다고 생각하는 것은 원래 조금만 상식적으로 생각해봐도 이상한 것인바, 혹시 그것이 ['일본주의'가 아니라] '금성金星주의'나 '수선水仙[수선화]주의'

라고도 말할 수 있을 철학(?)이었다면 누구도 처음부터 진지하게 상대하지 않았을 것이다.

하지만 일본주의는 그 어떤 내용도 갖지 않은 것이라고 할 수 있는 동시에, 반대로 그 어떤 내용 속으로도 제멋대로 밀어넣어질 수 있는 것이기도 한바, 미노다 무네키 씨 등은 그런 형편을 두고 실로 절실하게 설명을 가하고 있다. '신 그 자체인 길이란 동서고금의 가르침이라는 가르침, 학[문]이라는 학[문]의 모든 것을, 즉 불교·유교·기독교 또 희랍철학으로부터 근대 서구과학, 나아가 데모크라시·마르크시즘·파시즘·국가사회주의 등등 모든 것을 이미 원리적으로 그 속에 융화·해소하고 있는 것이다'(「국가사회주의에 대한 정신과학적 비판」, 『경제 왕래』 1934년 3월호). 그 두려울 수밖에 없는 원리로서의 '일본'에 대해 미노다 씨는 결코 농담을 하고 있는 게 아니다. 그저 단지 그의 일본주의가 다소간 머리와 취향을 구분하기 위한 델리커시[섬세함·정교함]를 아끼고 있을 따름인 것이다.

따라서 그렇게도 무한하게 풍부한 내용을 가질 수 있는 일본주의란 실제로는 도저히 한 종류나 두 종류의 철학 원리로는 정리될 수가 없는 것으로서, 일본주의라고 할지라도 원리상 무한한 종류가 나올 수 있을 염려가 있는바, 그것이 단순한 기우가 아니라는 것은 이미 아야카와 다케지 씨가 탄식하고 있는 것으로도 알 수 있을 것이다. '우리의 염두를 강하게 타격하는 물음은……어째서 일본을 본위로 하는 일본주의 위에 서 있으면서도 이러한 숱한 분열이 반복되어왔는가라는 것이다'(「순정 일본주의운동과 국가사회주의」, 『경제 왕래』 1934년 3월호). 화폐경제에서의 금본위조차 서로 제각기 다른 이 세계이므로 일본본위의 사상이 태환兌換될 수 있다는 것은 희망조차가 무리한 게 아닐까. 그래서 결국엔 마츠나가 모토키 교수 등은 '일본주의의 학[문]적 내용은 장래에 조직되어야 할 것이므로 우리는 지금 여기서 그것을 서술할 만큼의 자격도 재료도 갖고 있지 않다'(『일본주의철학 개론』)는 회의론에 봉착하고 있는 것이다.

하지만 일본주의는 다행히 결코 단순한 일본주의에 정체되어 있지 않다. 일본주의는 동양주의 또는 아시아주의로까지 발전한다. 무엇보다 그것은 단순한 아시아주의가 아니라 일본주의의 발전으로서의 아시아주의, 말하자면 일본아시아주의인 것이다.

아시아주의는 아세아적 현실로부터 출발하는 것을 득의양양한 것으로 삼는 듯하다. 아시아주의자가 아니었던 리튼 경卿[1932년 국제연맹 군사단장]은 결국에 아시아적 현실을 인식할 수가 없었다. 이에 반해 정당해소 철학의 구체적인 현실적 요강을 조금도 보이지 않고 있는 마츠오카 요스케[외교관, 만주국 실력자 5인 중 하나] 전권대사는 아마도 아시아주의자였던 덕분에 아시아적 현실에 대한 조금의 인식 부족에도 빠지지 않았다.

5·15 사건¶이 일어나기 이전까지 동아경제조사국의 이사장이었던 오오카와 슈메이 박사는 동양과 서양을 결정적인 대립물로 거론한다. 그 둘의 대립이 없었다면 인류의 역사는 성립되지 않았다고 말하는 식이다. '말의 진정한 뜻에서 세계사란 동양과 서양의 대립 및 항쟁·통일의 역사 이외에 다른 게 아니다'(「아세아·유럽·일본」). 그런데 종래 '백인'의 유럽에 의해 지배되어 왔던 아시아에서 유럽 대전 이래로 '부흥의 상서로운 징조'가 나타나기 시작했으며 금후에는 드디어 아시아가 지배하는 세계가 온다는 것이다. 그 증거로 이집트·지나·인도·베트남安南 등의 반유럽적 반란을 보면 된다고 오오카와 박사는 말한다.

그런데 그런 아시아적 반란양식들에 한정할 때, "그 표면에서 드러나는 것은 정치적인 혹은 경제적인 것"이지만 "그 깊은 곳에 흐르고 있는 것은 실제로는 철저하게 정신적인 것"이라는 점이 중요하다(67쪽). 왜 아시아적 반란

¶ [1932년 5월 15일 해군 청년장교들이 일으킨 쿠데타. 군벌내각 및 천황친정(天皇親政)의 기치를 내걸고 당시의 수상 이누카와 츠요시를 살해하고, 입헌정우회 본부 습격, 미츠비시 은행 및 경시청·전력발전소 등을 습격. 쇼와 천황은 이를 받아들이지 않고 내침. 이 사건은 혈맹단 사건에 이은 이른바 '쇼와 유신'의 서막이자 군부 팽창의 결정적인 계기가 된다. 본문에 나오는 아시아주의자 오오카와 슈메이 등도 그 군사쿠데타에 자금과 무기를 원조했다. 5·15는 황도파(皇道派) 육군대신 및 기타 잇키와 연관된 1936년도 '2·26 사건'으로 이어진다.]

양식이 정신적인 것이냐면, 그 원인은 극히 간단한데 그것이 '자각한 아세아의 [영]혼의 요구에서 발하고 있기 때문'이라는 것이다. 거기서 알 수 있는 것은 저 동양과 서양의 대립에서 서양 쪽은 정치적·경제적 활동만을 행하는 데에 반해 동양은 정신적인 영[혼]에 의한 활동을 행한다는 대립 구도이다. 서양은 물질주의(유물론＝우음마식牛飮馬食[소와 말처럼 (많이) 먹고 마심]주의이지만 동양은 정신주의라는 것이다. 오오카와 박사에겐 그것이 동양의 '현실'이다.

아라키 사다오는 "만주 문제를 두고 권익 문제라거나 생명선 문제라고 간단히 유물론적으로 규정짓는 일은 큰 잘못이라는 것을 충분히 인지하지 않으면 안 됩니다 …… 그렇다면 우리는 만주 문제를 어떻게 봐야 하는가라는 점에 관해 말씀드리자면, 만주 문제는 서구 주변에서 수입된 지나 민족의 타락한 유물론 사상이(장쉐량張學良의 아편을 말하는 것인가?―인용자) 이윽고 일본의 민족정신·국민도덕을 그 발화점에서부터 모독했던 것에서 기인하는 것입니다"라고 말하면서 만일을 대비해 변명하고 있다(『전 일본국민에게 고함』[1932]). 왜냐하면 만주가 일본의 생명선이라거나 남양군도의 위임통치가 일본의 '바다 생명선'이라는 것과 같은 심히 '유물론'적인 선언이 한때 <군부> 자신에 의해 행해졌었기 때문이다. ―그에게 만주는 물론 서양이 아니라 동양이므로 만주사변은 '황도皇道정신의 선포', '국덕国德의 발양', '왕도낙토王道樂土의 건설' 같은 영[혼]에 의한 정신적 사변이었다.

청년장교들의 <혁명>이론의 연원인 기타 잇키 씨는 오래전(다이쇼 8년) 상해에서, 이미 '지나·인도 7억의 동포는 우리의 부조·인도와 옹호扶導擁護를 빼고서는 자립의 길이 없다. ……이 불가피한 내일을 근심하고 저 처참한 이웃 나라를 슬퍼하는 자, 어찌하여 직역直訳 사회주의자 식의 건곡적巾幗的 평화론*에서 안정을 얻으려는가'(『일본개조법안대강』[1923])라고 갈파했다. 그러나 그 불온한[위험한] 대大아시아주의는 다른 한편에서 지극히 의협적인 도덕과 교훈적인 사명을 띰으로써 다름 아닌 아시아적인·동양적인, 즉 정신적인 것일 수 있었던 것이다. [기타 씨는 말한다.] '아시아연맹의 의로운 깃발을 드날려 진정으로 도래할 세계연방의 우이牛耳를 잡고, 이로써 사해동포 모두 이 불자佛子의 천도天道를 선포함으로써 동서에 그 규범을 드리울 것이다.'

그렇게 아시아가 정신적이고, 따라서 아시아주의가 정신주의적인 것은 전적으로 아시아주의가 일본정신주의의 확대였기 때문이다. 일본아시아주의라고 할 수 있는 이유가 그것이다. 하지만 말할 것도 없이 일본은 아시아 전체

---

* [건괵(巾幗). 옛 중국 여성의 머리장식, 혹은 상중(喪中)에 올리던 머리 두건을 뜻하는 '건괵'이라는 단어로 일본 사회주의의 전개에서 문제시되던 '직역'과 '자생' 중 직역 사회주의의 수세적 안정론을 비판하는 문맥임.]

가 아닌바, 그렇다면 어떤 식으로 일본정신주의를 일본아시아주의로까지 확대할 수 있는 것인가. 문제의 해결은 지극히 간단하다. 일본 자신을 동양으로까지, 아시아로까지 확대하면 된다. 일본은 동양·아시아의 맹주가 되고 그럼으로써 모종의 세계정복으로 귀착되는바, 그것이 우리 대아시아주의라는 전략이며 철학인 것이다. 여기까지 이르면 정신에 기초한 아시아주의가 스스로를 발동시킴에 있어 그 어떤 물질적 에네르기 형태를 취하려고 할지라도 더 이상 문제되지 않게 된다.

경제학박사 노조에 시게츠구 씨에 따르면 투란[Turan]민족이라는 것이 있는데, 그것은 퉁구스·몽고인·터키타타르·핀·우게리야·사메드족을 말하며 준*투란민족이라는 것은 북방지나인·부르건족을 포함하는바, 투란계 인종의 조국은 아시아·중앙아시아·스칸디나비아 등을 포함하는 거의 유라시아 전체 대륙에 걸쳐져 있다고 한다(『범투란주의[Pan-Turanism]과 경제블록』[1933]). 그리고 범투란주의라는 것은 우리 투란인을 압박하고 있는 백인에 맞서 투란민족이 단결하여 조국을 탈환하는 일을 가리키는 것이다. 노조에 씨에 따르면 청일·러일·만주사변은 어느 것이나 슬라브민족에 대한 투란주의의 전쟁선언에 다름 아니었다. ── 와츠지 테츠로 박사는 일찍이 청일·러일전쟁이 일본정신의 발양·운동이었다는 주장을 폈었는데, 노조에 씨의 견식

6 닛폰 이데올로기

과 비교하면 와츠지 박사 쪽은 한 단계 스케일이 작고 착안점이 낮았다고 하지 않을 수 없겠다.

그렇게 일본아시아주의가 일본정신주의의 침략적 확대로서의 아시아정신주의임을 알게 되는데, 그렇다면 그것과 일본농본주의의 관계는 어떻게 되는가. 아시아주의에 따르면 아시아의 현실이야말로 다름 아닌 농본주의적이라는 것이 결론인 듯하다.

'동양주의'자 구치타 야스노부 씨(『신新동양건설론』[1933])에 따르면 동양에는 가족제도를 위시하여 대단히 강한 가부장적인 사회관계가 남아있다. 예컨대 지주[地主]親作와 소작小(子)作 같은 은혜·의리恩義적인 관계, 즉 F. 퇴니스가 말하는 게마인샤프트[공동사회]적 사회형태가 유력하지만, 거기에 적당한 것은 사회주의가 아니라 '공동주의'이고, 그것은 경제적으로는 협동조합 또는 협동운동(합작운동)으로서, 정치적으로는 자치로서, 문화적으로 정신주의로서 드러난다고 한다(35쪽).

구치타 씨는 사회주의가 개인주의의 성숙을 기하여 이후에 발생하는 것이라고 하는데, '동양은 개인주의가 아직 성숙하지 않고 다분히 비개인주의적 풍격에 머물러 있기' 때문에 도저히 사회주의로 한걸음에 옮겨갈 수 없지만, 무엇보다 그렇게 비개인주의적 풍격에 머물러 있는 동양의 미성숙한 농민이기에 '대단히 편하게 공동주의로 옷을 갈

아입을 수 있'다는 것이다. 여기서는 다치바나 씨의 농민해방이나 곤도 씨의 농민자치와 병행하여 부락공동체가 제창되고 있는 것이다.

동양·아시아가 소위 아시아적 생산양식을 지금까지 다분히 갖고 있음—가부장제나 반봉건 예속농제隸農制—은 명백한 사실일 것이다. 그런 현실을 빼고서는 동양의 경제도 정치도 문화도 그 운동양식을 이해할 수 없을 것이다. 하지만 소위 아시아적 생산양식은 전혀 아시아에만 특유한 것도 아니려니와 동양·아시아 자신의 생산양식 그 자체라고도 할 수 없는 것이다. 현재의 아시아에서 생산양식이라는 것이 아시아적 생산양식을 뜻하는 것도 아니려니와 하물며 현재의 아시아에서 생산양식이 언제까지나 아시아적 생산양식에 멈춰있지 않으면 안 된다는 것을 말하는 것도 아니다.

그런데 구치타 씨에게는 그런 아시아적 생산양식이 동양에서의 고정적 생산양식으로 여겨지고 있는 것처럼 보인다. 하지만 왜 그럴 필요가 있는 것인가. 그 이유란 그저 동양주의자·아시아주의자가 다치바나 씨의 『농촌학』에 나오는 '완전 전체국가'라거나 '조화 국민사회'의 외국종種에 해당하는 O. 슈펜 식의 '전체'의 철학이 좋기 때문에, 특히 농촌에서의 '합작운동'이라는 게마인샤프트에 무조건적으로 호의를 품고 있기 때문인 것에 불과하다. —그러나 유럽 파시즘철학과도 혼동되기 쉬운 것으로 이해되어야 할 그런 '합작운동'을 왜 그렇게까지 마음에 들어 하느냐면, 단지 그 합작운동이 '자본주의를 부정하는 동시에 마르크시즘까지도 부정하는' '왕도'에 따른 것이었기 때문이다(155쪽). ──여기서 모든 아시아주의의, 모든 일본주의의 '혼'과 그 '속셈魂胆[내막]'이 가로놓여 있는 것이다.

끝으로 한 마디.──

그 어떤 정신주의의 체계가 가능할지라도, 그 어떤 농본주의가 조직화될지라도 그것은 파쇼적 정치단체들의 무의미한 바리에티[버라이어티한 극장(상연)]와 마찬가지로 우리에겐 대국적으로 볼 때 별로 다른 게 아니다. 단지 모든 진정한 사상이나 문화란 무엇보다 광범위한 뜻에서 세계적으로 번역될 수 있는 것이지 않으면 안 된다. 그렇다는 것은 어느 나라 어느 국민과도 범주 상에서의 이행가능성을 지닌 사상이나 문화가 아니라면 진짜가 아니라는 말이다. 그렇게 정확히 진짜 문학이 '세계문학'일 수 있는 것과 마찬가지로 어떤 민족이나 어떤 국민에게만 이해되는 철학이나 이론은 예외 없이 가짜인 것이다. 나아가 그 국민 그 민족 자신에게조차 눈과 코가 붙어있지 않은 것으로 여겨지는 사상문화란 사상이나 문화가 아니라 완전한 발바라이[야만]에 다름 아닌 것이다(이 점에 관해서는 앞의 2장, 5장을 보라).

(나아가 각종 '국가사회주의' 및 '일국사회주의' 등을 거론할
필요가 있다. 그리고 그 전체를 경제적인 지반에서 설명하지
않으면 참될 수가 없을 것이다. 여기서는 단지 가까이 손에
쥘 수 있는 자료들을 분류해보았을 따름이다.)

7 일본윤리학과 인간학

—— 와츠지 윤리학의 사회적 의의를 분석한다

도쿄대 교수 와츠지 테츠로 박사의 저작 『인간의 학
[문]으로서의 윤리학』[1934]이라는 책의 제목은 와츠지 교수
의 윤리학과 윤리사상, 나아가 그의 문화이론 혹은 역사이
론의 일부를 대단히 정확하게 표현하고 있다. 나는 지금 그
책에 대한 소개 또는 비평을 하려는 것도 아니며 와츠지 교
수의 사상내용을 일반적으로 검토하려는 것도 아니다. 단
지 그러한 새로운 입장에서 '학술적' 체계로서 쌓아올려지
고 있는 '윤리학'이 그것 자체에서, 또 현재 일본의 여러 사
정들과 맺는 연관에서 어떤 의미를 지니고 있는지를 그 이
론 자체의 내부로부터 간단히 지적해 두고 싶은 것이다.

왜냐하면 그의 윤리학이 종래의 윤리학 교수나 수신
덕육修身德育을 전문으로 하는 선생들이 쓰거나 사고하는 학
술적인 또는 데마고기슈한[demagogisch(선동적인)] 도덕론과는
달리 학술적 수준이 상당히 높은 것이며, 따라서 그만큼 오
리지널한 사색에 기초한 것인 동시에 현재 일본에서의 반
동세력이 요구하는 상당히 높은 수준의 반동문화를 위한

하나의 기초를 놓게 되지 않을까 생각하기 때문이다. 아마 그런 종류의 '윤리학'에 대한 찬미자나 수매인受売人[타인의 생각을 비판 없이 받아 옮기는 사람]은 아카데믹한 연구실에, 또는 속악한 반半'학술'잡지 속에 많이들 있을 것이다. 나아가 그 윤리학의 모방자는 금후에도 다분히 계속해서 배출될 것이다. 그의 저작은 그러한 일련의 사정들을 관통하는 저작이고 또 사상인 것이다. 니시 신이치로 교수의 『동양윤리』가 그것 자체로 동양적인(?) 어조나 인용을 지니고 그 로직[논리]조차가 동양적인 것처럼 보이는 것에 비교하면, 와츠지 교수 쪽은 줄곧 세계적이고 또 국제적이라고 하겠는데, 그럼에도 그 둘이 지향하고 있는 객관적 용도와 의의는 그다지 다른 것이 아니다. 단 와츠지 씨의 얼마간 모던[취]미를 띤 윤리설 쪽이 니시 씨에 비해 일본적인 혹은 동양적인 윤리사상의 우월함을 세계에 과시하는 데에 어쩌면 한층 유리할지도 모른다는 정도의 차이가 있을 따름이다.

와츠지 씨의 새로운 입장에 선 윤리학은 물론 모던한 철학방법을 사용한다. 그 방법에 관한 검토는 뒤로 미뤄둘지라도 적어도 가장 비근한 특색만큼은 우선 처음부터 문제 삼지 않을 수 없다. 그의 윤리학에서는, 평이하게 말해버리자면, 윤리라는 말에 관한 의미중심적인文義的 또는 어의적인語義的 해석을 단서로 '학술적' 분석이 시작되고 있다. 윤리란 무엇인가에 대해 말하면서 '윤倫'이라는 낱말은 무엇인가, '리理'라는 낱말은 무엇인가, 그 둘이 '윤리'라는 단어로 무르익을 때는 어떻게 되는가가 학술적 분석의 단서가 되는 것이다. '인간'에 관해서도, '존재'에 관해서도 그런 의미중심적인·어의적인 해석이 결여될 수 없는 유일한 통로를 이루고 있다.

하지만 그런 의미중심적 말뜻의 해석이라는 것을 우리는 가볍게 신용해서는 안 되며, 또한 동시에 가볍게 무시하거나 도외시해서도 안 된다. 거기에는 실제로 그런 종류의 철학적 방법이 지닌 거의 모든 징후가 단적으로 드러나고 있기 때문이다. 얼마간이라도 실증적인 또는 논리적인 두뇌를 가진 인간이라면 누구라도 말에 대한 설명이 말에 의해 드러나는 사물 자신에 대한 설명일 수 없다는 것 정도는 모를 리 없을 것이다. 사실, 그러한 뜻에서의 의미중심적 해석이란 경전의 문구를 해석하여 들려줌講釈으로써 사회문제의 해설을 대신할 수 있다고 여기는 직업적 설교가나 승려 등이 마음에 들어 할 정도의 것이다. 이는 실은 아직까지 의미중심적 해석조차도 아닌 것이다.

의미중심적 해석의 진정한 권리는 해석학(헤르메노이틱[Hermeneutik]) 속에서 발생한다. 왜냐하면 해석학에 따르면 특정 문서는 그것을 써서 남긴 개인·민족·시대 등등(계급은 그다지 문제시되지 않는 관습이 있는 듯하다)의 관념(이데)이나 정신이나 체험이나 생활을 표현하는 것으로서, 그 객관적인, 손으로 씌어진, 또는 각인·인쇄된 문자를 통해 그런 표현의 프로세스를 거꾸로 끌어당겨 찾음으로써 그 배후의 개인·민족·시대 등등에 내재된 관념·정신·체험·생활 등등의 역사적 의의가 해석될 수 있는 것이기 때문이다. 물론 그 해석학은 역사적 자료의 점유 문제나 역사적 서술 문제에 관여하는 것이며 역사학적 방법의 과학적인 한 가지 요소를 이루는 것이지만, 적어도 그 방법이 가장 신뢰받을 수 있는 경우란 고문서를 독해할 때일 것이다. 따라서 그 학문은 주로 바이블에 관한 해석을 위해, 그리고 근세에는 그리스 고전의 연구를 위해 조직적으로 발달해왔던 것이다. 즉 거기서는 문제가 고문서 텍스트이기에 문제의 해결은 당연히 의미중심적·문헌학적이어야만 하며, 또 그렇지 않을 수 없는 것이다.

그러나 문제는 고문서 텍스트에 대한 의미중심적 해석에서 출발하는 그 해석학이 역사학적 방법의 과학적인 요소들 중 하나에 머물지 않고 오히려 그 지배적인 요소가 될 때에 있다. 나아가 문제는 그렇게 권한이 확대된 해석학이 이제는 역사 서술 일반의 과제로부터도 벗어나 어느새 철학 그 자체에서의 해석학적 방법으로까지 심화되는 때인바, 예컨대 여기서 거론되는 경우처럼 윤리학의 학술적 절차의 배경까지 이루게 되는 때가 문제인 것이다. 그럴 때 대체 말에 관한 의미중심적 해석이 어떤 권한을 가질 것인지가 의문인 것이다.

그저 와츠지 씨만이 아니라 그 누구든, 우리도, 말이 단순히 인공적인 것이거나 자연적인 것 또는 천부적으로 주어진 것이 아니라는 것을 알고 있다. 말에서는 민족의·국민의(계급도 필요한 것이다)·지방의·인간사회의 역사가 말 속에서 드러날 수 있는 한도 안에서 드러나고 있다. 따라서 말을 살피는 것은 그만큼 그 말을 낳은 인간생활을 살피는 일이 된다. 하지만 과연 그것이 충분한 단서가 될 수 있을 만큼의 생활의 표현인지 어떤지, 그 점이 의문인 것이다.

그러나 와츠지 씨에 따르면 말은 인간생활에서 무엇보다 근본적인 특징을 이루고 있는 것이다. 말은 그리스·인도·지나를 통해 인간과 동물을 구별하는 표식이 되고 있다. 따라서 그것은 무엇보다 근본적인 인간의 특색을 가리키는 것인 듯하다. 그렇게 보면 사물에 대한 의미중심적 해석은 그 사물이 인간사회의 것인 한에서 무엇보다 근본적인 분석을 위한 충분한 단서가 된다는 생각에는 아무 이상한 점이 없게 될 것이다.

해석학적 방법 그 자체의 근본적인 약점 혹은 트릭에 관해서는 이후에 다루도록 하고, 먼저 위와 같은 의미중심적 해석을 신용할 수 없는 이유를 말하자면, 그것이 아마도 모종의 증명력·설명력을 갖는 것처럼 주장되거나 그렇게 받아들여지기 때문일 것이다. 물론 일본어나 지나어로 '윤리'라는 말을 만들 수는 있겠으나 그 윤리라는 말에 대한 분석의 결과가 윤리라는 사물관계 그 자체도 역시 그렇다는 것을 증명하지는 못한다. 나아가 그것은 그런 윤리관계가 일등一等으로[가장] '윤리적'(더 이상 일본어로서가 아니라 국제적인 [번]역어로서의)인 것이어야 한다는 증거 따위가 될 수는 없다. 의미중심적 해석이 [사]물을 말하는 범위는 예컨대 윤리에 대해 말한다면 윤리라는 관계——와츠지 씨는 그것을 사람과 사람 간의 행위적 연관으로 본다——를 해명하는 한 가지 증명사례引例로서의, 직관적인 상징으로서의 윤리라는 말에 대한 분석을 행하는 경우에 한정된다. 그것은 윤리적인 관계 그 자체의 증명이 아니려니와 일정한 절차를 밟은 설명도 아니다. 왜냐하면 거기에는 이론상의 갭이 놓여 있기 때문이다. 그리고 그 갭을 직관적인 그럴듯함으로 메우는 것이 이른바 '해석'이라는 것이 이론상에서 갖는 의의였던 것이다.

그러니까 해석이라는 것의 권리를 과학적 이론의 전면에서 승인하는 한에서, 즉 해석학적 방법을 윤리학에서도 인정하는 한에서, 윤리나 인간이나 존재라는 것에 대한 의미중심적 해석으로부터 윤리학이 시작된다는 점에 고충과 불만을 말하기란 어려울 것이다. ——원래 그 윤리학은 모든 것을 증명 또는 설명하려는 것이 아니라 단지 우리 일본국민의 생활을 해석하기 위한, 아마 그것을 저스티파이

[정당화]하기 위한 것이었을 터이다. 그것에 동감하는 이는 점점 더 동감할 것이며 그것에 반대하는 이는 점점 더 반대하지 않을 수 없게 될 따름인 것으로, 윤리학적인, 즉 과학적인, 도덕·풍습·사회기구 및 기타 모든 인간사회에 속하는 것에 대한 비판 등은 윤리학에서 문제시되지 않는 것이다. ──생각건대 그런 종류의 윤리학은 비판하는 윤리학이 아니라 오히려 전적으로 비판받아야 할 윤리학일 것이다.

　　하지만 한 가지 대단히 중요한 점이 남아 있다. 말에 의한 의미중심적 해석인 이상, 해석되는 사물은 언제나 국어의 제약 아래 서게 된다. '윤리'도 '인간'도 '존재'도 모두 일본어로서의 그것이며, 따라서 일본어로 해석되는 윤리 그 자체, 인간 그 자체, 존재 그 자체란 단지 일본에서의 그것들인 데서 멈추는 게 아니라 다름 아닌 일본을 기준으로 한 그것들이지 않으면 안 되게 되는 것이다. 왜냐하면 윤리나 인간이나 존재란 일면 국제적으로 이해될 수 있는 것인데, 그렇게 국제적인 것과 일본적인 것이 매듭을 맺으면, 그런 의미중심적 해석은 말할 것도 없이 일본적인 것을 중심적 위치에 가져다 놓지 않을 수 없게 되기 때문이다. 그 결과로 예컨대 '윤리'라는 국어에 의해서만 드러날 수 있는 것을 '윤리'라는 국어에 대한 의미중심적 해석을 통해 다시 한 번 해석한다면, 윤리라는 일본어만이 아니라 윤리 그 자체의 일본성을 동의同義반복적으로 결론짓게 될 것이며, 그것이 의미중심적 해석의 노멀한 로직[정상적인 논리]이 될 것이다. 이리하여 국어적인 의미중심적 해석에 의탁하는 것은 어느새 '일본윤리'나 '동양윤리'를 결과로 낳는다. 말할 것도 없이 그때의 일본윤리란, 윤리라는 것이 일본적일 경우에 일등으로 우수하다는 것을 가정함과 동시에 결론짓는 윤리설인데, 그 점에서 와츠지 씨의 '학술'적인 모던 윤리학도 저 히로시마대학의 인격자 니시 박사의 거나한 '동양윤리'와 전혀 다른 본질을 갖는 게 아닌 것이다.

와츠지 씨에 따르면 윤리란 인륜의 이치理이다. 인륜은 사람과 사람 간의, 개인과 개인 간의 행위적 연관이다. 달리 말해, 처음부터 개인이 있어 그것이 모여 연관을 이루는 것이 아니라 처음부터 개인을 대신하여 공동체가 있고 그것이 오히려 비로소 개인과 개인 간에 인륜적 연관을 갖는다고 봐야 한다는 것이다. 그래서 일본어에 그와 같은 윤리라는 말이 있는 그대로 알 수 있듯이 일본의 사회는 원래부터 공동체적이라는 것이다. 일본의 사회가 왜 공동체적인 것이 되고 있는지, 또 왜 공동체라고 생각하는 것 이외에 다른 길은 없는지에 대한 설명이나 증명은 그런 '해석' 밖의 일이다. 필요한 것은 말에 의해 짐작할 수 있고, 떠올릴 수 있는 현상의 서술일 따름이다. 그로부터 일본적 공동체 사회생활이 세계 속에 있는 사회의(인류 윤리의) 모범인 듯한 느낌을, 아토머스페어[공기·대기(권)·환경·분위기]를, 흥분을 만들어내는 일인 것이다. 거기서는 결국 세계에서 으뜸가며 비교될 수 없는 국체国体와도 같은 것이 필요한 것이다.

그렇게 윤리란 인륜의 이치, 즉 '인간'의 이치이다. 그런데 인간이라는 일본어는, 와츠지 씨에 따르면 대단히 편리하고도 손쉽게 사용해도 좋은 말인데, 사전에 따르면 원래가 인간(人)과 인간(人) '사이(間)'를, '중간(中)'을, 관계를, 연관을, 상호작용을, 거동을 가리키는 것이었는데, 후세에 잘못하여(?) 개인을 가리키게 되었다는 것이다. 서양의 사회학자들은 사회와 개인을 나누고 대립시키면서 그 위에서 그 둘을 어떻게 결합할지를 고심하고 있지만, 우리가 사용하는 '인간'이라는 말은 한편으로 개인과 개인 간의 연관을 처음부터 성립시키는 사회관계를 뜻하는 것으로서, 그것이 이후에 개인을 뜻하는 것으로 전화된 것은 결코 단순한 잘못이나 실수가 아닌바, 사회적 연관 속에서의 진정한 개인의 의미가 오히려 그런 전화에 의해 전해지는 것이라는, 달리 말해 인간이라는 관계 그 자체란 한쪽의 사회관계와 다른 한쪽의 개인적 존재가 '변증법적으로 통일'되어 동시에 표현되는 고도의 철학적 결론에 일치하는 극히 탁월한 말이 '인간'이라는 것이다. 물론 서양에는 그런 말이 없으며 그런 생활이 없기 때문에 서양의 사회학자들은 그렇게 고심하고 있다는 것이다. 그러나 왜 서양에는 그런 생활이 없는가, 즉 서양에는 왜 개인주의가 지배적인 것인가. 이러한 물음들은 애초부터 '윤리학'의, '인륜'의 문제 밖에 있는 것이며 '해석학'이 관여하거나 알 바가 아니라는 것이다.

따라서 인간이라는 것은 '세간世間' 혹은 '세상世の中'이라는 말에서 그 일면이 대단히 잘 표현되고 있다는 것이다. 단, 그것 역시도 의미중심적으로 해석되어야만 하는 것으로서, 이를 두고 와츠지 박사는 깨지지 않는 진리로부터 유전계流転界로 추락하면서도 여전히 그것에서 벗어나고자 하는 경지를 가리켜 불전에서는 '세世'라고 말하고 있음을 거론한다. 속간俗間으로의 그러한 추락이 '세간' 및 '세상'이라는 말의 뜻이 된다. 그래서 '사람들이 사회를 세간·세상으로 파악했을 때는 동시에 사회의 공간적·시간적 성격, 따라서 풍토적·역사적 성격을 함께 파악한 것이라고 할 수 있는 것이다.' 일본어 속의 세간 혹은 세상만큼 사회의 진리를 표현했던 말은 없다는 것이다. 이렇게 일본어로 표현되는 모든 것은 불가사의하게도 무릇 최고의 진리가 되는 것이다. 그런 불가사의한 요술의 속임수カラクリ[조작장치]에 관해서는, 방금 전에 동어반복에 지나지 않는 것이라고 설명했었다.

인간이란 그러한 세간성世間性(사회성)과 인간의 개인성이라는 두 측면을 통일한 말, 아니 사물이며, 그 속에 가로놓인 질서·도道가 이른바 인류의 이치 즉 윤리에 다름 아닌 것이다. 그것이 인간 존재의 근저이다. ─하지만 대체

존재란 무엇인가. 그러나 존재는 물질인가 정신인가라는[양자택일의] 문제는 아니다. 와츠지 씨에 따르면 존재란 원래 인간을 뜻하는 말이다. 그러하되 그 점을 알기 위해서는 '존재'라는 말 자신의 뜻을 살피면 된다는 것이다. 존재라는 말은 말할 것도 없이 '있다'는 뜻을 드러낸다. 하지만 '있다ある'라는 말에도 '이다である'와 '~이 있다がある' 간의 구별이 있는데, 지나에서는 '유有'라는 말이 '~이 있다'에 해당된다. 물론 그때 '이다'보다는 그 지나적인 '~이 있다' 쪽이 '있다'의 근본을 건드리고 있는바, 그것이 온톨로기(존재론)가 '유론有論'으로 말해지는 까닭인 것이다. 와츠지 씨에 따르면 거기서 '있다有る'는 '갖는다有つ'에서 온 것으로서, 그런 식으로 유有의 근저에 언제나 인간관계가 숨어있다는 점이 발견된다. '있는有る' 것은 인간의 '소유所有'와 다른 게 아니라는 것이다.

　'있다ある' → '~이 있다がある' → '있다有る' → '갖는다有つ'가 인간의 소유로 귀착한다면, 인간 자신이 있다는 것은 어떤 존재방식あり方인가. 와츠지 씨에겐 인간이 인간 자신을 갖는다는 것이 인간이 '있다'는 것이며, 그것이 '존재'라는 말이라는 것이다. 그러하되 '존存'이라는 글자는 인간 주체에 의한 시간적 파악에 관계하고 있으며('[알고·생각하고]있습니다存じています', '존속', '위급존망의 가을' 등), '재在'라는 글자는 인간 주체가 공간적으로 특정 장소를 점하고 있음을

뜻하고 있다('재택在宅', '재향군인', '부재지주' 등). 즉 '존'이란 인간 존재가 자각적이라는 것을, '재'란 인간 존재가 사회적이라는 것을 뜻하는 셈인데, 그렇게 '존재'라는 것은 그것 자신이 단적으로 '인간'의 존재 그 자체 외에 다른 게 아닌 것이다. 인간 이외의 존재란 그런 인간 존재로부터의 비유이거나 파생물일 것이다.

그렇게 윤리에 대한 의미중심적인 해석을 했었던 것인데, 와츠지 씨는 '《인간》의 학[문]'이 다름 아닌 '윤리학'이라는 것이다. 무엇보다 인간의 학[문]이라고 할지라도 그것이 이른바 안트로폴로기[인간학]인 것은 아니다. 왜냐하면 서양의 이른바 안트로폴로기는 인간을 단지 개인으로서 추상하여 생각하기 때문인데, 예컨대 M. 하이데거의 경우도 가령 사람의 자각적 존재를 논하면서도 사람의 사회적·인간적 연관을 놓치고 말 때는 도저히 '인간'의 학[문]일 수는 없는 것이다. 나아가 개인의 봄과 마음 간의 연관을 논하는 자연과학적 '인류학'이나 형이상학적인 '철학적 인간학'(실제로는 '철학적 인류학'이지만) 또한 '인간'의 학[문]일 수는 없다. 인간은 개인인 동시에 개인적 존재를 초월한 공동체적 인간 존재이기 때문이다. 그렇기에 거기서는 개인에게서의 이른바 도덕적 졸렌[Sollen(당위)]이라는 것도 발생한다는 식으로 사고된다. 그런 윤리학의 플랜은 여러모로 궁리될 수 있을 것이다. 하지만 중점이 되는 것은 진정한 윤리, 따라

7 일본윤리학과 인간학

서 진정한 윤리학이 어찌됐든 일본이 아니면 기껏해야 고대 지나에서만 발견될 수 있다거나 성립될 수 있다는 식의 주장이다. 거기서 일본윤리는 무릇 모범적 윤리이다. 와츠지 씨의 윤리학 저작은 전적으로 그 점을 드러내 보이기 위해 작성되고 있는 것이다. 그 저작은 결코 단지 일본에서의 윤리에 대한 해명인 것도 아니며, 우리들 현대 일본인을 위해 그 윤리와 도덕에 대한 비판을 시도한 것도 아니다.

그런데 그 모범적 일본윤리란 결코 진기한 것이 아니려니와 이상한 것도 아니다. 실제로 그것이야말로 오히려 서양윤리(?)의 거의 모든 탁월한 윤리론자들의 근본사상이었다. 단, 그들의 사상은 제각기 불충분함을 벗어나지 못했기 때문에 확연梛然한 '인간의 학[문]'으로서의 일본윤리로까지는 상승할 수 없었던 것일 따름으로, 서양윤리와 대비하거나 혹은 그것과 접속시킴으로써 일본인간학은 모범적인 인간의 학[문], 즉 모범적 인류의 학[문], 즉 세계인류에 윤리적 모범을 보이려는 학[문]이 되는 것이다. 즉 결론은 일본인이 모범적인 인류라는 것이다. ──아리스토텔레스의 '폴리티카', 칸트의 '안트로폴로기', 코헨의 '순수의지의 윤리학', 헤겔의 '지틀리히카이트[Sittlichkeit(인륜·윤리·도의(道義)·도덕)]', 포이어바흐의 '안트로폴로기', 마르크스의 '인간 존재'가 제각기 일본윤리학의 불충분한 선구자로 거론된다. ──마르크스를 환골탈태시킴으로써 마르크스주의적인 것에서 일본적인 것으로 직선적으로 내달리는 것은 오늘날 일본윤리학에 한정되지 않는, 또 와츠지 테츠로 교수의 사상태도에 한정되지 않는 사회현상이다.

말이 중복되지만, 와츠지 씨의 윤리학은 그의 다른 모든 업적들이 그렇듯이(풍토사관·일본정신사·원시불교·국사 등등의 연구), 그 대상의 민족적 특수성을 강조하고, 특히 일본적인 혹은 동양적인 특수성을 강조하여 해설하는 지점에 놓여있는데, 그러함에도 그 연구방법 혹은 고찰태도는 언제나 서구철학의 지배적인 조류에 기초해 있다. 『원시불교의 실천철학』[1932]에는, 당시 일본의 대다수 불교학자가 유럽적 방법으로서는 고작해야 칸트의 비판주의 단계에서 멈춰있었음에 반해 '현상학'적 견지가 도입됨으로써, 불교에 독자적인 철학적·현대문화적 해설을 가하는 데에 꽤나 성공했다는 식으로 받아들여진다. 이는 당시 평범한 직업적 승려 교수들이 도저히 시도할 수 없었던 듯하다(단, 우이 하쿠쥬 교수는 예외였지만). 그의 윤리학 역시도 앞서 말했던 대로 그 대상이 일본의 윤리였고, 아니 어쩌면 일본주의윤리였지만, 그 방법은 일본에선 언뜻 모던하게 보이는 유럽적 '해석학'에 기초해 있었다. 그것이 다른 교육가·유학자 식의 윤리학과 비교해 현저히 현대적 문화성을 갖는 이유이다. 또한 동시에 거기에는 우리가 경계하지 않으면 안 되는 함정[올가미·덫]이 있는 것이다.

대체로 와츠지 씨의 일반적인 철학상의 방법은 언뜻 천재적으로 기발하고 빼어나게 보이지만, 다른 한편에서는 심하게 착상이 많고 편의주의적인 것으로 넘쳐나는 것임을 쉽게 알아차릴 수 있을 것이다. 따라서 그만의 독자적인 철학적 분석법으로 보이는 것도 다분히 잡다한 협잡물로부터 양조醸造되고 있는 것으로, 아직 그것이 반드시 진정으로 독자적이고 유니크한 순수성을 갖고 있는 것은 아니다. 실제로 그 윤리학 또한 다분히 니시다 철학을 원용하거나 이용하고 있고, 게다가 그것이 반드시 니시다 철학 그 자체의 본질을 심화하거나 구체화한 깊은 것으로는 보이지 않는 바, 거기서 사람들은 니시다 철학으로부터의 편의적인 차용물 이외에 다른 것을 볼 수 없을 것이다. 별달리 그 자신이 명확히 밝히고 있는 것은 아니지만, 그의 윤리학에서의 방법은 직접적으로는 후배 미키 기요시 씨 등이 말하는 '인간학'에서 교사教唆[가르침·시사]받은 바도 적지 않은 듯하다. 그러나 그 점이 좀 더 오리지널하게는 하이데거에 빚진 것임은 말할 것도 없다.

그는 명확히 하이데거의 해석학적 현상학에 빚진 것이 무엇보다 많다는 점을 알리고 있다. 특히 '인간'이나 '세상'이나 '존재' 같은 말의 분석과 문제의 포착방식은 온전히 하이데거를 고쳐 생각한 것으로서, 하이데거의 아날로지컬한[유추적·유사적(類似的)] 확장에 다름 아닌 것이 일견 명확해 보인다. 하이데거가 독일어나 그리스어나 라틴어를 대상으로 시도했던 것을 와츠지 씨는 일본어나 한문이나 팔리어를 대상으로 확장해갔던 것에 불과하다고도 할 수 있을 것이다. ──하지만 그 결과란 더 이상 하이데거의 이른바 해석학적 현상학의 근본테제에 충실할 수는 없는 것이다. 그렇게 충실해질 리가 없는데, 혹여 그렇게 충실할 수 있다면, 와츠지 씨의 윤리학은 뭔가 가톨릭주의적인, 혹은 게르만적인, 혹은 히틀러주의적인 윤리학이 될 것인바, 그때는 결코 이 비상시적인 일본의 일본윤리학으로는 될 수 없을 것이다. 일본윤리학을 제공한다는 사회적 수요로부터 말하자면, 하이데거적 근본테제들 중 몇몇은 일본형으로까지 비판·개조되지 않으면 안 될 의리義理[부득이함·뜻·이유]가 있다.

하이데거적인 해석학적 현상학의 근본적인 특색 중 하나는, 그 자신에 따르면 문제를 존재(Sein)로부터 출발시켰다는 데에 있는 듯하다. 그렇다는 것은 하이데거에겐 다름 아닌 그 존재를 붙잡는 통로로서 비로소 인간적 존재가, 자각적 존재가, Dasein[현존재]이 문제가 됐다는 뜻이다. 따라서 말하자면 그가 말하는 '인간학' 및 '인간의 존재학'이란 존재론(온톨로기)의 단순한 방법 혹은 수단의 뜻을 지닐 따름으로, 실제로는 그 철학의 주제가 되고 있는 게 아니다. 그것이 와츠지 윤리학과 다른 첫 번째 점이다.

그러나 문제가 다를 뿐이라면 고충과 불만을 제기할

수 없는 이유는 되겠지만, 중대한 것은 그 결과로서, 거기에는 존재가 본래 인간적인 것이라는 점이 충분히 상정되고 있지 않다는 근본결함이 발생한다. 와츠지 씨에 따르면 '존재'라는 일본어는 실제로는 인간의 행위적 연관 그 자체를 뜻하는 것으로서, 게다가 그것이야말로 '존재'의 세계에서 으뜸가는 탁월한 개념이지 않으면 안 되는 것인바, 혹여 그렇다고 한다면, 가령 존재의 문제로부터 그것을 붙잡기 위한 통로로서의 인간의 문제로까지 향해 갈지라도 그 존재라는 개념과 함께 그 인간이라는 개념 역시도 하이데거와 같아서는 안 된다. 존재를 인간과 충분히 관계시키는 일에 생각이 닿지 못했던 하이데거는 실제로는 인간이라는 사회적·역사적(풍토적!)인 인간공동체가 아니라 그것을 대신하여 단순한 '사람'을, 개인을 존재로의 통로로서 거론한다. 따라서 그 '사람'의 존재에서 발견되는 시간성 또한 실제로는 인간의 역사성이 아니며, 그 '사람'의 존재에는 진정으로는 아무런 사회성(풍토성!)도 있을 수가 없는 것이다. 그가 '세상에 있음'(In-der-Welt-Sein[세계-내-존재], Mit-Sein[함께-있음] 등등)이라고 말하는 것도, 또 '사람들'이라고 말하는 것도 다름 아닌 개인적인 사람의 존재에 관한 것이므로, 진정한 인간 존재의 규정이 되고 있는 것은 아니다. 그것이 첫 번째 결함이라고 할 수 있는 것이다.

인간(실제로는 '사람')의 존재를 그렇게 개인적 존재(?)

로 생각하는 것은 하이데거의 해석학적 현상학이 의식(자각)을 그 학적 분석의 지반으로 삼고 있는 것에 조응하고 있다. 사실, 의식·자각을 통로로 삼을 때야말로 하이데거의 철학법은 일종의 (해석학적인) 현상학의 이름에 값하는 것이 되는바, 볼프 학파(람베르트) 이래로 칸트에게서도, 헤겔에게서도, 후설에게서도 현상학(페노메놀로기)이란 언제나 개인적 의식의 측면에 관계된 것이었다. 하지만 하이데거의 현상학은 그저 '순수'한 현상학이 아니다. 해석학을 도입한, 혹은 해석학적으로 모디파이[수정·개조]된 현상학인 것이다. W. 딜타이는 역사의 해석·서술의 방법으로서 표현의 해석이라는 길을 택했는데, 그 표현이란 딜타이에게서는 생生의, 체험의, 그런 뜻에는 일종의 의식의 표현을 뜻했다. 거기서 딜타이는 심리학적인 것으로부터 두드러지게 벗어나 있지는 않다. 그런 생철학 식의 딜타이적 해석이 학적인 엄밀함을 자랑하는 후설의 현상학과 결부된 것이 말하자면 하이데거의 해석학적 현상학이므로, 그 방법의 현상학적인·의식론적인 특색, 어떤 뜻에서는 심리학적이기까지 한 특색은 결정적인 것이라고 하겠다.

그런데 와츠지 씨의 비평에 따르면 해석학과 현상학이 그런 형태로 결부되는 것은 대체로 약간 무리한 것이다. 해석이라는 것은 표현을 통해 그 배후에 있는 개인이나 민족이나 시대의 인간생활을 뒤쫓아 거슬러 올라가追溯 다시 경험하는 것이지 않으면 안 되는바, 그러한 표현의 배후에 있는 것과 현상학이 말하는 현상이라는 것은 도저히 일치할 수 없는 요구를 갖고 있다. 왜냐하면 현상학에서 말하는 현상이란 본체나 본질이 현상現象[현실적으로 드러남]한 것으로서의 현상이 아니라(현상학은 현상의 배후에 그런 것을 상정하는 일을 과학적으로 거부한다), 사물을 그 현상에 있어서만 분석하기 위한 장면[씬(scene)]이며, 거기서 사물 그 자체는 있는 그대로의 모습을 드러내는(현상하는) 것이다. 따라서 정확히 말하자면 현상에 관한 표현이라는 말은 엉뚱한[종잡을 수 없는(조리 없는, 빗나간)] 것인 셈이다. ──그렇기에 와츠지 씨에 따르면, 인간의 학[문]으로서의 윤리학의 철학방법은 하이데거식 해석학의 현상학적인 현상주의를 엄정히 계산함으로써[원문인 "精算"을 '淸算'의 오기로 보면: "청산함으로써"] 순연한 해석학으로까지 이르지 않으면 안 되는 것이다.

그 점에 대해 우리로 하여금 말하도록 한다면, 우리가 그 점에 찬성하지 않는 것은 아니다. 대체로 페노메놀로기(현상학)에서의 현상이라는 말은 직접적으로는 F[프란츠]. 브렌타노의 '실험적 입장에 의한 심리학'에서 유래하는 것으로서, 브렌타노의 철학적 입장은 일종의 실증주의와 다르지 않은 것이다. 그는 A. 콩트의 '현상'이라는 말을 심리학에 채용했던 것인바, 따라서 현상학 그 자체가 현상주의이며 또 경험주의인 것으로, 현상의 표면을 포복하는 현실주의의 말하자면 가톨릭적 형태에 불과한 것이다. 그것을 통해서는 윤리든 인간이든 존재든 무릇 사물의 진상이나 의의(의미)를 붙잡을 수 없으리라는 점은 상식적으로 말해도 명확한 것이다. 그렇게 현상의 표면을 포복함으로써 사물을 이해하려는 것은 원래부터 무리한 시도였다고도 할 수 있을 것이다.

하이데거의 방법에 관한 문제는 거기서 그치지 않지만, 지금은 그것에 대해 더 논하는 때가 아니다. 대체 와츠지 씨의 해석학이 현상학 혹은 해석학적 현상학과 비교하여 무언가 근본적인 우월성이라는 게 있는 것인가. 해석학적 방법 그 자체가 일종의, 좀 더 복잡하긴 하지만 내홍이 일어난 현상주의이며 반反본질주의인 것이다.

인륜이라거나 인간이라거나 존재라는 말은 앞서 말했던 것처럼 하나의 표현이다. 나아가 와츠지 씨의 윤리학은 그것이 인간을 동물계로부터 구별하는 근본적인 표현이며, 그것에 의해 사물의 분석이 시작된다는 뜻에서는 로고스적인 통로로서의 근본표현이라고 간주한다. 하지만 대체 표현이라는 것이 갖는 이론상의 가치라는 것이 우리에겐 애초부터 의문인 것이다. 표현은 생활의 표현인데, 생활이 어떤 식의 현실적이고 물질적인 프로세스를 통해 그 표현물로까지 생산되고 결과 맺는가라는, 그런 역사적 사회의 물질적인 근저에 접촉하는 인과因果의 설명은 와츠지 씨의 윤리학에서는 조금도 문제되지 않는다. 거기서 표현은 그저 일정한 생활배경에 대응하는(그 대응이란 물리적인 인과나 교호작용이 아니라 말하자면 수학적인 부가물[곁들여진 것]— Zuordnung[귀속·부속·부가·편입]—에 지나지 않는다) 의미만을 갖는다면 그것으로 좋은 것이다. 그 의미를 해석하는 것이 표현이라는 개념을 철학의 시스템 속에 갖고 들어온 목적이었던 것이다. 사물의 레알[Real]한 물적物的 관계가 아니라 사물의 '의미'일 따름인 관념적인 부가물이 '표현'에서 허용되는 유일한 문제인 것이다.

정말이지 현상학적인 현상주의에서는 사물이 가진 의의조차가, 그 의미조차가 해석될 수 없었다. 그러나 와츠지 씨에게 보이는 해석학에서도 사물의 물질적인 현실이 지닌 레알한 의미는 결코 해석되지 않는다. 해석되는 것은 말하자면 수학적이라고 해야 할 심미적이고 시적인, 상징적이라고까지 해도 좋을 표현의 의미일 뿐이다. 표현이란 크게 잡아 극언하자면, 요컨대 사물관계 그 자체를 대행하는 비현실적인 심볼이다. 그런 점에서 보면 해석학 역시도 엄연한 하나의 현상주의거나 현상학이기까지 한 것으로서, 다만 소위 현상학이 '사물 그 자체에 육박하는' 것을 모토로 삼는 데에 반해, 해석학은 오히려 사물 그 자체 대신에 사물의 비현실적인 심볼을 찾고 있기 때문에, 그만큼 현상학보다 더 현상학적이고 현상주의적인 것이라고까지 할 수 있는 것이다.

　해석학적 윤리학이 역사적 사회의 물질적인 생산관계를 결코 무시하는 것은 아니라고도 할 수 있다. 물론 그것을 무시해서는 인간의 해석이라는 간판에 거짓이 드러나게 될 것이다. 하지만 그때의 생산관계란 어떤 뜻으로 그 윤리학의 거론 대상이 되는가를 묻자면, 그것은 어디까지나 인간 존재의 표현으로서 그럴 따름이라고 해야 할 것이다. 인간 존재가 물질적 생산관계를 통해 인과관계를 맺고 서로 교호작용한 결과가 윤리라고 말하는 게 아니라, 물적 기초의 구조연관 대신에 관념적 의미의 구조연관이 거론됨으로써 단순히 일종의 사회적 상징으로서만 역사·사회의 물질적 기초가 거론되는 것일 따름이다. 화폐에서 사회의 인간관계가 드러나고 있다는 것은 그렇게 표현되는 현실적인 물적 과정 그 자체가 화폐라는 일종의 독특한 상품을 산출했다는 인과관계를 가리키는 것이지만, 그 점을 해석학적 표현으로 분석하여 얻게 되는 것이란 계급대립이 점차 필연적으로 첨예화되어가는 자본주의사회가 아니라 마치 와츠지 윤리학이 발견한 것 같은 '인간 존재'라는 것이 될 터이다. 거기에 해석학적 방법이 지닌 현실상의 난센스가 가로놓여 있다.

　자본주의적 계급사회를 대신하여 지극히 일반적이고도 추상적인 '인간 존재'를 가져오게 되어있는 그런 해석학적 방법이란 역사·사회의 현상 표면을 심미적으로 스쳐지나가는[눈속임하는] 방법인바, 그 결과는 반드시 모종의 뜻에서의 '윤리주의'로 향하지 않을 수 없다. 그렇다는 것은 모든 역사적·사회적 현상이 그 기초구조나 상부구조 따위와의 구별을 미리부터 불식시킨 한결같이 평평한 사실들·현상들로 하나의 개념 안에 포섭되어 아무렇게나 처넣어짐을 말하는 것인데, 그때 '인간'이라는 개념은 최고의 유類 개념이 되는 것이다. 그리고 그때의 인간이란 스스로가 이미 일반화되고 추상화된 것이므로, 완전히 인간적인 것으로서, 즉 인류학적인 것이므로 모든 역사적·사회적 현상은 윤리현상으로 환원될 수밖에 없는 것이다. ─와츠지 윤리학이 그런 윤리지상주의를 취하게 되는 이유는 결코 문제가 윤리이기 때문이 아니다. 오히려 그것은 역사적 사회의 현실적·물질적 기구에 대한 분석에서 출발하는 일을 의식적으로 피하려는 해석학의 유일하며 필연적인 결과인바, 이는 '인간의 학[문]'이 지닌 근본특색, 즉 넓은 뜻에서 오늘날 일본의 자유주의자나 전향이론가가 애용하는 '인간학'의 근본특색인 것이다. 윤리주의는 반드시 윤리학에만 한정되는 게 아니다. 윤리주의는 모든 경제학, 정치학, 사회학 역시도 마음만 먹으면 언제든 그리로 향해 갈 수 있는, 게다가 '과학적'으로 그럴 수 있는 경지인 것이다.

그런 모든 인간학주의─이는 반드시 어떤 형태의 윤

리주의에 도착한다—가 오늘 일본에서 무엇보다 확실하게
결실을 맺는 해석학이라는 점을 보여주는 것이 와츠지 씨
의 윤리학일 것이다. 해석학이 어떤 뜻에서 형이상학인지,
또 그런 뜻에서의 형이상학이 어떻게 적극적으로 관념론인
지에 대해서는 앞선 2장에서 서술했다. —문제는 지금 그
러한 인간학, 윤리주의적 해석학이 얼마나 일본주의적인
것인가라는 점이다. 독일에서는 히틀러주의로, 일본에서는
일본주의윤리학으로 향해 가는 것, 그것이 해석학에 숨겨
져 있는 자유주의(?)인 것이다. 즉 와츠지 식의 윤리학은 자
유주의철학이 어떻게 필연적으로 일본주의철학이 되는지
에 대한 증명의 노력 이외에 다른 게 아닌 것이다.

> (윤리의 문제에 관해서는 와츠지 씨에겐 따로 『국민도덕』이
> 라는 노작이 있다. 그것 말고도 원시불교·국사·일본정신사
> 에 관한 연구, 몇몇 풍토론이나 「일본정신」이라는 단문을 참
> 조해야만 한다. —덧붙여 그것을 니시 교수의 『동양윤리』와
> 좀 더 상세히 비교할 수 있다면 재미있을 것이다.)

8 복고 현상의 분석

── 가족주의의 아날로지[유추·유비]에 관하여

편의상 이야기를 폐창廢娼 운동에서 시작하자. 내무성이 1935년 4월을 기하여 전국적으로 공창 폐지를 단행하기로 결정했다고들 말한다(실제로 4월에 단행되지는 않았지만). 이미 이제까지 아키타·나가사키·군마·사이타마 각 현에서는 공창 폐지, 즉 유곽 폐지가 실행되고 있다. 작년 경시청에서는 공창 제도에 고유한 출입제한 제도를 철폐하고, 동시에 자유 폐업의 실질적인 자유를 얼마간이라도 존중하는 방침을 취했지만, 그것은 내무성의 현재 방침을 예고했던 것으로서 천하의 대세가 아무래도 폐창의 필연성으로 귀착되는 듯이 보이는 것은 부정할 수 없는 사실이다. 전국의 공창 5만 3천 명 신병의 자유(형식적인 것으로 멈추지 않을 수 없을지라도)를 위해, 그리고 전국 5백 3십 유곽의 불행을 위해, 그리고 3백 년 국수적 전통(?)에 대한 애착을 위해 그것은 기억되어야만 할 대세인 것이다.

그런 대세와 당국의 방침을 일찍 헤아린 유곽주인樓主들은 카시자시키貸座敷[방을 빌려줌(성매매)]업에서 요리집으로 전업하기를 원하고 있다. 무엇보다 해당 업자들의 매상이 부진하지 않으면 결코 당국의 그런 방침 또한 정해지지 않겠지만 말이다. 예컨대 [도쿄] 스사키의 130개 유곽주인들은 경시청에 탄원운동을 했다고 한다. 그것은 말할 것도 없이 유곽주인 입장에서의 영업부진이 유일한 동기이지 대세를 헤아렸다거나 그렇지 못했다거나 하는 문제가 아닌바, 천하의 대세라는 것은 언제나 그러한 물질적 근거 이외의 다른 것에 의해서는 성립하지 않는다.

그렇게 폐창 운동의 중심세력이던 '폐창연맹'이 1934년 말에 해산하고, 그것을 대신하여 즉각 '순결곽청純潔郭清[정화]회'가 조직되어 새로운 운동에 들어갔던 것인데, 거기서 한 가지 문제가 발생한 것이다.

원래 폐창 운동이란 그 본래의 입장에서 보자면 말할 것도 없이 사회 속의 공사公私 모든 매춘 제도의 철폐 혹은 박멸을 궁극 목적으로 삼은 것으로, 이는 사회조직 그 자체의 문제로 귀착하는 것이지 단순한 매춘폐지 문제로서 정리되는 것은 아니다. 그래서 오늘까지 폐창 운동이 목표로 삼아온 직접적 목적은 부녀자·아동 매매 혹은 일반적으로 인신매매와 그것에 당연히 뒤따르지 않을 수 없는 인신억류에 관하여 국가에 법적 보호의 책임을 지게 하는, 소위 문명국에서는 대단히 희귀한 공창公娼제도와 결부되어 있다. 그것은 일본에서의 경공업 부인노동자의 경우와 좋은 짝인 일본의 '특수사정'에 기초한 노동조건 혹은 수취조건을 이루는 것으로서, 일본이 진작부터 국제연맹에서 일본적 현실을 강조하길 잊지 않았던 고유하게 일본적인 것들 중 하나였다. 다만 경공업 부인노동자의 경우에는 일본 산업의 기술적 발전이나 일본 노동자의 우수한 기술능력技能으로 설명되거나, 그리고 이후에 중요해질 일본노동자의 가족적·가정적 장점美点 같은 것으로 설명됐는데, 이와 달리 공창의 경우는 오히려 국욕国辱으로서 지탄받지 않으면 안 됐던 것이다. 폐창 운동은 그런 국욕적 공창의 폐지에 대해서는 성공을 거두려는 것이다. 그렇기에 반드시 국욕적이지는 않지만 무산자의 치욕임에는 아무런 변함이 없는 사창私娼의 문제가 아직도 남아 있는 것이다.

문제는 그런 사창 문제를 계기로 일어난다. 67회 의회가 끝날 무렵 중의원에 창기취체娼妓取締[단속]법안이 제출됐던 것이다. 이는 실제로는 폐창 반대와 공창제도 강화를 내용으로 하는 것으로, 중의원의 과반수인 270명 선량選良[선택된 동량·대의사(代議士)]의 연대서명으로 제출됐기 때문에 주목에 값한다. 폐창법안이 그때까지 몇 번씩이나 제출됐어도 진지하게 토론 한 번 하지 않았던 일본의 중의원이었으므로, 그 속의 존창存娼위원회에서는 존창파가 말할 것도 없이 압도적 다수이지 않을 수 없다. 폐창은 천하의 여론이라고 폐창파가 말하면, 다수파인 존창파는 중의원 과반수의 제

안 쪽이야말로 천하의 여론이 아닌가라고 큰소리치는[모른
척하는] 것이다. 중의원이라는 것이 천하의 여론을 얼마나 훌
륭하게 대표하고 있는지가 이 사례에서 참으로 보기 좋게
드러나는데, 그것은 그것대로 두고, 그 창기 애호가들의 주
된 표면적 논거가 폐창의 결과로 사창이 발호하고 풍기위
생상 심한 폐해가 생길 것이라는 점에 있음을 지적해 놓기
로 하자.

　　나는 지금 사창론으로까지 들어갈 수는 없지만, 그럼
에도 주목해야 하는 것은 중의원 법안제출보다 조금 전에
2천 명의 전국 카시자시키[성매매]업자가 역시 동일한 취지로
귀착되는 존창대회를 열었다는 사실이다. 그런데 거기서
발표된 선언이 무엇보다 중대한 것이다.

　　그들은 말한다. '서양문명에 심취된 위정자·식자가
헛되이 국법을 무시하면서 사창을 장려하는 일, 그렇게 국
법에 준하여 가족제도를 존중하면서 오랜 역사를 갖는 카
시자시키업을 압박하는 일은 장래에 구제받기 어려운 화근
을 순풍미속淳風美俗의 우라나라 국가사회에 남기는 것으로
서 절대 반대한다.' 이는 결코 유곽주인들이 허투루 토하는
기함이 아니다. 온전히 그들 생활의 외침인 것이다. 그것만
이 아니다. 예의 저 창기 애호가인 의원들이 말하고 싶을지
라도 날아드는 돌멩이 때문에 말하지 못했던 점을 극히 솔
직하고 용감하게 말하면서 드러냈음에 다름 아닌 것이다.

나는 의원들의 과반수가 유곽주인들에 매수됐다고는 도저히 생각할 수 없다. 그리고 실제를 말하자면 그들 의원들이 설마 그렇게나 애창가愛娼家들로 모여 있다고도 생각하지 않는다. 그렇다고 한다면, 그들 천하의 선량들은 공창제도가 우리일본의 '가족제도' 및 '순풍미속'과 뗄 수 없는 관계에 있다고 보는 것이고, 그것을 의심하는 것은 곧바로 '서양문명'의 유물사상(?)이라고 은밀히 믿고 있는 것이라고 간주할 수밖에는 없겠다. 왜냐하면 사창이 공창에 비해 풍기위생상의 폐해가 더 크다는 식의 주장은 전혀 가공의 상상에 불과한 것으로, 내무성 등에서 사무관이라도 유럽에 파견하고 그 결과를 들은 다음이 아니라면 결정될 수 없는 것이기 때문이다.

즉 공창제도의 필요는 우리나라 3백 년에 걸친, 아니 3천 년에 걸친 결정적 순풍미속인 가족제도로부터 나온 한 가지 결론이 되는 것이다. 그런데 나는 그런 골계적인滑稽[우스팡스런] 철학이 의외로 일부 식자들의 비근한 상식과 먼 거리에 있는 게 아니지 않을까 생각한다. 물론 그런 어리석은 상식(?)은 그 자체로서는 하찮은 것이지만, 그럼에도 그런 어리석은 기분의 움직임이 의외로 생각지 못하는 곳에서 민족정신의 어떤 비밀 하나를 고하고 있다는 것이 중대하다.

공창제도의 문제는 크게 보면 그 본질에서 무산자농민을 구속하고 있는 질곡의 문제인데, 오늘 그것에 이어져 있는 가족제도는 애초부터 일본민족생활의 본질이라고 주장되고 있는 것이다. 따라서 저 카시자시키업의 주인들은 결코 어처구니없는 것으로 볼 수 없는 민족주의적 사회이론의 일부를 본능적으로 포착하고 있는 것이다. 그것의 맞고 틀림을 떠나, 존창 운동은 현재 일본에서의 복고 개념을 둘러싼 단지 가장 색정적인 한 표현에 다름 아닌 것이다.

그런데 현재 일본의 가족제도만큼 현실사회에 대한 모종의 해석표현에 편의를 제공하고 있는 것은 없다. 그것은 이미 공창제도의 지지 하나만으로도 결코 무효적인 게 아니라는 것을 보여준다. 또 단순히 저임금이나 노동력 구치拘置[구속]를 위한 유력한 관념적 지지인 것만도 아니다. 넓게는 실업문제 그 자체에 관해서까지 가족제도는 문제의 곤란을 완화하기 위해 존재하는 듯이 보이는 것이다. 왜냐하면 일본에서 실제상 실업자의 몇십 퍼센트는 이미 가정이라는 취직의 단위 속에 흡수됨으로써 실업자의 관료적인 수치를 관념적으로 격감시키는 역할을 하고 있기 때문이다. 그렇게 생각하면 가족제도야말로 전적으로 일본 사회의 본질이라는 견해가 지닌 진리를 비로소 잘 알게 된다. 그렇다면 그 중핵인 일본가족제도는 최근 어떻게 되고 있는가.

도쿄시 통계과의 조사에 따르면 시내 80개 소학교 6년생 아동의 가족 2만을 통계한 결과로 밝혀진 것은 그 가

정의 9할이 부모와 아이만으로 구성되어 있는 순연한 단일 가족이라는 것이고 조부모나 큰아버지 부부가 동거하고 있는 것은 전체의 약 1할에 불과하다는 것이다. 이는 한편에서 결혼·독립 등등에 의해 가족성원의 별거가 성행하고 있음을 보여주는 것으로, 그만큼 일본 전래의 가족제도가 붕괴하면서 사실상 '개인주의'화되고 있음을 말해준다. 동시에 다른 한편에서는 도쿄의 가정 대다수가 상경해서 올라온 지방 가족성원들의 타향돈벌이 이민이라는 것을 보여준다. 실제로 경시청 1935년도 호구조사에 따르면 도쿄시의 인구는 전년에 비해 약 18만 5천 명이 증가하고 있는데, 그 3분의 2가 지방에서 상경한 이들인 것이다. 따라서 거기서 알 수 있듯이 통계에 나타난 도쿄에서의 가족제도의 붕괴, 이른바 개인주의화는 동시에 농촌 혹은 지방에서의 가족제도의 붕괴, 이른바 개인주의화까지도 뜻하고 있는 셈이다. 도쿄에 단일가족의 숫자가 늘어난 만큼 농촌 혹은 지방에서는 남은 이들에 의한 단일가족의 수가 발생하는 것이다. 이리하여 전국을 보건대(이때는 결코 도시와 농촌 간의 원칙적인 구별 따위를 요하지 않는다) 그 속도의 빠르고 느림은 다를지라도 일본적 가족제도의 붕괴가 천하의 대세라고 하는 것은, 실제로 그런 통계를 따르지 않을지라도 사실이라고 할 수 있는 것이다.

하지만 그런 가족제도를 현실 사회에 대한 모종의 해

결표현으로 이용하려는 현재의 가족주의자들(이는 오늘날 일본주의자들 대다수에게서 각종 형태로 일관되게 나타나고 있다)은 가족주의의 붕괴를 머리로부터 아예 인정하지 않거나 인정한다면 악독한 개인주의로서만 인정하는바, 어느 쪽이든 그들은 가족제도에 일본의, 또는 그들 자신의 최후적 기대와 희망을 건다는 점에서 다르지 않다. 실업문제·빈곤문제의 곤란은 가족제도라는 이상에 의해 그렇게 관념적으로 완화되는 것이다. ──그런데 현실적으로는 가족제도의 붕괴라는 사실에 의해 가족의 성원들은 실업자 또는 실업가능성을 가진 자가 될 수밖에 없게 됨으로써 가족(가정)과 가족제도의 바깥으로 내몰리고 있는 것이다.

실제로 부인婦人의 취직(따라서 부인의 실업)이 그러한 것으로서, 부인들은 가족제도에 안주하는 가정생활의 붕괴라는 희생을 치름으로써만 비로소 독립을 얻을 수 있게 되는 것이다. 그 독립이란 경제적인 독립(취직)을 말하거나, 신분적으로는 독립됐지만 경제적으로는 비독립(실업) 상태에 있음을 말하는 것이다. 도쿄에서 출근·통학 등등을 위해 매일 외출하는 150만 남짓 중에서 부인의 수는 52만에 가깝다. ──그래서 적어도 창기의 독립이 가족제도를 파괴할 것이라고 걱정됐던 것 이상으로 일반 부인들의 독립이 일본 가족제도의 붕괴에 조응하고 있다는 점이 합리적으로 증명될 수 있는 것이다. 현대여성은 일본 전래의 가족제도

8 복고 현상의 분석

로부터 탈각하기 시작했다. 이는 가족주의자들(이는 여러 종류가 있는데)이 결코 안심할 수 없는 불길한 징표인 것이다.

그런데 예컨대 여성교육가로서 유명한 도쿄 부립 제1고등학교 교장 이치가와 겐조 씨는 공민교과서『현대여성독본讀本』에서 새로운 현모양처주의, 즉 아내의 신분적 독립에 기초한 현모양처주의를 제창했다. 그런데 그것 역시도 아니나 다를까 가족주의적 현대상식의 소유자들이 모인 부회府会에서 문제가 되었다. 부회에서는 그 책을 학교에서 사용하지 못하도록 금지하거나 삭제하고 발간을 금지시키고자 했던 것이다. 부회 의원들의 상식에 따르면 개인주의가 중심이 되어 있는 이치가와 씨의 사상에는 교육상 불온한 곳들이 적지 않았던 듯하다.

그러하되 그런 반개인주의로서의 가족제도를 들고 나오는 사람들의 관념이나 행동원리는 결코 그저 취미의 우둔함이나 교양의 저급함으로만 귀착되는 것이 아니다. 즉 그것은 흔해빠진 단순한 보수적 반동의 의식이라고 말함으로써 마무리되는 게 아니다. 그것은 현재 적극적인 복고 현상으로 귀착되는 것이며 또 복고 현상의 전형이라고까지 할 수 있다는 점이 일반적인 관계로부터 말해 중대한 것이다. 대체로 그들이 설정한 개인주의와 가족제도(가족주의) 간의 대립 자체가 현재 일본의 사회상식 속에서 주목해야 할 한 가지 난센스인데, 그렇게 함으로써 그들은 말할 것도 없이 자본주의와 자본주의에 선행한 봉건제도 간의 대립을 드러내려는 심산인 것이다. 하지만 실제로 오늘날 일본의 자본주의는 더 이상 결코 순연한 개인주의 따위일 수 없으며, 오히려 그 반대물로서 여러 뜻에서의 통제주의로까지 현저히 이행해가고 있다. 개인주의라는 것이 독점자본주의 이전의 전기前期 자본주의의 의식에 지나지 않았던 것은 물론이다. 따라서 특히 그런 전기 자본주의적인 개인주의를 들고 나와 그것과 가족제도를 대립시키는 일 자체가 이미 전기 자본주의로 다시 거슬러 올라가 일본의 장기 봉건제 시대로까지 적극적으로 복고해가려는 의도를 드러내는 것이다. 그렇게 함으로써 오늘날 발달한 독점자본제가 갖는 자본제로서의 본질을 애매하게 만들고, 거꾸로 그것에 반反자본주의의 환상을 부여하는 일이 좀 더 손쉽게 되리라는 점은 지금 다시 말할 필요도 없는 것이다.

무엇보다 복고 현상이라고 할지라도 언제나 그것이 그저 반동 현상이라고 할 수는 없다. 특히 역사의 시간적 흐름 속에서 진정으로 옛것古え[이니시에]으로 돌아가려는 복고 따위란 있을 턱이 없는바, 그렇기에 소위 복고 현상이란 반드시 무언가 관념적인 이즘[-ims(주의)]이거나 이데올로기로서만 있을 수 있는 것이다. 그러한 표면적인 의식이나 구실이 무엇이든지 간에 그것에 의해 실제적으로 합리적 전

8 복고 현상의 분석

망이 접목된 사회의 전진이 가능해진다면, 그것은 그런 한에서 결국 진보적인 본질을 갖는다고 일단 말해도 좋을 것이다. 메이지 유신의 이른바 '왕정복고' 역시도 어느 한도까지는 그렇게 봐도 좋은 것이며, 유럽의 고전부흥 역시도 그러했다. 그런데 오늘날 우리 가족제도주의(그렇게 만연된 의식)라는 것은 실제로는 매일매일 붕괴해가고 있는 소위 가족제도를 눈앞에 두면서, 나아가 합리적인 사회과학적 인식의 어솔리티[authority(권한·권력·권위)]를 저편으로 돌려놓고서 자본주의를 일종의 통제주의의 이름 아래 계속해서 유지하기 위한 구실이며, 그리고 그것이 그렇게 만연되어 있는 내용인 만큼 그런 구실은 이윽고 비속한 형태로 수용되기 쉽게 만들어져 있는 것이라고 하겠다.

하지만 그렇게 말하는 것만으로는 가족주의가 반동적 복고 현상이라는 것을 이해할 수는 있어도, 아직 그것이 그런 반동적 복고 현상에 있어 전형적인 것이라는 점을 알 수는 없다. 도쿠가와 시대적인 유곽제도의 유지나 동일한 시대에 완전히 발달한 여대학女大学[여성을 상대로 한 유교교훈서(에도 중기 이후)]적 현모양처주의가 왜 현대의 복고주의를 대표할 수 있는가라고 질문하게 되는 것이다. 그러나 말할 것도 없이 가족제도란 단지 가족 혹은 가정의 문제가 아니라 사회 또는 국가 그 자체에 관한 문제이다. 또는 가족제도는 사회제도나 국가조직 그 자체는 아니지만, 가족제도에서 멈추고 가족제도로 귀착되는 가족주의란 단적으로 말해 사회 또는 국가 그 자체의 조직에 관해 발언하고자 하는 주의인 것이다.

지금 가령 예의 저 이치가와 교장이 말하는 신新현모 양처주의나 이외에 다른 것으로 드러나는 개인주의를 국가의 문제 속에서 찾자면, 지금 그 개인주의는 단적으로 예의 저 자유주의적 <국가>론이 된다는 뜻에서 주의를 기울이지 않으면 안 된다. 거기서야말로 국가 혹은 사회가 민족 또는 국민의 이름 아래 하나의 가족에 비유됨으로써 자유주의적 <국가>론 및 <국가>설이 배격될 수 있게 되는 것이다. 혹은 좀 더 엄밀히 말하자면, 사회가 국가로, 그리고 국가가 민족으로, 그리고 나아가 민족이 부족이나 씨족으로, 그리고 결국 그 모든 것들이 가족으로 비유됨으로써 그런 자유주의적 <국가>론은 배격될 수 있게 되는 것이다. 그 배격운동을 의식하는 일에 있어 사회 혹은 국가의 현실이 가족의 비유가 되고, 나아가 그 가족의 비유 자체가 다시금 국가의 한 가지 현실이 되고 있는 점을 살피지 않으면 안된다. 가족주의가 복고 현상의 전형인 이유가 거기서 가장 두드러지게 드러나고 있을 것이다.

그러나 현대 일본의 사회의식을 일관하면서 보이기도 하고 숨기도 하는 그 가족주의 속에서 복고 현상의 전형이 되고 있는 것은 실제로는 더 이상 그저 복고주의라고 말해

8 복고 현상의 분석

서는 충분할 수 없게 된다. 그것은 바로 원시화原始化주의가 되고 있는 것이다. 무엇보다 부르주아지의 문명의식에 조응하는 사회계약설조차가, 그 가장 유명하고도 일본의 <국가> 관념에 가장 결정적인 영향을 준 루소조차가 일종의 원시주의와 결합되고 있지 않는 것은 아니지만, 복고주의의 전형으로서의 원시화주의는 그런 자연법이나 자연주의의 원시주의와는 달리 좀 더 일정한 역사적 관념내용을 빠트릴 수 없는 조건으로 삼고 있다. 그렇다고 한다면, 그것이야 말로 가장 먼저 복고주의라고 해야 할 것이다. 그런데 지금은 복고주의가 그런 역사적인 성질을 띠고 있음에도 원시화주의로까지 극단화되는 것이다. 왜 극단이라고 하느냐면 그 극점을 한 걸음 밟고 넘어선 곳은 더 이상 인간문화의 역사가 아니라 그것을 대신하여 자연인의 미개와 야만이 가로놓여 있기 때문이다.

현대가족주의가 가진 원시화주의의 특색은 우선 첫째로 이론적인 장면에서 드러난다. 가족제도를 개인주의에 대립시키는 일본의 이데올로그들은 오늘날 종종 게마인샤프트[공동(체)사회]와 게젤샤프트[이익사회]라는 외래적인 구별을 들고 나오는데, 그에 따르면 서양의 사회는 개인주의적인 게젤샤프트이지만, 이에 반해 일본의 사회에 한정해서는 가족제적 민족주의에 따른 게마인샤프트라는 것이다. 그럴 때 그 가족제의 사회심리란 다름 아닌 부모마음이나 부모

자식의 정이라고 하는 육신적인 센티멘트가 무조건적으로
지배하게 되는 것은 필연적인 일이다. 그 점에서 볼 때는 센
티멘탈한 사상이나 센세이셔널한 행동이 눈에 띄게 행해지
는 것도 결코 무리한 일이 아니다. 그런데 그런 사회심리를
움직이는 논리란 결국 신비주의 이외에 다른 것일 수 없다.
신비주의는 한편으로 비합리주의 혹은 반이성주의인 동시
에 다른 한편으로 탈혼奪魂(엑스터시)적이고 즉육적即肉的인
체험일 것이다('하라肚[腹]의 철학' 따위를 보라). 그것이야말로
논리기능의 원시화이며, 말하자면 논리적 분석력의 가족주
의화에 다름 아닌 것이다.

　　가족에 있어서는 예컨대 이심이체[두 마음 두 몸]인 두 사
람의 구성원이 일심동체라거나 일심이체라고 느끼는 그 기
분은 분석·설명의 한도 안에 있는 게 아니라 완전히 직각直
覺적으로 또 직접적으로 그렇지 않으면 안 되는 것이다. 서
로 다른 둘이 직접적으로 또 직관적으로 하나라고 여겨지
는 것은 완전히 상징이나 비유의 논리라고 할 수 있는 것인
데, 가족주의의 논리는 마치 사회를 가족에 의해 비유하는
것과 다름없는 것이다. 그 비유는 <천황제>적 '상징'과 함
께, 논의되거나 거론되어서는 안 되는 논리의 무엇보다 실
제적인 적용이었다. 가족주의는 비유로부터의 정치적 소산
이지만, 또한 그 비유란 가족주의적 원시화로부터의 논리
적 소산인 것이다.

이어 둘째로, 흔히 신비주의는 심리적으로는 종교적 정서를 반드시 수반하는 것이다. 그런데 가족주의적 원시화에 조응하는 신비주의는 그중에서도 특히 원시적인 종교적 정서를 결과로 낳는다. 원시적인 종교정서라는 것은 씨족적 종교의 정서에 해당하는 것으로, 가족적인 한도 안에서의 민족종교의 정서를 말하는 것이다. 거기서 문제가 생기는바, 현대 일본의 가족주의에서의 원시화주의가 단순히 논리적인 게 아니라 사회적인 경우로까지 드러나고 있다는 점이 그것이다. 사실, 가족주의적·씨족주의적·민족주의적인 경신敬神사상은 일본의 사회 속에서는 정치적 대상에 다름 아니다. 가족주의적 신비주의에서 유래하는 종교정서는 더 이상 단순히 개인의 사적인 일로 귀착하는 정서가 아니라 사회의 가족주의적 종교제도로 귀착되지 않으면 안 되는 것이 된다.

그런 종교적 정서와 종교제도가 되어 나타나는 가족주의적 종교는 원시화주의적 종교로서, 즉 일종의 원시종교라고 할 수 있는 것인데, 이는 또한 당연히 일종의 토테미즘이 되어 나타나는 것이기도 하다. 토테미즘이 특정 선조숭배와 금염禁厭[주술(로 재액을 막는)]신성물의 존재를 가정하는 것은 다수 사회학자들의 실증적인 연구가 보여주고 있는 것과 같다. 나아가 그것은 일종의 애니미즘[정령숭배·만물유생(有生)·물활론]이 되어 나타나는 것이기도 하다. 천지의 생성

·화육化育은 초목의 생명영혼과 함께 농업중심주의와 결부된 경우의 애니미즘 신앙과 서로를 비추어 볼 수 있을 것이다. 이리하여 가족주의는 가정에서 시작해 국가에 이르며, 끝내 천지에 널리 베풀어지고 그것에 어긋남이 없는 것이 된다.

위인의 신사화神社化[신사에 위패를 모셔 신으로 모심]도 그러한 가족주의적 원시화종교에 따르는 한 가지 부수현상이라고 볼 때 비로소 의미의 구체성을 알 수 있게 된다. 그런 종류의 연속적 현상들과 비교한다면 건국제建國祭에 철모를 쓴 아이들의 행렬이 있다거나 가마쿠라 불교의 부흥이 외쳐지거나 여학교의 영어가 폐지되거나 몬츠키 하카마紋付袴[가문의 표장을 새긴 예식용 겉옷바지]가 유행하는 일은 애초에 지극히 말단적인 사회현상에 불과한 것임을 알 수 있을 것이다.

민족주의·정신주의·<신>토[神道]주의 등으로 불리는 대표적인 일본주의들의 본질은 그런 가족주의라는 복고주의의 대표자 속에 있으되, 그런 복고 현상의 특색인 원시화는 실제로는 그 원시화의 이상에도 불구하고 무엇보다 발달한 일본의 근대적 자본주의가 자기 자신을 위해 낳은 하나의 근대화에 다름 아니라는 것을 잊어서는 안 된다. 언제 어느 경우에도 그러한데, 현대화의 의도가 역사적 반성과 회고와 '인식'의 이름 아래 궁극적으로는 오히려 비역사적이고 반역사적인 원시화의 형태를 취해 드러나지 않을 수 없다는 것이 반동적인 복고 현상의 특징을 이루고 있다. 근대성이 곧 원시화에 다름 아니라는 복고주의의 그 모순은 일견 역사적인 것을 과장함으로써 오히려 역사를 무시하게 되는 모순으로 드러난다. 전통주의는 이윽고 전통 자신의 파괴로써 드러나지 않을 수 없다. 국민의 문화전통은 실제로 국수화国粋化됨으로써 하나하나 파괴되어가지 않을 수 없게 된다. 이것이 복고주의적 반동에 필연적인 모순인 것이다.

그러하되 복고주의적 반동이 가진 모순의 발생원인이란 이런 것이다. 정확히 자본주의라는 하나의 역사적 단계가 자본주의 자신을 초역사적인 범주로 사고하게 만들고는 그것을 오히려 무한한 과거로까지 소급시키는 것처럼, 현단계적으로 특수한 한 경우로서의 복고주의가 어떤 정치적 필요에 의해 강요되어 역사적 단계에 들어서게 되면서 비로소 창안되는 '고래古来'라는 역逆역사적인 범주를 어떤 임의의(사람에 따라 구구하게 다르다) 유한한 과거로까지 소급시키는 일에 포함된 어긋남에서 복고주의적 반동의 모순은 발생하는 것이다. 예컨대 복고주의의 전거인 키키[고지키(古事記)·니혼쇼키(日本書紀)] 자체의 성립이(그것은 국사의 권위가들에 따르면 서력 7세기 무렵에 써졌다) 그러한 제반 관계를 포함한 넓은 뜻에서의 '복고주의'에 서있다는 것을 복고의 이론을 위하여 또 복고의 방법을 위하여 기억하지 않으면 안 될 것이다. 메이지의 <헌법>제정과 그것에 결부된 일부 파벌의 오늘날에 이르는 상식에 의한 국가관념 역시도 원래 그런 넓은 뜻에서의 '복고주의'의 소산이었던바, 그 점은 현재의 반동적인 복고주의에 관해서도 결코 다른 게 아니다.

복고주의적 반동의 비밀은 사회 현실에서의 현대화를 관념적으로 원시화한다는, 그런 시간의 구조로부터 본 어긋남에 있는 것인바, 반동적인 복고 현상이 언제나 단순한 이데올로기(사상·감정)로서만, 또는 그 발로로서만, 또는 사회사물의 이데올로기슈한 관념적 해석으로서만, 또는 오직 사회사물의 이데올로기슈한 측면에 관계하는 것으로서만 드러나는 오늘날, 복고적 반동가의 대다수가 프라제올로그[Phraseologe, (판에 박힌) 관용어법주의자)]라거나 이데올로기슈한 관념론자라는 두드러진 특색은 결코 그런 복고 운동의 미숙함이나 일종의 우연에 따른 것이라고 할 수 없다. 현실의 영역에서는 현내적 자본주의의 유지·강화를, 반대로 관념의 영역에 속하는 것에서는 원시화주의를 말하는 것이 오늘날 복고적 반동의 근본조건을 이루고 있다. 철학·문예·도덕·법률·정치에서의 가족주의적 복고주의는 실제로 오늘날 일본을 휩쓸고 있다. 그러나 이제껏 생산기술이나 자연과학의, 또는 기술적 생산기구의 원시화가 실현된 것을 본 적은 없다.

현대 일본의 복고 현상이 여러 형태들의 쇼비니즘 [chauvinism(광신적·맹목적 애국주의·국수주의)]과 연관되어 있는 것은 사람들이 보고 있는 그대로인데, 그런 제국주의의 현대적인 현실상에서의 요구와 복고 현상이라는 원시화주의적인 관념상의 요구를 결코 분리될 수 없는 것처럼 대응시켜 생각하게 만드는 조작장치ヵラクリ 역시도 다름 아닌 가족제도주의의 사상인 것이다.

9 문화통제의 본질

— 현대일본 문화통제의 여러 양상을 분석한다

오늘날 운위되고 있는 각종 '통제'란 말할 것도 없이 정치적인 통제를 뜻한다. 예컨대 자본주의적 경영기구는 순수 경제적인 일종의 통제를 필연적으로 낳는다. 생산 상품의 획일화, 표준화, 컨베이어 시스템 등에 의한 능률 증진 등 이른바 산업합리화가 그것이다. 그러나 그러한 순수 경제적인 통제(무엇보다 거기서 숱한 정치적·사회적·문화적 결론이 나오는 것인데)는 오늘날 통제라고 불리는 것은 아니다. 그런 뜻에서, 통제라고 말하는 이상 그것은 정치적 통제를 뜻하는 것이다. 국가를 단위 또는 기준으로 하는 지배수단으로서의 모든 통제가 이른바 통제라는 것이다. 그런데 가령 국가를 단위 또는 기준으로 하는 일종의 통제라고 할지라도, 예컨대 일만日滿[일본·만주] 블록이나 일지日支[일본·지나(중국)]협정을 대상으로 하면 그것은 더 이상 통제라는 관념에는 들어갈 수 없는 것을 들고 나오게 된다. ─그래서 기구로서의 통제는 단지 정치적이거나 단지 지배자의 지배기구에 속하는 데에 그치지 않는다는 것에, 특히 그것이 일국주의적인 지배양식의 법치적 표현에 다름 아니라는 것에 먼저 주의를 기울이지 않으면 안 된다.

　일본의 자본주의는 지금 이미 정설이 되어 있는 그대로, 관료적·군사적인 조건 아래에서 말하자면 위로부터의 압력에 의해 성급하게 육성됐던 것으로서, 따라서 처음부터 그것은 어느 정도의 통제—정부의 간섭—에 복종해왔던 것인바, 그런 위로부터의 통제가 사회 속에서 가장 독자성이 결여되어 있다고 여겨지는 측면인 문화영역을 대상으로 가장 빨리 또 가장 효과적으로 작용하지 않으면 안 되었음은 잘 알려져 있다. 이데올로기를 통제하는 것은 지배자 정부의 통제 일반이 갖는 역할을 무엇보다 간단하게 또 무엇보다 현저하게 인상짓는 견본과도 같은 것이다.

　이리하여 일본에서 최초로 선양됐던 것은 교육통제의 대차지침이었다. 그런데 앞서 말했던 대로, 통제는 항상 일국주의적인 지배양식에 조응하는 것이었으므로 교육통제 역시도 당연히 일본 일국의 특수성, 만고무비萬古無比[오래도록 비할 데 없는]의 역사라는 것에 의한 구성을 떠나 성립할 수 없는 것이다. 여기서 우리는 일본에서의 통제(경제적인, 또 문화적인 통제)의 전형에서 보이는 반쪽을 발견할 수 있다. 사람들도 알고 있듯이 교육의 통제는 일본에서는 극히 엄정하며, 그 가운데서도 소학교(혹은 중학교)는 모범적인 통제연습장이 되어 있다. 교육의 권위는 『논어』도 아니며 불전도 아니고 소크라테스의 이상도 아니다. 하물며 루소나 페스탈로치일 수도 없다. 그러한 보편인간적인 문화적 권위를 대신하여 일국주의적인·법치적인 권위를 가진, <폭력>적으로 구성된 하나의 이데[Idee(이념·원상(原像)]가 중압을 가하고 있는 사정을 살피지 않으면 안 된다. 그것이 일본에서의 교육통제가 갖는 원래의 본질이며, 또 일본에서의 통제 일반의 전형 전체인 것이다. 오늘날 이른바 '문예통제'의 연원은 실제로는 거기에 있는 것이다.

거기서 동시에 알아차리게 되는 것은 통제라는 이 정치적인 관념이 다른 세계에서 통제라고 여겨지는 것과는 실제상 다른 것으로 갖는 어떤 특색일 것이다. 원래 통제라는 관념은 정치상의 관념으로서도 결코 오늘날 일본에서 말해지고 있는 적극적인 강제와 같은 본성을 지닌 것이 아니다. 그것은 자유로운 이니셔티브[주도권·발언(발의)권]·자유활동 등등에 대립하는 것이지만, 그러한 자유의 적극적인 활동들을 그것 그대로 두고 적극적으로 손을 가하지 않으면서 다만 그런 활동들을 특정한 방향으로 유도하는 것이 '통제'가 갖는 원래의 뜻이다. 그런 뜻에서 말하는 한, 통제란 어떤 일정한 자유를 적극적으로 부정하거나 그런 자유와 적극적으로 대립하는 것이 아니라 단지 동격의 여러 자유들이 병존하고 있는 경우에 한하여 그중에서 목적에 적합한 것 하나에만 우선권을 부여하는, 극히 소극적인 작용만을 갖는 것이 본래의 통제인 것이다. 철학상의 관념에서 봤을 때 그러한 통제는 '구성'과는 구별되는 것이다. 대표적인 경우로는 칸트의 '통제적 원리'나 한스 드리슈가 생명의 원리로 생각한 엔텔레히(Entelechie)†가 가진 통제 등이 그러하다. 그 점은 일반적으로 말해 정치의 통념에 관해서도 전혀 다르지 않다. —그런데 그것과는 달리 저 교육통제에서 보이는 일본에서의 통제는 원래부터가 두드러지게 적극적이고 또 구성적인 것이다. 국사에 대한 '국사'적(일국사적) 인식은 교육통제의 선포와 동시에 거의 완전하게 구성된 것으로 봐도 좋은데, 그것이 단적으로 말해 교육통제에서 드물게 보이는 적극적 구성내용이 되고 있는 것이다.

교육통제는 지체 없이 초등교육에서 점점 더 상위 교육으로까지 그물을 넓혀왔다. 이미 중등학교의 검정교과서는 지체 없이 국정교과서로 대체되려는 중이다. 고등학교나 전문학교에서는 국정 수업세부항목이 결정되어 있다. 대학령大學令이 개혁됨으로써 제국대학 및 제국대학 이외의 각 관공립·사립대학의 강의 내용과 강의 목적은 사실상, 그리고 명목상 결정되어 있다. 특히 소학교가 아닌 한에서

---

† [한스 드리슈(1867~1941). 동물학자·철학자, 실험발생학의 선구. 엔텔리히(Entelechie), 곧 아리스토텔레스가 말하는 엔텔레케이아(완전현실태)는 질료(휠레) 속에서 실현되는 본질(에이도스)적 형상, 내재적이고 능동적인 발전 및 완성을 가능케 하는 생기론(生氣論·Vitalism)적인 힘을 말함.]

적어도 대학이나 전문학교에 대한 교육통제는 결코 적극적이고 구성적이지 않은 본래의 통제 관념에 얼마간 일치하는 게 아닌가라는 식으로 여겨질지도 모른다. 그러나 이미 고등학교에 대한 교육시찰視学제도가 설치되어 있다는 점에 우선 주의해야 한다. 그것은 말하자면 보조독학관督学官이지만, 단순히 기존 독학관의 보조가 아니라 전적으로 고등교육시찰에 다름 아닌 것이다. 대학은 그렇지 않다고 말할지도 모르지만, 자유를 말하는 각 관립대학에서 <천황기관설>을 논하는 교수·강사는 여지없이 강의가 정지되거나 정정하지 않을 수 없게 되어 있다. 그것은 이미 좁은 뜻에서의 교육통제라기보다는 오히려 학술통제나 언론통제에 속하는 문제일지도 모르는데, 어쨌든 대학교육의 통제라는 문제는 결코 간과할 수 없는 현상인 것이다.

교육자 자신에 대한 통제는 가령 상급학교나 대학으로 가면 약화될지 몰라도 피교육자에 대한 교육통제(그것이야말로 통제의 목적이다)의 관점에서 보면 사정은 전적으로 정반대일 것이다. 학생·생도에 대한 학생·생도 자신의 교육통제, 대학 혹은 학교당국에 의한, 관헌官憲에 의한, 시민사회 그 자체에 의한 교육통제는 오늘날 유명한 현상이다. 학생·생도 자신이 자신에게 교육통제를 행하는 것은 이상하다고 여겨질지 모르지만, 앞서 말했던 것처럼 통제란 실제로는 통제가 아니라 모종의 구성이었던 것이므로, 우익

9 문화통제의 본질

학생단체 따위란 국가의 암묵적인 <승인 속에서> 그러한 자치적(?) '통제'의 기관을 구성하고 있게 되는 셈이다.

보통의 학교·대학에 대한 교육통제에 한정되지 않고, 1935년 4월부터 시작되는 청년학교를 위시한 각종 농촌 학당塾, 청년단체, 재향재영在營[현역] 군인단체, 각종 종교단체 등 모든 것이 직간접적으로 교육통제의 분담자인 것은 따로 밝힐 필요도 없다. 생각건대 넓은 뜻에서의 교육계는 통제의 모범적 실행소에 다름 아닌 것이다.

그런데 학술통제의 문제가 되면 교육통제에는 한 가지 곤란이 더해지게 된다. 교육에서도 교육의 이상이라는 이름 아래 하나의 진리가 내걸리지 않으면 안 되었다. 그런데 그런 이상, 그런 진리가 다름 아닌 통제 의도에 의해 손쉽게 구성될 수 있었던 것이다. 충량한 신민과 국가에 중추적이고 주요한 인물을 양성하는 일은 통제적 교육의 이상일 수 있었다. 그러나 학술의 세계에서는 반드시 그렇게 간단히 되는 게 아니다. 왜냐하면 학술상의 진리를 모종의 통제 의도에 의해 구성하는 일은 명목상으로 말해도 실제상으로 말해도 결코 손쉬운 것이 아니기 때문이다.

물론 본래적 의미에서의 자유의 적극성에 대한 소극적 대책으로서의 통제는 어떤 경우라도 실행될 수 있는 것이다. 학술의 경우에 관해 말하자면, 예컨대 모종의 연구에는 연구자금을 교부하여 특히 장려한다거나, 연구시설을 국고로 보조하는 등 기타 모든 방법의 우선권을 부여하거나 불평등하게 대우함으로써 소극적인 통제는 마음만 먹으면 언제라도 가능하다. 하지만 단지 그것만으로는 적극적이고 구성적이라는 뜻에서 볼 때 교육통제는 아직 학술통제가 될 수 없다. 외부의 공명[정대]한 식자라면 그 누구도, 나치 독일처럼 가령 학자나 기술가의 생활을 방해할 수 있었을지라도 그것만으로 학술상의 진리가 통제적으로 구성됐다고 생각하는 사람은 없을 것이다. ——무엇보다 사실상의 문제로서 무엇이 진정으로 학술상의 진리인가는 결코 결정되어 끝나는 게 아니므로, 앞서 말한 교육통제의 효과를 이용하여 학술상의 진리를 구성적으로 통제할 수 있다는 겉모습을 보여주는 일도 불가능하지는 않겠지만, 그럴 때는 겉모습과 겉모습 아닌 것의 구별이 요점이 되는바, 사실 바로 거기에 학술상의 진리가 가진 핵심이 있다고 사람들은 보고 있으므로 여전히 곤란은 남는 셈이다.

그런데 그런 학술통제마저 오늘날의 일본에서는 가능해지고 있는 것처럼 일견 받아들여지고 있다. 그런 사례 하나는 <천황기관설>의 문제인데, 일본의 현재 살아있는 대표적 헌법학자들 대다수가 이제까지 승인해왔던 것이고 일본의 지능분자들 대부분에게는 국민상식으로까지 받아들여졌던 그 학설이 진리인지 아닌지가 국무대신의 행정판단에 의해 결정되려는 외견을 띠고 있기 때문이다. 물론 국무

대신은 학설의 진위를 판정할 자격도 기관도 갖고 있지 못하므로 그러한 판정의 목적으로 사안에 임하고 있는 게 아니라 전적으로 행정상의 한 가지 문제로서 그 사건을 결재하려고 하는 것이지만, 또한 그것이 단적으로 그 즉시 학설의 진위에 대한 결정과 동일한 내용을 갖는 결과가 된다는 점이 다름 아닌 학술통제의 특색인 것이다.

　　정부 당국은 <천황기관설>에 대립하는 학설을 세우고자 하는 의지는 없다고 말하는 듯하다. 정부로서는 <군부단체>도 아닌 이상, 말할 것도 없이 그런 반대학설이 가능할 리가 없는 것이다. 하지만 특정한 구체적 형태를 취한 학설을 부정하거나 또는 그것을 오류라고 인정하는 일은 학술상에서는 즉각적으로 반대학설의 구성을 뜻한다는 점을 간과해서는 안 된다. 따라서 거기서도 역시 학술통제는 극히 구성적이지 않을 수 없는 것이다. ―학술의 구성적인 통제를 보여주는 사례로는 '일본정신문화 연구소'에 맡겨진 활동보다 좋은 게 없다. 하지만 말할 것도 없이 거기서 발표되는 '연구'는 결코 진지하게 학계나 언론계나 독서계의 화제가 되고 있지 못하는 것으로 받아들여진다. 학술상의 진리가 통제적으로 구성되기 어려운 사정은 거기서도 실증될 수 있는 것이다.

　　무엇보다 학술통제, 학술의 통제적 구성이 그럭저럭 외견상으로 또 현상적으로 가능한 것은 학술 중에서도 주로 사회과학·역사과학 혹은 정신과학·철학을 대상으로 할 때이다. 그런데 그런 종류의 학술이 갖는 특색은 그것이 한편으로 학구적인 동시에 또한 언론적인 성질까지도 필연적으로 수반하지 않으면 안 된다는 점에 있다. 이리하여 평론적인, 그리고 본래적 의미에서의 저널적이고 비판적인 학술의 통제는 그것을 가장 손쉽게 다룰 수 있는 접근로로서 언론통제의 형태를 띠고 드러나게 된다. <천황기관설> 문제 등은 원래가 순수 학술상의 학설 문제이고, 학술적으로 있어야만 됐던 것을(그 부르주아적·관료적·군부적 지배주체의 내부에 숨겨져 있는 경위야 어찌됐든 간에) 통제할 필요에서 특히 언론통제의 문제로까지 '정치화'됐던 것이다.

내용이 아카데믹할지라도 또 저널리스틱할지라도 언론은 모두 저널리즘의 형식을 따른다(무엇보다 저널리즘이 소위 언론만을 포함하는 것은 아니지만). 그래서 언론의 통제는 언론저널리즘의 통제로서 오래전부터 합법적인 언론통제기구를 준비하고 있었다. 출판법·신문지법·세관 등에 의한 검열제도가 그것인데, 이를 법조法曹적으로 이해하는 한에서 그런 통제는 본래의 단순한 '통제'에 불과한 것으로서 아직 예의 저 구성적인 이른바 통제로까지는 이르지 못한 경우일 따름이다. 무엇보다 그런 합법적인 기구의 합법적인 운용일지라도 사실상으로는 결코 합법적으로 결정된 언론통제가 아니라 오히려 일정한 통제목적을 구체화한 언론

구성인데(이것의 두드러진 사례가 각종 <전향> 수기 따위이다—
일국사회주의의 이데올로기 등도 그렇게 통제적으로 구성됐다),
그러함에도 좀 더 순수하게 합법적인 수단을 통해 적극적
이고 구성적인 언론통제가 입안되고 있다는 것은 꽤나 이
전부터 들어 알고 있는 사실이다. 예컨대 군부나 외무성의
속셈으로 국내 양대 통신사인 렌고連合과 덴추電通를 합병함
으로써(사실상으로는 정부가 덴추를 매수한다는 것을 뜻하는 듯
하다) 뉴스 원천, 특히 만주·중국·소비에트연방에 관한 뉴
스 원천의 통제·통일·제작·구성을 꾀하거나 신문총국의
건립이 계획되고 있는 사정을 들을 수 있다. 그 점에서 라
디오는 완전히 국가의 통제적 구성 아래에 있지만, 이와는
달리 신문이 그런 구성적 통제의 먹이가 될 것인지는 적어
도 현재로서는 의문이 든다. 이 점에서는 잡지·팸플릿 같
은 종류도 대동소이하다고 해야 할 것이다. 언론의 적극적
이고 구성적인 통제가 적어도 당분간 충분한 의미를 띠는
일은 불가능에 가까울 것이며, 또 그것은 당연한 일일 것이
다. 왜냐하면 거기서는 가령 그저 명목상의 것에 불과할지
라도 여전히 언론의 자유라는 관념에 의해 언제나 사람들
에게 의문이 제기될 것이기 때문이다. —하지만 언론의 적
극적이고 구성적인 통제로 향해 가지 못하는 한, 언론통제
최후의 본래적 목적이 달성될 수 없다는 진리는 변함이 없
을 것이다.

이른바 '통제'란 사물의 단순한 통제가 아니라 오히려 사물의 구성을 뜻한다고 말했는데, 일정한 사물을 눈앞에 두고 다시금 사물을 구성하는 것인 이상, 실제로 그것은 반대물·대립물의 구성이지 않으면 안 된다. 국론 통일과 같은 언론통제의 한 가지 규정 또한 말할 것도 없이 국론을 통제하여 통일하는 것이 아니거니와 국론을 단일화하는 것도 아닌, 국론에서의 양대 대립물의 대립을 조직화하는 일에 다름 아닌 것이다. 즉 대립적인 '국론'(대립된 국론이라는 말은 콘트라딕티오 인 아젝토[contradictio in adjecto, 형용모순]에 지나지 않는데)의 적극적인 구성에 다름 아닌 것이다.

이른바 통제가 적극적이고 대립적인 구성이지 않으면 안 되는 증거는 문예통제에서 가장 잘 발견된다. 일찍이 내무성 경보국警保局[경찰·보안국]에서(단, 국장 개인의 이름으로 그랬던 것이지만) 문단 각파의 작가들을 규합하여 '일본문예원'의 창립을 계획했던 일은 당시에 유명했다. 그 계획을 뒤따라 2류·3류의 소小'문예원' 운동이 우익작가(?) 사이에서 잇달아 일어났다. 그러하되 그 계획은 오늘날에 이르기까지 되풀이되고 있어도 끝내 실현되지 못하고 매번 끝나고 있다. 그러한 파쇼적 문예통제 운동에 맞서 가장 유력한 대항운동을 일으켜야 했을 터인 학예자유동맹은 거의 아무런 업적도 남기지 못했고 오늘날에는 유명무실한 것으로 귀착되고 말았던바, 그 점에서는 일본문예원 측의 계획 또한 별

9 문화통제의 본질

다른 차이가 없었던 것처럼 보인다. 그런데 최근 경보국은 저작권법 실시를 대비해 저작권 심사회를 구성하면서, 그 기회를 빌려 동일한 심사회의 외곽단체로서 '일본문화위원회' 혹은 '일본문화원'의 설립을 기획하고 있는 것으로 전해진다. 그런 일련의 면면히 이어지는 계획들이 다름 아닌 문예통제의 대립적이고 구성적인 성질을 잘 드러내고 있는 것이다.

경보국의 의도는 각종 문예 영역에서 우선 제각각의 문화단체를 조직하게 하고, 그것들을 합쳐 하나의 덩어리로 만든 것은 일본문화원으로 삼으려는 것이었다. 일본문화원은 문화의 최고지도기관이 될 터였다. 따라서 예컨대 소설을 쓰더라도 작가는 작가단체를 통해 국가의 창작 최고지도기관인 일본문화원의 지시를 받게 되는 것이다. 그러나 말할 것도 없이 문학적 진리와 국가적 현실이 일치한다고 할 수는 없다. 거기서 문예통제의 결점이 나오는 것인바, 지금 중대한 점은 문예통제가 실제로는 문예적 대립의 적극적인 구성에 다름 아니라는 것이며, 그럴 때 단순한 통제로서의 문예통제란 거의 무의미하기까지 할 것이라는 점이다.

따라서 결론짓게 되는 것은 혹시 문예통제라는 게 있다고 한다면, 혹은 그러한 것이 실시된다고 한다면, 그것은 더 이상 문예의 단순한 통제가 아니라 특정한 문예적 대립물의 산출을 뜻하지 않으면 안 되는 것이라는 점이다. 따라서 '통제'의 새벽녘에 드러나는 현상은 실제로는 문예의 통일·단일화가 아니라 오히려 국내 두 문예진영 간의 대립 그 자체에 다름 아니라는 것이다. 그리고 그것이야말로 단지 문예에 한정되지 않고 일반적으로 오늘날 말해지는 '통제'의 본질이라고 할 수 있는 것이다(제국미술원의 개혁 문제가 갖는 본질 또한 거기에 뿌리박고 있다). ──예의 저 메이지 초기 이래의 교육통제라는 것은 오늘날 이른바 통제 관념으로의 발달을 모범적으로 준비·공작했던 것에 해당된다고 해도 좋을 것이다.

국내 문예의 그런 대립적 구성(그것을 세간에서는 단순하게도 통제라고 부르고 있는데)은 대외적으로도 역시 문예의 대립적 구성이 되어 나타난다. 거기에 '국제문화진흥회'의 의도가 있는데, 그것은 언뜻 상상되는 것처럼 그저 일본문화의 소개나 문화의 국제적 교환을 목적으로 삼고 있는 것은 아니다. 실제로는 국내 문화의 '통제'에 의해 생겨나는 문화적 대립을 대외적인 혹은 국제적인 관점을 취함으로써 말소시키고 단일화하려는, 일본의 간접적이되 원대한 대對 국제적 문화통제계획에 다름 아닌 것이다. 무엇보다 '국제문화진흥회'의 당사자 자신이 주관적으로 어떤 의도를 갖고 있는지는 부차적인 문제인데, 만주사변 리튼 보고서의 주역 리튼 경卿이 위원회장이 되어 런던에서 개최한 '지나

미술 대전람회'에 일본의 국보를 출품하는 일 따위란 필요치 않다고 말하는 지점에서 보면, 당사자 '국제문화진흥회'의 누군가는 자기 단체의 철학적 의의를 의외로 객관적으로 포착하고 있는 것처럼 보이지 않는 것도 아니라고 해야 할 것이다.

　원래 이른바 '통제'라는 관념만큼 애매하게 이해되고 교묘하게 이용되고 있는 것은 없다. 그렇다는 것은 그 통제라는 것이 실은 통제의 정반대물인 '구성'에 다름 아닌 것이며, 통일의 정반대물인 '대립화'에 다름 아닌 것이기 때문이다. 그 통제라는 말이 지닌 저급한 데마고기[선동]로서의 특색이 문예의 통제에 이르러 절정에 이르고 있는 것이다.

10 일본주의의 귀추

── 파시즘에서 황도皇道주의까지

    일본주의란 파시즘의 어떤 특수적 경우에 발생한 하나의 관념형태이다. 무엇보다 그 주의[이즘]에 대해 엄밀하게 말하자면, 반드시 관념물에 한정되어 받아들여지는 것은 아니며, 경제기구 혹은 사회의 물질적 토양에까지 관념의 작용이 침윤하는 것인 한에서 그런 물질적인 사회기구의 어떤 것에도 그 특징을 강압적으로 부여하고 있는 것이지만, 본래의 파시즘이라는 관점에서 말하자면 일본주의는 말의 본질적인 뜻에서의 관념인바, 그것이 두말할 것 없이 사회의 물질적인 특정 조건에서 발생하는 것임에도 그 물질적인 기초를 객관적으로 반영하지 않고 있는 것이라고 할 수 있다. 따라서 관념형태라는 뜻에서도, 불행한 관념이라는 뜻에서도 그것은 극히 두드러지게 이데올로기슈[ideologisch]한 근본성질을 처음부터 갖고 있다. 즉, 그것은 '일본 이데올로기'인 것이다. 여기서는 그런 일본주의의 여러 조건들과 그 행로의 도달점을 간단히 분석해 보고자 한다.

독점자본주의가 제국주의화한 경우, 그 제국주의의 모순을 대내적으로는 강권에 의해 은폐하고 대외적으로는 강력強力적으로 해결 가능한 것처럼 그럴싸하게 꾸미기 위해, 소시민층에 해당하는 광범위한 중간층이 어떤 국내적·국제적 정치사정으로 사회의식의 동요를 받게 된 상황을 이용하는 정치기구가 곧 파시즘이며, 무산자의 독재에 맞서서도 부르주아지의 노골적인 지배에 맞서서도 정서적으로 신념을 잃은 중간층이 정서적으로 자기 자신의 이해관계라고 환상 속에서 인지하는 바를 이용하여 결국에는 대금융자본주의의 연장이라는 성과를 성공리에 거두려는 비교적 유리한 수단이 파시즘인 것이다.

이러한 파시즘의 정치적·사회적·경제적인 일반적 방침이야 어찌됐든, 일본주의적 파시즘에 관해서는 파시즘의 제국주의적 본질로부터 유래할 수 있는 한 가지 성질에 지금 특히 주의를 기울일 필요가 있을 것이다. 그 성질이란 막연하게 <군>국주의 혹은 <군국>의식이라고 불려도 좋은 것으로서, 제국주의가 제국주의 전쟁을 야기하지 않을 수 없는 경우에 상당한 필연성 안에서 발생하는 일종의 사회의식인 것이다. 무엇보다 일반적인 사회의식으로서 보자면 <군국>의식이란 반드시 제국주의적인 것에 한정되지 않지만, 역으로 제국주의가 존재하는 곳, 즉 제국주의 전쟁의 가능성이 현실성을 갖는 경우(이른바 필연성이란 그러한 것이다)엔 언제나 상당한 필연성 안에서 제국주의적 의식이 발생한다. 그런데 문제가 되는 것은 지금 그것이 특히나 파시즘적인 특색을 띤 경우인 것이다.

무엇보다 파쇼 군국의식이란 지금 그렇게 드물다고 할 수는 없는 세계적 현상인데, 일본주의에서 그것은 특히나 일본의 특수한 <특권적> 직업단체인 <군부>의 존재와 그 의식에 의해 한정되는 <침략>적 <군국>의식이 되어 나타나고 있다. 일본주의의 한 가지 이채로운 규정으로서의 그 특유한 <군국>의식이란 제국주의적인, 파시즘적인, 그리고 나아가 <군부>적인 <배외>주의인 것이다. 그것은 일본파시즘의 요약으로서의 일본주의에 있어 결정적인 특색을 이루는 것이라고 할 수 있다.

세간의 사람들이 알고 있는 그대로, <군>벌 혹은 <군부>단체는 단순한 사회층·사회군[群]·직업단체가 아니라 [천황의] <통수권>으로부터 유래하는 모든 정치적 특권을 사실상으로 가진 하나의 거대 세력이라는 점을 잊어서는 안 된다. 무엇보다 거기서 <군>부단체라고 부르는 것은 당연히 경제적 자유로서의 사회 자체를 보증하는 뜻에서의 직업적 <군인들>을 말하는 것이고, 사회 속에서의 경제생활이라는 관점에서 말하자면(이는 명령계통상에서 말하는 것이 아니다) 그것은 모든 비직업적 <병[사]> 및 <장교>층 내의 하급간부들을 이른바 '<군인>'에서 제외한 나머지를 가리키고 있다. 그런 <군>부단체를 <통수統帥> 관계로부터 유래하는 특권의 관점에서 논하는 일을 빼놓고 단지 시민적 사회층으로서 본다면, 그것은 형식상으로도 또 상당한 정도에서 실질적으로 여러 뜻에서의 신분보증을 부여받은 <군>관적 관료단체이며, 그 대부분은 경제적 조건에서 볼 때 중간층의 최상부 이상에서는 나오지 않는다. 관리군群이 일종의 중간층이라고 한다면 군부단체 역시도 마찬가지라고 하지 않으면 안 된다. ——그래서 파시즘이 일반적으로 중간층의 의식에 의해 지지되는 것이라고 한다면, 일본주의가 그런 군부단체가 지닌 거의 획일적으로 양성된 어떤 일정한 의식에 의해 지지되고 있다는 것은 본질적인 의미를 갖는다.

물론 일본주의적 <군>국의식을 지지하는 주체로서의 이 <군>부단체가 오늘날 일본에서 결코 우연히 존재하게 된 것은 아니다. <군>부의 발생, 아니 어쩌면 <군>부의 창립은 국외 자본주의로부터의 압박에 대항하기 위해 필연적으로 행해진 메이지 유신의 피할 수 없는 한 가지 결과이며, 거기로부터 일본주의의 <군>부적 본질이 가진 필연성도 이해되지 않으면 안 된다. 그것만이 아니라 <군>부단체의 성립은 일본 병사제도의 연혁에서 볼 때도 역시 지극히 필연적인 것으로 여겨지고 있는바, 현재의 거국개병擧国皆兵의 근거는 멀리 오래전 일본의 병사제도로 왕정복고한 것에 다름 아니라고 볼 수 있는 것이다. 거기에 <군>부적

<군>국의식이 일본주의의 한 가지 본질이 되지 않으면 안 되는 먼 필연성이 있는 것이다.

하지만 앞서 나는 이른바 <군>부단체를 일단 <군>관적 관료단체로 간주함으로써 그것을 일반 '<군>인' 속에서 구별해내는 근거를 제시했던 것인바, 사실상의 병사제도로부터 말해 거국개병이 반드시 거국개군부단체擧国皆軍部団가 되는 것은 아니라는 점은 말할 것도 없다. 병사제도로부터 말하자면 모든 국민은 군인이지만, 사회 자체로서의 직업관계로부터 말하자면 모든 국민이 '군인'인 것은 아니다. 그러나 그 둘이 거국개병의 이상에 의해 뒤섞여 하나混一가 되고 있는 것이다.

그러한 제도상의 이상과 시민사회의 현실 간의 어떤 어긋남은 역사적으로 말하자면 <군>부단체와 중세 혹은 근세 사무라이武士 계급 간의 특별한 연결이 되어 환상 속에서 인지되기 쉬운 사정을 낳는 것으로서, 즉 <군>부단체는 근대적인(세습적이지 않은) 신新사무라이단체라는 식의 사실로 여겨지기 쉽다. 따라서 일본의 오래된 무사도武士道[부시도], 도쿠가와 시대에 최고의 긴장에 도달했던 그 무사도가 현대의 탁월한 무인들의 혈육에 의해 계승된 것으로 간주되는 것이다.

거국개병이라고 할지라도 <군부단체>라는 특수한 <군단> 혹은 <군인>단체가 존재하고, 그것이 사무라이 계급이나 무사도와 뭔가 직접적인 관계를 연상시키는 것이므로, 관념상에서 말해도 이미 <군>부단체가 주체가 되어 있는 예의 저 군국의식이란 뭔가 봉건적인 의식이지 않으면 안 되는 이유를 갖고 있는 것이다. 외국인이 오래전부터 빈번히 찬미하고(그것이 드물게 일본적인 것, 즉 넓은 뜻에서의 일본주의였기 때문이다), 근래에는 특히 일본인 자신이 힘주어 강조하고 있는 소위 무사도란 말할 것도 없이 일본민족(아니면 일본국민?) 전체의 이상일 것이지만, 그것은 거국개병의 병사제도가 지향하는 이상 바깥에서는 결코 유래하지 않는 것이다. 그 병사제도의 이상 바깥에 있는 어떤 사회적 현실이 조금이라도 그 이상에 혼입되면, 무사도는 금세 봉건적인 사회층 이데올로기가 되고 마는 것이다.

　<군>부단체가 지휘해야 할 거국개병으로서의 국민으로는 물론 농민이 압도적인 다수를 점하고 있다. 따라서 그 <군>국의식이 현실성을 갖고 유효하게 발동되기 위해서는 무엇보다 신뢰해야 할 지반을 농민층에서 발견하지 않으면 안 된다. 거국개병인 한에서 당연히 그렇게 되지 않을 수 없는 것이다. 또한 동시에 거국개병은 병사제도의 이상이지 사회의 경제적 배분관계와는 동일한 게 아니므로, 거기서 문제가 되는 것은 농민층이라고 할지라도 농민사회(농촌으로 불리고 있는 것)에서의 경제적인 분류·분화가 아니라 농촌이라는 사회질서 아래에 선 농민 일반인 것이다. 그

런데 그 농촌(산촌·어촌도 마찬가지)이라는 사회질서의 유지에서 무엇보다 중견적이며 모범적이고 따라서 농촌을 적절히 대표할 수 있는 것은 다름 아닌 각종 중농층 또는 농촌 중간층이다. 따라서 중농中農층 혹은 농촌 중간층이야말로 개병국민의 대표적인 것이 된다. 일본주의적 <군>부의식의 주체였던 <군>부단체가 기대하는 진정한 사회적 지반은 거기에 있는 것이다.

그렇다면 농촌 중간층 혹은 중농층이라는 게 일본주의적 군국의식이 기대하는 사회적 지반이라는 것은 정확히 군부단체 자신이 일본주의적 군국의식의 주체였던 것에 조응하는바, 일반적으로 파시즘이 중간층의 의식이라는 것의 특수하게 한정된 경우에 다름 아닌 것이다. ─그런데 농촌 중간층 혹은 중농층은 일반적으로 현재의 농업생산기구에 있어 어느 정도까지는 신뢰할 수 있는 분자이고, 혹은 그러한 분자야말로 농촌의 중견분자로 불리므로 두말할 것 없이 일단 그들의 생활의식은 농업주의에 안주하는 것인바, 오늘날 그 의식에 다른 종류의 의식을 대립시키거나 국사國史적으로 권리를 부여하게 될 때 나오는 결과가 이른바 농본주의인 것이다. 그런데 특히 문제가 되는 것이 일본민족 혹은 일본국민의 역사에 관계되는 것이므로, 그런 농본주의는 특히 봉건적인 생산양식의 근간을 이루는 농업생산을 원칙으로 삼은 봉건주의를 지향하지 않을 수 없는 것이다.

10 일본주의의 귀추

이리하여 거기서 문제는 시민사회의 현실에 입각하여 봉건주의로 귀착되는 것이다. 앞에서 일본주의적 <군>국의식은 <군>부단체의 사무라이 계급의식을 통해 관념적으로 봉건제의 의식으로 낙착됐던 것이지만, 여기서는 그것이 농촌이라는 지반의 현실적 코스를 통해 다시금 봉건제적 의식에 도달한다. 그러하되 그런 봉건제적 의식의 중요한 규정은 다름 아닌 병농일여兵農一如라는 것이다.

봉건제도라고 할지라도 일본의 봉건제도는 그것이 명확한 형태를 취했다고 간주될 수 있는 시대부터 셈할지라도 대단히 오래되고 장구한, 그리고 정치적으로 몹시 다양한 시대를 거쳐 오고 있다. 따라서 일반적으로 일본에서 봉건제적 의식으로 여겨지는 것은 실제로는 일단 좀 더 만연된 복고주의라는 점에 주목할 필요가 있다. 복고주의는 시대에 따라 얼마간 다른 규정과 대단히 다른 의미를 갖는 것인데, 오늘날의 복고주의가 복고주의자들에 의해 사실상 어떤 종국적인 한정을 부여받고 있는지, 그리고 우리가 그것에서 어떤 의미를 발견할 것인지는 뒤에서 다루기로 하고, 지금 우선적인 문제는 어쨌든 만연된 복고의식이라고 하겠다. 그래서 그런 복고주의를 두고 다름 아닌 봉건제를 향한 의식의 연장이며 그것의 그리 명석하지 않은 시노님 [synonym(동의어)]이라고 말하는 것이다.

실제로 오늘날 복고주의가 다양하게 있는 가운데 우

리가 보기에는(복고주의자 자신이 보기에는 그렇게 생각되지 않을 듯하지만) 근본적이고 특징적인 것이 가족주의에 대한 강조인데, 실은 가족제도야말로 봉건제가 가장 완비되어 있던 도쿠가와 시대에 사회질서의 움직일 수 없는 요석要石[(바둑에서) 중요하게 활용되는 돌]으로까지 발달했던 것이므로, 가족주의에 대한 주장은 그것이 가장 견고해진 도쿠가와 봉건제 아래의 가족제도에 무엇보다 먼저 조응하는 것이지 않으면 안 되는 것이다. 누구도 가족주의의 역사적 근거를 헤이안 시대의 가족제도에서 구하려고 하지는 않을 것이다. 그 점을 봐도 복고주의는 봉건적 의식의 막연한 연장이거나 시노님이라는 것을 알 수 있다.

그런데 원래 일본주의라는 이데올로기를 낳은 이 고도로 발달한 독점자본주의 아래서의 현대로부터 자본주의 일반과는 현저한 차이를 갖는 과거 봉건제로 지향해 가는 그 방향이 곧 막연한 복고주의인 것이므로, 그러한 봉건제를 향하는 의식, 복고주의는 곧 사회의 원시화라는 방향을 좇는 것에 다름 아니다. 무엇보다 물질적인 필연성을 갖고 지금 고도의 자본제로까지 발달한 사회를 현실적으로 원시화하는 일은 절대로 불가능한 것이지만, 적어도 관념적인, 이데올로기의 영역에서는 그러한 원시화주의란 일단 제멋대로 가능해지는 것인바, 이와 직접적 관계에 있는 것으로서, 적어도 물질적인 현실계의 사물을 원시화하는 일을 주

10 일본주의의 귀추

관적이고 관념적으로 원하는 것은 일단 자기 마음대로 가능한 것이므로, 오직 그런 뜻에서, 그리고 단지 그런 뜻으로서만 원시화라는 말이 허용될 수 있는 것이다(복고주의도 봉건제주의도 모두 그러한 관념운동으로서 비로소 의미를 갖는 것이다). 예컨대 물질적 생산기술을 원시화, 즉 비非기술화하는 것은 현실에서는 불가능하지만 적어도 관념적으로 그런 비기술화를 원하는 주의[이즘]는 일단 제멋대로 가능한 것인바, 소위 반反기술주의라는, 국제적으로 일어나고 있는 하나의 문명관이 있는 동시에, 그것에 직접적으로 연관되어 유물론의 타도 및 반유물론을 원하는 주의 역시도 관념적으로는 언제나 가능한 것이다.

그것은 일반적으로 사고되던 봉건제를 향한 의식, 막연한 복고주의, 일반적인 원시주의에 있어 그러한 것이지만, 앞에서 말했듯이 일본주의의 군벌적인 계기가 귀착되는 봉건제주의의 요점은 저 병농일치(거국개병과 농본주의)에 있었던 것이다. 그런데 병사제도로서 직업적 무인이 존재하지 않는 것도, 또 주로 농업을 생활의 압도적인 중심으로 삼고 있는 것도 극히 일반적으로 말할 때 원시사회의 공통특색이라는 점을 상기할 필요가 있을 것이다. 그렇게 보면 병농일치라는 요점만이 추상된 봉건주의로부터 볼지라도, 그것은 복고주의 따위를 통하지 않고 건너뜀으로써 가장 일반적인 원시화로 직접 이어지는 것임을 알 수 있다. 이

리하여 결국 봉건제주의는 원시화주의로 귀착된다. 앞서
독점자본제·제국주의·<군>국주의·<군>벌주의가 봉건제
주의로 귀착되는 것에 대해 서술했는데, 그것이 이번에는
원시화주의로 귀착되는 것이다.

그러나 아직 중대한 점이 제거되어 있다. 복고 현상은
이제까지 단순히 막연한 복고주의이기만 했었다. 그러한
것이 오늘날 발달한(?) 일본주의의 피벗[pivot·(선회)축]이 될
수는 없다. 도대체 원시화라는 것이 무엇인지를 좀 더 음미
하지 않으면 안 되는 것이다.

그렇다는 것은 사회의 원시화라고 할지라도 그런 사
회원시화를 주장하고 또 바라는 한 가지 관념의 운동·주의
에 불과했다는 점이 다시금 중대하다는 말이다. 그렇게 관
념에서의 원시화운동이기에, 그것에 당연히 동반되는 현상
으로서 관념 자신의 원시화를 현실적인 결과로 낳는 것이
유일한 소득이 되는 것이다. 그리고 그러한 관념의 원시화
또는 원시관념의 지배는, 윤리적인 또 사회적인 의식이 자
연스럽든 인공적이든, 현저하게 뒤늦은 사회층의 특색이라
는 점은 두말할 것도 없는 것인바, 그러한 사회층은 정확히
오늘날 농촌민과 <군>부단체에서 그 대표자를 발견하고
있다. 전자는 부득이한 교통의 불완전에서, 후자는 의식적
인 목적교육의 결과로서 그렇게 되고 있는 것이 현실의 부
정할 수 없는 사실일 것이다. 그런데 지금 중대한 점은 그

러한 의식의 원시화가 나아가 사회적 의식의 동요가 격심한 소시민층에 상응하는 중간층 일반까지도 포착하지 않고서는 안 된다는 것이다.

소시민적 중간층에서 의식의 원시화는 반기술주의·반기계주의·반유물사상(?)·반이성주의 기타 등등의 이름 아래 정신주의가 되어 나타난다. 의식의 종교적 눈속임[속임쉬]이거나 신비주의, 치료나 길흉화복에 결부된 신념 등, 무릇 그러한 원시적인 인식작용의 근대적인 형태가 오늘날의 소시민적 중간층에서 드러나는 의식의 동요를 포착한다. 신비주의란 원래 중간층의 사회의식, 곧 중간층 안에 주로 그 사회층을 갖고 있는 평화적 인텔리겐치아의 사회의식, 그들의 일본주의적 파시즘 아래에서의 사회의식인 것이다.

흔히들 정신주의를 군부단체의 이데올로기라고 여길지도 모르지만(농촌에서는 농촌정신의 진흥을 그다지 유망하다고 여기지 않는 듯하다), 원래 군부단체는 순연한 정신주의라는 것이 불가능할 수밖에 없는 이유를 갖고 있다. 기계화부대를 고려하지 않는 전투정신 따위란 있을 수 없기 때문이다. 정신주의는 중간층 시민이 가진, 현상 아래서의 원시적인 자연상식이다.

하지만 그것이 특히 일본주의의 자격에서 정련되기 위해서는 군부단체의 강력한 또 하나의 '상식'에 기대어야 한다. 그래서 정신주의는 더 이상 단순한 임의적 정신주의

일 수 없게 되며(예컨대 유럽식의 정신주의나 불교적·유교적인 정신주의는 허용되지 않게 되며), 다름 아닌 복고주의로서의 정신주의를 통과함으로써, 이제까지 서술해온 막연한 복고주의이기를 그만두고 선명하게 한정된 정신주의·일본정신주의로서의 정치관념으로까지 향해 가는 시민적 상식 발달의 성취를 뜻하게 된다. 황도皇道정신이 그것이다.

정치관념은 어느 시기나 시민상식에 기초하지 않고서는 성립될 수 없다. 따라서 군부단체에만 특유한 병농일여를 향한 복고주의는 그것만으로는 아직 정치관념이 될 자격이 없다. 그런데 또한 소시민적 중간층에 특유한 정신주의는 그것만으로는 물리적 지배강력을 예상하지 못하고 있는 것이다. 그 둘이 말하자면 군시軍市[군부·시민]합체함으로써 복고주의에서의 일본주의는 파시즘적인 정치권력의 의지표시가 될 수 있는 것이다. 따라서 황도주의야말로 일본주의의 궁극적 귀일점이고 결착점이다. 그것은 내가 이제까지 분석하면서 다뤄왔던 모든 규정을 최후로 통일·총합한 총괄론인 것이다.

그렇다면 남은 일은 황도주의(황도 그 자체가 아니라 그 주의라는 점에 특히 유의하라!)라는 일본주의 이데올로기의 에센스가 어떻게 눈앞의 파시즘 정치이상과 그 정치기구에 도움을 주는지, 파시즘이 조응하고 있는 눈앞의 자본제기

10 일본주의의 귀추

구에 어떻게 도움을 주는지에 대해 이제까지 서술해 왔던 것과는 역방향의 코스를 취해 해명하는 일이겠는데, 이는 생략하지 않을 수 없겠다.

제2편 자유주의 비판과 그 원칙

11 위장한 근대적 관념론
— '해석의 철학'을 비판하기 위한 원리에 관하여

현대에 '관념론'이라는 말은 시민문화 쪽에서도 반드시 애호되고 있지만은 않다. 왕왕 대수롭지 않게 저것은 관념론이며 이것은 관념론적이라고들 말하기 쉽지만, 그리고 그 말에는 어떤 숨겨진 체계적 함축이 있다고 하겠는데, 그런 함축의 일부를 밝혀내는 것이 여기서 하려는 작업의 일부분이 될 것이다. 그러하되 지금부터 그렇게 비평될 당사자들에게는 그 비평이 반드시 아프게 와 닿는 것이라고는 단언할 수 없을 것이다. 그들은 나의 사상 또는 그의 사상은 결코 관념론이 아니라고, 관념에 대적하는 것이야말로 나의 또는 그의 철학이라고, 그것을 손쉽게 관념론 같은 말로 함부로 가리키는 것은 관념론이 어떤 것인지에 대해서도, 나의 또는 그의 사상이 갖는 요점이 어디에 있는지에 대해서도 처박혀 모르는 것을 증거로 내세우는 것과 다름없다고 할지도 모른다.

정말이지 그들에 따르면 관념론이란 이데아주의거나 이데알[Ideal]주의(이상주의) 둘 중 하나이다. 그것의 의미는 형상을 완비한 것으로 부조된 사물의 양상만을 진정한 존재로 생각하거나, 혹은 주어진 눈앞의 현실에 대해 하늘에서 강림한 이상을 부과하고 그 현실과 이상 사이의 절대적인 심연을 당위(졸렌)로써 메울 수 있다고 생각하는 것이 관념론이라는 것이다. 어떤 뜻에선 완전히 그 말 그대로임에 틀림없다. 단, 문제는 과연 그들 자신이 스스로가 그렇게 적대시하는 관념론 그 자체의 밀정인 것은 아닌가라는 점이다. 관념론이라고 말하면 곧바로 소크라테스나 플라톤을, 아래로 내려와서는 칸트를 떠올릴 것이지만, 그런 사정에 반대한다고 해서 단지 그것만으로 관념론의 반대자라는 증명이 될 수는 없는 것이다.

모든 도덕적 권위를 타도하고 가치를 무너뜨리려는 기획이라고 해서 니체가 관념론의 적이라고 할 수 있겠는가. 사회주의적 진보의 이상을 신용하지 않는 말년의 도스토예프스키가 관념론의 진정한 적인 것인가(유물론에 관해서는 뒤에서 다룸). 근래에 '불안'의 철학자로서 새삼스레 다시 우리나라에 소개된 셰스토프에 따르면, 관념론이야말로(유물론과 함께!) 본래적 철학의, 즉 비극·무無의 철학의 원수이다. 현대신학의 새로운 일파는 신학을 로만파적 관념론으로부터 보호하지 않으면 안 된다고 생각한다. 일본 고유의 사상가로서 국수적 혹은 동양적 조명을 받고 있는 니시다 철학도 부르주아철학(이는 부르주아지 고유의 철학이라기보다는 현재 부르주아사회의 일정한 필요에 응하기 위한 철학을 말한다)의 자기비판(?)이라는 국제적인 현상에서 보면 예외라고 할 수 없는 것이다. 관념론은 곧 유(有)의 철학에 불과한 것이며 무의 철학이 아니므로 틀려먹었다[가망이 없다]는 것이다. 이는 동시에 적지 않은 니시다 철학 응용가들의 말투이기도 하다. 그렇게 관념론이란 매장되지 않으면 안 되는 것이다. 물론 유물론과 함께 말이다!

자본주의의 이런 국제적 동요시기에 특히나 어떤 특정한 관념만을 관념론 전반의 대표자로 삼아 처형한다는 착상은 두말할 것 없이 오늘날의 위치에 놓인 부르주아철학(그것의 의미는 앞서 말했다)에게는 지극히 현명한 호신법이라고 해야 할 것이다. '관념론'은 멸망하라. 하지만 예컨대 니체는 정치가의 팔뚝[실력]에, 도스토예프스키는 문학의 양심에, 그리고 셰스토프는(아니 키에르케고르로부터 하이데거에 이르는 일당一味[(때와 장소는 달라도) 취지는 동일함])은 철학자의 뇌리에 살아남아야 하고, 거기서 그치지 않고 부흥되지 않으면 안 된다는 것이다. 이리하여 부르주아철학의 불리한 부채나 거치적거리는 방해물은 그런 처형의 희생 덕분에 정리되고 또 청산된다. 특히 1905년 이후 10년간의 러시아와도 상응할 우리나라의 현재 사정 아래서의 그런 처치는 단지 부르주아철학의 호신술일 뿐만 아니라 양생법이자 연명술이기까지 할지도 모른다. ──그렇기에 지금 이때는 흡사 [레닌의] 『유물론과 경험비판론』이 다시금 작성되지 않으면 안 되는 때와도 같은 것이다.

암호는 전황의 진전과 더불어 변경된다. 공세에서도 수세에서도 관념론은 그 부호를 변경한다. 그렇게 이제는 관념론이 벗어놓은 허물껍질이 특히 커다란 관념론으로 이름 새겨져 내던져 있게 된다. 이에 견제당하는 자는 매미를 대신하여 매미의 허물껍질을 주워섬기게 되는바, 그때 매미는 이미 다른 나무에서 울고 있는 것이다. 근대적 관념론은 즐겨 위장하는 관습을 갖고 있다. 그렇기에 유물론도 이만저만 힘든 게 아닌 것이다.

그런데 그 관념론이라는 것, 그 매미와 매미의 허물껍질이란(매미의 허물껍질일지라도 역시 그것은 매미의 것이다) 대체 무엇인가. 소크라테스로도, 칸트로도, 기타 모든 '관념론' 혹은 '이상주의'의 크기로도 측량할 수 없는, 홍수와도 같은 이 부르주아지의 관념상의 사치품이란 무엇을 그 본성으로 갖고 있는가. ─흔히들 물질보다도 관념 쪽이 먼저 있고 또 먼저다, 라는 것이 관념론의 근본적 특징이라고 말한다. 하지만 그 말은 내용이 극히 풍부하고 함축적으로 너무 풍성한 만큼 오히려 말로서는 빈약한 것이라고 하지 않을 수 없을 듯하다. 그 말은 우리가 그것을 실제적으로 활용하지 않는 한에는 완전히 무의미한 말일지도 모른다.

그 말은 적어도 일정한 유형의 관념론을 눈앞에 가져

와서 적용시키는 게 아니라면 아무런 도움이 되지 않는다. 무엇보다, 가령 버클리적인 관념론, 칸트적 관념론, 마하적 관념론 등등의 여러 유형을 가져오는 것만으로는 그 말을 일단 살려 적용할지라도, 그것만으로는 아직 그 말 자신의 발전이 일어나지 않는다. 문제는 물질 대신에 관념에서 출발한다는 이 관념론 일반을 가장 특징적으로 대표하는, 관념론의 좀 더 적극적인 규정을 포착해 드러내는 것이다. 그런 규정을 사용할 때야 비로소 예의 저 말 또한 오늘날 실제적으로 활용할 수 있게 될 것이다.

지금 말한 의미에서 관념론의 첫 번째 적극적 규정이 형이상학 속에서 발견된다는 것은 이미 널리 승인되고 있는 한 가지 지식이다. 관념론의 약점은 그 형이상학에 있으며, 그것에 반대하여 유물론이야말로 반反형이상학적이라는 것이다. 무엇보다 어떤 종류의 마르크스 반박가들은 유물론으로서의 마르크스주의철학이야말로 바로 형이상학적인 것이고, 그 지점이야말로 치명적인 결함을 갖는다고 말한다. 마르크스주의의 물질만능주의(?)는 물질의 낡은 형이상학에 지나지 않으며 현상의 배후에서 노동가치나 역사의 필연성이나 자유의 왕국 등을 찾는 것 역시도 비과학적이고 형이상학적이라는 것이다. 요컨대 인식론적이지도 실증론적이지도 않기 때문에 형이상학이라는 것이다. 하지만 이 부르주아철학적인 범주로서의 '형이상학'은 물론 지금 우리의 문제가 되지 않는다. 유물론의 범주에 따르자면 형이상학이란 기계론적인 사유방법 이외의 다른 그 무엇도 아니다. 그것은 사물을 연관적인 운동 속에서 포착하는 것을 알지 못하고 각기 개별적으로 분절된 것으로까지 고정시켜 생각했던 사고법을 뜻한다고 하겠다.

하지만 관념론을 형이상학으로 규정하는 일도 현재 우리가 눈앞에서 보고 있는 여러 종류의 사정들에 입각하여 말하자면 아직 실제적인 것일 수 없다. 대체로 그 규정은 주로 칸트를 비판하기 위해 헤겔이 사용한 데서 시작된 것으로, 물론 그 규정을 철저하게 적용하면 헤겔 자신도 '관념론'에 해당되므로(하지만 그렇게 말하면 설명하는 것과 설명되는 것이 본말전도가 된다는 점에 주목!) 형이상학적인 것이 되고 말겠지만, 그렇다고 해서 그 규정의 표현방식 자체가 철저하다고 할 수는 없다. 현재의 부르주아철학에서 '관념론'이 나쁜 평판을 얻는 것과 거의 동일한 근거에서 '형이상학' 역시도 반드시 애호되고 있다고 할 수는 없다. 메타피직이 철학과 동일한 말로 관용적으로 쓰이고 있는 나라(예컨대 프랑스)는 별도로 치더라도, 일본 등에서 자신의 철학을 형이상학으로 불러주길 원하는 철학자는 결코 많지 않을 것이다. 그들의 관념론의 본질이 그런 형이상학에 있음에도 그들은 '형이상학'을 거부하기에 인색하지 않은 것이다.

11 위장한 근대적 관념론

게다가 그렇게 숨겨진 형이상학이 스스로 기계론에 입각해 있음을 표방하지는 않는다는 것은 두말할 나위가 없으며, 오히려 기계론의 단죄자로 나타나기까지 하는 것이 대부분인바, W. 제임스나 베르그송에 따르면 제각기 흩어진 고정된 사물·장소物処가 아니라 유동流動이야말로 사물의 본성으로 설정되어 있다. '문학적' 리얼리스트들은 24시간 하루를 다룬 조이스의 장편 『율리시즈 이야기』가 무릇 기계론 따위와는 거리가 먼 현실 그 자체의 '리얼리즘'이라고 찬미한다. 나아가 현대의 숨겨진 형이상학 속에는 자진하여 변증법을 포괄하거나 변증법에 입각하여 사고하는 것마저 있다. (관념론적) 변증법은 오래전부터 오늘날에 이르기까지 전혀 끊어지지 않은 것이라고 할 수 있을 뿐만 아니라 오늘날에 이르러 드디어 진정한(신학적인!) 변증법에 도착했다고, 일종의 복면覆面[복면(가면)을 뒤집어쓴] 형이상학자들은 자랑하고 있다.

그렇기에 나는 이전에 여러 기회를 얻어 형이상학이라는 것도 조금은 다른 규정을 필요로 한다는 점에 대해 서술했던 것을 떠올리지 않을 수 없다. 그것에 따르면 현대의 형이상학은 미루어 보건대 대체로—기계론적인 것이든 변증법을 참칭하는 것이든 간에—해석의 철학에 다름 아닌 것이다. 현대 부르주아철학 가운데 뛰어난 것도 우매·열등한 것도 대개는 해석의 철학이라는 것에 의해 바로 형이상학인 것이며, 그런 뜻에서의 형이상학이라는 것에 의해 특히 적극적으로 관념론의 이름에 값하게 되는 것으로 여겨진다. 말할 것도 없이 형이상학(따라서 또한 관념론)을 그렇게 규정하는 것은 유물론의 역사에서는 결코 새로운 착상이나 낙상落想[생각에 이르거나 낙착됨]이 아니다. 사람들도 알고 있듯이 『자본론』에서의 마르크스의 유명한 짧은 말 속에 그것은 이미 약속되어 있던 것이다.

그래서 관념론의 두 번째 적극적인 규정으로서 우리는 해석철학을 들 수 있을 것이다. 혹시라도 그 규정을 이용하지 않게 될 때, 오늘날의 부르주아철학이 어떤 점에서 자신의 관념론적 양식振リ[몸짓·방식]을 적극적으로 발휘하고 또 노출시키는지를 끝내 적절히 지적하지 못한 채로 끝나는 게 아닐지 두렵다.

해석이라고 말한 이상, 그것은 물론 사실의 해석이다. 사실이 없는 곳에는 어떤 의미의 해석도 있을 턱이 없다. 또한 동시에 해석을 수반하지 않거나 해석을 기다리지 않는 그 어떤 사실도 없다는 것 역시도 참말이다. 과거 역사상의 사실이라면 해석 여하에 따라 사실이라고도 사실이 아니라고도 결정될 것이겠지만, 예컨대 실험상의 사실에 있어서는 해석의 여지가 어디에 있는가라고 말할지도 모른다. 자기 자신이 몸소 직접 부딪혔던 사실의 어느 지점이 해석에 의거하고 있는가라고 말할 수 있으리라는 것이다. 그러하되 그렇게 말한다면 순수한 사실로서의 사실이라는 것은 실제로는 어디에도 없는 것이 되는바, 있는 것이라고는 아마도 단순히 고립된 인상 같은 것뿐일 것이다. 사실이라는 것은, 그런 뜻에서는 사실이라고 해석된 것에 다름 아니다. 해석이 없는 곳에는 사실 역시도 있을 수 없다.

하물며 문제가 철학 등이 되면 그 어떤 철학으로도 해석에 의거하지 않거나 해석을 통하지 않고서는 사물을 다룰 수 없을 터이다. 그런 뜻에서는 모든 철학이 해석의 철학이라고 해도 과언이 아닌 것이다. 원래 사실의 해석이라는 것은 사실이 지니고 있는 의미의 해석이고, 사실은 언제나 일정한 의미를 가짐으로써 비로소 사실의 자격을 얻는 것이므로(그렇지 않은 사실은 무의미한 사실이다), 사물 간의 표면에서는 좀처럼 보이지 않는 연관을 폭로하고 숨겨진 통일을 포착해내야만 하는 철학이라는 것이 사실이 가졌을 의미의 존재를 밝혀내기 위해 특히 그 해석 방면에서 뛰어나지 않으면 안 되는 것은 오히려 당연한 일이다.

하지만 실제로는 그 해석 자신에 속에, 사실이 지니고 있는 의미에 대한 해석 자신 속에 문제가 가로놓여 있는 것이다. 사실이란 말하자면 자기 자신을 살려 발전시켜가기 위해서야말로 의미를 갖는 것인바, 따라서 사실이 가진 의미란 전적으로 사실 자신의 활로와 발전의 코스를 가리키는 것에 다름 아니다. 그래서 그 경우 중요한 것은 갖가지 사실이 갖는 갖가지 의미가 어디까지나 갖가지 사실 자신에 대해 책임을 지고 있다는 것이고, 따라서 사실이라는 것은 자신이 가진 의미를 먼저 통하여 자기 자신에게 귀착함으로써 비로소 사실로서 안정을 얻을 수 있는 것이다. 의미는 사실 그 자체로 돌아가야만 하는, 원래의 사실을 향해 책임을 져야만 하는 것이다. 따라서 사실의 해석은 언제나 사실을 실제적으로 처리하고 그것을 현실적으로 변혁하기 위하여, 그리고 그러한 목표 아래서 가해질 수밖에 없는 것이다. 현실의 사물에 대한 실제적 처치는 언제나 사물의 의미에 대한 무엇보다 탁월한 해석을 상정하고 있다.

그런데 다름 아닌 '해석의 철학'은 해석의 기능 그 자체에서 차질을 빚는 것이다. 거기서 해석은 그 본래의 역할에서 탈선하여 사실의 실제적인 처치라는 해석 원래의 필요와 동기를 잊어버리며 전적으로 해석으로서의 해석으로 전개된다. 그렇다는 것은 사실이 지닌 의미가 더 이상 사실의 의미이기를 멈추고 그저 단순한 의미가 된다는 것, 그렇게 의미가 사실을 대행함으로써 현실의 사실은 오히려 의미에 의해 창조된 사실이 되고 만다는 것을 뜻한다. 그러한 '의미'는 의미 본래의 모태였던 현실적 사실 자신의 활로나 발전 코스로부터 독립하여 전적으로 의미 자신의 상호 연락에만 의지함으로써 의미의 세계를 쌓아올릴 수 있게 된

11 위장한 근대적 관념론

다는 점에 주의하지 않으면 안 된다. 어떤 '의미'와 다른 '의미'가 연락하는 것은 제각각의 모태인 제각각의 사실들 사이의 연락에 기대야만 하는 것이므로, 거기서는 의미와 의미가 극히 분방하게 천재적(?)으로 단락短絡[단편적 접속·합선]되고 만다. 이리하여 현실 대신에 '의미의 세계'가 출현한다. 현실계는 간신히 '의미의 세계'에 들어맞는 한에서 의미의 형편 여하에 따라 거론되며 해석될 따름이다. ──이것이 해석학자가 말하는 이른바 '해석'의 메커니즘인 것이다. 거기서 천재적(?) 상상력이나 기발함이나 착상이나 통찰로 보이는 것은 실제로는 광분狂奔 관념이거나 값싸고 간편한 관념 연합이거나 안이하고 피상적인 추론 이외에 다른 게 아니었던 것이다.

그러한 섬세한 약점도 극히 비속한 형태의 것이라면 누구나 쉽게 알아차릴 수 있는 것이다. 예컨대 근래 일본에서도 자살자가 대단히 증가하고 있는데, 그 어느 것에나 신문기사에 의한 심하게 후벼 파진 해석이 가해지고 있다. 철학에 열중했다는 것은 낡은 것이므로 그런대로 괜찮을지라도 아버지가 <공산당>에 가입해 있었기 때문에 딸이 자살했다는 식의 해석도 있다. 대체로 신문의 입장에서는 사실 그 자체는 어찌돼도 좋은 것으로, 기사가 기사로서 독립된 의미를 갖기만 한다면 그것으로 된 것이다. ──그러나 그러한 약점도 철학이라는 투구[鬪帽] 속에 숨겨지면 곧 해석의 철학이 되는 것으로서, 그리되면 그 약점 또한 손쉽게 스스로의 결점을 드러내려고 하지 않게 된다. 거기에는 장중한 명사와 엄격한 어조가 있다. 게다가 때로 독자나 청중이 이미 갖고 있던 단편적인 기성의 지혜와 접촉하므로, 그것이 그들을 감동시키고 응석을 피게 하며 어르고 또 달랜다. 분해나 논증이나 질의를 대신하여 단지 계속 이어지는 [가벼운] 터치가 있고 탭[tap(가벼운 두드림)]이 있을 따름이다. 이것이 해석학자가 가진 지극히 의미 있는 풍미의 특색 중 하나인데, 그러하되 그것에 의해 현실의 사물에 대한 실제적 처치는 황홀함 뒤에서, 때로는 눈물 뒤에서 배척되고 마는 것이다. 세계를 '해석'한다는 것, 팔짱끼고 세계를 정복한다는 것은 확실히 즐거운 일임에 틀림없다. 설령 그것을 위해 눈물 속에서 밥 먹고 잠 못 이루는 침상에 누울지라도 그 일은 전적으로 즐거운 일임에 틀림없다.

'생生의 철학'으로 불리는 것의 대다수가 그런 해석철학인 것은 지금 다시 주의할 필요도 없을 것이다. 생의 철학에 따르면 해석이란 생의 자기해석에 다름 아닌바, 생(그것의 과학적 의의가 애초부터 문제였던 것이다!)이 스스로를 해석한다는 자기감응 덕분에 의미가 사실로부터 독립된 순연한 의미의 세계로서 묘사되는 것이다. 나아가 그런 생의 철학이 특히 이른바 '역사철학'이나 '해석학적 현상학'과 떨어질 수 없는 관계를 맺는 것도 여기서 떠들 필요가 없을 것

11 위장한 근대적 관념론

이다. 그 두 가지가 어떻게 해석학의 방법에 준한 철학인
지, 나아가 그 두 가지가 어떻게 문헌학(이것의 방법이 해석학
이다)적인 특색과 냄새까지 갖는지가 그 둘의 관계를 충분
히 이야기해 준다. ──중요한 점은 여기서도 여전히 해석철
학의 본질이 의식적·무의식적으로 사물의 현실적인 처치
를 회피하려는 것에 있다는 점이다.

  해석의 철학은 철학의 이름 아래 실제문제를 회피하
는 것이다. 그것은 시사적인 예삿일에는 아무런 철학적 의
미도 없으며 필요한 것은 실제문제와는 독립된 원칙의 문
제라고 말한다. 실제문제는 그런 원칙문제를 때때로 적용
하면 되는 것이지 그런 응용을 미리부터 준비해두는 것은
쓸데없는 배려라고 생각하는 것이다. 예컨대 사회는 나와
당신 간의 윤리적 의미관계에 기초하여 발전될 수 있는 의
미에 다름 아닌 것으로서, 그 사회가 <공산>주의가 되려거
나 파시즘으로 향해 가려면 그것은 정치상의 실제문제이지
조금도 철학상의 문제가 되지는 않는다는 것이다. ──해석
의 철학이 추상적인 것은 그것이 사물을 일반적인 스케일
에서 논하기 때문도 아니며, 어려운 말을 사용하기 때문도
아닌바, 실제로는 의미를 사실로부터 추상하고 원칙을 실
제문제로부터 추상하기 때문이며 현실의 사실과 실제관계
를 시야에서 내다버리고 말기 때문이다.

  그렇다면 그런 추상성이야말로 바로 오늘날 형이상

학의 특색을 이루고 있는 것임을 살펴야 한다. 이에 따르면 오늘날 형이상학의 난센스와 유머는 실제문제가 조금도 철학적으로 결정될 수 없는 지점에 있는 것이다. 오늘날의 아카데미나 페단틱[현학적인]한 철학이 학교의 교사처럼 생기 없고 성의 없어 보이는 것은 그런 난센스가 커다란 원인 중 하나이다. 그리고 그런 형이상학이야말로 현재 가장 유력하고 가장 널리 보급된 관념론의 형식이었던 것이다.

현실의 세계에서 실제문제를 계획적으로 회피하기 위해 해석철학=형이상학=관념론은 거듭 실증과학 혹은 자연과학과 절연하거나 적어도 그것들에 관여하지 않는 쪽이 현명하다고 생각한다. '역사철학자'들은 역사적인 것이, 곧 그들에 따르면 '철학적'인 것이 어떻게 자연과학적인 것과 다른지를 전적으로 강조하는 일을 결코 잊지 않았다. 역사와 자연에서 공통적으로 발전하는 본질을 보려는 기획은 역사를 모르는 자의 것이며, 인간적 문화에 맹목인 자의 것이라고 하지 않으면 안 된다는 것이다. 나아가 '해석학'적 철학자에게 실증과학이나 자연과학은 철학에 있어 아무런 의의도 갖지 못하는 것이 된다. 철학의 과학성, 즉 그 객관성(거기서 실증적 특색과 실제実地적인 특징이 나온다)은 해석학적 철학에서는 조금도 문제되지 않는다. 철학이란 전적으로 다르고 전적으로 관계맺음 없는 것, 그것 자신의 질서를 갖는 것이다. 세간적인 속물은 어찌됐든, 본래적 생활자로서의 인간적 존재가, 엑시스텐츠[Existenz]가 대체 실증적 세속의 지혜와 무슨 관계가 있는가라고 하이데거 일파는 말하는 것이다.

이러한 승려계급적인 반과학주의(그렇다고 해서 과학주의—[펠릭스] 르 당텍 등이 대표하는—가 존중받을 만한 것은 결코 아닌데)란 실제문제를 회피하려는 고상한 행동을 맑게 닦은 해석학의 필연적인 결론인데, 그저 처음에는 칸트(아직 헤겔도 실제로는 그러하다), 내려와서는 신칸트학파의 손에 의거하고 있을 동안에는 그 정도로 정직하게 본심을 토하지 않고 있던 것이 부르주아사회가 그 모순을 자연과학 탓으로 전가하기 시작했던 근래에 이르러 비로소 정면에서 그 정체를 드러내기 시작했을 따름인 것이다.

하지만 우리 해석의 형이상학이 과학, 특히 자연과학의 어떤 점을 향해 칼날을 들이대어 왔던가 묻자면, 그것은 실은 과학의 합리주의나 과학의 선천적 제한이나 그 비인간적인 고담스러움枯淡さ[속되지 않은 은근한 멋]이 진정으로 마음에 들지 않았던 게 아니라 과학이 실제상 입각해 있는 물질적 생산기술의 요구가 자기들 해석의 내용에까지 손을 뻗쳐오지는 않을까 하는 두려움이 있었기 때문이다. 물질적 생산기술이 실제적으로 실행되고 실지로 운용될 것이라는 점은 도저히 해석학적으로도 구워삶을 수 없는 사실이기

때문에, 그것은 세계의 '해석'에 있어 대단히 고약한 물건이라고 하지 않을 수 없을 것이다. 따라서 실제로는 반기술주의(그렇다고 해서 기술주의가 존중되어야 할 주의인 것은 결코 아니다)야말로 해석형이상학에 있어서의 저 반과학주의의 진수였던 것이다. 그렇게 근래에 자본주의의 여러 모순들에 대한 책임은 부르주아지에 의해 기술의 자발적인 폐색으로 전가된다. 그때를 빼고서는 해석의 철학이 소환될 턱이 없는 것이다.

그런데 유의해야 하는 것은 해석철학＝형이상학 역시도 어쨌든 하나의 철학이기 위해선 일정한 범주체계를 조직하고 있지 않으면 안 된다는 점이다. 이는 물론 세계를 해석하기 위해서만 전적으로 도움이 될 뿐인 범주이자 범주조직이어야 하는 것이다. 그렇게 세계 해석을 위한 이론에서 가장 고전적이고 전형적인 것으로 유대교·그리스도교적 세계창조설과 비교될 수 있는 것은 없다. 창조설은 세계의 질서를 모조리 조립하고 남김없이 해석한다. 그 창조의 시작과 이후의 코스와 그 끝을 설명할 수 있다면, 사물의 '해석'은 더 이상의 완전한 준비를 바랄 게 없을 터이다. 세계는 신의 선의지善意志에 의해 계획적으로 창조되고 계획적으로 역사발전하는 것이며 최후심판의 날이 올 때 그런 신의 세계계획은 그 실현이 끝나는 것이다. 이리하여 현실의 세계가 실제로 겪어왔던 귀중한 시간상의 자연적 질서

11 위장한 근대적 관념론

는 관대한 천제天帝가 낭비하는 은총의 질서로 치환된다. 이 변심한 신질서 위에 해석의 형이상학이 갖는 범주성좌範疇星座가 분포되는 것이다.

　나는 일찍이 그런 종류의 범주를 신학적 범주라고 명명했다. 원래부터가 다른 세계질서에 기초해 있는 그 범주를 현실의 실제세계의 질서유지를 위해 사용하려고 할지라도 그리 도움이 될 리가 없는바, 그런 뜻에서 말하자면 그 신학적 범주란 실제성·실지實地성·실증성을 가질 수 없는 것, 즉 땅위에서의 검증이 불가능한 것이라고 하겠다. 그것은 물질적 생산기술에 의해 질서화되어 있는 현세의 세속계에서는 테스트가 불가능한 범주인 것이다. 따라서 나는 그것을 일찍이 비기술적非技術的 범주라고도 말한 적이 있었다(졸저『기술의 철학』[1933]). 해석의 철학이 그렇게 신학적 범주에 서 있다고 말하는 것으로써 일단 이제까지의 사안들을 정리해 놓기로 하자.

　그러하되 이제까지 말해왔던 것은 내가 지금까지 몇 번이나 반복하여 말해왔던 것이다. 그런데 최근에 우리나라에서는 해석의 형이상학이 모종의 독특한 형태를 취하고 있다는 점을 주의하지 않으면 안 된다. 그 결과, 이제는 관념론의 세 번째 적극적 규정을 포착해낼 필요에 재촉 받게 된다. 그 세 번째 적극적 규정을 끄집어내 보면, 그것에 의해 관념론의 저 두 번째 규정(해석철학으로서 그것)이, 그리고 첫 번째 규정(형이상학으로서의 그것)조차가 오히려 명확히 정착되고 있는 것처럼 여겨지게 된다.

우선 가까이에 있는 한 가지 현상을 주목하자. 흔히들 최근 1년 이래로 마르크스주의 진영이 갑작스레 후퇴했다고 말한다. 그것이 어떤 의미인지를 내가 반드시 이해하고 있는 것은 아니지만, 어쨌든 한때 도처에 흘러넘치고 있던 마르크스주의의 팬들이나 호의를 가진 구경꾼들野次馬[덩달아 떠벌려대는 무리]이 최근에 세간에서 두드러지게 정리된 것은 사실이다. 그리고 특히 문학의 세계에서 그런 현상이 눈에 띄게 현저한 것은, 지금 이야기하는 줄거리에서 말하자면 흥미로운 일이라고 하겠다. 지금은 마르크스주의에 입각한 문화단체가 남김없이 해산되어버렸지만, 그리고 그것이 반드시 마르크스주의적 문화운동의 소멸을 뜻하는 게 아니라는 것은 말하지 않아도 알 수 있지만, 동시에 특히 문학의 세계에서 문화단체의 해산이 현저하게 거센 파도를 일으켰다는 것은 누구나 알고 있고 또 실제로 보고 있는 일이기도 한 것이다. 좌익의 문학운동은 지금 몇몇 편집 중심축으로 분산되었고, 때에 따라서는 좌익문학운동과는 아무런 의식적 연계조차 없는 문학분자들과 뒤섞이고 있다. 어떤 이는 문예부흥의 이름 아래 무엇보다 먼저 문학 그 자체의 발전이 초미의 급선무라고 말하고, 문학의 <당파>적 수미일관성까지 희생시킬지라도 프롤레타리아문학에 채워진 종래

11 위장한 근대적 관념론

의 질곡을 타도하지 않으면 안 된다고 주장한다. 물론 문예부흥의 이름을 빌리든 안 빌리든 반마르크스주의적 문학자나 순수예술파적 문학자는 득의양양해지고, 혹은 야유하는 분풀이의 속셈으로 이런 새로운 현상을 환영하고 있다.

마르크스주의적 문학자에겐 어찌됐든 그 이외의 문학자들에게 그런 현상은 사실상 하나의 문학지상주의를 뜻하고 있으며, 그것은 마르크스주의적 문학자의 좀 더 태만함 없는 주의환기를 요구하는 사실이라고 하겠는데, 어찌됐든 문학의 세계(그러한 다른 세계가 있다고 생각하는 것은 무엇보다 나 자신과 사람들의 잘못이겠지만)가 일본의 현상에서 예외 없이 문학 나름으로 마르크스주의에 대한 반동의 태세를 취하고 있음은 근본적인 경향이라고 할 수 있는 것으로, 문학지상주의란 오늘날 그런 경향의 가장 두드러진 특색을 이루고 있는 것이라고 하겠다. 왜냐하면 그것에 의해 종래 마르크스주의 문학이론의 근본테제였던 문학과 정치의 결합이 거의 완전히 해제된 것처럼 대부분의 '문학자'들이 생각하고 있기 때문이다.

그런데 다른 한편 문학 속에서의 평론, 곧 문예평론이 근래에 심하게 '철학화'됐다는 또 하나의 사실을 주목해야 한다. 말할 것도 없이 그것은 첫째로 이제까지 내가 서술해왔던 사례들의 다양한 위장에 기댄 부르주아 관념론 철학 일반의 부흥(?)에 의한 것이고, 둘째로는 유물사관에 입각한 과학적 문예비평이 저 문학과 정치의 관계 문제에서, 그리고 좌익적 작가 자신에게서까지 일종의 불만을 샀기 때문으로, 그 두 가지 계기에 의해 부르주아 관념철학적인 문예평론이 속출하게 됐던 것이다.

그래서 첫째 문학에서의 문학지상주의 및 둘째 문학에서의 철학화로부터 셋째 철학 그 자체의 '문학'화가 발생하는 것이다. 말할 것도 없이 철학과 문학은 그 진실된 본뜻에서는 특별히 분리될 수 없는 관계에 있는 것이기에 문학(문예평론)이 철학화되려고 할지라도 그것은 처음부터 당연한 일로서 그리 희귀한 것도 아니려니와 하물며 아무 나쁜 것도 아니지만, 그러나 오늘날의 경우 철학이 문학화했다는 것은 단적으로 말해 철학이 문학지상주의화됐다는 것에 다름 아니라는 점에 유의해야 하는 것이다.

하지만 문학에서야말로 문학지상주의라는 말의 뜻도 성립할 수 있는바, 관계는 동일할지라도 철학에서 말하는 한에서 문학지상주의란 아마도 무의미한 말일 것이다. 말이 무의미한 데서 그치는 게 아니라 그렇게 말해서는 철학의 그런 문학화가 지닌 본질을 폭로하는 것이 불가능해진다. 실은 그런 현상은 오히려 철학의 철학지상주의라고 부르는 게 좋을 정도일지도 모르겠는데, 여기서는 그 철학지상주의 자신을 뭔가 다른 말로 설명하기 위해서야말로 문학의 문학지상주의를 끌어냈던 것이라고 하겠다. ―철학

11 위장한 근대적 관념론

은 문학이 아니므로 원래부터 문학지상주의가 될 염려는 없다. 그 대신에 현재의 부르주아 관념론=형이상학=해석철학의 새로운 변모는 철학에서의 문학주의라고 명명할 필요가 있다고 생각한다. 문학주의야말로 관념론의 세 번째 적극적 규정이라고 할 수 있는 것이다.

철학은 가령 그것이 아무리 문학주의적일지라도(문학주의의 의미는 지금부터 설명할 것인데), 어찌됐든 철학의 체제를 구비하고 있는 한에서는 어떤 범주조직을 사용하여 [사]물을 말하는 것 말고는 다른 방도를 갖고 있지 않다. 그런데 문학주의철학이란 그런 범주가 특히 문학적 범주라는 것을 가리킨다. 대체 문학적 범주라는 것은 무슨 뜻인가.

문학이 언어의 승마용구乘具에 기대는 것인 이상, 문학은 관념에 의거하여 비로소 성립할 수 있다. 무엇보다 관념이라고 하면 감각을 결여한 추상적인 관념의 윤곽에 지나지 않는 것이라고 생각하는 경향이 있을지 모르지만, 그것은 관념이라는 말을 단순히 속악하게 사용한 것일 따름으로 이론적인 용어로서는 전적으로 보잘것없는 미신에 불과하다. 그런 점에서 문학 속의 여러 관념들 가운데 비교적 중대하고 기동력이 풍부하여 다른 개념들의 결절점에 해당하는 것이 근본개념 즉 범주인 것이다. 하지만 문학에서 출현하여 문학 안에서 사용되고 있기 때문이라고 해서 그 범주가 곧바로 문학적 범주라고 생각해서는 안 된다.

철학·과학 기타 모든 이론 속에서 드러나는 범주, 말하자면 그런 철학적 혹은 과학적·이론적 범주와 문학에서의 범주가 결국 다른 것이어서는 안 된다는 점은 조금만 생각해보면 절대적으로 자명할 것이다. 왜냐하면 혹여 범주의 성질 그 자체가 원칙적으로 다른 것이라면 대체 어떻게 문학과 철학 사이에 일정하게 밀접한 연락이나 대응이나 일치나 공통성 등등이 존재할 수 있겠는가. 자주 듣는 것이지만, 두 가지 사물 사이에 원칙적인 연락·대응·일치·공통성 등등이 결여되어 있을 때 두 가지 사물은 범주적으로 다르다고 말해지기도 하는 것이다.

따라서 문학 속에서 드러나는 여러 범주들은 별달리 보통 때와 다른 범주 같은 것이 아니라 철학이나 과학이 기초해 있는 그 동일한 세계관에서 한결같이 탄생한 보통의 범주, 철학적 혹은 과학적 범주의 시리즈 안에 속하는 것이다. 어떤 범주는 주로 문학의 것이고 어떤 범주는 주로 철학에 속하는 일이란 얼마든지 있을 수 있는 것이다. 또 동일한 말로 불리는 한 범주도 과학의 세계와 철학의 세계에서는 다른 변용태를 가질 수도 있을 것이다. 그러한 뜻에서의 문학적 범주라면 그러한 뜻에서의 철학적 혹은 과학적 범주와는 다르다고 해도 좋겠으나, 문제가 되는 것은 개별적인 하나하나씩의 범주가 어떤 세계에는 있는데 어떤 세

11 위장한 근대적 관념론

계에는 없다는 식의 사정이 아니라 일정한 조직질서를 가진 범주체계에 몇 가지나 되는 다른 종류가 있어서는 곤란하다는 이론상의 요구인 것이다.

과학이나 철학은 일종의 범주의 시리즈를 갖고 있고, 이에 대해 문학은 그런 시리즈와는 종류를 달리하는 다른 범주의 시리즈를 갖고 있다고 하는 것은 논리적으로 말해, 혹은 범주의 일반론에서 말해 있어선 안 될 약속인 것이다. 그 약속을 무시하고 철학적 혹은 과학적 범주질서와는 다른, 따라서 그것과는 범주적으로, 원칙적으로 다른, 문학에만 고유하다고 믿어지는 범주질서를 상정하거나 그것을 부주의하게 사용한다면 다름 아닌 그것이 문학적 범주(문학주의적 범주)가 되는 것이다.

문학적 범주질서의 폐단은 그것이 왕왕 불행하게도 철학적인—보통의—범주와 동일한 이름을 여럿 포함하고 있다는 심히 헷갈리는 사정으로 인해 대단히 악질적으로 된다는 것이다. 리얼리티라고 말하든 현실이라고 말하든, 진리라고 말하든 성실이라고 말하든, 어느 것이나 철학적 범주인 동시에 모종의 문학자에 의해 실제로 '문학주의'적 범주로서 남용되고 있는 것이 현재의 사실이다. 혹시 사람들이 내가 말하는 문학적 범주라는 것이 실제로는 철학적 범주와 결국 동일한 것이고, 게다가 다소나마 문학 쪽이 그것을 풍부한 탄성을 가진 플렉시블[유연]한 것으로서 좀 더 섬세하게 파악하는 것과는 달리, 철학 쪽은 좀 더 확연한 보편성 아래에서 거칠고 엉성하게만 파악할 수 있을 따름이라고 말한다면, 그러한 철학이든 문학이든 단적으로 말해 문학적 범주로써 사고되거나 작성되는 것으로서, 이를 비판하는 일이야말로 우리가 말하는 오늘의 목적이었던 것이다.

하지만 왜 문학적 범주가 왕왕—문학주의자에 의해—애호되는지, 나아가 왜 그것의 방법상 폐단을 쉽게 알아차릴 수 없는지에 대해 설명하지 않는 이상, 문학적 범주의 의의는 실제로는 포착할 수 없다. 그런 관계는 문학이 과학적 혹은 철학적 표상을 사용하는 대신에 당연하게도 문학적 표상을 사용한다는 점에 가로놓여 있다. 진상을 말하자면, 문학도 철학 혹은 과학도 그것이 사용하는 범주는, 즉 근본개념은 결국 동일조직에 속하는 것이지만, 그 개념들에 직각적인 형태를 부여하는 단계가 되면, 즉 그 개념에 대응하는 표상—감각적 관념—을 구하는 수법에 이르면 문학적 표상은 더 이상 철학적 혹은 과학적 표상과 결코 동일할 수 없으며 또 동일해서도 안 된다. 즉 철학은 철학적 범주를 철학적 표상을 빌려 사용하는 것이지만, 이에 반하여 문학은 그 동일한 철학적 범주를 사용하는 데에 반드시 문학적 표상을 빌리지 않으면 안 되는 것이다.

그런데 이론적인 훈련이 부족한 보통의 통속적 상식

11 위장한 근대적 관념론

에서 표상과 개념에 대해 말하면 그 둘이 동일한 것으로 간주되고 마는 것처럼, 대부분의 경우 문학적 표상과 문학에서의 범주가 동일한 것으로 간주되고 마는 폐해는 반드시 무리한 게 아니다. 문학에는 문학의 독특한 표상들이, 감각적인 개념들이 있다. 일단 문학자는 단지 그런 감각적 개념들, 표상들을 구사함으로써 훌륭하게 작업이 가능한 것이다. 하지만 문학을 조금이라도 비평하고 평론하고자 할 때에는 어떤 문학자도 표상들·관념들을 관통하여 그것을 조립하고 있는 보이지 않는 철근의 틀을 문학 속에서 찾아내지 않으면 안 된다. 그때는 문학에서의 여러 개념들을, 범주를 구하는 때인 것이다. 그러나 일반적으로 말해, 문학지상주의로 옮겨 가야 할 물질적 근거를 갖고 있는 오늘날의 문학자들은 그럴 때에 이르면 즉시 철학적 훈련의 부족함을 폭로한다. 왜냐하면 문학에서의 개념의 메커니즘을 문학적 표상을 통해 발굴할 수밖에 없는 것은 당연하겠지만, 그렇기에 문학에서의 여러 범주가 문학적 표상에 비견되어 궁리될 수밖에 없게 되기 때문이다. 문학자는 그 숙련된 문학적 표상에 의지하여 독자적으로 문학상의 개념들·범주들(표상들이 아니다)을 구축할 권리를 갖는다고 공상하는 것이다. 그렇게 '문학적' 범주질서가 축조된다. 문학지상주의 문학자는, 철학자가 될 때, 문학주의자가 되지 않을 수 없다.

나는 문학적 표상과 문학에서의 범주·개념(물론 문학

적 범주)을 구별했지만, 그리고 문학에서의 범주 혹은 개념에 철학적 흥미의 중점을 놓았지만, 물론 문학 자신의 입장에서 말할 때 문학적 표상이 갖는 문학적 가치의 거대함을 간과하려는 것이 아니다. 거기에는 즉각 문학 창작방법의 문제, 나아가 문학에서의 세계관 문제가 결부되어 있기 때문이다. 뿐만 아니라 문학작품 상에서 출현하는 불후의 많은 독창적 성격 역시도 결코 개념이나 범주가 관여할 수 있는 문제가 아니며 문학적 표상의 귀중한 소산 중 하나이지 않으면 안 될 것이다. 철학적으로는 범주조직이 문학의 살아있는 측면이지만, 마찬가지로 그것에 대응하여 햄릿이나 돈 키호테, 바자로프[투르게네프『아버지와 아들』(1862)의 주인공·니힐리스트]나 카르멘[메리메『카르멘』(1845)] 등등의 성격 창조가 문학적으로 말할 때의 문학적 표상이 갖는 가치일 것이다. ─ 나는 일찍이 개념과 성격을 결합하려는 논리학적인 시도를 해보았던 적이 있는데, 그런 시도에는 지금 서술한 내용에 따르자면 어떤 무리함이 있었으며, 자칫하면 문학적 범주의 늪에 끌려들어 갈 위험이 없지 않았다(졸저『이데올로기의 논리학』,〔앞의 책〕첫 장을 참조).

문학주의적 범주는 오늘날 문학자의 다수를 점하는 문학지상주의자들이 문학활동에서 은밀히 신뢰하고 있는 논리적 근거인데, 그 근거란 문학자의 문예평론과 더불어서 좀 더 명확히 햇빛 아래로 드러난다. 문학적 표상에 뛰어난 탁월한 문학자일지라도 조금이나마 조리 있는 평론을 기획할 때엔 전혀 얼토당토않은 평론가로 떨어지는 사실은 결코 드물지 않지만, 그것은 다분히 그런 문학주의적 범주로의 함몰에 주된 원인이 있을 것이다. ——하지만 여기서의 이야기의 중심은 문학이 아니며, 문제는 철학이 그러한 문학적 범주에 입각하고 있는 경우가 우리나라 부르주아 문화사회에 심히 현저하다는 점에 있다. 그 점이 특히 손쉽게 드러나는 것은 마찬가지로 그들 부르주아 관념론 철학자들 중 하나가 문예평론을 시도하려고 할 때인바, 사실 그런 철학은 원래부터 문예평론에 적합하게 만들어져 있다는 점에 '문학적'인 좋음과 약점을 갖는다. 그런 종류의 문학주의철학이 실증과학에 대해, 이데올로기에 대한 생산기술의 역할에 관해, 일반적인 합리적 이론에 대해 어떤 태도를 취하고 있는지, 또 그런 태도의 이유가 어디에 있는지는 독자들의 생각에게 일임해도 좋지 않을까 한다.

철학적 의식 혹은 생활의식이 한편에서 문학적 의식이 되어 드러남과 동시에 다른 한편에서 정치적 의식이 되어서도 드러난다는 것은 또 하나 주의하지 않으면 안 될 점이다. 거기서 문학주의가 문학의식이 되어 드러난 것이 문학지상주의였던 것처럼, 그것에 대응해 문학주의의 정치적 표현은 문학적 자유주의로 불려도 좋을 것이다. 문학적 리버럴리즘에 관해서는 이어질 15장에서 말할 것이지만, 최근 문단에서도 주목에 값하는 테마가 되어 가고 있는 듯하다. 그것은 원래 정치상의 철학적 범주인 자유주의가 전적으로 문학의식에 의해 지탱되는 것 말고는 역사적으로도 사회적으로도 그 물질적 근거를 갖지 못했던 결과 어느새 문학적 범주로 치환되었다는 일본에서 두드러진 한 가지 현상을 표현하는 말인 것이다. 따라서 오늘날 일본의 꽤 많은 문학자가 일종의(즉 실제로는 '문학적'인) 자유주의자이고, 오늘날 일본의 자유주의가 정치의 세계에서가 아니라 좁은 뜻에서의 문학의 세계에서 자신을 지탱할 기둥을 발견해야만 되는 현상은 오늘날 일본의 대표적인 자유주의가 주로 문학적 범주로서만 수용되고 있다는 사정을 이야기해주는 것이다. 실제로 오늘날 자유주의를 문학적 범주에 의해서라도 이해하지 않는 한, 그것이 세간에서 진보라는 표상과 떨어질 수 없는 관계에 있다는 식의 말을 듣게 되거나 그렇게 간주당하는 이유는 도저히 이해될 수 없을 것이다.

문학적 범주에 서서 [사]물을 말하는 일은 사실 언뜻 보아 대단히 아름다운 것이다. 하지만 그것은 결국 생활을 하나의 미인화 속에서 포착한 것에 불과한 것이다. 문학적 범주에 의해 세계를 해석하는 일은 그 해석을 가장 안이하게 미끄러지는 것으로 만드는 일인바, 해석철학으로서, 따라서 문학주의철학 만큼 목적에 적합한 형태는 없는 것이다. 단순한 신학적 범주로는 도저히 그런 종류의, 말하자면 '인간학적'인 매력을 가질 수 없었던 것이다. 따라서 해석철학은 신에서 인간으로 눈을 돌리고 문학주의로까지 전진함으로써 스스로를 유리하게 전개시키고자 하는 것이다. 그럼으로써 현실의(불행하게도 그 현실이라는 말이 문학주의자에겐 가장 마음에 드는 것인데), 즉 철학적 범주에 의한 진정한 현실의 실제문제를 원리의 차원으로까지 회피하는바, 예컨대 실제세계의 전망이나 계획이나 필연성이나 자유는 인간학적 '정념'으로까지, 현실계의 모순은 인간적 '불안'으로까지 환원되며 또 교환되는 것이다. ──아마도 그것만큼 고혹적인 형이상학은 이제껏 없었다고 해도 좋을 것이다. 하지만 그것만큼 시니컬하고 또 모럴(실제로는 모럴리티)이 결핍된 형이상학도 드물 것이다(문학자가 '모럴'이라고 말하는 것은 실제[세]계의 모럴리티와는 달리 원래부터가 문학주의적 개념에 불과한 것이다). 모럴의 본가本家로서는 최근 앙드레 지드의 호소를 자주 듣게 되는데, 한편에서 모럴리스트인 지드는 일찍부터 프랑스령 남아프리카 노예제에서의 자본주의적 기구에 의해 그 '문학적 양심'을 뼈아픈 충격을 받았던 것이다. 그가 이른바 전향을 말하게 되는 것은 그의 모럴리즘이 이미 완전한 문학주의적 형이상학에 머물러 있을 수 없게 됐음을, 그럼으로써 실제적인 모럴리티에 호소하지 않으면 안 되게 됐음을 알려주고 있는 것일지도 모른다.

첫째로는 형이상학, 둘째로는 해석철학, 셋째로는 문
학주의철학. 이 세 가지는 순차적으로 겹쳐진 상태로, 적어
도 현재 일본에서의 '근대적 관념론'의 적극적으로 위장된
표본으로서 우리 눈앞에 주어져 있다.

12 '무無의 논리'는 논리인가

— 니시다 철학의 방법에 관하여

나는 졸저 『현대철학 강화講話』〔앞의 책〕 속에서 타나베 하지메 박사의 철학에 관해 소견을 밝혔는데, 그것은 이른바 교토학파의 발전으로서 '타나베 철학'이 성립했음을 축복하는 일에 주안점을 두었기 때문에 타나베 철학과 니시다 철학 간의 차이를 명확히 하는 일은 생략했던 것이다. 그렇게 타나베 철학이 성립했다는 것은 곧 타나베 박사의 철학이 이젠 소위 니시다 철학과는 다른 것이라는 뜻이므로, 당연히 그 두 철학의 차이점이 문제가 되었어야 할 터였다. 그러한 관계로부터 말하더라도 이제 니시다 철학을 거론하지 않을 수 없는 순서인 것이다.

무엇보다 잡지 『사상』의 시평時評 담당자 고야마 이와오 씨는 이미 독자들에게 상당히 친절히 니시다 철학에 대한 부분적인 해설을 제공하고 있으며([쇼와] 7년[1932] 12월호), 이와 관련하여 최근에는 '니시다 철학'의 입문서까지도 썼다. 하지만 그것은 그다지 비평적인 관점을 취한 것이 아니므로, 본래적인 뜻에서의 니시다 철학의 특색을 규정짓는다는 시각은 거의 전적으로 내버려지고 있는 듯하다. 그런데 [니시다] 박사의 『무無의 자각적 한정』[1932]이라는 최근의 논문집은 박사 자신의 말을 따를지라도 자신의 연구 체계를 일단락 짓는 것이라고 할 수 있겠다. 니시다 철학의 특색을 규정짓는 시도를 위해서는 충분히 좋은 시기가 온 게 아닐까 한다(그것에는 좀 더 주관적인 동기도 없지는 않은데, 나는 이미 모 잡지에 「교토학파의 철학」[『경제 왕래』, 1932]이라는 제목으로 니시다 철학의 외부적인 특색을 규정짓고자 시도했던 적이 있고, 간단했으며 조잡했고 잡지도 잡지였기에 학계(?)에서는 전혀 문제되지 않았던바, 그 작업을 부연해보고 싶다는 마음도 있기 때문이다).

우리는 그렇게 비교적 주관적인 성질의 필요나 동기는 물론이거니와 뭔가 객관적이고 현실적인 필요를 따르지 않고 문제를 거론해서는 안 될 것이다. 그럼 대체 왜 니시다 철학이 오늘 특히 거론되지 않으면 안 되는가. 당연히 고려해야만 하는 여러 조건들을 빼고선 오늘날 우리나라 또는 세계를 통해 가장 눈에 띄는 유력한 사색——글뤼베리이[Grübelei(오랫동안 천착함; 깊이 생각함)]——의 산물이 니시다 철학이라고 말하는 것만으로는 아직 충분한 이유가 될 수 없다. 작금은 모든 형태의 파시즘 이데올로기가 백주 대낮에 횡행하고 있는 세상이다. 방송국·신문사 등등이 몸소 불량배나 협잡꾼이 말할 법한, 철학자가 듣기에도 부끄러울 말들을 매일같이 질리지도 않게 체현해 보여주는 세상인 것이다. 그렇다고 해서 철학자가 '진리'를 위하여 감연히 분기하는가 하면 결코 그렇지 않다. 그들은 때로는 의식적으로 때로는 무의식적으로 파시즘 이데올로기를 지지하고 있거나, 혹은 지지하는 결과를 낳고 있는 것이다. 이 점은 파시즘의 당면한 적敵·정반대물이란 무엇인가, 그 반대물에 대해 철학자들은 어떤 견해와 태도를 취하고 있는가를 보면 알 수 있는 것이다. 요컨대 철학자는 부르주아 이데올로그인 것이다. ──그렇다면 그 부르주아 이데올로기의 정신으로서 부르주아철학, 우리나라에서 바로 그 부르주아철학의 대표자가 오늘날 다름 아닌 니시다 철학 그 자체라는 것이 이윽고 명백해진다고 나는 생각한다. 그것이 니시다 철학을 거론하지 않으면 안 된다고 생각하는 일반적인 이유이다.

하지만 실은 여기서 이미 의문의 첫걸음이 내딛어진다. 철학이라는 것에 부르주아철학이나 프롤레타리아철학 따위라는 계급성은 없으며 또 있어서도 안 된다는 식의 고충은 지금 문제 삼지 않기로 하자. 그런 고충을 지닌 반대자에게는 좌익 교과서 한두 권을 읽게 한 다음에 논하자. 우리에겐 그것보다도 니시다 철학이 과연 단순히 부르주아철학 본연의 것인지, 아니면 부르주아철학의 옷치장을 한 별도의 다른 것(예컨대 봉건적 이데올로기나 파시즘 이데올로기 등)인지가 문제시될지도 모른다.

그러한 혐의에는 충분한 근거가 있는 것처럼 보인다. 니시다 철학의 신봉자들 다수는 그 철학을 우리나라의 독특한 독창철학으로 여긴다. 그렇다는 것은 니시다 철학이 다름 아닌 동양적인 것임을 의미한다. 어떤 사람은 그것을 선(禪)에 결부시키려는 시도까지 하는 중이다(무엇보다 헤겔조차 선에 결부시켰던 경우가 있었지만 말이다). 일반적으로 범신론이 초월신론 등에 맞서 동양적인 것으로 규정되는 지점에서 니시다 철학을 범신론적이라고 설명할 수도 있을 것이다. 그런 뜻에서 그것은 본질에서 유럽적인 것이 아니며 그런 한에서 예컨대 소다 [기이치로] 철학 등에 비교하면 알 수 있듯 봉건적인 본질을 갖고 있다는 식으로 사고되는 듯하다. 과연 니시다 박사가 우리들 근대인에 비해 다분히 동양적(불교적·유교적)인, 따라서 또한 봉건문화적인 교양을 지니고 있는 것도 사실이며, 자세하게는 봉건적 전통이 강한 지방에서 사색의 단서를 출발시켰다는 사실에서 상상해보더라도(단, 그 상상이 그다지 적중하는 것 같지는 않다) 그러한 색채는 한층 더 강해지는 것처럼 여겨지지만, 그것만으로는 그저 단순히 동양적·봉건적인 요소가 다분히 들어가 있다는 뜻은 될지라도, 결코 그것이 니시다 철학의 대표적인 특색으로서 등장하는 것은 아니다.

범신론은 말할 것도 없지만 니시다 철학에서 동양적으로, 따라서 봉건적으로 보이는 신비주의나 종교사상도 결코 봉건적이라는 뜻에서 동양적인 것은 아닌바, 예컨대 니시다는 플로티노스가 동방적이고 아우구스티누스가 헤브라이적이라는 그런 뜻에서만 동양적일 따름이다. 그런 동양적인 것은 오늘날 유럽 부르주아철학 자신이 결여할 수 없는 요소이다. 신비주의는 오히려 게르만 사상이기까지 하며, 그리고 그것과 결합될 때에야 니시다의 종교사상이라고 불려야 할 것도 비로소 니시다 철학의 내용이 될 수 있는 것이다. ─게다가 우선 니시다 철학에 있어서의 소위 신비적인 것이나 소위 종교적인 것이란 실제로는 모종의 정당한 의미에서는 결코 소위 신비주의이지도 소위 종교사상이지도 않은 것이다. 니시다 철학의 방법은─그리고 그 방법에서야말로 철학의 실제적인 대표성격이 나오는 것인바─그러한 신비주의나 종교사상에 [무자각적으로] 입각해 있는 것이 아니라, 오히려 그러한 것을, 그리고 그것에 반대하는 것(예컨대 합리주의나 비판주의나 형이상학)조차 저 스티파이[정당화]하는 방식 속에 존재한다. 그 방법이 예의 저 '무'의 입장에 서 있다고 말할지라도, 그것은 방금 말한 뜻에서의 신비주의가 되지는 않으며 모종의 종교적인 해결이라고도 할 수 없는 것이다. 무에 종교적인 의미를 투입하려는 것에서 승려나 목사가 니시다 철학과 자신들 사이에 어떤 본질상의 관계가 있는 것처럼 생각하지만, 관계가 있는 것은 니시다 철학의 종교적 요소이지 본디부터 종교적 방법(그러한 것은 물론 있을 리가 없다)인 것은 아니다. ──니시다 철학이 동양적이고, 따라서 봉건적이라는 주장은 불충분하게만 성립될 따름인 것이다.

파시즘 이데올로기란 어떠한 관계 속에 있는가. 근래 변증법의 문제를 거론하게 된 이래로 니시다 철학은 변증법적 신학에 가까워졌다고들 말한다. 그런데 한쪽에서 니시다의 그 새로운 신학은 나치스 혹은 일반적으로는 파시즘 이데올로기와 현실문제에서 일치한다고도 말해진다. 그리되면 아무래도 니시다 철학은 파시즘 이데올로기에 속하는 것처럼 보인다. 하지만 그것도 비교적 우회하지 않고서는 결코 직접적으로 성립되는 주장은 아닐 것이다. 첫째 니시다 철학이 변증법적 신학 그 자체가 아니라는 점은 말할 것도 없으며, 둘째 가령 니시다 철학이 취급하는 변증법이 변증법적 신학의 그것과 거의 동일한 것이었다고 할지라도, 뒤에서 살펴볼 것처럼, 니시다 철학의 방법은 단적으로 말해 결코 아무런 변증법도 아니며 오히려 변증법을 설명하는 어떤 다른 방법 하나일 따름이다. ──니시다 철학이 경우에 따라 파시즘 이데올로기와 결부되는 일이 없다고는 할 수 없으며, 또 그것이 파시즘적 효과를 갖지 않는다고도 할 수 없다. 이는 니시다 철학이 경우에 따라 봉건적 효과를 갖지 않는다고 할 수 없는 것과 마찬가지이다. 하지만 본질은 거기에 있는 게 아니다.

12 '무의 논리'는 논리인가

그렇게 말하더라도 여전히 의문이 남을지도 모른다. 실제문제로서, 오늘날의 진보적인 의식을 가진 인텔리겐치아는 더 이상 니시다 철학에 예전만큼의 흥미를 갖고 있지 않는바, 근래에 철학의 진보적인 학생으로서 니시다 철학을 얼마간이라도 염두에 두고서 읽고 있는 자가 얼마나 되겠는가. 그런 뜻에서 그것은 더 이상 근대적이고 첨단적인 철학이 아니며 새로운 층에서는 니시다 철학이 유행될 리가 없다. 그래서 봉건적이고 그렇기에 파쇼적으로 보이는 이데올로기에 니시다 철학이 속해 있는 증거가 아닌가라고 말할지도 모른다. 그러나 실은 그렇지 않은데, 그런 현상은 단지 니시다 철학이 아카데미철학이지 저널리스틱한 철학이 아니라는 것을, 또 그렇게 아니게 되고 있음을 보여주는 것에 지나지 않는다. 일찍이 니시다 철학은 어떤 뜻에서 저널리스틱한 철학이었고(그 무렵 아카데미로부터의 이론적 저널리즘의 독립은 극히 초보적인 단계였지만 말이다), 그런 까닭에 그것이 유행했던 것이다. 그런데 최근에 부르주아철학은 대체로 저널리스틱한 진보적 어필[appeal(호소)]을 잃어버리고 아카데미의 속류화된 철학으로서만 생존할 수 있게 됐던바, 니시다 철학 역시도 그런 사례에서 벗어나지 못한다. 따라서 니시다 철학이 봉건적이고 파쇼적이기까지 한 것처럼 보이는 현상은 실은 그것이 아카데미의 철학일 수밖에 없게 되고 있음을 보여주는 것으로서, 단적으로 말해 니시다 철학이 다름 아닌 부르주아사회에 고유한 철학이라는 것을 다시 한 번 증거하고 있는 것이다.

니시다 철학이 그렇게 진정한 부르주아철학이라고 할 때, 그 부르주아철학인 이유는 적극적으로 어디에 있는가. 그것은 니시다 철학적 방법에 있는 것이었지만, 방법은 그것이 사용되는 인식목적에서 보아 정해지지 않으면 안 된다. 그러한 방식[수법]이 지금 문제되는 방법이라는 것이다.

니시다 철학의 방법, 혹은 그런 방법이 사용되는 인식목적에서 본 방식, 그것은 근래에 확립된 결과로부터 보자면 신비적인, 종교적인, 형이상학적인 등등의 모든 냄새에도 불구하고 뜻밖에 로만틱한[낭만주의적인] 것이 아닐까 생각하게 된다. 그렇다는 것은 실재에 관한 여러 근본개념—여러 범주—을 사고 속에서 어떻게 조직하고 질서화할 것인지에 인식목적이 있다는 뜻이고, 그러한 세계의 해석이 그 방식이라는 뜻이다. 그런 방식—세계를 범주조직으로서 해석하려는 기획—은 전적으로 피히테에서 시작하는 것이고(그에게서 비로소 실재 즉 철학実在即哲学이라는 의미체계의 개념이 실현되었다), 셸링을 거쳐 헤겔에서 끝나는 것인바, 그것은 흡사 독일 로만파 철학의 발생에서 그 종언까지의 과정에 다름 아니었다(독일관념론을 독일로만틱 철학으로 간주하는 한에서 피히테는 그 최초의 대표자였던 것이다). —니시다 철학은 그러한 인식목적을 무엇보다 순수하고 무엇보다 자각된

12 '무의 논리'는 논리인가

형태로까지 철저화시켰다. 그 '철저화'에 니시다 철학이 갖는 지금과 같은 고유성이 있는 것이지만, 어쨌든 하나의 철저화 단계였던 헤겔에서처럼 니시다 철학이 모든 철학체계를 분해하고 재구성할 수 있는 전망을 보여줄 수 있는 것은 그런 로만틱적인 범주세계·체계조직이라는 인식목적에서 유래하는 당연한 현상이라고 하겠다.

따라서 그것은 부르주아철학의 말하자면 정통적 발전이며(이 점은 예컨대 하이데거 등 가톨릭주의적이라고 불리고 있는 부르주아철학과 비교해 보면 잘 알 수 있다), 그것이 오늘날 우리나라 아카데미철학의 정통을 조형하고 있는 이유이기도 하다. 따라서 우리는 니시다 철학이 문제시되지 않으면 안 된다고 말하는 것이다.

그렇다면 여기서 간단하게나마 니시다 철학의 방법이 갖는 고유한 특색을 밝히기로 하자. 니시다 철학의 방법에 있어 제일의 문제이자 종국적인 문제는 어떻게 존재라는 것을 사고할 수 있을 것인가라는 점이라고 해도 좋겠다. 거기서 이미 주의하지 않으면 안 되는 것은 존재가 무엇인가—예컨대 물질인가 정신인가, 아니면 그 두의 분리되지 않은 합일인가 등등—가 아니라 어떻게 사고하면 존재라는 것을 사고할 수 있을 것인가이다. 존재 자신이 아니라 존재라는 범주가, 존재라는 개념이 어떻게 성립하는가가 문제인 것이다. 그것은 근본적으로 중요한 점이다.

근대철학의 사고방식에서는 주관과 객관의 대립에서 출발하여 존재를 사고해 나가지만(그리고 타나베 철학은 결국 그러한 출발의 뒷마무리[뒷수습·뒤처리]를 하려고 했던 것이지만), 니시다 철학은 좀 더 헤겔적이거나 혹은 좀 더 아리스토텔레스적이라고 해도 좋다. 그렇다는 것은 존재를 판단에 있어서의 한정이라는 관계에서 파악하고자 한다는 뜻이다. 그리하면 존재로 사고되는 것은 모두 일반자의 자기한정이지 않으면 안 된다. 판단에 있어서의 한정은 판단적 일반자의 자기한정이었던 것이다. 흔히들 있다고 여겨지는 것은 바로 그런 종류의 일반자에서, 장소에서 이뤄지는 것이다. 하지만 판단적 일반자는 아무리 자기한정을 행할지라도 끝내 개물個物(개체)에는 도착할 수 없다. 왜냐하면 개물은 역으로 일반자를, 말하자면 개물의 환경을 한정할 수 없으면 안 되기(운동하거나 작용할 수 없기) 때문이다. 그래서 개물이 사고되기 위해서는(그리고 그 경우 개물은 실제로는, 뒤에서 개인적 자기로 사고되는 것의 물길水先[수로·방향] 안내자에 다름 아니다) 그런 판단적 일반자로는 부족하며, 그것이 새로운 일반자로까지 넘어서고 그것에 의해 뒷받침되지 않으면 안 된다. 그러한 일반자가 자각적 일반자이고, 그 자기한정으로서 비로소 개물이라는 것의 의미가 사고된다. 나아가 마찬가지로 행위적 일반자(노에시스[의식작용·사유]적인) 혹은 표현적 일반자(노에마[사유되는 것; 의식의 대상측면]적인)의 자기한정이 사고되는 것이다. 그런데 위에 있는 일반자는 밑바닥에 있는 일반자의 자기한정으로 사고될 터이지만, 그렇다면 최후의 밑바닥에 있는 일반자는 어떤 일반자의 한정인가. 최후의 일반자라고 할지라도 일반자로 사고될 수 있는 이상, 한정됐던 것이며, 있는 것이므로, 그것은 최후의 유有인 것이다. 하지만 그런 유有의 일반자가 한정되는 것인 한에서, 그것을 한정하는 것이 사고되지 않으면 안 된다. 그런데 그것은 최후의 유보다 한 장一枚 더 피안에 있는 것이므로 더 이상 유일 수 없다. 밑바닥에는 아무것도 없으며, 나아가 아무것도 없이 한정되지 않으면 안 되므로, 무無이면서도 한정하는 무의 자기한정이 사고되지 않으면 안 되는 것이다. 장소란 무의 장소였던 것이다.

무이면서 한정한다는 것이 실제로는 자각이라는 것의, 의식이라는 것의 의의이다. 그렇게 거기서 문제는 주관과 객관의 관계에 접근하게 되는 것이지만, 그런 자각·의식이란 한편으로는 무의 한정이고, 그렇기에 다른 한편으로는 비로소 유(존재)일 수가 있는 것이므로 두 측면을 동시에 직접적으로 포개어 지니고 있는 것인바, 전자를 니시다 철학은 노에시스면面, 후자를 노에마면이라고 익히 부르고 있다. 후설 현상학에서 빌린 그러한 술어들은 전적으로 자각—그 관념—을 시야 한복판에 놓지 않으면 무의미해지는 것임을 잊어서는 안 된다.

따라서 모든 존재의 범주들은 '무의 자각적 한정'으로서 조직화되고 체계화되지 않으면 안 되게 된다. 그것이 실질적으로 니시다 철학의 체계가 되는 것이고, 그런 제목을 달고 있는 저 논문집이 니시다 철학 작업의 일단락이 되는 이유였던 것이다.

종래의 철학 대부분은 뭔가 한쪽으로 치우치거나 무리를 하고 있는데, 니시다 철학은 상반되는 모든 철학적 요구를 비뚤어짐 없이 솔직하게 받아들이면서 그것들 간의 당착[맞부딪침·어긋남]과 모순을, 서로 결부될 수 없는 것을 고스란히 있는 그대로 폭로했다. 거기서 니시다 박사는 서로 결부될 수 없는 것은 서로 결부될 수 없는 것일 터이고(예컨대 주관과 객관, 과거와 미래, 역사와 이데아 등등), 그렇게 영구히 결부되지 않는 것이야말로 서로 결부될 수 없는 것의 본성이라고 생각했다. 하지만 사실로서는 결부되어 있는 것인데, 다만 어찌해서도 그런 결부가 사고될 수 없다는 곤란에 빠져 있다는 것이다. 이는 사고방식이 나쁜 것이다. 왜냐하면 존재를 있는 것·유有로부터 출발하여 사고하기 때문이고 유有의 이론으로 사고하려고 하기 때문이다. 예의 저 노에마면面에 입각하지 않으면 존재를 사고할 수 없다고 박사는 생각한다. 그렇기에 저 무이면서 한정하는 것을 사고할 필요가 생기는 것이다. 존재는 무의 한정으로서, 무로부터 출발하여 사고되어야 하는데, 그렇게 하지 않으면 무

12 '무의 논리'는 논리인가

룻 존재라는 것은 사고될 수 없으며 구제할 수 없는 모순에 빠지고 말 것임에 틀림없다고 보는 것이다. 유의 이론 대신에 필요한 것은 '무의 이론'이다. ──무는 전적으로 방법(기관)상의 것으로서, 이를 뭔가 형이상학적인 것으로 사고해서는 안 되는바, 그렇게 형이상학적으로 사고하는 것은 그것을 노에마적으로 사고하는 일, 즉 일종의 유로 사고하는 일이며(유에 대립하는 무는 [대립의 대상이 있기에 자신도 있는] 어떤 유에 불과하기 때문이다), 결국 무가 아닌 것을 사고하는 일이 된다.

그러나 그 무라는 논리적 용구는 결코 무언가 신비주의적인 Grund[근저·지반·근거](예컨대 Ungrund[근저 없음]) 같은 게 아니며, 우리의 자각·의식의 사실에 있어 직접적인 의지처와 출처를 갖고 있다. 무의 이론은 다른 게 아니라 '자각적 논리'였던 것이다.

니시다 철학의 방법이 갖는 당장의 요점이 대체로 그러한데, 우리는 지금 그 '무의 논리' 및 '자각적 논리'의 본성을 좀 더 검토하지 않으면 안 된다. 이를 위해 니시다 철학이 변증법이라고 생각하는 것이 어떤 본성을 갖는지 살피기로 하자.

니시다 철학에 따르면 종래의 철학이 사고해왔던 변증법은 어느 것이나 진정한 게 아니었다. 왜냐하면 종래의 철학은 모순이라는 것이 충분히 파악될 수 없는 방식으로만 변증법을 거론했기 때문이다. 그렇게 줄곧 모순은 뭔가 노에마적으로 성립하는 것으로 가정되어왔던 것인데, 노에마적으로 붙잡을 수 있는 것은 단순한 변화나 대립이나 반대일 수는 있어도 진정한 모순일 수는 없었다. 왜냐하면 모순은 언제나 내부적 모순일 수밖에 없으며, 그러한 내부적 대립은 노에시스 쪽에서만 성립할 터이기 때문이다. 관념론적 변증법에서도 유물변증법에서도 뭔가 노에마적으로 관념이라거나 물질 같은 유有(존재)를 놓고 거기서 변증법이 성립한다고 간주하는데, 그러한 유의 이론으로는 변증법적 모순은 사고될 수 없다는 것이다. 니시다 박사에게 진정한 변증법은 유가 그 즉시 무에 의해 뒷받침되고 있는, 삶이 곧 죽음生即死이고 죽음이 곧 삶이라는 점에서만 사고될 수 있는 것인바, 무의 논리에 의해서만 변증법은 사고될 수 있는 것이었다. 변증법은 자각에 의해서만 사고될 수 있는 것이었다.

그것에 대해 우리가 말할 수 있게 한다면, 니시다 철학에서 말하는 변증법, 자각의 변증법이란 요컨대 변증법의 자각일 따름이다. 우리에겐 변증법을 우선 으뜸가는 존재의 근본법칙으로 사고하지 않으면 안 되는 이유가 있고, 어디까지나 존재와 존재의 의식을 구별할 필요가 있으며, 따라서 변증법 그 자체와 변증법의 의식(자각)을 구별하는 일이 필요불가결한 것인바, 니시다 철학에서 문제가 되는 것은 변증법의 자각·의식일 뿐이지 변증법 그 자신은 아니다. 즉 변증법이라는 것은 어떻게 의식될 수 있는가—어떻게 사고될 수 있는가—라는 변증법의 의미(이는 물론 의식·관념된 것이다)만이 문제시될 뿐, 변증법 그 자신은 문제되지 않는 것이다. 변증법의 의미가 성립하는 장소는 과연 의식·자각—이는 요컨대 무에 의해 뒷받침된다—이라고 할 수 있겠지만, 그렇다는 것이 변증법 그 자체가 성립하는 장소가 의식이나 자각이라는 말이 되는 건 아니지 않겠는가.

무의 논리에서야말로 비로소 (자각의) 변증법이 이해될 수 있다는 것이므로, 무의 논리란 변증법적 논리이지 않으면 안 되는 것처럼 보일 것이다. 그러나 거기에선 실제로는 단지 변증법적인 것의 의미·의의가 해명되고 있을 뿐 결코 변증법이 사용되고 있는 게 아니다. 무의 논리로 취급한 결과가 변증법적인 것의 의미·의의를 갖게 됐을 뿐이지 그 무엇도 변증법적 논리에 의해 변증법적으로 취급되는 것은 아니다. 무의 논리는 변증법적으로 사고하는 논리가 아니라 변증법이라는 것의 의미가 어떻게 사고되는가를 해석하는 논리인 것이다. 따라서 실제로 불연속의 연속이라거나 비합리의 합리 같은 것도 변증법적으로 사고하는 것을 뜻하는 게 아니라 오히려 초변증법적인 일종의 신비적 방법에 따르고 있음을 드러낼 뿐이라고 하지 않을 수 없는 것이다(이것이 소위 신비주의와 다른 점은 무라는 논리적 용구의 사용방식에서의 차이에 있을 따름이다).

변증법을 노에시스적으로 사고한다고 하면서 무의 논리를 채용하는 이상, 곧 말하자면 무의 변증법을 채용하는 이상, 당연히 유有의·존재의 변증법은 거부되지 않을 수 없다. 따라서 서변증법적 논리(유의 변증법)란 존재를 다루기 위해서는 도움이 되지 않는 것인바, 그럴 때 단적으로 말해 '무의 논리'(무의 변증법)밖에 남지 않게 되는 것은 당연하지 않겠는가. '무의 논리'(방법)는 그것이 왕성하게 변증법을 운운하므로 언뜻 보아 변증법적 논리방법인 것처럼 여겨지지만, 실은 변증법논리(방법)의 배격 그 자체에 다름 아니다. ―그것이 니시다 철학의 무의 논리에 의한 '변증법'의 왜곡된 해석인 것이다.

이미 방금 무의 논리가 숙명적인 관계를 갖는 변증법이 특유한 방식으로 발견됐던 것처럼, 일반적으로 무의 논리는 사물 그 자체를 처리하는 대신에 사실이 가진 의미를 처리하는 것이다. 사물 그 자체를 처리하지 않는 한에서는 사물이 가진 충분한 의미의 처리도 진정으로 가능할 수 없는데, 거기서는 사실 그 자체로부터는 독립하여 사물의 의미만이 문제시되기 때문이다. 언제나 그 문제란 어떻게 하면 사물이 '사고될 수 있는가'라는 것이다. 사물이 실제로 어떻게 있는가가 아니라 어떤 '의미'를 가진 것이 그 사물의 이름에 값하는가가 문제시되는 것이다. 사회나 역사나 자연이 어떻게 있는가가 아니라 사회나 역사나 자연이라는 관념이 어떤 의미를 가진 것인가가, 의미의 범주체계에서 어떤 위치를 점하는가가 문제인 것이다. 그래서 예컨대 사회는 나와 당신 간의 관계라는 의미만을 갖게 되는 것이다. 시험 삼아 『무의 자각적 한정』 속에서, 어떤 것이 '사고된다'거나, 어떤 '의의를 갖는다'거나, 무엇이라고 '말하는 것과 같은 것' 등의 구절들을 뽑아내보면, 틀림없이 독자들은 그 말들이 얼마나 막대한 수에 달하는지 놀랄 것이다. 무의 논리는 그렇게 사물의 '논리적 의의'만을 문제로 삼는 것이다(그러한 '의미'적 방법의 캐리커처를 독자들은 니시다 학파적 미학 속에서 찾아낼 수 있을 것이다─우에다 쥬조[미학자·미술사가] 씨[가 그런 예이다]).

그러한 의미해석만을 위한 논리의 관점에서는 정말이지 무의 논리만큼이나 철저한 방법은 따로 없을 것이다. 유의 논리는 아무리 관념론적이고자 할지라도 어쨌든 관념과도 같다고 할 수 있을 유·존재 그 자체에 대한 취급을 면할 수 없다. 의미만을, 의의만을 다루기 위해서는 전적으로 무의 논리보다 나은 것이 없을 것이다. ─엄밀히 세계의 해석에서 멈추고자 하는 그런 무의 논리야말로 무엇보다 철저한 순정 형이상학·관념론이다. 이는 무의 논리가 '형이상학'도 아니고 '관념론'도 아니기 때문에야말로 오히려 그러한 것이다. 타나베 철학은 스스로 말하듯이 관념론 혹은 즉물주의이고, 따라서 스스로도 말하듯이 형이상학이지만, 그렇기에 오히려 그것은 '관념론적'이거나 '형이상학'인 점에서 철저함을 결여하고 있는 것이다. 그것이 여전히 유의 논리에 서있기 때문이다. 그것을 무의 논리로까지 철저화한 것이 니시다 철학이었다. ──그런데 우리는 이렇게 생각한다. 논리란 원래 존재의 논리이지 않으면 안 된다고 말이다. 그렇다는 것은 논리가 변증법적 논리이지 않으면 안 된다는 뜻이다. 헤겔 철학이나 타나베 철학은 그것을 비유물론적인 논리여야만 한다고 생각했지만, 니시다 철학은 그것을 과감히 거꾸로 뒤집어 무적無的인 논리로 삼았다. 하지만 유물변증법적인 논리야말로 진정으로 유일한 존재의 논리이고, 따라서 진정한 논리인 것이다. ──그러하다면 무의 논리란 논리가 아닌바, 왜냐하면 그것은 존재 그 자체를 사고할 수 없으며 단지 존재의 '논리적 의의'만을 사고할 수 있는 것이기 때문이다.

끝으로, 존재를 무無의 장소에서 일반자가 행하는 자기한정으로서 사고하는 이 '무의 논리'에서 볼 때, 사변적·종교적·도덕적 심각함으로 알려져 있는 니시다 철학이 의외로 지극히 음영명랑陰影明朗한·예술적인·인본적이고 하이드니쉬[heidnisch(이교적인; 신앙심 없는)]하기까지 한 특색을 보인다는 점을 알아차려야 한다. 원래 니시다 박사가 세계에

12 '무의 논리'는 논리인가

대해 가진 이미지는 그러한 종류의 것들이 아니었을까. 사실을 말하자면, 아마도 그러한 특색이 니시다 철학을 이만큼 유명하게 만들고 또 인기를 끌게 했다고 생각하지 않을 수 없다. 그렇지 않다면 그렇게도 난해한 철학이 이만큼 다수의 일반인 팬들을 가질 리 없을 것이다. 니시다 박사라는 시인이 그린 의미의 영상은 그 요점들이 특정 시대 세인들의 일상적 태도와 곧잘 합치해가고 있던 것으로서, 그럴 때 그들 독자들은 온통 기뻐 어쩔 줄을 모르게 有頂天 되고 말았던 것이다. 그러나 그런 독자들이란 누구였던가. 그들은 얼마 전까지 우리나라를 휩쓸던 로만적인[낭만주의의] 독자였던 것이다. 그런 종류의 독자들에겐 의미심장함이란 상찬과 탄복에 값하는 것일지라도, 객관적 현실사물의 물질적인 필연성은 그들의 한결같은 마음을 움직이기에는 부족한 것이다. 따라서 그런 독자들을 관객으로 가진 니시다 철학을 두고 로만틱한 것이라고 말했던 것이다. 무엇보다 최근의 니시다 철학은 로만파적·미학적인 외부적 색체를 약간은 잃은 것처럼 보이지만, 그것은 오히려 로만파적·미학적인 방법——의미영상意味影像의 세계를 조직화하는 방식——이 확립됐기 때문이며, 단적으로 소다 [기이치로] 박사에 의해 다름 아닌 '니시다 철학'으로 불리기 시작했기 때문이다. ——일찍이 타나베 박사는 니시다 철학을 고딕[Gotik]한 가람에 견주었지만, 그것을 로만틱의 마지막 세력末勢이 중세의

어둠 속으로 후퇴해갔던 점에서도 생각하지 않는 이상 그런 형용은 찬성할 수 없는 것이다. 니시다 철학은 그러한 봉건적 특색持ち味[제맛·본맛·본령]을 띤 것이 아니다. 그것은 더이상 첨단적이지 않게 된, 그러하되, 말하자면 모던한 철학인 것이다.

니시다 철학이 부르주아철학인 이유의 특색, 그리고 그런 특색에 의해 니시다 철학이 갖게 되는 것으로 보이는 약점에 대해 대체로 서술해보았다. 그것은 본질상 로만파적인 철학이었다. ──하지만 이 로만파적 방법에 의한 니시다 철학도 다른 모든 형태의 부르주아철학의 사례를 벗어나지 않으며, 그 신비주의적·종교적·형이상학적인 요소로 인해 형이상학적·종교적·신비주의적인 효과를 표출할 수 있게 되며, 따라서 또한 거기로부터도 역시 '형이상학적'이고 '관념론적'인 세계상을 위해 봉사할 수 있게 된다는 점을 간과해서는 안 된다. 니시다 철학의 모든 부분이 '형이상학 서설'의 의미를 가질 수 있는 것이다(이와나미 강좌『철학』24회 배본配本 참조). 그래서 부르주아지에게 니시다 철학은 전적으로 고마운 정신적 공양물供物[제물]이지 않을 수 없는 것이다.

거듭 말하지만 니시다 철학은 결코 봉건적이거나 고딕적인 방법에 근거한 것이 아니다. 오히려 근대적인, 로만적인 본질을 갖는 것이다. 현대문화인의 문화적 의식을 뒷받침하기에 그것만큼 적절한 것을 찾을 수는 없다. 현대인의 근대 자본주의적 교양은 니시다 철학 속에서 자신의 문화적 자유의식의 대변자를 찾아낸다. 거기서 니시다 철학은 문화적 자유주의(경제적·정치적 자유주의에 대립한다) 철학의 대변자가 되는 셈이다. 그 점에 그 철학의 인기가 있다. 무엇보다 거기서 반동적인 '종교부흥' 따위를 위한 의지처를 끌어내는 일은 니시다 박사 자신의, 또 사람들의 자유에 속하는 것이겠지만 말이다.

13 '전체'의 마술

—— 다카하시 사토미 교수의 철학법

나는 「'무의 논리'는 논리인가」로 니시다 철학의 특색을 규정지었다. 니시다 철학이 아카데미컬한가 저널리스틱한가에 대해 정색하고 떠들고 있는 사람들이 있지만 문제는 그런 점에 있지 않다. 박사의 '무'의 입장에서는 아마 철학적인 여러 문제들·관계들이 갖는 의의의 해석은 가능할 것이지만, 철학적이든 그렇지 않든 현실의 문제 곧 실제문제는 그러한 형이상학적 해석의 입장과 방법으로는 해결될 수 없으리라는 점이 중요했던 것이다.

니시다 기타로 박사의 '무'의 입장 혹은 방법과 대비될 수 있는 것은 말하자면 유有의 입장 혹은 방법일 것인데, 오늘날 우리나라에서 그것을 대표하는 것이 타나베 박사이다. 박사는 그 '절대변증법'(즉 Real-Ideal-Dialektik)에 의해 소위 관념론적 변증법(헤겔)과 유물변증법(마르크스주의)의 종합에 도달할 수 있다고 생각한다. 타나베 철학의 특색을 규정하는 그런 부분 역시도 나는 예전에 졸저 『현대철학강화講話』〔앞의 책〕에서 다뤄보았던 적이 있다.

그런데 변증법이라고 하면 관념론적이든 유물론적이든, 나아가 절대적인 것이든, 어쨌든 그것은 운동·과정의 입장에 서 있다. 사물이나 세계나 의식을 그 [운]동태에서 파악하고자 할 때야말로 일반적으로 변증법이라는 방법이 필요해지기 때문이다. 그러나 그 점과 더불어 일반적으로 말해 왜 존재(유)를 운동·과정으로서 파악할 필요가 있는가가 대단히 중요한 결정적 물음인바, 실은 존재를 현실적으로, 실제문제로서 해결하기 위해서는 반드시 그 길을 택하지 않으면 안 될 필요가 있는 것이다. 그런 길이 단지 그저 입장으로서 가장 완전하기 때문이라거나, 방법으로서 가장 불만스럽지 않다거나 하는 주관적인 관념적 이유로서가 아니라, 존재를 실제적으로 처리하기 위하여 말하자면 물질적으로 필요해지는 것이다.

　　그런데 책상 위에서나 연구실 안에서는 실제문제와 '원리적'인 문제를 고민 없이 분리하는 일이 존중되어야 할 관습이 되어 있다. 실제문제란 말하자면 '응용철학'에 일임하면 된다는 것인데, 응용철학이란 순수철학이 준비한 원리를 단순히 응용한 철학에 다름 아니므로 우선 으뜸가는 원리의 연구를 행하면 실제문제에 대한 적용은 필요하면 언제든 가능하다고 '철학자'들은 생각하는 것이다. 물론 그런 주장 혹은 일종의 자기변명에 철저한 철학자들은 영구히 그러한 실제문제·'응용문제'를 진지하게 거론하는 날이 오지 않으리라는 점을 자기 스스로도 알고 있는바, 그들이 가능하다고 말하는 것은 현실적으로는 불가능하다고 말하는 것에 다름 아닌 것이라고 하겠다. 그렇다면 그러한 원리철학(원리를 검토하지 않는 철학은 없겠지만, 원리 말고는 연구할 줄 모르는 철학을 말한다)에게 실제문제란 실은 실제문제로서가 아니라 단지 원리문제의 일종으로서, 그 응용에 다름 아닌 것이다. 그들에 따르면 오히려 실제문제와 원리문제 간의 구별은 없는 것으로, 원리문제를 정리하면 그것으로 실제문제에 대한 처방 역시도 나온다는 옵티미즘[낙관주의]이 근본을 이루고 있다. 따라서 그런 원리적인 철학이란 진정한 실제문제를 영구히 문제의 권역 바깥으로 추방하고 마는 것이다.

　　거기서는 가능의 문제[일어날 수 있는(설정될 수 있는) 문제]와 현실의 문제가 혼동되며, 그 결과 실제문제로서는 가능의 문제와 현실의 문제는 영구히 분절되고 만다. 그럴 때 존재의 파악 방식에 대한 고찰은 현실상의 필요를 표준으로 하는 대신에 가능적인 여러 가능성들 속에서 임의로 입장이나 방법이나 전형銓衡[저울질]을 행하게 된다. 예컨대 존재(유)를 운동이나 과정의 입장에서 거론하지 않으면 안 될 필요성이라는 건 가능성 위에서는 어디에도 없는 게 아닌가(과연 말 그대로, 그것은 현실의 문제로부터 말해 필요한 것이지 가능적인 문제로서는 아마 그런 필요란 없을 것이다), 혹은 오히려 운

　　　　　13 '전체'의 마술

동이나 과정까지도 포함한, 그리고 그런 운동 전체나 과정 전체를 넘어선 정지靜止된 전체가 적어도 가능성으로서 상정될 수 있으며, 게다가 그쪽이 가능적인 입장 속에서, 따라서 가능적인 방법 속에서, 가장 완전하며 고층 없는 것은 아니겠는가, 적어도 그렇게 생각하는 일은 가능성으로서는 불가능한 게 아니지 않겠는가―라는 식으로 가능성을 주장하는 철학의 대표적인 것을 오늘날 우리나라의 부르주아 철학계에서 찾는다면, 도호쿠東北대학의 다카하시 사토미 교수의 철학이 기다리고 있다.

세간에서 다카하시 교수의 철학은 거의 유행되지 않고 있고, 또 그 이름이 반드시 널리 알려져 있다고 할 수는 없다. 다카하시 교수는 니시다 박사나 타나베 박사에 비하면 인쇄된 원고의 분량이 비교될 수 없을 만큼 적다(그러하되 다른 철학교수에 비하면 반드시 적은 것도 아니다. 거의 아무런 아르바이트[작업·노작(勞作)]도 내보이지 않는 철학자도 우리나라에서는 어엿하게 생활하고 있다). 그러나 교수는 확실히 니시다·타나베 두 사람에 비견되어도 좋을 철학자로서 주목하지 않으면 안 되리라고 생각한다. ―교수가 무엇보다 탁월한 점은 분석의 집요함과 상당한 예리함, 현상학자에게서 보일만한 자허[Sache(사물)]를 향한 충실함, 타협에 대한 결벽과 철저벽癖 등등으로, 사물을 고마카시[誤魔化(눈속임·속임수)]하지 않는 점에서 형식적으로는 상당히 신뢰할 수 있을 과학성을 보이고 있다. 그러한 근거에서 말해도 우리는 다카하시 교수의 철학을 비평하려는 마음을 먹게 되는 것이다.

그러나 어떤 뜻에서 교수의 철학을 비평하는 일은 지금으로서는 불가능하다고도 할 수 있다. 왜냐하면 다카하시 씨의 철학이 갖는 특색은 그의 논문집 『전체의 입장』에서 대체적으로 어림짐작되는 것이지만, 그 서문에 따르면 그 논문집에 나오는 체계적 전체라는 것의 입장이란 이미 현재 다카하시 교수의 입장은 아닌 것처럼 되어 있고, '체계 그 자체를 포함한 순일純一한 전체성으로서의 전체성'이라고 설명하고 있는 절대무의 입장이야말로 현재 다카하시 씨가 서있는 입장으로 되어 있기 때문이다. 보통의 유한자의 입장과 그런 절대무의 입장 사이에 서있는 입장이 그 논문집의 내용이므로, 거기서는 절대무의 입장이 반드시 설명되고 있는 것도 아니며, 특히 그 입장에서 특정 문제를 해결해 보이는 것도 아니기 때문이다. 그리고 그 논문집 이외에도 교수가 쓴 「인식론」, 「시간론」(둘 모두 이와나미 강좌 『철학』에 있음) 및 「후설의 현상학」이 있지만, 현재 교수의 최후입장을 알기에는 어느 작업이나 그다지 적절치 않다.

그래서 우리는 『전체의 입장』(이와나미쇼텐, 쇼와 7년 [1932])에 나오는 다카하시 씨의 사고방식을 비평할 수밖에 없고, 그럼으로써 현재 그의 사고방식을 짐작하면서 접근

13 '전체'의 마술

해 갈 수밖에는 없다.

저작의 제목이 보여주는 그대로, 무엇보다 중요시되고 또 무엇보다 의지가 되고 있는 것은 '전체'라는 개념이다. 다카하시 씨에게 그것은 하나의 원리로까지 높여진다("전체성의 원리", 77쪽). 대체로 어떤 개념이 어떤 철학에서 원리의 위치로까지 높여지는 경우는 그 원리가 논리의 성질을 갖게 될 때인바, 니시다 철학의 무無는 '무의 논리'로까지 전개되는 것이었지만, 『전체의 입장』에서는 전체가 '전체—부분'의 논리를 전개시키는 것으로 보아도 좋겠다. 즉 사물이란 가능—실현이나 모순—총합이나 유—무 같은 다양한 이론·사고의 메커니즘이 사용되어 철학적으로 처리되어왔지만, 그런 것들을 대신하여 사고의 메커니즘으로서 전체 대 부분이라는 근본적 연관이 다카하시 씨에 의해 선택되는 것이다. 그에 따르면 그것이야말로 비로소 "구체적·전체적 방법"(11쪽)인 것이다.

정말이지 누구나 사물을 생각하면서 일부러 부분적으로 사고하는 자는 없을 것이며, 사고를 하면서 '전체의 입장'에 서있다고 생각지 않는 이는 아마도 한 사람도 없을 것이다. 그것은 정확히 누구라도 추상적으로 사고하고 있다거나 불순하게 사고하고 있다고는 생각지 않는다는 것과 완전히 동일하며, 그런 한에서 구체의 입장과 순수의 입장이라고 말할지라도 그것만으로는 어떤 것도 의미하지 않는바, 마찬가지로 단지 '전체의 입장'이라고 말할지라도 그것만으로는 무언가를 의미하지 않을 것이다. 하지만 다카하시 씨가 말하는 '전체의 입장'이라는 것은 그러한 당연한, 그러나 물론 불가결한 일반적 요청인 것만이 아니라 특수한 형태로서 전체—부분이라는 이론으로까지 정제됐던 경우를 가리키는 것이다. 따라서 그가 말하는 '전체의 입장'에 전체라는 말이 붙어있다고 해서 진정으로 그것이 전체적인지 아닌지는 지금으로서는 보증된 게 아니다. 인간주의가 결코 인간적이라고 할 수는 없는 것처럼, 미리부터 전체라는 말에 독자들도, 다카하시 씨 자신도 결코 미혹되어서는 안 되는 것이다.

거기서 전체—부분의 논리는 논리로서의 사용을 견딜수 있는 것인지 아닌지라는 근본문제에 이르게 되는데, 다카하시 씨 자신의 고백에 따르면 아무래도 그 근본에 아직 의문점이 없지는 않은 듯하다. 대체로 전체는 물론 부분을 포함하는 것인데, 그렇다면 왜 부분은 전체로부터 구별되지 않으면 안 되는가. 진정으로 부분을 포함하고 있기 때문에 단지 전체만으로 된 것으로, 전체에서 구별된 부분이라는 것은 논리적으로 조금도 이상한 게 되지는 않는다는 것인가. 이 질문은 다카하시 씨에 따르면 결코 기묘한 동기에서 나오는 게 아니라 극히 근본적인 '두려운 질문'인데, 그것이 아직 해결되지 않은 것처럼 보이는 것이다.

집 전체 속에는 예컨대 방이라는 부분이 포함되어 있다고 말하는 것은 공간적으로는 문제될 게 없지만, 공간적으로만 통용성을 보증 받는 그런 전체─부분의 연관을 논리로까지 일반화할 때는 당연히 의문이 생겨나지 않겠는가. 그것에 Nebeneinander[병존·병립·공존](Nacheinander[연속·계속·잇달아·차례차례]에 맞세워진)라는 범주를 채용할지라도 사태의 전망은 전혀 생겨나지 않는다. 다카하시 씨는 '두려운 질문'이나 '두려운 의문'이라고 말하면서 철학청년이나 메이지 시대 인생철학자를 떠올리게 하는 흥분에 휩싸인 장면을 곳곳에서 보이는데, '전체'라는 말도 '헨카이판'‡이라는 말에서 연상되는 독일문학적 흥분을 재촉하는 것으로서, 어쩌면 거기서 다카하시 교수는 그 전체─부분이라는 논리의 흥분근거를 얻고 있는 게 아닐까라고 추측해서는 안 되겠는가. ─진정으로 전체이기 위해서는 무슨 일이 있어도 대번에─遍に[한번에·한결같이] 관계 속으로 들어가는 일에 대해 생각하지 않으면 안 된다. 그런데 사물의 관계에는 적어도 모순과 배제가 있는 것이 사실이라고 본다면, 서로 모순된 것도 서로 배제하는 것도 함께 사이좋게 서로의 관계

---

‡ [헨 카이 판(hen kai pan), '하나인 동시에 전체'를 뜻하는 그리스어. 뒤이어 본문에 '독일문학적 흥분'이라는 말이 뒤따르는 것의 연원 중 하나는, 야코비와 대립하는 레싱의 스피노자 범신론(Pantheismus), 곧 유일-신성에 대한 비판으로 레싱이 제기한 전일성(全一性) 개념이 이후 독일관념론의 중심문제로 부상되는 지점.]

속으로 들어가지 않으면 안 된다. 즉 예컨대 전체주의 자신은 부분주의까지도 포함하지 않으면 안 된다. 다카하시 철학은 반反다카하시 철학까지 포함하지 않으면 다카하시 철학일 수 없게 되는 것이다. 그럴 때 이른바 '전체의 철학'이라는 하나의 입장은 실제로는 다카하시 철학이 될 수 없는 것이기까지 한 것이다.

실제로 사람들이 입각해 있는 입장·입각점은 언제나 상대적 전체에 멈춰 있는 것이므로, '전체의 입장'이라는 것 또한 실은 절대적으로는 전체적인 입장이 아니어도 좋은 것이라고 한다면, 진정으로 전체적인 입장은 요컨대 상대적인 입장의 진보나 발전이라는 과정 끝에 비로소 나오는 것이 되는바, 그 과정성을 빼고서는 진정한 전체성을 운운할 수 없게 될 터이다. 전체성이라는 범주든 원리든 그것 스스로가 변증법적인 것이므로, 즉 변증법적 논리에 걸 때에만 비로소 사용될 수 있게 되는 것이므로, 그것 자신만으로 부분이나 다른 뭔가를 상대로 해서 독립적인 논리가 될수는 없다는 점을 알게 될 것이다. 그 점을 놓칠 때 전체와 부분 간의 관계는 전체—부분—논리로부터 말해 '두려운 질문'과도 같은 것이 되어 드러나는바, 실은 전체와 부분 간의 관계는 곧 변증법적 논리가 사용된 한 가지 사례에 다름 아니라고 할 수 있는 것이다.

다카하시 씨의 사고는 헤르만 코헨의 사고방식에 의

해 갈고 닦였지만 그것을 비판함으로써 그것을 밟고 넘어서왔던 것인데, 그래서 코헨이 말하는 저 근원적인 것은 다카하시 교수에 따르면 진정한 원리가 아니다. 코헨이 말하는 근원은 코헨의 범汎방법주의에 따르면 방법이 시작하는 시원(Anfang)이었지만, 다카하시 씨에 따르면 원리(Anfang=Prinzip[원칙·법칙·원리]=Principia[원리·원칙]=Anfangsgrund[시원근거·시초근저])라는 것은 단초端初에만 있는 게 아니라 단초에 이미 포함되어 있는 전체 속에 없어서는 안 되는 것이다. 따라서 A로부터 B로의 발전은 B로부터 A로의 발전과 독립된 것이 아니므로, 모든 과정(운동·변화·발전 등등)은 그런 뜻에서 '가역적可逆的[뒤집힐 수(바뀔 수) 있음]'이라는 것이다. 그렇게 A→B와 B→A의 쌍방을 포함하는 전체가 필요해지며, 그것은 또한 당연히 정지靜止의 성질을 갖지 않으면 안 될 것이었다(75쪽 이하).

다카하시 교수에게 전체는 정지인데, 물론 운동이 배제된 뜻에서의 정지가 아니라 운동과 정지를 함께 집어넣고서는 한 쪽만을──부분적으로──편드는[지지하는·두둔하는] 정지인바, 그것이 전체적일 수 있는 이유라는 것이다. 좋다, 일단 그렇다고 해두자. 그러나 자유주의와 같은 이 관대한 정지에서 입각점을 구할 때 실제로 존재하고 있는 운동이나 정지는 어떻게 되는가. 그것은 역시 위와 다르지 않은 운동과 정지가 될 것이다. 그렇다면 운동과 정지를 무얼 위해 일부러 그러한 판도라의 상자에 넣어볼 필요가 있었던 것인가(다카하시 교수에 따르면, 나온다는 것은 넣는다는 것이다). '원리의 학[문]'인 철학이 그것을 필요로 하는 것인가. 그렇다면 철학이라는 것은 예의 저 원리문제를 다룰 뿐인 것으로, 현실의 A→B라는 운동도, 해석상의 B→A라는 관념적 운동도 뭐든 상관없는 그저 함께하면 그것으로 좋은 것인가. 그렇게 하지 않으면 현실의 운동 A→B 자신조차가 이해될 수 없다고 다카하시 씨는 말하는 듯하다. 전체의 입장에 설 때 비로소 개성도 진정한 개성으로서 이해될 수 있다고 말이다. 정말이지 그러하다. 하지만 현실의 운동 A→B가 관념적 운동 B→A와 나란히 세워짐으로써 실제로는 어떤 이득이 있는 것인가. 현실의 질서에 속하는 A→B가 해석의 질서에 속하는 B→A와 병치됨으로써 기껏해야 현실성의 원리를 거세당하고 가능성의 원리로까지 환원되는 것이 고작이지 아니겠는가. 그럴 때 이득을 보는 것은, 주어진 현실의 문제 혹은 운동 A→B가 아니라 운동과 정지 중에서 정지만을 좋아하고 자기만의 그런 고집을 일삼는 것처럼 보이는 전체성의 원리일 따름인 것이다.

운동과 정지는 다카하시 교수가 애호하는 고차적인 정지의 입장에서 요구되는 것이 아니다. 그런 운동 자신과 정지 자신의 어떤(우리는 그것을 변증법적이라고 말하지만) 연관에 의해 요구되는 것이다. 그 연관이 곧 정지가 아니겠는가라는 것이다. 그렇지 않은데, 그 연관이란 방금 말한 대로 정지여야 할 그 어떤 필요도 없는바, 그것은 다른 게 아니라 정지와 운동의 연관인 것이다. 고차적인 정지와 고차적인 운동의 연관을 사고한다면, 그것은 이 주어진 정지와 이 주어진 운동의 연관 자체와 하나인 것이다. 처음부터 정지의 입장을 가정하지 않았다면 무엇도 그런 몇몇 정지를 (몇몇 운동 또한 물론이고) 사고할 필요는 없었을 것이다. 1이라는 숫자가 좋은 사람은 $5=5\times1=5\times1\times1\cdots$이라는 식으로 얼마든지 1을 붙여도 좋지만, 그렇게 한다고 해서 5라는 수가 결코 늘어나는 것은 아니다. 하물며 5의 뒤쪽에서 1을 곱했다고 해서 5가 1이 되는 것도 아니다. ──문제는 현실에서 작용하는 것이나 움직이는 것이나 개물個物이나 무언가의 해석에 있는 것이지 않으면 안 되는바, 해석은 그러한 사물의 실제적 처리를 위해 단순한 오퍼레이터에 불과한 것으로서 결과로 나올 때에 소거되어 있을 필요가 있는 것이다. 아무리 의미를 지닌(Sinnhaft한[의미 있는]) 사물일지라도 사물이 의미를 지니고 있는 것이지 의미가 사물이 되어 있는 것은 아니다. 의미의 해석으로 사물의 처리를 치환해서는 곤란하다.

그러나 어찌해서도 철학인 이상, 그러한 '전체적'인 '정지'의 입장이 필요하다고 한다면, 우리는 다카하시 교수가 그만큼 철학체계를 좋아한다는 점을 문제 삼기로 하

자. 그는 방법을 체계로부터 준별하고 방법주의에 맞서 체계주의라고도 해야 할 것을 고집한다. 물론 그 체계란 정지한 체계가 아니면 안 되기에(그에게 개방적 체계나 동적인 체계는 난센스다) 좀 전에 본 연관에 의해 과정으로서의 방법까지 포함하고 있는 것으로서, 전체주의에 모순되는 일 따위는 없는 것이다. 현재 다카하시 씨는 앞서 서술했듯 체계적 전체라는 암구호로는 만족하지 않으며 절대무로서의 전체성으로까지 돌진하고 있으므로 지금 우리가 그의 체계를 문제시하는 것이 그다지 적절치 않다고 여겨질지도 모르지만, 그러하되 그 절대무라는 것이 불가사의하게도 이윽고 점점 더 다양한 것들을 포함해가고 있는(Sein) 것이며 체계적 전체라고 할지라도 그 절대무에 들어가는 것인바, 그렇게 그것이 다카하시 씨의 체계주의와 마찬가지로, 아니 그것 이상으로 실제문제를 처리해야 할 '방법'의 산출에서 불모적인 것이기 때문에, 그런 최후의 지점을 살피기 위해 그가 애호하는 '체계'를 '절대무'의 대역으로 삼는 것은 오히려 우리 쪽의 양보라고도 할 수 있을 것이다.

그러나 잘 생각해보면, 체계를 애호하는 사람은 당연히 체계를 만들어야 할 터이다. 그 좋은 사례가 헤겔이다. 체계만을 애호하지는 않는 사람조차도 체계를 만든다. 그런데 다카하시 씨는 이제껏 그다지 체계를 만들지는 않은 듯하며, 체계 대신에 체계주의라는 입장을 강조했을 따름이다. 하지만 그가 요구하고 있는, 즉 얼마 지나지 않아 그 자신이 만들어낼 체계의 겨냥도는 어떤 한 점에서 결정적으로 정해져 있는 것 같다. 체계란 예의 저 전체를 그 내부 조직에서 설명하는 말에 다름 아니지만, 그에게 그런 전체란 "체험"의 전체이고, 그것은 "의식될 수 있는 한에서", 그 속에서 "존재의 권리와 능력"을 갖는 전체인 것이다(98쪽). 그렇기에 거기서 관념의 체계 말고는 다른 게 이뤄질 걱정이 없다는 점은 거의 결정적으로 확실하지 않은가. 그런 관념만의 체계가 어떤 의미에서 관념론적인 것이 되지 않는다는 것은 전혀 상상할 수 없는 일이다. 그러하되 아직 그의 체계는 이뤄지지 않았으며, 입장이 있을 따름이다. 철학 개론은 이뤄져 있지만 철학은 아직 이뤄져 있지 않은 것이다. 따라서 그것이 그러한 형태의 관념론이 될 것인지는 예단할 수 없겠지만, 적어도 그 입장이 그러한 식으로 관념론적인 것인지는, 예의 저 '정지'의 마술에 의해 모든 현실적인 것을 판도라의 상자 속에다 깊숙이 처박고는 가능성의 주[술]呪[주박(呪縛)]을 걸었던 것으로 충분히 알 수 있을 터이다. 따라서 아마도 체계로서는 '정지'의 '형이상학'이라고 해야 할 것이 만들어질 것이며, 다카하시 씨에게 우리는 그것에 반대하든 찬성하든 어느 쪽이든 그런 전체의 입장에 삼켜져버리지 않으면 안 될 숙명을 갖고 있는 듯하다. 이 리바이어던은 전적으로 최근의 국가권력처럼 만능이며 탐

욕적이다.

　혹시 다카하시 씨가 그런 '전체의 입장'이라는 논리를 사회의 문제 속으로 갖고 들어오기라도 한다면 앱솔리티즘[absolutism(절대주의·전제주의·독재주의)]의 철학적 정초 따위로서, 다름 아닌 공포스러운 사회철학이 발생할지도 모를 일이다. 체험의 전체라는 식의 관념이 국민성이나 민족과 같은 관념과 결부되는 것은 그리 곤란한 게 아닐 것이다. 그러나 학적으로 신중하고 양심적인 다카하시 씨는 결코 그러한 투기꾼山師 같은 기획을 갖고 있지 않다. 그가 오로지 철학적으로 흥미를 갖고 있는 것은 예의 저 입장의 문제나 의식과 시간의 문제나 수학이나 물리학의 문제이며, 사회의 문제들은 왠지 철학—순정純正원리철학—에는 거의 어울리는 게 아니라고도 생각하는 듯하다. 내가 찾은 것으로는, 연속의 문제에 있어 단절의 이론(변증법)은 '과격파'의 '혁명이론'으로 통한다고 하면서 그것에 반대하여 연속의 이론(체계적 전체는 연속적이다)은 좀 더 온화한 사회이론에 대응하려는 것이라고 말하는 한두 군데 있을 따름이다. —'전체'의 철학체계란 모든 존재의 체계가 아니라 아무래도 '의식'의 체계인 듯하다.

　다카하시 씨의 '전체'라는 것이 '정지'한 '의식'('체험')의 체계라는 지점에서 당연히 중대문제가 되지 않으면 안 되는 것은 변증법의 문제이다. 그리고 그것에 대한 그의 태도도 상상하기 곤란하지 않다. 그러하되 그는 예의 저 유물변증법(니시다 박사나 타나베 박사가 어떻게 그것을 극복할 수 있을지 애쓰고 있는 물건代物)에 관해서는 그다지 흥미가 없는 것처럼 보이며, 그에게 문제가 되는 것은 헤겔의 변증법뿐이다. 아마도 헤겔의 변증법도 마르크스주의의 그것도, 과정의 변증법을 벗어나지 않은 점에서 다르지 않다고 보면서, '철학자'인 헤겔만을 특히 선택하여 맡았던 듯하다.

헤겔 변증법의 근본문제에 대해서는 다카하시 교수의 정치한 두뇌가 대단히 풍부한 시사적 분석을 가하고 있다. 일반적으로 변증법에서는 단초=시원은 근본문제이지만, 그는 헤겔의 시원 속에서 '시원의 변증법'과 그것에서 구별되는 '내용적 변증법'이라고도 해야 할 것의 관계를 거론한다(그 두 말은 물론 그가 만든 것은 아니다). 그는 헤겔이 순[수]유純有(reines Sein[순수한 존재(순정한 있음)])를 직접적이고 추상적이라고 말할 때 그런 두 가지 변증법이 혼동되고 있다고 본다. 즉 그는 진정으로 직접적인 것은 무매개적인 직접성을 가질 터임에도 그것을 다시 추상적이라고 사고함으로써 매개된 직접성으로 만들어버리는 것인바, 추상적인 것은 추상적 작용을 매개하지 않는 것이라면 추상적이라고까지 부를 이유가 없을 것이라고 보는 것이다.

보통 헤겔의 변증법이 갖는 진의는 철학적 시원이 갖

는 시원의 변증법을 배척하고 사물 자신이 가진 내용적 변증법을 채택하는 데에 있다고 여겨지고 있지만, 다카하시 교수에 따르면 그런 내용적 변증법에 의거하는 것으로는 왜 순[수]유가 무無에 대립하고 또 그 둘이 통일되지 않으면 안 되는지가 일원적으로 이해될 수 없으며, 그것을 이해하기 위해서는 그런 순[수]유와 무를 동일하게 추상적인 것으로 사고해야 할 것으로 설정하는 '추상작용'을 근본에 둘 필요가 생겨난다. 그런 추상작용이 진정한 제1의 시원이며, 그것이 제2의 시원으로서 자기를 한정한 것이 이른바 시원으로서 선택된 순[수]유라고 다카하시 교수는 주장한다. 이에 따르면 순[수]유는 전적으로 추상작용이라는 의식 혹은 관념(이데) 등의 소산으로서의 범주인데, 헤겔이 불철저하게도 뭔가 그런 범주에 앞서는 진정으로 직접적인 유를 사고했던 것이 그 변증법에 신비성과 패러독스의 겉모습을 부여하고 있는 것이다. 즉 헤겔은 오히려 그 내용의 변증법을 지탱하는 근저에 진정한 시원의 (추상작용의) 변증법을 놓아야만 했다는 것이다.

다카하시 교수에 따르면, 추상이라는 매개작용이 추상적인 그리고 매개적으로 직접적인 '시원'으로서의 순[수]유를 결과로 낳는다고 한다면, 순[수]유가 더 이상 시원이 아니라는 것은 말할 것도 없는바, 그럴 때 그런 추상작용에 해당하는 카테고리는 오히려 성成[됨(이뤄짐); 이룸]이지 않으면

13 '전체'의 마술

안 된다. 따라서 성成이야말로 진정한 시원으로서, 유와 무
는 그것에서 매개·분화됐던 것에 지나지 않으며, 그 성成이
예의 저 '전체'에 해당된다는 것이다. 혹시 그렇게 생각한다
면 헤겔의 '유有의 변증법'을 '성成의 변증법'으로서 일원적
으로 이해할 수 있으리라는 것이다.

　그런데 앞에서도 말했듯이 전체는 운동과 정지를 포
함하고 있음에도 결국 정지 한쪽을 편들었던 것인데, 여기
서는 그런 전체로서의 성成은 유와 무를 포함하고 있음에도
무 한쪽을 편든다. 그 무는 단지 무가 아니라 근원무根源無라
는 것이다. 그럴 경우에 변증법은 "무의 변증법"으로 명명
된다(287쪽). 그것은 유의 변증법과 무의 변증법을 포함하
는 '전체'이고 그것이야말로 변증법의 진리일 것이라고 다
카하시 교수는 희망을 보인다. 거기서는 모든 것이 받아들
여지고("전全변증법", 302쪽) 모든 것에 체계가 부여된다("체
계의 변증법", 305쪽). 하지만 그 결과 어떻게 되는가. 모순은
체계적인 전체에서 그대로 통일되고, 뿐만 아니라 저 근원
무로부터 연속적이고 점차적으로 유가 생성·발전하게 된
다. 따라서 거기서는 모순만이 변증법의 본질이 아니라 무
한한 차위성差違[차이·상위(相違)]性 역시도 그 본질에 속한다는
것이다. 원래 체계 그 자체가 연속적이지 않으면 전체적일
수 없다고 여겨지고 있는 것이다.

　하지만 다카하시 교수에 따르면 그러한 '체계의 변증

법'은 어디까지나 변증법적 운동이라고 할 수 없는 것이다. 왜냐하면 그에겐 운동과 같은 '과정성의 견지'를 초월하지 않으면 전체가 아니며 체계도 아니기 때문이다. 거기서 그런 운동 등은 완전히 '지양'되어버리고 있다. 그런데 지양은 보통의 변증법에서는 하나의 과정에 다름 아님에도, 다카하시 씨는 독특한 '지양'의 방식을 알고 있기라도 한 것이다. ──이로써 변증법은 그의 손에 의해 완전히 변증법이 아닌 것으로 되고 말았다. 그가 말하는 저 '무無의 변증법'이란 실은 '변증법의 무'였던 것이다. 운동의 변증법이 실제 문제의 현실적인 해결에 있어 필요하다고 느껴 그에게 변증법의 취급방식을 질문한다면, 그런 실제문제란 아무래도 문제 자체가 잘못된 것이라는 식으로 가르침을 받게 되는 것이다.

요점은 헤겔의 순[수]유純有가 어떻게 직접적일 수 있는지, 따라서 어째서 무無에 맞서 무매개적으로 대립하는지, 그리고 또한 그것이 어떻게 매개되는지에 대해 설명하는 데에 있다. 이를 다카하시 씨는 추상작용이라는 관념적인 수단을 사용해 관념의 내부에서 통일하고 말았다. 관념 간의 통일이라면 전적으로 괜찮다고 해도 좋다. 하지만 유有라는 것, 있다는 것은 실은 무언가 객관물이 있음을 떠나서는 그 가장 중대한 사용의 경우를 잃어버리고 만다는 점에서 좀 더 유의하지 않으면 안 될 것이다. 유의 시원은, 혹은 유가 시원이라는 것은 다카하시 씨의 철학에 의한 추상 작용이나 체험의 전체 같은 관념에서의 조작으로부터 유래하는 것이 아니라, 좀 더 명확한 우리들 일상의 경험에 따르자면 우리가 살고 있는 이 세계가 존재하고 있다는 데에서 유래하는 것이다. 유는 관념 덕분에 시원인 것이 아니라, 그 근저에서는, 말하자면 물질 덕분에 시원이 되는 것이다. 원래 그 경우, 관념의 변증법이라고 할지라도 관념과 물질 간의 관계란, 즉 물질이 외부세계에서 관념을 초월하고 관념이 그렇게 초월한 물질을 파악하지 않으면 안 되는 비극에 있는 것이므로, 그것을 관념의 추상작용으로 정리해버려서는 해결이 아니라 깨부숨에 다름 아니지 않겠는가. 물론 그것도 관념의 명예를 위해서라고 한다면 더 이상 어쩔 수 없는 일이겠지만 말이다.

부르주아철학이 관념론인 이유는 한편으로 그것이 유심론唯心論적인 체계를 세운다는 점에서일 뿐만 아니라, 다른 한편으로 그런 필요로부터 형이상학적인 범주—논리—방법을 사용하고자 한다는 점에서 발견된다. 그것의 일반적인 사정은 다카하시 교수의 '체험의 전체' 및 '전체와 부분'이라는 두 가지 특수한 말들 속에 잘 드러난다. 생각건대 체험이라는 관념은 현대에 관념론이 관념을 표현하기 위해 무엇보다 궁리하여 얻은 것이고, 전체와 부분이라는 연관은 현대에 형이상학적 논리(각종 형식논리학)의 새로운 착안점 중 하나이다(우리는 후설의 분석을 알고 있다). 말하자면 다카하시 교수는 현재 마르크스주의의 세례에 의해 세간에서 널리 문제가 되고 있는 변증법에 대항하기 위해 그런 체험의 전제—부분의 논리를 고집하고 있다고 볼 수 있는 것이다.

무엇보다 그는 오래도록 사색가였으며, 그런 논리는 일조일석에 이뤄진 '입장'이 아니라 그런 사색생활의 초기부터 그의 뇌리를 왕래하고 있던 관점인 듯한데, 그러함에도 '전체'를 향한 요구는 지극히 직접적인 그만큼 원시적이고 미개한 요구라고 말할 수 없는 것도 아니다. 이러한 원시적인 요구는 그 형식을 다른 것으로 대신하지 않는 한, 결코 그것 그대로는 만족할 수 없는 것이 보통이겠지만, 그에게 그런 요구는 여전히 동일한 '전체'라는 형식 아래에서 고스란히 발달해왔던 것인 듯하다. 말하자면 그것은 원시적인채로 발달한 문명과도 같은 것으로, 이 점에서 볼 때 그가 은밀히 동양적인(또한 아마도 일본적인) 사고를 애호하고 있는 것도 무리한 일은 아닐 듯하다. —끝으로, 그러하되 그의 정밀·섬세한 두뇌가 사상으로 풍부하게 넘치는 것은 아니라는 점을 언급하고자 한다. 그가 사상적인 견해를 드러낼 때는, 있는 그대로 말해 고작해야 노^老철학 팬[fan]이나 종교청년을 떠올리게 할 따름이다. 특색을 결여된 자유주의자인 그의 계급성 따위에 관해 이야기하는 것은 아마도 침소봉대의 흠이 잡히는 일이 될 것이다. 그가 말하는 '전체'철학의 방법은 다름 아닌 판도라와도 같은 관대한 자유주의다. 하지만 그 '전체'의 철학이 오늘날 국제적으로 존재하고 있는 파시스트의 사회이론 혹은 사회철학('전체국가'설)에 있어서도 결코 쓸모없는 철학이 아니라는 점은 주목에 값한다. 철학의 본질은 철학이라는 추상적인 세계 그 자신보다도 오히려 그것이 여러 실제문제에 응용되거나 이용됐던 경우에 객관적으로 명확해지는 것이다.

14 반동기의 문학과 철학

— 문학주의의 착각에 관하여

운율을 밟고 평측^{平仄}[한시 음운의 고저]을 맞춰 선율에 따르는 것을 가리키는 말이 시^詩인가. 나아가 특별한 말을 존중하고 신텍스[syntax(문법·구문)]를 바꾼 행마저도 다시 변경하는 것이 시의 자격인 것인가. 아마도 그것은 운문이긴 해도 반드시 시의 본래적 의미이지는 않을 것이다. 마찬가지로 단지 '문학'이라는 이름을 가진 것만이 본래의 문학인 것은 아니다. 그것은 정확히 철학이라는 이름이 붙은 것만이 철학인 것은 아니라는 것과 조금도 다르지 않다.

그것만이 아니라 이른바 철학이라고 명명된 것만을 철학이라고 생각하는 자가 실은 조금도 철학 자신의 필요를 감지하고 있는 이가 아닌 것과 마찬가지로, 이른바 문학이라는 전통적인, 혹은 오히려 관습적인 특정 형식만을 문학이라고 믿고 있는 자는 거의 전적으로 문학 자신의 필요를 감지하고 있지 못한 것이다. 거기서 작가나 비평가는 이른바 '문학'의 배후 혹은 근저로부터 생활이라거나 의욕 등의 문제를 거론하고 거기야말로 본래적 문학의 근원이 가로놓여 있는 곳이라 말한다. 이를 한 걸음 더 전진시키면 문학적이라고 여기지고 있는 특정 형상(형식)을 통해 구체적으로 드러내는 작품이 문학의 실체라고들 흔히 생각하고 있어도 실제로는 그렇지 않은바, 문학의 실질은 완성된 작품에 있는 게 아니라 그 작품의 배후를 이루는 저 생활이나 의욕에 있다는 식으로 생각하게 된다.

이 점에서는 철학 역시도 전적으로 마찬가지이다. 실제로 인식론이나 형이상학(이 말들이 여기서 어떤 의미로 사용되는지에 관해 나는 지금 책임질 생각은 없는데)을 사갈蛇蝎[뱀과 전갈]과도 같이 악하게 여기는 일종의 문학자들도 자신이 철학을 갖고 있지 않다고는 생각지 않거니와 다른 문학자들 속에서 철학을 발견하는 일을 두고 부끄럽다거나 무례하다고도 생각지 않는다. 그리고 예컨대 철학은 논리가 아니라 세계관이라고 말하는 것이다. 실제로 철학의 실질은 하나하나의 철학적 작품으로서의 논문이나 저술에 있는 게 아니라 철학자의 사상 그 자체에 있는 것이다.

일반적으로 문학과 철학 간의 근본적인 교섭은 위와 같은 관계에 기초하여 이해된다. 문학작품의, 즉 소설이라면 소설, 시라면 시라는 단순히 작품형식만을 살펴보면, 그 말이 보여주는 대로 온전히 형식적인 것에 지나지 않는 것으로서 거기서는 가령 문학적 수법이 가진 내용은 있을지라도 그것만으로는 아무런 사상도 있을 수가 없다. 그래서 그런 문학(?)은 철학과는 전적으로 독립된 존재가 된다. 또 단순히 철학적 가설과 철학적 메커니즘만이라면 거기에는 아무런 사상—문학적인 것—도 있을 수가 없다. 그러한 철학은 문학과는 관계가 없을 터이다. —그런데 실제로는 그런 제각각 독립된 철학이나 문학 따위란 있을 리가 없다, 아니 있을 턱이 없는 것이다. 혹시 그런 것이 있었다고 한다면, 그것은 철학이나 문학의 캐리커처에 불과할 것이다. 특히 그 점을 강조해 두고 싶다.

독자들은 내가 무엇을 위해 이런 단정적 판단을 내리기 시작했는지 불가사의할 것이다. 그 설명은 곧이어 하게 되겠지만, 그런 설명보다 앞서 주의해 둘 것은, 어쨌든 문학과 철학의 나눌 수 없는 결부에 의해 비로소 모습을 드러내는 것이 비평(평론)이라는 점이다. 비평가 혹은 평론가는 자격에서 말하자면 물론 작가가 아니다. 혹여 문학이라고 말하는 것의 실질이 앞서 언급했을 때 나왔던 것처럼 작품형식 속에 있는 것이라고 한다면, 비평가는 작품을 쓰지 않기에 문학자일 수 없는 것이다. 따라서 작품 혹은 작품을 뒤좇아 따라가는 이외에 비평가의 '문학적' 능력은 없다고까지 말하는 작가나 비평가도 적지 않다.

그런데 그 동일한 비평가도 문학작품의 독자들을 향해서는(아니, 중요한 것은 문학작품을 읽지 않는 독자들을 향해서도 그렇다는 것인데) 빼놓을 수 없는 문학의 소개자이고, 훌

14 반동기의 문학과 철학

륭하게 문학자의 자격을 가진 인간인 것이다. 뿐만 아니라 비평가는 작가 자신을 향해서조차 제작의 지도와 조언과 요구를 부가하지 않으면 안 되는 것이다. 그 자신은 실제로는 작품을 제작하지 않지만, 그럼에도 타인의 제작 과정이나 결과에 참견하게 되는 일이 예상될 수 있는 이상으로, 그가 문학자의 자격에서 [사]물에 관해 이야기하는 것이 기대될 수 있다는 것 또한 명확하다(나는 일찍이 그것을 비평가에 의한 '가능적 제작'이라는 얼마간 막연한 관념으로 표현했던 일이 있다). 비평가라는 것의 자격에 개재된 그런 모순을 풀기위해서는 반드시 문학의 실질을(따라서 또한 철학에 관해서도 마찬가지인데) 문학작품 그 자체의 내부에서가 아니라 그 바깥에서 구하지 않으면 안 된다. 즉 문학과 철학의 교섭권交涉圈에서 비로소 비평이 드러나게 된다. 문학과 철학이 비평을 매개로 하여 결합하고 있는 것이다.

그것에서 매우 정직하게 나오는 결론은 비평 자신이 문학의 비평이든 철학의 비평이든(실제로는 그 무엇에 관한 비평이든지 간에) 문학이자 동시에 철학이지 않으면 안 된다는 것이다. 그것이 창작도 아니고 논문도 아니어도 그러하다. 평론가는 독특한 의미에서 문학자이고 또 철학이지 않으면 안 되는바, 가령 그가 작가도 아니고 철학과의 교수도 아니어도 그러하다. 그런데 문학에 우수한 것부터 열등한 것까지가 모두 있는 것처럼 철학에도 우수한 것부터 열등한 것까지가 모두 있으므로, 비평의 실질 역시도 이중으로 우수한 것부터 열등한 것까지가 모두 있다. 대체 어떤 평론이 비평의 이름에 값하는지는 그러한 일반론으로는 물론 정해질 수 없는 것이다.

그렇다면 현재 일본에서 행해지고 있는 비평 혹은 평론은 어떤 성질의 것인가. 즉 현재의 일본에서 문학과 철학의 관계는 어떤 상태에 놓여 있는가. 그것에 앞질러 또 하나 다시금 주의를 반복해 두고 싶은 점은 비평 자신이 단지 문학일 뿐만 아니라 동시에 철학이기도 한 경우이다. 비평이 문예평론의 자격에서는 문학제작·작품과 무관계할 리가 없는 것과 마찬가지로, 철학이 평론의 자격에서는 철학의 이론체계와 무관계할 리가 없는 것은 있어서는 안 될, 허용되기 어려운 일이지 않으면 안 된다. 즉 문학적 평론일지라도 철학의 이론체계와 무관할 리는 없는 것이다. 혹여 그렇게 무관하다고 한다면, 적어도 그것은 철학적 평론이 아닌 문학적 평론인 셈이므로 진정한 평론일 수는 없을 것이다. 그러한 평론은 문학과 철학을 매개하도록 존재하는 것이 아니라 실제로는 거꾸로 문학과 철학을 절연시켜 각각을 독립·절대화하기 위해서만 존재하는 것이다. 문학과 철학을 캐리커처하는 일은 바로 그런 평론이라고 할 수 있다.

그런데 현재의 일본에서는 문예평론이라는 이름이 붙은 것은 참으로 많은바, 좀 더 극단적으로 말하자면 문예평

14 반동기의 문학과 철학

론 아닌 비평은 거의 없다고까지 할 수 있을 정도로서, 그 경우의 이른바 문예비평이라는 뜻은 심하게 상식적인 것이며 단순히 문예에 관한 비평이라는 것 이외에 다른 게 아니다. 이를 즉시 문예에 대한 문학적 곧 철학적 비평이라고 생각해서는 안 된다. 설령 근래 유행하는 철학적 의상衣裳을 걸치고 나타나는 문예담文芸談일지라도 철학적 곧 문학적인지의 여부는 의상의 문제가 아니라 실질의 문제라는 것을 나는 조금 전부터 줄곧 말하고 있는 것이다.

그러할 때, 문학자들에 의해 문예에 관한 비평만이 진정한 비평인 것처럼 여기지고 있는 것은 대체 어떤 심산에서 그러한 것인가. 문학적이고 또 철학적일 터였던 비평이 왜 문예(즉 문학자가 좋아하는 이른바 '문학')에만 웃는 얼굴을 보여주며 철학 쪽에는 특히 냉담한 것인가. 예컨대 사상— 철학—의 무엇보다 절실한 내용의 하나인 근대과학에 관해 그 소위 비평이란 왠지 지극히 냉담한 것이 상례이다. 과학에 관한 철학적 곧 문학적 비평이라는 것은 소위 문예비평과는 아무런 인연도 없는 것으로, 경우에 따라서는 그러한 과학비평 따위는 성립되지도 않는다고, 따라서 유일한 비평은 소위 문예비평에 해당된다고 '문예평론가'는 생각하는 듯하다.

오늘날 일본의 과학자가 일반적으로 비평(진정한 또는 위조된[가짜의] 비평)의 기능에 관해 현저히 무지하고, 특히 자연과학자가 그 점에서 특별히 고루한데, 이와 짝하여 일본의 문학자가 그것에 필요 이상으로 악하게 신경질적인 이상, 비평이라는 것이 문학자들로부터 받고 있는 균형 잃은 제멋대로의 편파적 대우 또한 무리한 일이 아닌 것인바, 과학과 문학은 그 존재조건이 다르기에 그러한 현상에는 어느 정도까지의 필연성도 있다고 하겠으나 그런 사정은 문학적 곧 철학적일 터였던 비평의 입장에서는 조금도 변명이 될 수 없는 것이다(근래에 문학과 과학의 실질적인 관계를 성찰하는 두세 사람들에 의해 과학비평—반드시 과학적 비평인 것은 아니다—의 문제가 거론되기 시작했다. 무엇보다 자연과학의 이른바 전문가들의 극단적 반감을 사지 않고서는 연구를 진행할 수 없는 현상태에 있지만 말이다).

비평이란 단적으로 문예비평이라고 보는 미신은 두말할 것 없이 문학자들의 세계관이 지닌 일종의 세상물정 모름과 독선에서 발생한다(그리고 그것에 과학자는 소극적인 맞장구를 친다). 그들은 비평이라는 거대형상의 특히 원활한 피부 부분만을 '문학적'으로 어루만지고, 거기서 그들에게만 필요한, 그들 이외에는 필요하지 않을지도 모를 특정한 비평의 관념을 얻는다. 그것이 '문예비평'으로서의 비평이 되는 것이다. 실제로 현재 보이는 '문예비평'의 태반은 확대된 문단시평文壇時評에 다름 아닐 것이다. 물론 비평인 한에서는 원래가 시사적인 것이고, 그런 한에서 시평이 아닌 것

14 반동기의 문학과 철학

에 결코 비평의 자격이 없다는 것도 비평의 사회적인·저널리스틱한 기능에서 설명되지 않으면 안 될 것이겠지만, 문제는 그것이 시평적이라는 점에 있는 게 아니라 문단의 시평이라는 점에 있는 것이다. 문학자 특유의 세계관이 균형을 잃고 제멋대로 되기 쉬운 것은 그 문학자가 실제로든 가능성으로든 어찌됐든 결국엔 유형이 결정된 문단사람으로서의 사회생활을 원한다는 점에 그 원인이 있기 때문이다. 거기서 문학은 언제나 '문학' 내부에서, 즉 얼마간은 들락날락할지라도 대체로 문단 주변을 배회하면서 평론의 대상이 된다. 거기로부터 이윽고 문학만이 아니라 모든 것이 '문학적'으로 비평된다. 예컨대 문학을 '문학' 바깥에서 비평하는 따위란 소름끼치는 모독에 다름 아닌 것이 된다.

문예비평이 거의 유일한 비평이라고 믿고 있는 이 문단사람들(오늘날 일본의 문학자들)의 다수는 또 하나의 이기적인 착각을 버릇처럼 갖고 있는 듯하다. 비평(그들에 따르면), 즉 문예비평은 오로지 작가의 활동을 위해 그 존재이유를 갖고 있다는 것이 그런 착각이다. 단지 작가 자신만이 아니라 작가와 함께 '문학자'에 속하는 문예비평가 역시도 잊지 않고 존중한다는 착각이 그것이다(예의 저 '비평불능批評不能' 논쟁이 그 좋은 증거이다).

그것과 완전히 동일한 착각이 대단히 많은 자연과학자들에게도 보이는 것은 최근의 흥미로운 문화풍경으로 꼽을 수 있을 것이다. 어느 유명한 물리학자는 철학자(우리의 입장에서는 비평가가 될 터이지만)가 과학에 여러 주문을 하고 싶어 하는데 과학자는 바쁘기 때문에 그것을 우습게 여길 틈조차 없으리라고 말한다. 문학자들은 비평가가 작가에 대해 능력을 갖고 있는지 아닌지를 적어도 미해결의 문제로서 제출하지 않으면 안 되었지만, 그 자연과학자에 따르면 비평가가 그런 능력을 갖고 있어서는 안 된다는 것은 너무도 당연한 일로서, 문제로 삼을 틈조차 없는 것이었다.

비평이라는 것을 파악하지 못하면 문학이나 자연과학(물론 철학까지도)이 어떻게 캐리커처가 되어 나타나는 것인지에 주의할 수 없게 된다. 자연과학자에 따르면 비평가 따위는 전문가의 작업에 말참견을 해서는 안 된다. 문학자에 따르면 비평가는 작가의 작품에 말참견을 해야 하는데 그게 불가능하기 때문에 소용없게 된다. 그렇다면 대체 비평가는 어찌되는가. 희화화되는 것은 문학자나 자연과학자만이 아니며, 그들 덕분에 비평가 또한 길동무가 되는 것이다.

문예비평이라는 것은 작가를 위해 있고 비평이라는 것은 문예비평을 위해 있다고 믿는 다수의 문학자들이 때때로 생활까지도 문학을 위해 존재한다고 보는 도착증에 빠져 있지 않다고 단언할 수는 없다. 문학이 곧 생활이라는 프라제[Phrase(관용구·상투어)]가 비교적 부주의하게 내뱉어지는

　　　　　14 반동기의 문학과 철학

것은 공포스러운 일이라고 하지 않을 수 없는 것이다. 앞서 말했듯이 문학에도 우수한 것부터 열등한 것까지가 모두 있는 것인데, 그럴 때 대체 그런 문학이 철학이나 과학(그런데 그 둘에도 우수한 것부터 열등한 것까지가 모두 있다)과 어떻게 연결되고 있는지 혹은 연결되고 있지 않은지가 문제인 것이다. 그 지점에 있어 대체 예의 저 생활이란 무엇인가. 문학적 생활이라면 물론 문학적인 것이지 그 이외에 다른 것일 수 없음은 당연하겠는데, 그렇기 때문에 일반적으로 문학이 생활이라고 말할 수는 없지 않겠는가.

그러나 현대 일본의 그러한 문학주의는 예술지상주의나 심미주의와는 그 본질이 꽤나 다르다. 이는 주목에 값한다. 예술지상주의는 오히려 예술 혹은 '문학'을 의식적으로 생활에서 독립시켜 그것을 생활 위에 군림시키는 것이었는데, 이에 반해 현대의 문학주의는 모든 생활을 들어 올려 고스란히 문학과 의식적으로 일치시키는 데에 있다. 심미주의는 단지 감정이 지성이나 의지에 대해 우위를 점하고 있다는 주장 이상의 것은 아니다. 따라서 그것만으로는 반드시 오늘날의 문학주의가 된다고는 할 수 없다.

정말이지 문예비평의 정통적 전통에서 특히 그 예술지상주의란 일찍이 중대한 위치를 점했던 적이 있을 것이다. 하지만 오늘날의 문학주의는 말할 것도 없이 그런 전통의 직계로서 나타나고 있는 것은 아니다. 그것보다는 '심각'하고 '진실'한 내용이 있는 것으로, 경우에 따라서는 언뜻 보아 오히려 비非심미적으로 보이거나 예술을 부정하는 형태를 취하기도 할 것이다. 그것은 더 이상 단순한 악마주의가 아니라 좀 더 진지한, 말하자면 악당주의이거나, 오히려 '문학'의 형태를 취하지 않고 '철학'이나 신학의 모습을 취해 나타난다.

하지만 그러한 현대의 문학주의는 결코 부주의하게 세상 속으로 나왔던 게 아니다. 그것에는 보이지 않는 손의 깊은 의도가 숨겨져 있다. 문제는 역시 비평의 역사에, 특히 비평의 최근 역사에 관계되어 있는 것이다. 여기서 독자들은 최근의 이른바 '문예부흥'을 떠올리길 바란다.

물론 문예는 언제나 부흥되지 않으면 안 되며, 혹시 문예를 억압하는 최후의 <질곡>이 <정치>라고 한다면 <현대>의 <정치>를 쓰러뜨리고 문예는 옛 그리스를 모방하지 않으면 안 될 것이다. 최근의 이른바 '문예부흥'이 어떤 권위를 쓰러뜨리고 어떤 고전으로 돌아가 다시금 출발했는지는 모르겠지만, 적어도 부흥되어야 했던 것이 과학이나 생산기술을 포함한 문예 혹은 문화가 아니라 단지 문학으로서의 '문예'이기만 했던 점은 우리들의 이야기 줄기를 따를 때 흥미로운 점이라고 하지 않을 수 없다.

문학이 '문예'로서 부흥되지 않으면 안 된다는 것. 이 말에 대해서는 누구도 반대할 이유가 없을 것이다. 그러하되 왜 마찬가지로, 혹은 동시에, 과학이 부흥될 필요는 없었던 것일까. 부르주아지의 고유한 사고에 기초한 기계론적 근대자연과학은 요소요소에서 거의 전적으로 막다른 골목에 이르렀다고 말해지고 있지만, 그것은 일본의 '문학' 따위와는 비교가 되지 않는 국제적인 대★문제일 것이다. 게다가 자연과학의 그런 위기로부터 부흥됐던 것은 과학 자신이 아니라 종교와 신학과 형이상학과 신비사상 등등이 었던 것이다. 그런데 문예부흥의 깃발을 봉행하기 위해 급히 달려간 것처럼 보이던 평론가들 가운데 어떤 이들은 부흥되어야만 될 문예 속에 '문학'은 물론이고 무엇보다 먼저 종교와 신학과 형이상학 등등이 들어있어야 함을 잊지 않았다. 한때 몹시도 빠르게 움직이기 시작한 듯 보이던 '문예'부흥에서 뒤에 남겨진 것처럼 보였던 것은 왠지 저 홀로 과학만이었던 것이다. 아니, 단순히 그런 부흥의 운동에서만 뒤에 남겨진 게 아니라, '문학'과 종교와 신학 등등의 부흥에 의해 타도된 옛 권위야말로 과학에 다름 아닌 것으로 규정된 것인 듯하다.

그러나 우리는 레오나르도 다 빈치를 위로할 마음은 조금도 없다. 그가 '나는 운하를 파는 일도 알고 있거니와 성을 쌓는 일도 연구하고 있다'고 말하는, 너무도 비문학적인 자기 추천을 행하고 있기 때문이다. 문제는 왜 최근에 그러한 일군의 문학주의가 대두했던가에 있다. 왜 '문예'로서의 문예가, '문학'으로서의 문학이 갑작스레 부흥했는지가 문제인 것이다. 그것은 최근의 비평(비평정신이라고 해도 좋겠다) 일부가 '철학'적 혹은 '문학'적 의상을 걸치고 있음에도 실제로는 오히려 완전히 비철학적으로 되고, 또한 따라서 비문학적으로 되고 말았던 결과에 다름 아니다. 비평이 그러한 식으로 자기 분해된다면, 거기에서 발생하는 것이란 문학 혹은 철학의 캐리커처 이외에 다른 것일 수 없음을 앞서 이미 말했는데, 문학주의야말로 문학의 무엇보다 타당한 캐리커처라고 해야 할 것이다. 원래 희화戲畵라는 것은 악센트만을 추상하여 강조한 것에 다름 아니기 때문이다.

일본에서 참되게 철학적이고 문학적인 비평의 기능이 확립되기 시작한 것은 대전 이후 마르크스주의철학이 인텔리층을 지배하기 시작한 때부터였다. 철학적, 문학적 비평의 그런 기능은 한편으로는 과학적 비평(과학비평이 아니다)으로서의, 다른 한편으로는 사회적 비평으로서의 특색을 갖는 것으로 규정됐다. 그 두 기능을 결합한 것—거기에 마르크스주의철학의 일반적인 본질이 있다—이 그 무렵 새로이 확립된 비평의 가치였던 것이다. 왜냐하면 그것에 의해 비로소 철학과 문학은 정면으로 매개되고, 또 과학적 인식과 문학적 표상 간의 연락이 일본문학의 시작 이래 처음으로 전면적으로 안착될 운명을 갖게 됐기 때문이다. 거기서 예의 저 정치와 문학 간의 관계는 비로소 문제가 될 이유를 갖게 되는 것이다. 아마도 그것에는 많은 폐해가 동반됐을 터이다. 그 결과 '문학'은 갈릴레오의 과학이 교황法王 앞에서 억압됐던 것처럼 '비평' 앞에서 억압의 굴욕을 당하지 않을 수 없게 된 것일지도 모른다.

하지만 그것은 폐해이지 물物의 본질이 아니다. 그 증거를 들면, 위와 같은 결과가 나온 것은 결코 비평이 지나치게 철학적·문학적이기 때문이 아니라, 뒤에 말하게 될 것처럼, 오히려 비평이 아직 충분히 철학적·문학적으로 발달하지 않았기 때문이었다. 따라서 그런 사정은 분석의 비평이 자기 분해되지 않으면 안 될 근거 따위가 될 리는 없었던 것이다. 그런데 지금은 사실, 외견상으로 그 비평은 와르르 붕괴되고 만 것처럼 보인다. 그리고 그것이 예의 저 문학주의라는 것이다. 사랑하는 문학을 위해서는 당파성 따위도 문제되지 않으며, 눈앞에 가로놓인 것은 문학이라는 한 가지 색상의 연막일 따름이다. 이리되면 그 문학이란 생활을 위해 있는 것이 아니라 생활이 그런 문학을 위해 있게 됨을 독자들은 대체로 저마다 납득할 수 있지 않겠는가.

무엇보다 그런 문학주의 또한 지금까지 없던 것이 갑자기 나타난 것은 아니다. 일본의 부르주아문학의 전통은 문학적 자유주의로 불려도 좋은 것이라고 하겠는데, 이는 두말할 것 없이 정치상의 자유주의를 근거로 삼아 의식된 문학의식이 아니라 오히려 '문학'의식을 근거로 삼아 의식된 자유주의였으므로, 그것을 문학적 자유주의로 부르기보다는 오히려 자유주의적 문학주의로 부르는 쪽이 알맞은 것인바, 원래 문학주의라는 것은 그렇게 일본의 부르주아문학의 앞선 전통에 속하는 것이었다. 마르크스주의적 작가나 문학이론가 가운데서도 그러한 부르주아적 문학주의의 소지를 갖고 있던 이들은 극히 많았다고 해야 할 것이다. 그래서 진보적인 동향의 퇴조기에 들어서면 금세 그 본성地金[도금·가공의 바탕이 되는 쇠]을 드러내게 됐던 것이 그 문학주의운동이었다. 거기서는 순[수]문예적인 것도 자유주의적인 것도 좌익적인 것도, 적어도 문학적인 한에서 함께 공통적으로 화해할 수 있는 것이 된다. 그리고 그럼으로써 '문학'은 진보한다고 그들은 말한다. ―'문학'의 진보가 고스란히 확대되어 전반적인 진보가 되기라도 하는 것처럼 거듭 생각하는 곳에 문학주의의 문학주의다운 이유가 있다.

현대 일본의 문화현상에서 문학주의운동은 여러 다양한 뉘앙스로, 음으로 양으로 대중의 특정층에 보급되고 있다. 소상인이나 소부르주아 저급 인텔리에게는 파시즘을, 이에 대해 소부르주아 고급 인텔리에게는 문학주의를 준다는 것이 마르스[Mars(로마 신화의 군신(軍神)·전쟁신] 신의 배당계획이다. 오늘날의 이른바 '자유주의'나 그것에 기초한 진보주의(?)의 가장 두드러진 공통적 특색이 그런 문학주의이며, 그것이 근래 득의양양한 닛폰형型 파시즘과 객관적 의미에

14 반동기의 문학과 철학

서 거의 전적으로 동일한 포대사격 대열放列로 배치되고 있음을 머리로부터 믿지 않으려는 것은 그들 문학주의자의 독특한 미신 중 하나이다.

끝으로 그렇게 다양한 문학주의의 가운데 가장 특색 있는 한 가지 경우에 대해 주의를 환기해두고자 한다. 그것은 다름 아닌 비평의 그런 자기 분해 시기에 하필이면 그것을 거꾸로 비평의 고양기로 자각하는 문학주의적 착각이다. 거기서는 문학과 철학이 실은 몽땅 갈기갈기 찢어져 있을 따름임에도, 한편에서 마치 문학평론이 발달하여 마침내 철학화된 것처럼 믿고 있는 현상이 있는 것이다. 그러한 측면에서 최근의 반동기에 들어오면서 문예평론가들의 숫자가 두드러지게 늘어나는 동시에 '철학' 냄새 또는 '철학'적인 문예평론이 또한 현저히 늘어나고 있는 것을 볼 수 있다. 하지만 그런 종류의 철학이 얼마나 한심한 철학인지는 그것이 실제로는 그저 '문학'의 현학적이고 아카데믹한 연장延長에 불과하다는 점을 보면 알 수 있을 것이다(그 사례는 대단히 많은데, 앞질러 나는 그 점에 관해 고바야시 히데오 씨를 사례로 썼던 일이 있다§).

하지만 '문학'이 무럭무럭 철학(?)으로까지 고스란히 연장될 수 있기 위해서는, 다른 한편 '철학'의 '문학'화라는

---

§ [다음의 글을 참조. 「문예평론가의 의식」(1934년 7월), 『사상으로서의 문학(思想としての文学)』(三笠書房, 1936)의 19장으로 수록.]

대응현상이 그것에 이바지해야 한다. 유럽, 특히 독일의 부르주아철학(현재의 부르주아사회에 적응한 철학을 말한다)이 실증과학과 자신의 과학성을 단념한 이래로 그 철학의 범주는 일상적인 검증의 지반에서 허공으로 떠버림으로써 다른 범주정돈의 표준을 잃어버리고 말았다. 그래서 의지처가 되는 유일한 것이 신학이나 심리학이나 인간학 등등의 명칭 아래에서 실제로는 문학적 범주(또는 문학주의적 범주)라고 불러야만 하는 것이 되었다. 그렇게 철학적 범주는 문학적 범주로 치환됐다(문학이 범주를 사용할 경우에는 철학적 범주를 문학적 표상에 의해 구사하는 것이지 결코 그것을 문학주의적 범주로 치환하는 것은 아니다). 그리고 거기에서 '철학'적 문예평론이나 '문학'적 '철학'이 잇달아 발생한다.

예컨대 현실이라는 하나의 범주를 취해보자. 그것은 원래 철학적 범주로서는(그리고 그것만이 진정한 범주인데) 역사적·사회적인, 즉 경제적·정치적·관념적·문화적인 존재 이외에 다른 게 아니다. 그것은 문학적 범주에 따르면, 현실이라는 말을 단지 동일하게 반복하고 있는 것은 논외로 할지라도, 힘껏 해봐야 고작 도스토예프스키식의 현실일 수밖에는 없다. 불안이라는 묘한 범주 역시도 사회적 불안이나 근거가 있는 불안으로부터 셰스토프적 무한의 불안 따위에 의해 헛된 것이 되고 만다. 이것이 문학주의적 범주의 트릭이며, 오늘날 형이상학은 그러한 범주에서 최후의

14 반동기의 문학과 철학

도피행을 꾀하는 일 말고는 다른 길이 끊어져 있음을 선명히 자각하고 있다. 싫더라도 그것이 문학주의에 가담左袒[편들·동의·찬성]하지 않으면 안 되는 이유이다.

현재의 문예평론에서 보이는 북적거림[번화함·떠들썩함], 아니 그 철학다움과의 합체는 전적으로 '문학'이 철학을(따라서 또한 문학을) 참탈僭奪[참람되게 빼앗음(참칭·박탈)]하기 위해 기획된 꽤나 노골적인 반동행위임을 독자들은 태만함 없이 유의하지 않으면 안 된다고 나는 생각한다. 그런 기획이 곧 다름 아닌 문학적 자유주의라는 의식 아래에서 행해진 일이었다.

15 '문학적 자유주의'의 특질
── '자유주의자'의 진보성과 반동성

　자유주의를 문자의 층위에서 해석하는 일은 무엇보다 어리석은 해석인데, 자유주의가 유행하고 있는 오늘날에는 그런 해석이 의외로 많은 자유주의자들의 은밀한 의지처가 되고 있는 것처럼 보인다. 그런 해석이란 자유주의가 단적으로 말해 자유를 주의주장으로 삼는 것이며, 따라서 부자유주의의 반대말이기에, 어느 것이든 악할 리가 없다는 사고방식을 말한다.

　물론 누구도 그런 분별없는 이유를 있는 그대로 이유로 삼아 [사]물[事·物]을 이야기하는 자는 없지만, 골똘히 생각해보면, 그저 그것 이외의 근거가 전혀 없는 경우가 꽤나 많지 않은가 생각된다. 특히 관념론적인 철학자는 자유라는 독일관념론의 중심문제를 무조건적으로 존경하고 있으며, 문학자는 고답파적이고 낭만적이며 도피적인 자유를 애호하면서 그것만으로도 자유주의의 아군이 되기에 충분하다고들 생각한다.

　하지만 중요한 것은 자유라는 관념이 철학에서 태어

난 것도 아니며 문학에서 나온 것도 아니라는 점이다. 자유라고 하면 철학자는 곧바로 '의지의 자유'를 생각하지만, 그것은 실천이라고 하면 곧바로 윤리적 행위라고 생각하고 마는 것과 마찬가지로서 철학자의 지식에서 나온 미신인 바, 그 곁에서 대부분의 문학자는 대체 자유라는 것을 선명히 생각했던 일조차 있는지 없는지 의심스러운데, 원래 그것은 극히 지당한 현상으로서 그들은 자유라는 것의 지식에 관해서는 알고 있었거나 느끼거나 생각하기는 해도 자유라는 것의 실제적인 필요는 조금도 느끼지 않은 채 [사]물을 이야기하기 때문이다. 원래 자유의 필요는 철학자나 문학자가 앞서 감지한 것이라기보다는 먼저 기업가나 정치가가 감지해 왔던 것이다. 철학적인·문학적인 자유의 관념은 말하자면 경제적인·정치적인 자유 관념을 우려내고 남은 찌꺼기였기 때문인 것이다.

그래서 자유주의란, 두말할 것도 없는 것이겠는데, '경제적 자유주의'로서 발생하고 그것이 곧이어 정치상의 자유주의가 됐다는 것이 역사상의 사실이며, 사회주의나 기타 정치철학의 경우를 별도로 치자면 대체 철학상의 또는 문학상의 자유주의 따위가 언제 시작됐던 것인지 나는 잘 알지 못한다. 그러므로 오늘날까지 자유주의철학이라는 것이 아직 완성되지 않고 있다고 보는 쪽이 사실을 강요하지 않는 견해라고 하겠다. 하지만 자유주의의 철학 따위는 아마 금후에도 결코 성립할 수 없을 것인데, 그 이유는 뒤에서 알게 될 것이다.

따라서 자유주의는 경제적인·정치적인 범주이지 원래 철학자적인·문학자적인 범주가 아니었던 것인데, 그것이 현재의 일본 등에서는 자유주의라고 하면 정치상의 자유의 문제와는 관계가 없는 것으로서 상식계에서 철학자적으로 또 문학자적으로 통용되고 있다. 오늘날에는 자유주의라는 상식적 용어는 더 이상 정치적 범주가 아니라 문학적 범주가 되어 있는 것이다. 말하자면 문화적 자유주의가 자유주의의 유일한 고향이 되고 있다.

그 점에 주목하지 않으면 현재 일본에서의 소위 '자유주의' 또는 소위 '자유주의자'에 관해 적절한 단정을 내릴 수 없게 될 것이다. 자유주의를 정치상의 문제로만 보면서 그것을 문학적 이데올로기의 문제로서 살피지 못한다면, 적어도 오늘날 자유주의자의 심사를 폭로할 수는 없는 것이다.

공산주의 세력이 물러나고 파시즘 세력마저도 절정기 峠[산마루]를 넘어서 세상은 자유주의의 세계가 되었다고 한때 운위되었다. 그렇지만 부르주아 정당정치의 필요가 강조되거나 의회정치의 악화가 설파되기 시작하는 등 부르주아 정치상의 행동 혹은 사상의 움직임이란 부르주아 민주주의의 움직임이기는 했어도 그것만으로 자유주의의 움직임이기도 했다고 할 수는 없다. 민주주의란 부르주아적인 정치적 자유를 위한 완전히 정치적인 또 정치관적政治観的인 범주에 속하는 운동으로서, 그렇기에 때에 따라서는 소小부르[주아]·프롤레타리아·농민의 정치 이데올로기로도 되는 것인바, 이에 반해 자유주의 쪽은 최근 소부르[주아]·인텔리·부르주아의 문화적 이데올로기에 속하는 것으로서, 그들의 부르주아적인 정치적 자유에 대해서조차 자유주의가 반드시 관계를 맺고 있다고는 할 수 없는 것이다.

따라서 현상만으로 정치상의 자유주의가 부흥했다는 식으로는 말할 수 없으며, 그런 뜻에서는 정치상으로 자유주의란 조금도 화려한[눈부신] 것이 된 것은 아니라 해야 할 것이다. 오늘날 부흥한 것처럼 보이는 것은 부르주아 민주주의 또는 그것의 모조품이지 반드시 정치상의 자유주의라고는 할 수 없는 것이다.

자유주의 속에서 오늘날 부흥하고 있는 것은 오히려 문학적 자유주의다. 그리고 거기에 현재 일본의 자유주의를 대표하는 것의 본질이 가로놓여 있다. 우리는 그런 문학적 자유주의의 대두를 오늘날 넓은 뜻에서의 '문예부흥' 속에서 발견할 수 있다. 문학자용用 '문학' 속에 한정된 오늘날의 이른바 '문예부흥'(이 명칭은 스스로를 지나치게 자부한 결과 무심코 붙인 것으로, 실제로는 '순문학부흥'에 지나지 않는다)을 위시하여, 결국엔 거기에 본부를 둔 '철학부흥'이나 종교부흥 등 기타 모든 부흥을 선창音頭[선도]하는 것이 의외로 '자유주의'의 실질적 내용이 되어 있기 때문에, 대체로 오늘날의 자유주의란 요컨대 문학적 자유주의라고 할 수 있는 것이다. 그렇기 때문에야말로, 원래가 정치적 동향에 대해서는 흥미도 없고 식견도 없는 다수의 문학적 이데올로그나 준準문학자 이데올로그가 자유주의라는 '말'에 저렇게나 큰 호의를 보이고 있는 것이다.

문화와 자연의 진정으로 문학적인·철학적인 리얼리티에 대한 센스를 갖지 못한 '문학자'나 '철학자', 그렇다고 해서 의식적으로 반동 진영에 투신할 악취미를 갖는 일에는 내켜하지 않는 사람들이 그 인간적 감관을 비로소 쭉쭉 뻗게 할 수 있는 유일한 엘레멘트[요소(성분)/본질(본령)]가 자유주의의 이름으로 하늘에서 내려왔기 때문에, 누구라도 자유주의자이며 또 그렇게 자유주의자였던 것을 기뻐하지 않는 자가 없게 되는 것이다.

자유주의의 진보성과 반동성에 관해서는 많은 사람들이 설명하고 있다. 나는 지금 그것을 특히 자유주의자의 심사心事를 중심으로 분석해보려고 한다. 자유주의를 자유주의자의 의식에서 분석하려는 것은 오늘날 그 자유주의에 대해서는 대단히 어울리는 일이겠는데, 왜 그런지는 서술해가는 와중에 알게 될 것이다.

우선 첫째, 자유주의는 개인주의다, 라고 말하는 평범한 명제로부터 출발하기로 하자. 즉 거기서 자유주의자는 개인주의자가 되는 것이다. 그런데 개인주의자라는 말은 어느 때든 제멋대로 의미화하여 사용되는 것으로, 오늘날의 자유주의자에게 있어 개인주의자가 어떤 뜻을 지닌 개인주의자인지를 정하지 않으면 안 된다. 쁘띠[petite·작은(小)·저속한·속물적인] 부르[주아] 혹은 부르주아층 출신으로 교양도 있고 '인격의 도야'도 이루고 있는 오늘날의 자유주의자들은 결코 경제상의 배타주의자가 아니며 그럴 필요도 없는데, 일단 그런 뜻에선 그들은 도덕상의 이기주의자조차 아니라고 할 수 있다. 때에 따라서는 지극히 사교적이기까지한 오늘날의 자유주의자는 귀족적인 독존주의자가 아닌 경우가 오히려 더 많을 것이다.

오늘날 자유주의자의 개인주의는 실제로는 그의 문학상·철학상의 관점 안에서 가장 순수하게 드러난다. 그는 개인을 중심으로 사물을 사고한다. 사회든 역사든 자연이든, 그리고 거기서 행해지는 모든 가치평가에 관해서든 개인이라는 존재가 판정의 입각점이 된다. 그러나 그렇게 공평하게 풍부한 이해를 행하는 자유주의자는 결코 자기 자신에게 개인을 한정시키지 않는바, 자신이라도 좋고 타인이라도 좋은 것으로, 그렇게 개인이기만 하면 되는 것으로 기타 초개인적인 객관적 사물만 아니라면 그것으로 된 것이다.

하지만 그 명제 역시도 극히 진부한 것이다. 개인을 사물판정의 입각점으로 삼는 일의 내용이 어떤 것인지로 문제를 진전시키지 않으면 안 된다. 거기서 자유주의자는 개인을 인격으로서 파악하는 것을 통상적 원칙으로 삼는다. 인격이라고 할지라도 자유주의자가 보기에는 윤리도덕식의 개념이어서는 안 되는 것으로서, 지금 그 경우에는 개인의 로고스에서 파토스까지를 포함하고 이데올로기에서 파톨로기[Pathologie(병리학)]나 피지오그노미[Physiognomie(골상·인상)]나 '성격학'으로까지 이어지는 '인간학'적인 범주로서의 인격이 문제가 되는 것이다.

그러나 그러한 인간은 자연이나 역사나 사회로부터 설명되는 것이 아니라 거꾸로 자연이나 역사나 사회가 인간으로부터 설명되지 않으면 안 된다고, 그 쪽이 좀 더 문학적으로 충실하고 철학적으로 심각한 것이라고 자유주의자들은 생각한다. 그래서 오늘날의 (문학적) 자유주의는 거의 모두 인간학주의에 다름 아니라는 사실을 유의하는 것이 좋다(일찍이 '인격주의'라는 것이 있었지만, 그것은 인간학주의의 옛 일파라고 보면 될 것이다). 이른바 '문예부흥'의 문사들에 따르면 인간학주의에 입각하여 자리 잡고 앉는 것이 문예(?)의 '부흥'이 될 것이었다. 인간을 연구한다고 반드시 인간학주의에 서지 않으면 안 된다는 사고방식은 자유를 원하기 때문에 자유주의에 서지 않으면 안 된다고 하는 것과 마찬가지로, 좀 우스꽝스러운 추론이 아닐까 한다.

그런데 일반적으로 인간통通을 자임하고 있는 문학적 자유주의자들은 인간이라는 말을 좋아하며, 그렇기에 인간학이라는 말을 좋아하고, 그렇기에 인간학주의라고도 해야 할 것을 좋아한다는 결론이 나오는 듯하다. 그런 추론은 논리학적으로는 어찌됐든 인간학적으로는 대단히 그럴듯하다. 우리는 거기서 자유주의적 논리의 인간학적인 어수룩함[속기 쉬움]의 사례 하나와 만나게 된다.

하지만 인간학주의가 개인주의에 다름 아닌 것이었다는 점을 다시 한 번 떠올려볼 필요가 있다. 왜냐하면 그 점에서 말할 때, 자유주의자에게는 개인과 개인의 아토미스틱한[원자론적인] 결합이 실제문제에서 말口을체킹[조정·알선·중개]을 하기 시작한다는, 하나의 '인간학'적인 관찰을 행하지 않으면 안 되는 것이기 때문이다. 단지 그런 이유에서 말해지는 것이 자유주의자가 초당파적이라는 것이며, 개인주의자인 자유주의자는 개인을 내부적으로 결합하려는 그 무엇도 허용하지 않는다는 것이다. 개인이 내부적인 것의 전부로서, 그것을 결합하고자 하는 것은 전적으로 외부적인 것일 수밖에 없다고 생각하는 것이다. 따라서 당파 따위란 전적으로 외부적인 것이고, 따라서 개인에게는 부차적第二義的인 것 아래에 놓인 무엇이지 않을 수 없다는 것이다. 자유주의자는 '인간'을 개별적으로 판정하는바, 그렇게 하지 않고 가령 당파적으로 판정하거나 하면 그것은 외부적이고 작위적인 판정이 된다는 것이다. 이것이 그들이 말하는 '공평'이라는 것이다.

하지만 다른 한편 문학적 자유주의는 경제상의 자유주의나 정치적 자유주의와는 그다지 관계가 없는 것으로, 따라서 그들이 말하는 '공평'이란 기회균등이나 '인간평등'에 대한 흥미와는 별도의 것이지 않을 수 없다. 따라서 그들의 개인주의란 실은 개인의 완전한 아토미스틱에서 멈춰 있을 수 없으며, 저절로 인간과 인간 간의 어떤 특별한 결합양식을 필요로 하게 된다. 그 개인주의는 거기서 다시금 저 인간학주의의 필요를 감지하게 되는바, 그렇게 인간과 인간 간의 결합양식으로서 인간학적인 것이 채용되는 것이다. 거기서 인간과 인간 간의 이른바 '파토스'적인 결합이 거론된다. 그리하여, 자유주의자들에 따르면 인간은 어떤 일정한 인간들끼리만 일정한 결합관계에 들어간다. 그게 어떤 것이냐면, 인간학적 취미판단상에서 서로를 좋아하는 인간끼리가 하나의 사회결합을 행하는 것이다. 우리는 그러한 사회결합을 섹트[sect(파벌·분파·종파)]라고 부르지 않으면 안 될 것이다.

정말이지 자유주의자는 초당파적이다(이 초당파성이 실은 하나의 어엿한 당파성에 다름 아니라는 부패한 진리는 논외

15 '문학적 자유주의'의 특질

로 할지라도 말이다). 그들에 따르면 개인과 개인을 잇는 객관적이고 외부적인(그들에 따르면) 표준이란 없기 때문이다. 하지만 그들은 초당파적인이기 때문에 오히려 섹트적인 것이다. 왜냐하면 그들 서로를 잇는 것은 주관적이고 내부적인(그들에게 말하게 하자면) 것 이외에 다른 게 있어서는 안되기 때문이다.

그렇게 인간과 인간을 묶는 객관적인 표준이 없을 때 진정한 뜻에서의 정치란 있을 수 없다. 개인주의자인 오늘날의 문학적 자유주의자가 일반적으로 정치에 대해 흥미와 호의를 갖지 않는 것은 그 지점에서 유래하고 있다. 하지만 그들이 정치를 떳떳하게 여기지 않는 이유에는 실은 좀 더 심각한 근거가 있는바, 그것에 유의하지 않으면 안 된다.

문학적 자유주의자에 따르면 인간과 인간을 묶는 정치 같은 것에는 단지 주관적인 근거밖에는 없는 것일 터였다. 왜냐하면 인간과 인간을 묶는 객관적인 관계는 근본적 第一義的으로 실재적일 수 없는 것이었기 때문이다. 그렇게 그들에 따르면 정치라는 것은 인간적인(혹은 인간학적인?) 술책[흥정·외상]이나 책동의 심사心事 이외에 다른 어떤 것도 의미할 수 없게 된다. 그들은 그러한 인간적 심사를, 적어도 그들 자신의 경우를 두고 말하자면, 객관화하고 대상화하는, 즉 폭로하는 일이 싫은 것이므로 당연히 자유주의자는 정치가 싫다거나 혹은 정치를 싫어해야 할 의무를 느낀다고도 말하게 되는 것이다.

　하지만 원래 섹트적 경향이 있는 문학적 자유주의자는, 필요에 응해서는 예의 저 심사적이고 주체적인 의미에서의 정치를 자신의 섹트적 경향에 결부시킬 필요를 감지하지 않고서는 안 된다. 그리고 실제로 그것은 극히 손쉽게 가능한 일이다. 그때 문학적 자유주의자는 무엇보다 이상적인 진정한 섹트주의자로서 지극히 손쉽게 자신의 모습을 드러낼 수 있게 된다. 그러하되 섹트주의자의 정치는 언제나 기회주의(오퍼튜니즘)이며, 문학적 자유주의자는 그런 오퍼튜니즘 이외에 다른 '정치'적인 것을 알지 못한다.

　섹트적 경향을 고유하게 지닌 문학적 자유주의자는 초당파적이고, 그런 뜻에서 당파성을 갖지 않는 것이지만, 그러나 당파성에 관해 좀 더 선명히 그 요점을 포착해 둘 필요가 있다. 자유주의자에게 고유한 오퍼튜니즘이란 첫째로는 그 이론의 수미일관성을 결여하고 있다는 것인바, 이론에서의 당파성이라는 것은 적어도 이론의 수미일관성을 갖는 일 그 자체가 아니어서는 안 된다. 그러한 '논리'를 갖는 것이 이론의 당파성의 중대한 계기 중 하나인 것이다. 그러나 이론이나 논리라고 할지라도 사상이나 언론에만 한정된 문제는 아니며 오히려 행동에서야말로 그러한 이론이나 논리가 지배적인 것인바, 이론의 당파성이라고 하면 곧바로 행동의 당파성이 문제가 되는 것으로, 오퍼튜니스트인 (문학적) 자유주의자는 다름 아닌 행동에 있어 오퍼튜니스트이기에 이론적 차원에서 무논리無論理이지 않을 수 없는 것이다. 그들의 '초당파성'이라는 것은 따라서 실제로는 그들의 '무논리'을 뜻하는 것에 다름없다.

당파성을 가질 수 없는, 따라서 논리를 가질 수 없는 자유주의자는 아무리 철학적 언사를 늘어놓을지라도 근저적인 의미에서의 '철학'을 가질 수 없다. 그리고 [근]원생명적源生的인 철학이 없는 곳에서는 문학이라는 것 또한 가능할지 어떨지 의심스럽다. 그래서 (문학적 혹은 철학적) 자유주의자에게서 예컨대 자유주의적 철학이라고도 할 수 있을 철학을 기대하는 사람이 있다면, 그 사람은 자신이 철학에 관해 그 어떤 진정한 필요도 느끼지 못하고 있음을 고백하고 있음에 지나지 않을 것이다. 철학을 갖지 못한 사회주의자나, 철학의 필요를 진정으로 느끼지 못하는 사회주의자는 손쉽게 <변절>하는바, 끊임없는 <편의便宜>주의자일 따름인 오퍼튜니스트 자유주의자가 되면 철학을 갖고 싶어도 가질 수 없게 되는 것이다.

그런데 자유주의자의 진보성과 반동성이라는 문제라고 하겠는바, 혹시 이른바 '문예부흥'을 일시적인 시그널로 삼는 오늘날 일본의 광범위한 문학적 자유주의자들의 존재를 잊지 않는다면, 자유주의자의 진보성이라는 것만큼 수상한 게 따로 없음을 알게 될 것이다. 어떤 입장이든 어떤 인물이든 진보적인지 아닌지의 문제는 그것을 허공에서 논할 때는 아무런 의미가 없는 것이므로 무언가 크리티컬한 조건 아래 놓고 사고하지 않으면 안 되는 것인바, 정확히 오늘날의 문화정세가 그러한 때에 임박해 있기에, 우리는 문학적 자유주의자가 문화의 부흥(?)이라는 이름 아래(그것이 어떤 부흥인지를 명확히 사고해 봐야 좋겠는데) 실제로는 무엇에 흥미를 느끼는지를 감시하지 않으면 안 된다. 그들은 문예란 부흥=복고되는 것이라고 말하지, 개척되고 창조되는 것이라고는 결코 말하지 않는다.

　　문학적 자유주의자가 진보적으로 보이는 것은 그런 문화부흥주의를 빼고 본다면, 단지 파시즘이나 봉건의식에 대한 '반감'(결코 그 이상의 것이 아니다)에서 유래하는 것일 따름이다. 하지만 그것은 대체로 말해 그들이 당파적인 것으로서의 정치를 싫어한다는 일반적인 이유에서 유래하는 것에 불과한바, 실제로 그들은 프롤레타리아의 <억압> 따위에 대해서라면 파시즘에 맞서는 이상으로 '진보적'(!)인 역할을 연기하고 있는, 그 숱한 사실들을 참고하지 않으면 안 된다. ──그 모든 결과는 (문학적 혹은 철학적) 자유주의자가 가진 너무도 문학자풍의, 또 '철학자'풍의 '무논리無論理'에서 나오는 것이다.

16 인텔리 의식과 인텔리 계급설

― 이른바 '지식계급론'에 대하여

일본의 문단이나 논단에서는 최근 인텔리겐치아(흔히들 지식계급으로 부르지만, 그것이 부적절한 것임은 새삼스레 말할 필요도 없다)가 거듭 문제로 거론되고 있다. 이는 인텔리 문제가 인텔리 자신에게 반복적으로 문제되지 않으면 안 되는 근본문제라는 이유만으로, 말하자면 영원한 숙명적 문제라고도 할 수 있다는 이유만으로 결정되는 것은 아니다. 오히려 그 문제가 아무리 근본적이고 숙명적인 것일지라도 단순한 반복이거나 되풀이로는 무의미하며, 또 그러한 무의미한 현상이 일어날 가능성이 있다고도 여겨질 수 있다. 어떤 이유에서 지금 재차 인텐리겐치아가 문제로 됐던가를 먼저 파고들지 않으면 아마 인텔리겐치아 문제는 이야기될 수 없을 것이다.

예전에 일찍이 인텔리겐치아가 문제시 됐을 때, 사정은 인텔리 자신에 의해 꽤나 비관적이지 않을 수 없었다. 인텔리가 자기 자신에 대해 가졌던 회의·불만, 자기비하까지가 문제의 심리적 동기였던 것처럼 보인다. 원래 지식인은 지식상의, 혹은 지능상의(지식과 지능이 반드시 일치하는 건 아니다) 우월함을 자부하는 자연적 경향을 갖고 있기에, 그들이 가진 무엇보다 자연발생적인 직관에 따르자면 사회란 첫째로 우선 지식인과 비지식인으로 색깔을 달리하는 것이라고 여겨지기 쉽지만, 그럴 때 지식상의 또는 지능상의 우월함이라는 것이 사회에서의 지배관계와 결부되어 지배자 계급과 거의 동일한 이익관계를 맺게 될 경우, 그런 지식상의 또는 지능성의 우월함이란 거의 고스란히 사회적 지위에서의 특권을 뜻하게 되는 것이다. 그런데 한편, 지식도 지능도 대립을 넘어선 보편성과 통용성을 승인될 수 있는 가치로서 갖는 것이므로, 그 특권이란 그것 자체로 하나의 초월적인, 따라서 특권적인 사회계급을 저절로 뜻하게 되기 쉬운 것이다. '지식계급'이라는, 사회과학적으로 말하면 비과학적인 속류 개념이 때때로 손쉽게 사용되는 것도 그런 사정을 이야기해주고 있는바, 거기로부터 자연스레 지식계급의 지식상의 또는 지능상의, 따라서 어떤 형태의 사회지배적 차원에서의 특권이 지식인이 가진 일종의 자기미신이 되며, 그것이 지식인의 말하자면 저 선천적인 자부심이 되었던 것이다. ─그런데 그 자부가 아무래도 수상한 것이 되었고, 그 점이 예전의 인텔리겐치아 문제가 거론됐을 때의 동기였다.

지식인으로서 또 지능인으로서 자부하는 인텔리는 반

드시 비지식인 혹은 비지능자인 속중俗衆에 대한 일종의 지
도자로서 갖는 지배권에 자신감을 갖고 있다. 가령 세간의
지배권은 부자나 정치가의 손에 있을지라도 정신상의, 또
는 문예 혹은 과학상의, 요컨대 문화상의 지배권만은 자신
의 소유일 수밖에 없다는 안심감이 언제나 인텔리를 행복하
게 만드는 것이다. ──그런데 사회과학의 신선한 교양이 가
르치는 바에 따르면, 사회의 새로운 <지도자>는 더 이상 결
코 그들 인텔리겐치아가 아니라 <프롤레타리아>이지 않으
면 안 된다. 아니, 단지 세간적인 <지도자>만이 아니라 <정
치>적 의견이나 문화적인 <지배권>까지가 전부 <프롤레타
리아>의 수중에 놓여 있어만 한다는 점을 다름 아닌 인텔리
겐치아 자신이 재빨리 배워서 알고 또 가르치기까지 하게
됐던 것이다.

스스로가 크게 자부하는 것이 그런 자부를 배반했던
경우, 그러한 사정을 과대하게 평가하는 것은 무리한 일이
아니다. 자부는 곧바로 그만큼의 자기비하로까지 극히 자
연스레 전화될 것이다. 거기서 인텔리에게 붙어 다니는 것
이라고도 할 수 있을 대단히 심각한(?) 고뇌가 비로소 시작
되는 것이다(오늘날 모모 문예평론가들은 지금껏 새로운 인텔리
의 '고뇌'에 시달리고 있는 것처럼 보이지만, 실제로 그것은 전적으
로 옛 인텔리의 낭패 시기로의 유전적인 아타비스무스[Atavismus·
격세유전(隔世遺傳); 급격한 악화·반동(의 재발)]·선조회귀를 뜻한다). 그

지점에서 당시의 가장 대표적인 악질 인텔리들은 역사적 역할에서 자신의 무능함을, 즉 본래라면 비판하고 교정하고 또 이용까지 해야 할 역할을 대신하여 오히려 지극히 안이하게 수용하고 피상적으로 암기하여, 드디어 심해졌을 때는 그런 역사적 역할을 일종의 특기 같은 것으로까지 바꿔치기하고 말았다. 거기서 창백한 인텔리의 탄식은 실제로는 일종의 인텔리 선언의 뜻까지 갖게 됐던 것이다. 즉 불행한 인간은 그 불행이라는 점에 관해 행복한 인간보다도 더 특권적이라는 것이다.

　어찌해도 그것은 인텔리겐치아의 소극적인 약점만을 특권적으로 과장했던 것이고, 다름 아닌 그 자기과장의 버릇 따위야말로 인텔리 최악의 어리석음이지만, 어디까지나 그들은 그렇게 자부하든 자기비하하든 간에 모든 경우에서 그런 자기과장의 버릇을 청산할 의지가 없었고 실제로 그렇게 청산하지 않았음을 보건대, 그들은 스스로를 한탄하면서도 스스로의 탄식을 떨쳐버리는 데에 참을 수 없어 하며, 네거티브하기는 해도 변함없이 일종의 악질적 자부심으로 넘치는 인텔리에서 멈추며 또 그렇게 멈추는 데서 자기만족을 발견하고 있었다고 하겠다. 그렇게도 괴롭고 또 시답잖다면 인텔리 같은 것에서 훌훌 발을 빼버리는 일에 힘쓰면 되지 않는가라고 말하면, 그들은 그 말에서 무엇보다 인텔리로서 수용할 수 없는 모욕을 남들보다 훨씬 빨리

　16 인텔리 의식과 인텔리 계급설

감지하는 성품인 것이다.

난센스한 그런 악질 인텔리 바깥에는 물론 좀 더 진지한 인텔리 자각자가 없지는 않았다. 그들은 자기비하나 모욕이나 실망을 감지하는 대신에 일종의 새로운, 좀 더 '지능적'인 자부나 기대를 가질 수 있었다. 어느 정도의 거짓과 실제로부터의 괴리가 있었던 말일지라도 어쨌든 무산자측에 <붙어>서 무산자의 <이해관계> 아래로 나아가야만 한다고 했던 그들의 당시 발언 속에는 저 악질 인텔리의 모순 없는 자기합리화 따위와는 비교될 수 없는 진리가 있었던 것이다. 당시 나의 젊은 친구들 가운데는 자신의 아카데미션한 생활을 정리하기 위해 학생 시절에 비싼 돈을 주고 사서 모은 전문서들을 일부러 팔아버리는 기세를 보인 이들도 있었는데, 그런 일을 두고 반드시 절망한 인텔리의 자포자기로 볼 수는 없다고 생각했었다.

하지만 거기에 한 가지 본질적인 문제로의 연루[관계·걸림]가 있다. 우선 앞서 말한 '지식계급'이라는 속류적 개념이 질문 없이 거듭 말해지고 있는 점에 다시 한 번 주의를 기울이지 않으면 안 된다. 인텔리가 실제로는 스스로를 상식적인 직각의 차원에서 왠지 모르게 일종의 '계급과도 같은 것'으로 자각하고 있었다는 점이 지금 중요하다. 자신들은 무산자계급도 아니려니와 부르주아 계급도 아닌데, 왜냐하면 자신들은 교육을 받고 정치가나 실업가보다도 훨씬 더 문화적이기 때문이고, 따라서 그 두 계급에 대립하는 무언가로서 존재한다고 생각하는 것은 일단 그들로서는 무리한 일이 아니다. 그런 관점은 그들이 사회과학적 지식을 재빨리 흡수했었음에도, 혹은 그런 지식을 오히려 이용함으로써 모르는 사이에 부연되기까지 했다고 할 수 있을 것이다. 왜냐하면 지금 자신들이 대체로 소시민에 속해 있다고 생각하는 것은 인텔리가 자신의 역사적 역할에서의 무능함을, 중간성을, 어쩌면 거꾸로 초월성이나 우월성을 과장하는 데에 무엇보다 효과적인 것으로서, 이는 이윽고 인텔리겐치아를 뭔가 하나의 계급인 것처럼 생각하게 만들고 지식계급이라고 부르는 것에 무언가 근거를 제공하는 것처럼 보이게 되는 것이다. 이리하여 인텔리겐치아를 '지식계급'으로 속칭하는 무의식적인 의도가 자라나는바, 이로써 인텔리겐치아는 말의 차원에서는 어찌 불리든, 자신이 사회의 역사적 운동에 있어 뭔가 일종의 원동력인 것처럼 우쭐해져 자기에게 반해버리게 됨을 모르는 사이에 속속들이 드러내게 되는 것이다.

물론 지식계급은 어떤 뜻으로도 사회과학적 범주로서의 '계급'이 아니다. 부르주아 사회학이라면 사회관계를 아무렇지 않게 평면적으로 군별群別[무리 구별]하는 버릇이 있으므로 그러한 군별을 뜻하는 한에서 일종의 사회계급이라고 할 수 없는 것은 아니지만, 이는 부르주아 사회학이 오히려

16 인텔리 의식과 인텔리 계급설

그런 속류상식 수준에 머물고 있음을 가리키는 것이며 그만큼 과학적으로 무가치하다는 점을 알리는 것에 지나지 않는다. ─그래서 인텔리겐치아는 과학적인 표현방식에서 말하자면 결코 사회계급 따위일 수 없으며, 따라서 '지식계급'이라는 속류적 상식어가 얼마나 부당한지는 아는 사람은 누구나 알고 있는 것이지만, 의외로 그 점이 필요한 구체성에 있어서는 이제까지 인텔리 자신의 머리에(인텔리전스[지능·지성]에) 들어가 있지 않았고, 또 지금도 들어가 있지 않은 것이다. 그 점이 문제의 요점이다.

정말이지 인텔리가 자신은 인텔리 집단에 속한다는 일종의 집단의식(그것이 이윽고 계급으로서의 자각을 낳은 이유는 앞서 서술되었다)에 입각하여 미리부터 자부심을 느끼고 그런 자부가 소멸하면 자기비하에 빠지며 그런 자기비하 속에서도 자기비하 그 자체를 자부심의 재료로 삼지 않고서는 안 되는 마음의 본바탕에서 보면, 어디까지나 일종의 우선적인 역사적 역할을 독점한 사회원동력으로 인텔리겐치아를 보고자 하는 욕망 이외에 다른 어떤 것도 나오지 않는다. 악질 인텔리에게 인텔리 문제란 언제나 인텔리전스(지능)의 문제로 거론되는 대신에 인텔리 계급의 문제로 거론되는 결과가 된다. 따라서 무엇보다 그것에서는, 반드시 악질 인텔리의 경우에 한정되지 않는데, 인텔리겐치아가 뭔가 쁘띠 부르[주아] 사회층과 동일한 것인 듯한 혼란이 생겨나며, 그러한 속류화된 사회과학적 어조가 생겨나는 것이다. 정확히 일본에서는 파시즘이라고 하면 곧바로 뭔가 봉건적인 것이라고 생각되고 마는 것과 그것은 동일한 속류적 어조인 것이다.

하지만 인텔리를 뭐라고 부르든 지식계급으로 간주하는 방식은 반드시 악질 인텔리에게만 가정되는 것은 아니다. 인텔리의 적극적인 측면을 강조하고 무산자로의 <이행> 및 무산자와의 <공동[전선]>을 설파했던, 과학적으로 다소간 의미를 가졌던 예전의 '인텔리론자'들조차도 언제나 문제를 자신들 인텔리가 자본가를 향해 <주어야> 하는지 무산자를 향해 <주어야> 하는지, 아니면 독립되고 독보적인 것이어야 하는지라는 문제로서 제출했던 것이다. 마치 인텔리라는 사회계급구조상의 어떤 단위가 있고 그것이 역사적 투표를 어디로 향해 수행할 것인가라는 문제가 있기라도 한 것처럼 말이다. 거기서는 실제로 자신들 인텔리가 자연스레 뭔가 캐스팅보드라도 쥔 것처럼 내밀하게 가정되고 있는 것이다. 인텔리의 약점과 무력함과 비독립성을 강조하는 것은 소수파의 소수성을 강조할 따름인 극히 자명한 몸짓에 지나지 않는 것으로서, 이는 소수파가 다수파들 간의 대립을 이용하여 그것을 리드하고자 한다는 무의식적인 의도를 반드시 방해하는 것은 아니었다. 인텔리라는 것의 제1규정을 무엇보다 먼저 어떤 일정한 사회층이

16 인텔리 의식과 인텔리 계급설

라는 관점에서만 구하고자 하는 한에서는 어찌해도 그렇게 되지 않을 수 없는 것이었다.

정말이지 인텔리론자들은 대개의 경우 자신이 인텔리로서 그것을 '자신'의 문제로 제출하므로, 그것을 인텔리층이라는 사회적 주체의 문제로 들이미는 일도 일단 지장될 것은 없겠으나, 실제로 인텔리의 경우 좀 더 절실한 주체의 문제는 그 지능(인텔리전스)의 문제 속에 있는 것으로서 인텔리가 하나의 사회층인 것처럼 가상을 취할 수 있는 것도 전적으로 그 지능을 표식으로 삼는 한정 이외에 다른 한정의 원리란 없는바, 그 점에 주의한다면 인텔리 자신에게 인텔리 문제의 일신상의 또는 사회상의 정립 방식이 우선 첫째로 자신들의 집단적인 인텔리전스를 어떻게 사용해야 할 것인가라는 물음에 있는 것이었음은 당연히 알 수 있을 터이다.

자신들이 가진 지능의 향상도 그것의 이용도 사회적 관점에서는 사고해 본 적이 없는 악질 인텔리(즉 그들은 인텔리전스 그 자체가 악질적이다)가 인텔리의 창백함을 탄식함으로써 그 지능의 현저한 저하와 저능화를 초래하고 있다는 사실은 논외로 할지라도, 지능상의 특수 기술능력을 스스로 무시하는 앞서 사례로 들었던 단순한 안티 아카데미션이나 자신들 인텔리가 어느 쪽 계급에 속해야 하는지를 논한 예전의 인텔리론자들은 사회에서의 집단적 인텔리전스의 문제와 사회계급의 문제를 뒤섞고서는 동열에 나란히 놓고 마는 것이다.

　　진상은 우선 첫째로 사회계급의 <대립>이 문제의 지반이 되고 있다는 점이다. 자본제 사회는 언제나 자본가계급과 무산자계급 간의 <대립>으로 되어 있다. 이는 공식이다. 공식이므로 하나하나 증명하지 않아도 좋은 대신에 하나하나 떠올리지 않으면 안 될 테제인 것이다(이 점에서 세간에 흔한 '공식주의' 반대가들에게 한 마디 주의해두고 싶다. 당신들은 말하자면 삼각 공식을 사용하고 싶어 하지 않기 때문에 실제로는 엘러멘터리한[기초적인·기본적인] 증명에서 시작하지 않으면 안 되는 것이고 삼각 공식 자신을 일일이 증명하지 않으면 안 되겠지만, 그것은 오히려 어엿한 일종의 공식주의가 될 터이므로, 결국 당신들은 엘러멘터리한 것에 대한 증명도 하지 못하며 발달한 테제에 대한 증명도 과학적으로는 행하기 어렵게 될 것이다). 그렇다면 그런 공식 위에 서서(그것을 잊어버린 상태 속에서가 아니라) 지능 소지자인 일군의 인텔리전트가 어떤 계급적 역할을 맡고 있는지를 문제 삼아야 할 것이다. 그리하면 대체 인텔리겐치아 일반이라는 것이 어떤 계급에 속해야 하는지 혹은 중립일 수 있는지와 같은 멀고도 성마른 추상적 문제제출 양식은 사라져 없어질 것이므로, 부르주아지 진영에서 인텔리겐치아의 인텔리전스는 어떤 역할을 맡는지, 그것에 반해 무산자 속의 인텔리겐치아의 인텔리전스는 어떤 역할

　　　　　　　　　　16 인텔리 의식과 인텔리 계급설

을 맡게 되는지와 같은 일보 진전된, 그리고 한층 명백하고 도 용이한 문제의 해결로 향해 갈 수 있을 것이다.

그렇다면 오늘날 새로운 단계에서의 인텔리 문제, 최근 부흥된 인텔리 문제는 옛 인텔리 문제의 시기에 비하면 부분적으로는 약간 더 낙관적인 사정이 그 동기를 이루고 있다. 일반적 퇴조(이는 적어도 그 윤곽에서 말하자면 다름 아닌 무산자의 현실세력·정세의 퇴행이라는 점을 공식으로 삼아 기억해 둘 필요가 있는 것이다) 덕분에, 예컨대 '문학'은 정치로부터, 곧 <정치적> 감시로부터 개방되고 모종의 문학자들이 한시름 놓게 되는 낙관적 상태가 다시금 인텔리 문제를 검토해보자는 마음까지 들도록 인텔리에게 용기를 부여했던 것이다. 따라서 설령 오늘날 인텔리의 '고뇌'를 설교하는 문학평론가들 중 어떤 사람일지라도, 또 '불안'에 '몸을 두고' 있는 전향평론가의 일종일지라도 전체와의 연관에서는 결코 비관적이지 않은 것이다. 이전과는 달리 그들의 '고뇌'란 일종의 순진하게 자랑할 만한 귀한 고뇌로 여겨지는 것이라는 점, 그들의 '불안'이란 오히려 불안주의라는 확신이기조차 하다는 점을 살펴야 할 것이다.

인텔리의 자신감을 표방하든 인텔리가 지닌 예전부터의 회의감을 표방하든, 어찌됐든 그들이 인텔리겐치아의 주체성이 갖는 적극성을 문제로 삼았던 점은 새로운 인텔리론 시기의 한 가지 진보(?), 적어도 새로운 특색이라고 해

도 좋은 것이다. 그런 뜻에서 그들은 '지식인의 부활'이라
고도, 불안이야말로 인생의 영구적인 면목으로서 인텔리야
말로 그런 불안 속의 존재라는 식으로도 말들을 꺼내고 있
다. 지식인이 과연 지능을 갖고 있는지 아닌지를 실제로 현
재 나는 근본적인 의문 중 하나로 꼽고 있고, 불안이라는
것이 인텔리의 본성이라거나 인간 존재의 근저에 뿌리박은
것이라는 말도 거짓말로서 단지 악질 인텔리의 한 가지 변
종이 즐기는 모놀로그[독백]에 불과한 것이라고 본다.

　하지만 그 점을 제쳐놓고, 인텔리의 주체성이 갖는 적
극성이 문제라고 해서 그 문제가 사회적 차원에서의 인텔
리의 제멋대로 된 수다스런 문제가 되어도 좋다는 말은 아
니다. 인텔리의 주체성이라고 말할 때는 그것이 언제나 먼
저 인텔리가 집단적으로 드러냈던 인텔리전스로부터 문제
되지 않으면 안 됐던 것이다. 게다가 인텔리전스가 문제라
고 해서 지능계급 지상주의나 그것에 기초한 기술능력 지
상주의를 향해, 초연한 아카데미즘을 향해 가도 좋다는 말
은 아니다. 인텔리의 주체성과 그 적극성의 문제를 추구한
다고 하면서 그러한 일종의 인텔리계급설—'인텔리 지상
주의' '문학주의' 등등—에 빠져들어 간다면(말하기를 '지식
인의 부활', 말하건대 '불안', 말하건대 '전문화'로서 그러한 인텔리
계급은 '행동'하기 시작한다!), 본질적 차원에서 모처럼 만의
새로운 인텔리론도 옛 인텔리론의 되풀이에 지나지 않게

될 것인바, 이는 나아가 그런 단순한 되풀이가 아니라 그 인텔리스러운 인텔리주의(인텔리계급설)의 악질성과 우둔함의 강조·발전에 다름 아니게 될 것이다. 나는 그러한 현상을 일반적으로 '전향주의'라고 정의하고 싶은 것이다.

인텔리겐치아의 주체적이고 적극적인 문제는 무산계급에 있어서의 인텔리전스의 역할을 객관적인 출발점으로 할 때 비로소 논해질 수 있는 것이지 않으면 안 된다. 이것이 오늘날 모든 진보적 인텔리가 갖는 인텔리 의식이 되지 않으면 안 된다. 그것 이외의 인텔리론은 모두 전향적轉向的 일탈이다.

17 인텔리겐치아론에 대한 의문

— 현대 인텔리겐치아론의 문제 제출방식은 잘못되어 있지 않은가

1

인텔리겐치아의 문제는 최근 많은 사회평론가나 문예 평론가에 의해 논해지고 있지만, 언뜻 그것 이상으로 문제가 새로이 제기되고 있는 여지는 없어 보인다. 하지만 실제로는 그렇지 않은데, 우리는 인텔리겐치아 문제의 문제제기 방식 그 자체에 꽤나 의문을 삽입해 넣지 않으면 안 된다.

사람들도 알고 있는 것처럼 수년 전까지의 마르크스주의 사상의 전성기에 행해졌던 인텔리겐치아론은 대체적으로 말해 자본주의사회에서의 계급<대립>에 처하여 인텔리가 얼마나 무력한지, 혹은 자신의 그 무력함을 인텔리가 어떻게 자각해야 하는지라는 소극적인 관점에서 거론되었다. 그리고 그것이 당시에 일종의 '마르크스주의적' 상식으로까지 되어 세간에 보급됐던 것처럼 보인다.

인텔리의 입장에서 보면, 이른바 비관적이라고도 해야만 할 인텔리론의 그런 문제제출 방식은 말할 것도 없이

일정한 정세상의 필연성이 그 동기를 이루고 있었다. 그렇다는 것은 우리나라 또는 우리나라와 비슷한 자본제 위의 후진국에 있어 진보적인 사회의식 또는 사회운동은 우선 처음엔 주로 사회에서의 지능분자(인텔리겐치아를 그렇게 번역하는 것이 가장 적절하지 않을까 한다)를 선각자로 하여, 따라서 그런 한에서 그들을 지도자로 하여 발달한다는 표면현상을 드러낸다는 말이기도 하다. 꼭 그렇지 않더라도 지능분자를 일반적으로 말해 사회의 지도적 멤버로 보는, 그것 자체로서는 일단 당연한 상정이 자타 공히 허용되고 있는 것이므로, 그럴 때 인텔리의 마르크스주의적인 진보적 의식은 자칫하면 그런 인텔리 지도주의와 결부되어 원래 마르크스주의의 근본적 관점이었던 프롤레타리아적 입장까지 모르는 사이에 희박하게 만들기 쉬울 것이다. 이러한 있을 법한 편향에 대비하기 위하여 자연스레 당연히 인텔리 비관설이 논의의 표면에 떠오르게 되고 강조되지 않으면 안 됐던 것이다.

사실 다른 한편 세간에서는 인텔리의 각종 독재론(?)이 존재하고, 그것이 무릇 반反프롤레타리아적인 사상적인 떠 정치적인 테제를 도출하고 있었던 것을 보자면, 그런 경계심은 결코 지나친 것이 아니었다. ─그러하되 물론 그런 경계심을 엄중히 한다는 것이 인텔리의 무조건적인 또는 완전한 무력함을 인정하는 것은 아니었으며, 그것은 실제로는 단지 인텔리에 대해, 오히려 인텔리에 고유하게 제한된 사회적 활동성을 가리키기 위한 것이었을 따름이었다. 따라서 진상을 말하자면, 그런 소극적 인텔리론의 말투 속에는 그렇게 한정된 인텔리의 능동성에 관한 오히려 적극적인 관점의 주장이 숨겨져 있었던 것이다. 하지만 상식은 결코 사물의 뒷면을 보려고 하지 않으며, 그런 뜻에서 유머를 이해하지 못하는 속물적인 것이다. 인텔리라고 불리면서도 전혀 지능(이는 일종의 인류적 본능으로도 꼽을 수 있을 것인데)이 발달하지 않은 분자는 고지식하게도 인텔리의 무조건적인 비관설의 신봉자가 되고, 그 코러스단隊까지를 만들고 말았던 것이다. 그리고 무엇보다 공포스러운 것은 그러한 인텔리 비관론이 우리나라에서는 뭔가 마르크스주의의 테제 중 하나라도 되는 것처럼 상찬되었던 일이다.

그래서 이번에는, 세간적으로 말해 마르크스주의의 '유행'이 쇠퇴하기 시작하면서 그것과 함께 인텔리 비관설 역시도 쇠퇴하지 않으면 안 되었던 것인바, 일련의 이른바 <전향> 현상(그 본질을 여기서 논할 수 없는 것이 아쉬운데)에 응하여 본래의 인텔리 낙관설이라고도 해야 할 것이 부흥하게 됐던 것이다. 비관설을 마르크스주의적인 것으로 보는 상식에서 말하자면, 그 낙관설은 비非마르크스주의적인 혹은 반마르크스주의적인 것이라는 식으로 통념적으로 수용되는 일은 상식상 그럴듯한 것으로서 아무런 무리가 따

17 인텔리겐치아론에 대한 의문

르지 않을 것이다. 사회현상의 표면을 도약하거나 포복하는 그런 피상적인 상식적 견해로부터 보자면, 즉 조잡한 기성상식의 관점에서 보자면 그렇게 그럴듯하게 보이는 것역시도 부득이한 일일 것이다.

하지만 인텔리 '비관'설이 조금도 마르크스주의의 진리가 아닌 한에서는, 인텔리 '낙관'설이 비마르크스주의적혹은 반마르크스주의적이라는 상식 역시도 진리일 수 없다. 비관설과 낙관설이라는 대립되는 두 가지 가상으로 나타났던 것의 진리는, 그 본질은 그런 두 현상의 대립과 교대를 통해 저절로 역사적으로 현현할 터이다. 거기서야말로 비로소 진정으로 마르크스주의적인 인텔리 이론이 전개될 것이다.

현대 인텔리겐치아의 마르크스주의적 문제는, 현재인텔리겐치아의 적극성이 어디에서 구해져야 하는가라는물음이다. 사회의 지능분자가 단지 소극적일 뿐이라고 말하는 '마르크스주의적' 독트린은 지금은 이미 청산되어 있고, 또는 신속히 청산되어야만 하는 것에 속한다. 하지만그것을 청산한 것처럼 보이는 비·반마르크스주의적 '인텔리 적극설'은 인텔리겐치아의 진정한 적극성을 지적하고있는 게 결코 아니다. 그러므로 인텔리겐치아의 참된 적극성은 현재 어디에 있는가라는 물음이 우리들 현재의 문제제출 형식이지 않으면 안 되는 것이다.

2

보통 인텔리겐치아를 지식계급으로 번역하고 있지만, 그 역어가 적절한지 아닌지는 제쳐둘지라도, 그 역어는 적어도 우리나라의 인텔리 문제의 제출방식이 잘못되어 있는 한 가지 증상으로서 흥미로운 것이다. 인텔리겐치아를 지식계급으로 번역할지라도 그것이 사회과학적인 범주로서의, 사회의 생산기구에 직접 대응하는 사회적 결합으로서의 부르주아지나 프롤레타리아트와 동일한 의미에서 '계급'일 수는 없다는 점을 지금 모르는 사람은 없다고 해도 좋다. 그럼에도 지식계급이라는 말은, 불문하고 이야기하자면 사실상 인텔리겐치아를 '계급'으로 유추되도록 하며, 그렇기에 어떤 뜻에서의 계급을 상정하고 있음을 이야기해주고 있다. 현재는 그 점에 근본적으로 주목할 필요가 있는 것이다.

마르크스주의적 범주로서의 두 '계급'인 자본가·지주와 무산자·농민은 그렇게 넷 혹은 둘씩 나눠져 두 가지 사회층을 이루고 있다. 사회층이라는 것은 다른 쪽으로 사회신분이라는 의미를 갖게 되며, 다시 바꾸어 사회에서의 직업적 정위[치]定位까지를 의미하게 되는 것이지만 이는 말할 것도 없이 사회계급 그 자체가 아니다. 그 두 사회층 사이의

17 인텔리겐치아론에 대한 의문

중간층으로서 소시민의 범주가 있는 것인데, 소시민층이란 누군가 말하듯이 소小생산자 따위에 한정되는 게 아니며, 사회층으로서의 부르주아지(혹은 지주)와 프롤레타리아트(혹은 농민) 사이의 중간층이 지닌 특징 그 자체를 표현하기 위한 말이다. 그리고 어떤 사람들에 따르면 인텔리겐치아 역시도 그러한 소시민층 또는 중간층에 속하는 것이었다.

정말이지 사회층이라는 것은 사회계급이 아니다. 하지만 그럼에도 사회학적으로 말하자면(사회과학에서는 그렇지 않았던 것이지만) 사회층 역시도 하나의 사회계급에 다름 아니다. 사회의 기본적인 생산관계로부터 관점을 이끌어내지 않고, 주어진 사회현상에서 제멋대로 관점을 끌어낸 '사회학'적 견지는 사회의 표면에 현상하고 있는 계급층을, 예컨대 사회적 신분이나 생활정도나 직업 등을 곧바로 사회계급으로서 기재하는 데에 주저하지 않는다. 이리되면 이른바 '지식계급'이라는 말의 문제는 단순한 말의 사용방법이 아니라 관점상의 본질을 건드리게 된다. 가령 인텔리겐치아가 저 중간층에 속한다고 할지라도 그것을 지식계급으로 부르는 것은, 따라서 하나의 사회학적 증상에 다름 아닌 것이 된다.

하지만 말의 문제는 일단 어찌되어도 좋겠다. 그것보다도 대체 인텔리겐치아가 진정으로 그러한 중간층에 속하는 하나의 사회층인지 어떤지가 중요하다. 어떤 사람은 그것을 두고 어엿한, 나아가 새로이 발견된 하나의 중간층이라고 말한다(오오모리 요시타로 씨처럼). 샐러리맨의 눈에 거슬릴 만큼의 대중적인 중간층이라는 게 있지 않은가, 그것이 '현대'의 인텔리겐치아가 아니라면 무엇인가라고 말하는 것이다. 샐러리맨[salary(봉급)+man; 일본식 조어]이라는 사회현상론적 범주가 사회층의 문제로서 현실상 어떻게 한정되고 있는지는 전혀 모르겠지만(상식적으로는 중中 이하의 은행회사원이나 기껏해야 소小관리 등을 뜻하고 있는 듯한데 '사회과학'적으로는 어떤 것인지 듣고 싶다), 아마 '지식적 노동'에 종사하고 있는 인간이라는 식으로 말의 차원에서는 설명될 수 있을 것이다. 하지만 지식적 노동이라고 할지라도 실제적으로는 여전히 무엇인지 알 수 없다. 은행 창구에서 현금을 취급하고 있는 월급쟁이가 지식적 노동자라면 엔진 고장을 거듭 수리해 운전하지 않으면 안 되는 버스 운전수(이 또한 대중적으로 존재하는 것이다) 역시도 지식적 노동자가 아닌가. 그리고 샐러리맨을 월급쟁이로 번역하고 있는 듯하지만, 그렇다면 운전수는 일당을 받으므로 샐러리맨 즉 지식노동자가 아닌 셈인가. 그러하다면 연봉을 받는 관리 또한 샐러리맨이 아니게 될 것이다(소小관리 또한 대중적으로 존재하는 것이다).

지식노동자라거나 샐러리맨 같은 상식적인 말이란 이미 분석적으로 보면 사회층으로서는 꽤나 난센스가 되는

17 인텔리겐치아론에 대한 의문

데, 더 나아가 그런 것을 현대 인텔리겐치아의 대표자로 보는 것은 대체 무엇을 근거로 삼은 것인가. 전문학교나 대학을 나왔기 때문이라고 한다면, 이른바 '지식계급 직업소개소'에서 학교 출신 대중적 실업자의 극히 일부만을, 그것도 일용직으로 주선하고 있는 것은 대체 무슨 까닭인가. 인텔리겐치아가 샐러리맨을 그 대표자로 하고 있다는 묘한 설명은 아마 인텔리겐치아층(그러한 층이 있다고 가정하고)을 사회상의 한 가지 직업적 정위[치]로 간주했던 데에서 유래한 게 아닌가라는 생각이 들지만, 그렇다면 인텔리 실업자는 인텔리층에 들어갈 자격이 없게 되고 말 것이다. 나의 추측으로는 그런 묘한 설명이란 오히려 평론잡지의 소위 독자층으로부터 생각해 냈던 것이기도 하지 않을까 하는데 어떨는지. 물론 독자층이라고 할 때는 샐러리맨이나 지적 노동자라고 할 때의 사회층 같은 것과는 상당히 다른 뜻에서의 '층'이지만 말이다. 그러한 독자층을 발견한 것은 [가브리엘] 타르드라는 '사회학자'였지만, 인텔리겐치아를 샐러리맨에서 발견했던 것도 그러한 사회학자적 공헌으로 꼽는 데에 우리는 인색하지 않다.

즉 샐러리맨이라는 상식적 범주가 이미 사회층을 드러내는 말로서는 충분히 분석적이지 않은 것인바, 샐러리맨은 샐러리맨이고 아마도 무언가 직업적인 또는 신분적인 사회층 같은 것으로서, 그것은 인텔리겐치아와는 본래

별개로 된 계통의 사회규정에 속하는바, 따라서 이야기의 본줄기가 전혀 다른 것이라고 할 수 있다. 그런 샐러리맨을 인텔리의 대표자로서 '발견'할 수 있기 위해서는 처음부터 인텔리겐치아 그 자체를 무언가 그런 직업적인 또는 신분적인 사회층으로 사고하지 않으면 안 된다. 즉 인텔리겐치아를 그런 하나의 사회층에 다름없다고 가정하기에 사회현상적인 차원에서 가까이 포착되는 샐러리맨이라는 사회층 같은 것과 결부시키고 싶어지며, 또 그렇게 결부시키는 것 말고는 생각이 움직이지 않게 되는 것이다. 따라서 인텔리겐치아가 사회층에 다름 아니라는 설명은 적어도 실증된 것이 아니라 그저 자가반복反覆[자기 동력으로 엎치락뒤치락함]해 보이고 있는 것에 불과하다.

그러나 왜 문제의 엉뚱한[빗나간, 종잡을 수 없는] 오인[잘못된 (틀린) 이해]을 감수하면서까지 인텔리를 하나의 근본적인 사회층으로 가정하고 싶어 하게 됐는지를 말하자면, 그것을 사회학적인 현상주의로부터 말하자면, 인텔리겐치아가 어쨌든 지식계급이지 않으면 안 되었기 때문이다. 그러하다면 동일한 견지에서 불량소년을 사회학적으로 통계·총괄한 '불량계급', 자살자의 집단층(?)인 '자살자계급' 등등도 가능할지 모른다.

그리고 중요한 것은 그런 인텔리 사회층설은 결국 일종의 인텔리 '계급'설 자신(누구라도 그것이 잘못임을 알고 있

17 인텔리겐치아론에 대한 의문

는)으로 통한다는 점이다. 사회학적 현상주의는 오늘날 전적으로 사회과학적인 본질관觀을 빈틈없이 덧칠하여 가리기 위해 존재한다. 거기서 사물은 사회의 생산관계를 관점으로 하여 거론되지 않고, 고작해야 사회에서의 직업적·신분적인 '안주머니[품속·내막]' 관계 같은 것으로 거론된다. 유물사관 대신에 포켓[호주머니]사관과 닮은 것이 발생하는 것이다. 어쩌면 그것이 샐러리맨 이데올로기이기도 할 것인가.

그렇다면 그런 샐러리맨주의적 인텔리론, 사회학적·현상주의적 인텔리론은 당연하게도 인텔리겐치아의 진정한 적극성을 이해할 수 없을 것이다. 대체 누가 오늘날 샐러리맨에 지능의 적극성을 기대할 것인가.

3

사회학 현상주의적 인텔리론과 나란히 가고 있는 것은 문화주의적 인텔리론이다. 거기서는 샐러리맨을 대신해 어떤 뜻으로는 좀 더 지능상의 수준이 높다고 가정되는 문학자·작가·평론가 등이 인텔리의 대표자라고 생각된다. 그들 대표자들에게 그런 지능상의 자신감이 최근 현저하게 증대하고 형식적인 형태일지라도 그런 자신감의 행동적인 발로가 보이는 지점에서, 그런 종류의 지식분자의 상황에서 일반적으로 인텔리겐치아의 적극성 혹은 능동성이라는 문제의 해결을 구하려는 것이다. 그런 입장에서 보자면 인텔리겐치아를 반드시 인텔리층이라거나 인텔리계급이라고 여기지는 않는 듯하다. 좀 더 개인적인, 혹은 개인주의적인, 그런 뜻에서 내부적인 입장에서 인텔리겐치아는 예컨대 '지식인'으로 여겨진다. 지식인이라는 독특한 입장의 적극성 및 능동성이 거기서는 한결같은 테마로서 거론되고 있는 것이다.

하지만 거기서도 근본적인 의문은 다수 있다. 첫째로 인텔리(지식인)의 독특한 입장에서 유래하는 적극성·능동성이라고 할지라도 그것은 무엇 하나 인텔리만의 세계에서의 적극성·능동성이라고 할 수 없다. 혹시 그렇다면 그것은 인텔리의 독선이거나 인텔리극장의 무대 뒤에서 벌어지는 사건이며, 조금도 적극적인 의의를 갖지 못하는 것일 뿐만 아니라 지식인의 주관 자신에게서조차 지극히 의미가 궁핍한 것이지 않을 수 없게 된다. 따라서 인텔리의 능동성·적극성이라는 것은 결국에는 지식인의 주체를 통해 사회의 객관적 관계로까지 일정한 영향을 미치는 것이지 않으면 안 된다(그것이 구체적으로 어떤 영향을 주는가에 대해 그들 인텔리론자들은 아직 생각할 순서에 이르지 못한 것 같지만 말이다). 따라서 인텔리의 능동성·적극성은 인텔리의 대쳐사회적인 그것이지 않으면 안 된다. 그런데 그 대사회적인 능동성 혹은 적극성이 인텔리만의 독특한 것이라고 여기는 지점에서 실제로 일종의 어폐가 생겨나고 있는 것으로 볼 수 있다.

그렇다는 것은 인텔리가 사회를 향해 어떤 구체적 형태의 적극성·능동성을 가져야 하는가가 전혀 한정되어 있지 않다는 것이며, 극히 한가하게 일반적·추상적인 것에 멈춰 있는 결과 인텔리의 적극성·능동성이 갖는다는 독특함 또한 전혀 구체적으로 한정되지 않고 있다는 것이며, 따라서 인텔리의 일반적·추상적인 대사회적 독특함으로서 예의 저 인텔리의 대사회적 지도성 같은 인텔리 지상주의로 통하는 것을 갖고 나오게 되는바, 그런 독특함의 주장은 한 걸음 잘못 내디디면 실제로 그런 지도성으로 통하고 마는 것이다. 그런 뜻에서 인텔리의 독특성이던 것은 인텔리의 대사회적 독특성이 되고, 즉 인텔리의 사회층·사회계급으로부터의 초월성이 되며, 드디어 그것은 인텔리의 사회 지배라는 관념으로까지 변질될 수 있게 되는 것이다. 그것이 반드시 쓸데없는 걱정이라고는 생각하지 않는다.

혹시 만일 그러한 결과가 된다면(오늘날 아직 거기까지는 이르지 않았다고 한다면, 아직 그런 움직임이 구체적으로 충분히 전개되지 않았던 것에 불과하다), 인텔리를 공평하고 불편부당한 중간적 제3계급으로 사고하는 무엇보다 원시적인 인텔리계급설로 귀착하게 될 것이다. ─가령 지금 혹시 그러한 가정을 하고 본다면, 인텔리가 특히 불안의 능력을 갖고 있다거나 풍부한 회의의 정신을 가졌다는 현재 세간의 정설 역시도 저절로 이해될 수 있는바, 그것은 인텔리가 공평한 제3자로서, 부르주아에게도 불만이고 프롤레타리아에게도 만족하지 않는, 유망한 하나의 계급이라고 하는 지점에서 당연히 유래하게 되는 결론이었던 것이다.

인텔리를 사회현상에서의 객관적인·평균적인 존재로 보는 것이—샐러리맨설과 같이—인텔리 사회계급설로 귀착할 뿐만 아니라, 역으로 인텔리를 주체적으로, 나아가 과두적으로 개개인을 모은 집합 개념으로까지 보게 하는바, 바로 그런 까닭에 오히려 인텔리계급설로 함락되는 폐해가 뒤따르는 것이다.

그뿐만 아닌데, 둘째로, 인텔리의 대표자를 문학자·작가·평론가 등에서 구하는 것은 문필상의 활동이 무엇보다도 인간의 인텔리전스의 기준이 된다는 가정에 다름 아니다. 부르주아 사회에서 말하는 소위 문화—이는 문명으로부터 구별된다—또는 교양이라는 것이 인간 지능의 본질이라는 가설이 그것이다. 그런 부르주아 이데올로기에 의한 지능 관념은 실제로는 중세적인 또는 봉건적인 승려계급의 지능독점 시기에서 발생한 것이다. 문필상의 지적 노작이 물질적 생산에서의 지적 노작보다도 지능(인텔리전스)상 고급하다는 생각은 전적으로 승려주의가 근세적인 형태로 문학의 모습을 취해 드러났던 것에 지나지 않는다.

인텔리겐치아의 능동성·적극성이 소수의 문학자 속에서 발견된다는 것을 이유로 삼아서는, 어디서도 인텔리겐치아의 적극성 문제 혹은 인텔리겐치아의 문제를 문학적 인텔리를 중심으로 해결할 권리는 생겨나지 않는다.

그러하되 문화주의적 또는 문학주의적 인텔리론이 예의 저 사회학적 인텔리론과 본질상으로 일치한다는 점에 주목하는 일이 중요하다. 문화주의나 문학주의의 근본결함 중 하나는 사회에서의 문화현상 또는 문학적 신념이 그저 갑작스레 그러한 것으로 발생했던 게 아니거니와 단지 그것만으로서 그렇게 독립되어 있는 것도 아닌, 그 배경에 사회의 물질적 생산기구가 가로놓여 있다는 점과 그러한 공식의 실제상의 의의를 온전히 주의하지 않는다는 점이라고 할 수 있다. 그 점에서 말하자면 문화주의 혹은 문학주의는 일종의(문화주의적 또는 문학주의적인) 사회현상주의인 것이다. 그것은 사회학적 인텔리론의 현상주의에 비교하면 사회현상에 대한 현상주의적 관점을 취한다는 데에서 전적으로 공통된 본질을 갖는 것임을 알 수 있다.

4

인텔리겐치아는 모든 사회계급에 두루 걸치거나 또는 분산되고 있다. 우리는 그러한 분산된 지능분자를 인텔리겐치아라는 집합명사로 부르는 것이다. 따라서 사실 인텔리겐치아는 소유한 지능의 질과 수준에 상응하여 제각기 구구하고 잡다한 분자의 집합 관념으로 표현된다. 그렇기에 그것을 분석하기에는 어떤 지능분자 군집을 중심으로 출발할 건지가 다른 경우에는 찾아볼 수 없을 정도로 중대성을 띠게 되는 것이다. 우리는 물론 사회학적인 또는 문학주의적인 현상주의적 관점 대신에 사회과학적인 관점에서 시작하지 않으면 안 된다.

문제는 언제나 사회에서의 물질적 생산관계로부터 출발하는 것이다. 거기서 지능분자가 되는 것은 샐러리맨도 아니거니와 문사文士도 아닌바, 곧 생산기술자이지 않으면 안 될 것이다. 그 생산기술자가 기본적인 인텔리겐치아이기에, 거기서 지능이란 인간의 생산생활에 직접 결부되어 있는 기술적 혹은 기술능력적技能的 지능이지 않으면 안 된다. 인텔리전스라는 것은 텐느[『지성론』(1871)]조차도 그렇게 보고 있듯이 인간의 감각에 직접 이어지는 감각능력感能인 것이다(인텔리전스 또는 인텔렉트[Intellekt(지성·지력)]가 감각으로부터 독립한 심적인 능력이라는 생각은 부르주아적 또는 스콜라적 인식론의 미신이다). 예컨대 노동자가 자신의 사회계급상의 이해관계를 본능적으로 또 분석적으로 감각해 들이는 것이 본래의 인텔리전스여야 하는 것이다. 학교 교육이나 단순한 지식이나 학식이 인텔리전스가 아닌 것

17 인텔리겐치아론에 대한 의문

과 마찬가지로, 문학자의 비非리얼리스틱한 인식이나 샐러리맨의 부동적浮動的인 감각능력은 별달리 특별하게 인텔리전스라고 할 수는 없는 것이다. 인텔리전스란 말하자면 인간의 실천적 인식에서의 본능적인 유능성이라고 해도 좋을 것이다. 그것은 인간의 생산생활로부터 떨어져서는 내용과 의미를 잃는 심적인 능력이다. 사회군群·사회층·사회계급 및 가정적, 개인적, 또 사회적 조건 아래에서 그러한 지능능력을 준비한 사람이 이른바 인텔리로 불리는 지능분자이지만, 그것의 구체적인 주체는 어디서 찾아져야만 하는가라는 물음에 답하자면 우선 첫째로 생산기술자에서 찾아지지 않으면 안 될 것이다.

그런 생산기술자를 중심으로 할 때 비로소 우리의 인텔리겐치아 개념은 점차로 일반적인 과학자·예술가·정치가·일반적 피교육자 등등으로까지 조직적으로 질서화되고 확대될 수 있다. 그럴 때 주의할 점은 그런 인텔리겐치아가 우선 처음에 사회에서의 신분·생활정도·생활양식·직업·사회층·사회계급 등등과는 다른 위상에서 파악되지 않으면 안 된다는 것이다. 그런 연후에 그것을 사회 신분이나 직업이나 사회층·사회계급 등등의 임의적인 것에 결부시켜 임의적인 섹션을 만들어 분석해야 하는 것이며, 또 그래야만 그런 분석이 가능하기도 한 것이다.

그렇다면 일본에서 인텔리겐치아의 대표자인 그 기술

인텔리란 대체 어디에서 적극성·능동성을 보이고 있는가라고 질문할지도 모른다. 하지만 적어도 오늘날의 생산기술자는 문학자 등에 비하면 인텔리로서의 지능에 대한 훨씬 큰 자신감을 갖고 있다는 사실을 주목하고 환기시키기로 하자. 오히려 인텔리 지상주의로 귀착하게 될 당사자本尊였던 것은 줄곧 예전부터 일본의 기술가 혹은 과학자의 의식이었던 것이다. 그들은 한편으로 일본의 자본주의적 모순의 한 가지 결과인 부르주아 제도 아래에서의 생산기술이 갖는 모순에 당면하면서, 다른 한편으로 작금 파행적인 군수산업의 인공적 선양 아래에서 그 지능상의 유능성을 점점 더 자각해가고 있는 것처럼 보이기까지 한다. 단, 그들은 이데올로기를 통일적으로 가진 것이 적고, 또 가지고 있을지라도 그것을 발표할 기회와 의도를 결여하고 있기에 (그러나 그런 조건이 또한 오히려 그들의 인텔리적 자신감과 일치하는 것이다) 자기 입으로는 인텔리의 적극성이나 능동성을 시끄럽게 떠들어대지 않고 있을 따름인 것이다.

기술 인텔리의 능동성·적극성은 두말할 것 없이 지금은 자본주의의 제약 아래에서 비로소 보증되고 있다. 따라서 그 결과, 그것은 의식상에서는 자본주의적 이데올로기에 의해 지탱되고 있기까지 한 것이다. 하지만 그 점 역시도 문학자의 인텔리적 자신감과는 다른 별도의 것은 아니다. 문제는 이 자본제 아래서의 인텔리가 갖는 능동성·적

17 인텔리겐치아론에 대한 의문

극성을 어떻게 자본제로부터 독립시킬 것인가에 있다(이는 자본제적 계급<대립>으로부터 독립시킨다는 게 아니다). 문학자의 인텔리적 능동성·적극성이라는 것 역시도 문제는 거기에 있을 터이다(혹시 그렇지 않다면 다시 한 번 근본적으로 비판을 행할 필요가 있겠지만 말이다). 따라서 문제는 우선 첫째로 자본제 아래서의 생산기술가의 유능성을 어떻게 자본제로부터 독립시킬 것인가에 있는 것이다.

우리는 문학자나 샐러리맨의 지능 따위를 중심으로 소시알리스틱한 건설의 기본적인 계기를 얻을 수 있다고 기대하거나 믿지 않는다. 그런 건설에서 기술적 인텔리겐치아의 적극적인·능동적인 역할과 그것에 맡겨진 사회지배조직상의 한계가 일반적으로(홀로 일본에 한정되는 게 아니라) 인텔리겐치아—사회에서의 지능분자—의 적극성과 소극성이 되는 것이다.

마르크스주의적 인텔리겐치아론에서는, 사회의 기초적 구조인 생산기구로부터 말하자면 처음부터 인텔리의 그러한 적극성과 소극성의 본질이 가로놓여 있었던 것인데, 그것이 일본에서는 수차례의 인텔리론을 통해 부정 또는 긍정이라는 가상으로서 제각기 현상했던 것이다. 그런 여러 현상들 간의 모순을 해결함으로써 그 본질이 저절로 현현하게 될 터인바, 그것이 최근의 인텔리론 현상의 뒷면에 있는 객관적인 의미이지 않으면 안 된다.

18 인텔리겐치아론과 기술론

— 기술론의 재검토를 제안한다

부르주아 사회적인 사고방식에 따르면 기술의 문제는 우선 첫째로 '기술과 경제'라는 식의 문제로 제출되는 것이 상례다. 거기서 말하는 것은 주로 공업·농업 등등의 산업기술이고, 따라서 대개는 공업경제·농업경제 등이 그런 '기술과 경제' 문제의 내용이 되지만, 자칫하면 그것엔 일종의 상업기술 혹은 경영학상의 기술이 결부될 수도 있다. 기술이라는 개념을 그렇게 밀고 나가 넓히는 방식을 확장하면, 입법기술·행정기술 등등으로까지도 이어질 터인바, 나아가서는 창작기술 등등으로까지도 이어질지도 모른다. 그런데 그런 소박한 방식에 대해서는 말할 것도 없이 그러한 각종의 여러 '기술'들 사이에도 어떤 일정한 체계·계통 体統관계가 거의 주어져 있지 않은 것이어서, 거기서는 기술이라는 말이 우연히 심하게 세간적이고 통속적으로 사용되고 있는바, 일어날 수 있을 의문이 겨우 봉인되어 있을 따름이다.

그것은 기술이라는 사회적 범주가 철학적으로 충분하

게 사회적 범주의 자격에서 정리되고 있지 않은 점에서 기인한다. 원래 기술이라는 것은 그 자체가 극히 중요한 철학적 범주 중 하나이며, 세간에서도 그 점은 암묵적으로 이해되고 있기 때문에야말로 오히려 기술이라는 범주가 종국적으로는 뭔가 이미 서로 알고 있는 것처럼 가정되고 마는 것이며, 거기로부터 사회의 경제기구에 관해서까지도 방금 말했듯 지극히 루즈한[느슨한] 말의 사용방식으로 이해되고 마는 것이다.

이어 둘째로, 기술이란 오직 경제기구 또는 그것에 직접 이어진 한도 안에서의 사회 부면部面들에 관해서만이 아니라 그것 자신만으로 뭔가 하나의 독자적인 테마와도 같은 것으로서, 부르주아철학 혹은 부르주아 세계관의 근본문제 중 하나로서 거론되는 일이 극히 많다. 특히 최근의 세계정세처럼 경제적·정치적·문화적인 크리지스[Krisis(위기·고비)]에 임하면 그 문제의 근본적인 중대함이 빈번히 주목받게 된다. 기술의 철학이나 그것에 연관된 문명론적 기술론이 오늘날에는 저절로 특별한 역할을 맡고 나오게 되는 것이다. 그런데 그 경우, 기술이라는 개념 그 자체는 아직 온전히 과학적으로 말해 몹시 포착하기 어려운 형태 그대로 남아 있다. 아마도 그렇기 때문에야말로 기술이라는 범주가 무엇보다 광범위하게 또 무엇보다 근본적인 점에서 파악되지 않으면 안 될 터인데, 오히려 실제로는 결국 단순한 상식 개념으로서의 기술을 겨우 학식이 담긴 것처럼 장엄하게 만든 것이 '철학'적인 기술 개념이 되어 있을 따름이다.

그런데 유물론 전반에 있어 기술이야말로 무엇보다 결정적인 요점을 건드린 기본문제 중 하나였지만, 최근 일본에서 얼마간 전개되고 있는 유물론적인 기술론은 지금까지 적어도 2가지 요점을 해명한 공적을 세웠다고 해도 좋겠다. 첫째는 광범위한 포괄적 의미에서의 기술이라는 철학적 범주를 그 일반성에도 불구하고 기본적인 부분부터 2차적인 부분으로 단계를 밟아 체계·계통으로서 분해하고 종합했다는 점이다. 기술 일반이라는 것은 물질적 생산기술을 기본적인 선線으로서, 그것에서 가지를 쳐나온 조직分枝組織으로서 구체화되지 않으면 안 된다는, 언뜻 지극히 잘 알려진 것으로 보이지만 실제로는 종래의 부르주아적 통념에서는 그다지 그 의미를 주목하지 않았던 지점의 관계가 비로소 선명히 밝혀졌다는 것이 그 첫 번째 요점인 것이다.

두 번째 공적은 그러한 기술과 기술능력技能·기법 혹은 수법 간의 구별을 지적했던 점에 있다. 고유한 뜻에서의 기술(물질적 생산기술)은 사회의 객관적이고 물질적인 기저이고, 그 기술에 관여하는 노동주체의 한 가지 특성인 기술능력 혹은 그것의 연장물延長物로 여겨지는 기법 또는 수법과는 일단 미리 엄밀히 구별되어야 한다는 점이 그것이다.

하지만 그런 고유한 뜻에서의, 엄밀한 뜻에서의 본래

적인 기술, 기술 그 자체가 무엇인지에 관해서는 아직 반드시 유물론적으로 충분히 해명했다고는 생각할 수 없다.

그 두 번째 지점에 관해 기억해도 좋은 것은 아이카와 하루키 씨의 논고 「최근 기술논쟁의 요점」(『사회학 평론』 창간호)이다. 그는 거기서 종래 유물론 측에서 제출되고 또 토론됐던 기술론을 일단 그 자신의 전망 아래에서 정리했는데, 그 속에서 과거에 내가 발표했던 의견(『기술의 철학』〔앞의 책〕 참조)에 대한 근본적인 비판은 하나의 맥락에서 일관되어 있는 듯하다. 나의 소견에서 보이는 관념론적인 부족함이나 착오에 관해서는 나는 그의 의견에 동의하는 길 말고는 없다고 본다. 그래서 그 점에서 말하자면 나 자신은 그의 논고가 지닌 가치를 상당히 높게 평가할 수 있다. 하지만 그러함에도 나는 그의 적극적인 견해 그 자체에 대해서는 꽤나 근본적인 의문을 지금껏 해소할 수가 없다.

아이카와 씨에 따르면 기술이란 인간 사회의 물질적 생산력의 일정한 발전단계에서 사회적 노동이 갖는 물질적 수단의 체계 이외에 다른 것일 수 없다. 즉, 주로 노동수단의 체제가 기술이라고 말하는 것이다. 기술이라는 관념을 그렇게 한정하는 것이 유일한 유물론적 태도라고 말하는 것이다. 사실, 기술적 개념에 대한 그의 모든 규정은 전부 거기서 출발하고 거기로 집중된다. —아마도 세간에서는 흔히들 한쪽으로 기술능력이나 기법까지도 포함하면서 다른 한쪽으로는 비물질적 생산기술까지도 포함하여 그것에다가 막연하게 기술의 이름을 붙일 것이다. 세간에서는 결코 그러한 노동수단의 체계(기계·도구·공장·교통시설 등)만으로 기술이 된다고는 생각하지 않는다. 아마도 상식은 그러한 노동수단의 체계 자체가 아니라 그것에 기초한 어떤 것을 기술이라는 이데[Idee]로 표현하고 있을 것이다(여기서 이데란 분석의 결과가 일정하게 예상되는 관념을 말하지만 말이다). 따라서 아이카와 씨가 '노동수단의 체제'를 다른 단어로 표현하는 대신에 곧바로 '기술'이라는 일상어로 표현하기 위해서는, 한쪽으로 그 말의 상식적인 의미내용이 어김없이 비과학적인 이유를 설명해야 할 책임을 지지 않으면 안 되며, 다른 한쪽으로 자신의 그 과학적 용어에 의해 상식을 설득하고 반성을 강제할 수 있는 것을 준비할 수 있어야만 한다. 혹시 그런 절차를 누락한다면, 기술에 관한 규정은 오히려 부르주아과학 따위에서 곧잘 애용되는 '정의定義'와 같은 것으로 끝나는바, 단지 '노동수단의 체제'를 '기술'이라는 학술어(?)로 인공적으로 정의한 것에 지나지 않게 될 것이다. 그리고 그러한 경우의 상례로, 기술은 언제나 테르미놀로기[Terminologie(전문용어)]로서의 기술이 되어 완전히 기계적으로 제멋대로 나돌아 다니게 될 따름인바, 거기서는 그 어떤 진리 있는 발전도 기대할 수 없을 것이다.

아이카와 씨에 의한 기술의 그 정의定義는 마르크스가

썼던 것 속에서 선택되고 있는 것처럼 상상되고 있다. 나는 아직 그 부분을 마르크스 속에서 발견하지 못했으며, 또 그것을 다른 사람이 인용한 것도 현재 기억에 남아 있지 않으므로, 과연 그런지 어떤지는 전적으로 상상의 범위를 넘어서지 못하는 것이다. ──그러나 어쨌든 아이카와 씨가 인용하고 있는 한에서는, 그 정의에 해당하는 마르크스의 문장은 직접적으로는 거론되지 않고 있다.

그가 거기서 일관되게 논거로 삼고 있는 문헌은 마르크스의 '테히놀로기[Technologie(테크놀로지·기술학·공학)]'에 관한 설명 부분이다. 아이카와 씨는 '기술이 노동수단의 체제인가 아닌가에 대해 여전히 의문을 갖는 것은 마르크스의 이 명제(이는 레닌의 『칼 마르크스』에서 유물사관의 해설을 위해 전면에 내세워져 있다)를 다시 음미하는 것에서 출발해야만 한다'고 쓴다. 그러고는 이 문장 앞쪽과 뒤쪽에 마르크스의 다음 두 가지 명제를 각기 인용한다. 제1(앞쪽), "테히놀로기는 자연에 대한 인간의 능동적인 관계, 바꿔 말하면 그 생활의 직접적 생산과정을, 따라서 그 사회적 생활의 관계들과 그것에 기초한 정신적 관념들의 형성 과정을 해명한다."(『자본론』 1권, 엥겔스민중판, 389쪽) ──제2(뒷쪽), "테히놀로기의 비판적 역사──사회인간社會人間의 생산적 기관들이 지닌 제각기 특수한 사회조직의 물질적 기초의 형성사"

(번역은 아이카와).¶ ──레닌은 그것을 전면에 내세웠다.

그래서 아이카와 씨는 다음과 같이 결론짓는다. '테히놀로기[기술학]의 연구대상인 기술 그 자체란 요컨대 "제각기 특수한", 즉 일정한 역사적 발전형태에 상응하는 일정한 "사회의 물질적 기초"이며 "생산 기관들"=생산 수단들, 그 중에서 특히 노동수단에 다름 아닌 것이다.' 이어 그런 '사회적·물질적 기초'라는 것이 마르크스가 다른 곳에서 말하는 '일정한 사회의 기술적 기초'와 동일한 내용을 보여준다고 말한다.

하지만 곧바로 알 수 있듯이, 그런 결론이 혹시라도 도출될 수 있다고 한다면 그것은 기껏해야 마르크스의 제

¶ [맑스의 이 '제1테제'와 '제2테제'는 『자본』 1권 4편 13장의 각주에 들어있는 문장들이다. 순서상 먼저 나오는 제2테제의 국역본 문장을 옮겨놓는다: "비판기술사(批判技術史)는 […] 사회적 인간의 생산기관들의 형성사나 각 특별한 생산조직의 물적 토대의 형성사[…]"(칼 맑스, 『자본』 I-2, 황선길 옮김, 라움, 2019, 11쪽) 제1테제의 국역본 문장들은 다음과 같다: "기술학은 자연에 대한 인간의 효율적인 태도와 인간의 삶을 위한 직접적인 생산과정을 밝혀줌으로써, 인간생활의 사회적 관계들과 이로부터 발생하는 정신적 관념들의 직접적인 생산과정까지도 밝혀준다."(같은 곳); "공학은 자연에 대한 인간의 능동적인 태도, 즉 인간생활(따라서 인간 생활의 온갖 사회적 관계와 거기에서 생겨나는 정신적 표상들)의 직접적인 생산과정을 밝혀주고 있다."(칼 맑스, 『자본』 I-1, 강신준 옮김, 길, 2008, 508쪽); "기술학은 인간이 자연을 다루는 방식, 인간이 자신의 생명을 유지하는 생산과정을 밝혀주는 동시에, 인간생활의 사회적 관계들과 이로부터 발생하는 정신적 관념들의 형성과정을 밝혀준다."(칼 마르크스, 『자본』 1권, 김수행 옮김, 비봉출판사, 2001, 501쪽)]

18 인텔리겐치아론과 기술론

2테제에서만 가능한 것으로, 제1테제로부터는 오히려 그런 결론과 정반대의 결론이 나올 터이다. 테히놀로기는 '자연에 대한 인간의 능동적인 관계'('생활의 직접적 생산과정')를 대상으로 하며, 따라서 '사회적 생산관계들과 그것에 기초한 정신적 관념들의 형성과정'을 대상으로 하는 것이기 때문에, 거기서부터 본다면 아이카와 씨가 논구하는 기술 그 자체는 그렇게 따옴표 속에 들어있는 것이지 않으면 안 된다. '자연에 대한 인간의 능동적인 관계'나 그것에 기초하는 한에서의 생산관계들만이 아니라 정신적 관념들의 형성과정까지가 왜 '노동수단의 체제'로 사고되지 않으면 안 되는가. 오히려 그것은 기술이라는 것이 노동수단의 체제 등으로 제한되지 않고 있음을, 마르크스가 일부러 드러나게 설명하고 있는 것처럼 받아들일 수밖에 없는 것이다. 그리고 주의할 것은 마르크스가 위의 문장들에 뒤이어 곧바로 '그런 물질적 기초를 등한시할 때 종교사까지도 무비판적인 것이 되고 만다'고 하면서, 각 경우에서의 실제생활의 사정으로부터 그 천국화된 형태들을 펼쳐 보이는 것이야말로 유일하게 물질적이고 따라서 과학적인 방법이라고 서술하고 있는 점이다.* 즉, 적어도 거기서 마르크스가 '물질적 기초'라거나 '물질적'이라고 말하는 것은 아이카와 씨가 추

---

* [마찬가지로 『자본론』의 해당 각주 마지막 부분에서 이어지고 있는 문장들임.]

론했던[그렇게 제한했던] 노동수단 같은 것을 뜻하는 게 아니라 단지 일반적으로 유물사관의 출발점을 가리키는 것에 불과하다.

그리고 위의 제2테제로부터의 추론 또한 심히 논거가 박약하다고 하지 않을 수 없다. '사회인간의 생산적 기관들'이 마르크스에 의해 '사회조직의 물질적 기초'로 등치되고 있기 때문이라고 하면서 그 둘을 교차시켜 '노동수단'을 도출하는 것은 상당히 위험한 텍스트 독해방식이다. 왜냐하면, 사회인간의 생산적 기관들이라는 것은 '식물 및 동물의 생활을 위한 생산기구로서의 기관'으로부터 아날로지[유추]됐던 것이겠지만, 혹시 그 아날로지를 단순한 외면적 유사함相似에 의한 아날로지로 받아들일 때 그것은 단지 앞서 말한 '자연에 대한 인간(혹은 동식물)의 능동적인 관계'를 기관이라는 물질이 갖는 능동적 기능에 의거해 암시했던 것에 불과하게 될 것이기 때문이다(생산기구로서의 기관이기에 노동수단을 암시한다고 말할지도 모르겠지만, 마르크스는 단순한 수동적 인식기관 따위로서의 기관이 아니라 능동적인 생산기관이라고 말하고 싶을 따름이다). 또한 그 아날로지가 혹여 좀 더 본질적인 것이라고 한다면, 그것은 첫째로, 사회인간의 생산적 기관들(=사회의 물질적 기초)이라는 것이 단순한 노동수단체제 따위가 아니라 좀 더 기관다운 기관의 특색을 가진 무언가(기관에는 신경도 근육도 있다)의 물질적 기초를 표현하려는 것임에 틀림없다. 이를 마르크스는 더 선명히 말하고자 했고, 다른 곳에서 '기술적 기초'라는 식으로(우리가 보기엔) 동어반복의 형태로 설명했던 것이라고 판단된다. 뿐만 아니라, 그것은 가령 기술이 단지 객관주의적으로(또는 기계론적이기까지 한) 노동수단의 체제 따위로 정의적定義的으로 한정됨으로써 끝나버리는 것이 아니라는 점을 가리켜 보였던 것으로, 생물의 기관에야말로 어쩌면 기술이라는 것의 역사적 기원이 있다고 생각되고 있었던 건지도 모른다. 그리된다면 여기서 사용되고 있는 생물적 기관이라는 아날로지의 의미는 기관이라는 '노동수단의 체제'인 동시에 감각운동적 기능의 주체이기도 하다는 점을 지시하지 않으면 안 될 것이다.

따라서 어느 쪽이든 마르크스의 저 두 가지 테제로부터는 아이카와 씨가 구하려는 '노동수단의 체제'라는 기술의 정의는 나오지 않는바, 그럴 뿐만 아니라, 조금 생각해보면 오히려 그러한 기계론적 정의를 부정하는 결론 쪽이 좀 더 자연스럽고 좀 더 궤도[흐름]에 맞는 것으로 받아들여진다. 무엇보다 나는 마르크스의 말에 있기 때문이라거나 없기 때문이라고 하는 문헌학적인 의미중심적 해석을 시도할 심산은 전혀 없지만, 적어도 아이카와 씨가 마르크스의 인용문에서 끌어낸 결론에 관한 한, 견해는 오히려 그와는 역방향으로 기운다는 점만은 말하고 싶은 것이다.

물론 아이카와 씨가 마르크스의 말을 유일한 논거로 삼고 있는 것은 아니며, 그 자신이 지닌 사고방식의 체계로부터 말한 것으로 기술을 그렇게 사고할 필연성이 있는 것처럼 받아들일 수도 있다. 하지만 사람들이 말하는 체계 위에서의 필연성이라는 게 반드시 객관적인 필연성은 아니라는 점은 두말할 필요도 없다. 상식을 비판하고 극복하는 게 아니라 상식과 전혀 거리를 두지 않는 테르미놀로기[전문용어], 그저 말만 상식과 공통된 테르미놀로기를 사용하는 것으로는 과학적으로 말해도 그다지 그럴듯하다고 할 수는 없지 않겠는가. 정말이지 상식적 주장은 조금도 존중할 필요가 없을지도 모르지만, 그러나 상식을 구제하려는 것이 아니라면 과학적인 분석은 될 수 없으며 무엇보다 사회적인 대중성까지 갖지 못하게 될 것이다.

하기야 그런 식으로 생각할 수 없는 것도 아닐 것이다. 애초에 기술이라는 말은 통속어로서 그것을 고스란히 과학적으로 다듬어내는 것은 부적당하므로, 그것과는 전혀 독립된 새로운 과학적 기술 개념이 필요해지는 것이고, 그렇기에 편의상으로 가령 기술이라고 부르기로 하자는 식으로 말이다. 하지만 사정이 그러하다면 예컨대 '기술적인 것'이라거나 기술적 기초와 같은 말이 좀 더 좋을 것이지만, 그럼에도 그때는 무엇을 위해 술어의 선택을 위해 애썼는지를 알 수 없게 되고 말 것이다. 즉 노동수단의 체제는 노

18 인텔리겐치아론과 기술론

동수단의 체제로 된 것으로, 그것을 무리하게 기술이라는 말이나 그 변용으로 설명하지 않을지라도 상식적으로도 훌륭하게 알 수 있는 것이다. 물론 노동수단의 체제라는 것과 기술이라는 것이 전혀 관계가 없다면 누구도, 아이카와 씨도 그 둘을 아이덴티파이[동일시]할 생각이 들지는 않았을 터로, 둘 사이에 뭔가 필연적인 결속이 있음은 분명하지만, 아무리 긴밀한 결합이 있을지라도 그 둘이 하나가 되지는 않는다. 특히 좀 더 실질적인 연관에서 그 둘의 등치 그 자체가 애초에 문제가 될 때에는 말이다.

실제를 말하자면 아마도 기술이라는 속어는 그것 그대로는 과학적인 범주가 될 수 없을 것이다. 이를 대신하여, 그리고 그 통속적 관념이 갖고 있는 곤란을 분석한 결과, 몇몇 기술류類에 속하는 범주들이 필요해질 것이다. 그한 가지 범주로서, 즉 기술현상의 한 가지 계기로서 '노동수단의 체제'라는 범주는 아마 절대로 필요할 것이다. 하지만 그 범주는 다른 계기를 표현하는 범주로부터 고립되어서는 무의미해지며 범주로서의 용도를 잃게 될 것이다. 그렇다면 어떤 범주가 상상될 수 있는가에 대해 말하자면, 노동수단의 체제에 의해 표현되는 혹은 그것에 의해 측정되는 사회의 기술수준이라는 것이 반드시 필요해질 것이다. 그리고 세간에서 흔히 기술이라고 부르고 있는 것이란 주로 기술수준이라는 범주로 지시되는 한 가지 계기가 아닐까 상상해보게 된다. 무엇보다 지금은 그런 기술수준이라는 개념을 상상하는 데서 멈추는 수밖엔 없지만 말이다.

물론 기술수준이라는 것을 상정할지라도 그것 자체는 별달리 특별한 가시적 형태를 구비하고 있지는 않을 것이다. 그런 뜻에서는 예컨대 노동수단 같은 것이 지니고 있는 물질성은 갖지 못할 것이다. 하지만 그것은 정확히 사회에서의 생산력이 물질적이라는 것과 전적으로 마찬가지로 역시 물질적이지 않을 수 없을 것이다. 기술수준은 노동수단 혹은 그 체제에 비하여 훨씬 고도의 사회적 추상체이고, 그만큼 더 추상적인 사회기구 관념에 속한다. 하지만 그럼으로써 소위 노동수단의 체제와 그것에 대응할 터인 노동력의 속성으로서의 기술능력技能이 비로소 실제적으로 결합되는 것이고, 따라서 또한 소위 노동수단의 체제와 노동력의 기술능력이 관념적으로도 비로소 통일되는 것이며, 따라서 또한 소위 생산기술 속에 그런 기술능력을 편성하여 사고하려는 상식적 요구를 충족시킬 수 있게 되는 것이다.

기술수준은 노동수단체제로부터 나오는 사회적 추상체로서, 말하자면 노동수단체제 자신에 의해 측량될 수 있는 것이지만, 이에 비해 기술능력이라는 것은 오히려 그런 사회적 기술수준에 비춰 측량되는 것이다. 특정한 사회에서 노동수단의 체제에 특정한 노동력의 기술능력이 대응한다고 말할지라도, 이는 단지 그 둘이 그리 다르지 않다는

18 인텔리겐치아론과 기술론

결과를 한마디로 표현하는 것일 따름인바, 실제로는 기술능력과 노동수단체제 사이에 끊임없는 상호작용이 실재하며, 예컨대 기술능력의 사회적 평균수준(기술능력수준)을 표준으로 하지 않으면 트랙터의 운전대 하나도 설계할 수 없게 될 것이다. 그러한 기술능력수준을 객관적인 형태로 바꾸어 측량해 보이는 척도가 사회의 기술수준인 것이다.

노동수단과 기술능력 간의 실제적인 교호작용은 언제나 그런 기술수준이라는, 말하자면 일종의 기술적 등가물로 환산됨으로써 비로소 행해진다.

마르크스는 기술과 기술학(테히놀로기)를 거의 동일한 뜻으로 사용하고 있는 것처럼 보이는 경우도 있지만, 둘은 과학적으로는 구별되지 않으면 안 된다. 무엇보다도 기술에 관한 학문이 반드시 기술학이라고는 할 수 없으며, 따라서 기술학의 대상이 곧바로 기술이라고 할 수도 없고 기술에 관한 연구가 반드시 테히놀로기인 것도 아닌바, 예컨대 그것은 경제학이기도 하고 사회학이기도 할지도 모른다. 또한 마르크스는 『경제학 비판 서설』에서 각각의 생산부문에서의 생산에 관한 연구를 테히놀로기라고 부르며, 그것을 생산 일반 혹은 일반적 생산의 연구로서의 경제학과 구별하기도 한다(따라서 아이카와 씨가 마르크스의 '테히놀로기' 설명에서 그 대상으로서 '기술'의 규정을 추론했던 것 자체가 이미 문제였던 것이다). 그렇게 기술학을 이른바 기술에서 구별할 때, 기술학이란 어떤 것인가. 여기서 기술수준이라는 범주가 도움이 되는 것이다.

이미 말했듯이 기술학은 기술에 관한 단순한 학문이 아니다. 실은 기술(그러한 것을 가정해서)에 관한 기술조직(솜씨手練·기술능력적 지능 및 지식)인 것이다. 따라서 그것은 주로 노동수단 혹은 그 체제에 관한 기술조직이지 않을 수 없는 것이다. 그런데 기술학의 발달이라는 것이 의미하는 것은, 실질상, 이데올로기로서는 기술가 일반의 주체적 기술능력技能수준의 상승이고 객관적으로는 단적으로 말해 사회적인 기술수준의 상승에 다름 아닐 것이다. 기술가의 수준이 객관적으로 보아 사회의 기술수준일 때야말로 세간에서는 아무렇게나 기술학을 기술과 동일한 의미로 사용하는 이유도 있게 되는 것이고, 거기서부터도 우리는 상식이 소위 기술이라는 것의 주된 계기를 그런 기술수준 속에서 기대하고 있는 논거를 볼 수 있다.

노동수단의 체제와 노동력의 기술능력을 실지로 매개하는 사회적 기술등가물은 그런 기술수준과 같은 것으로서, 그 사회적 등가물에 기초해 기술의 광범위한 통일적인 계층적 체계·계통体統도 비로소 성립될 수 있는 것이다. 이런 종류의 사회적 추상체를 표현하는 기술범주를 사용하지 않는다면 기술에 관한 철학이나 세계관이나 문화이론은 처음부터 끝까지 난센스가 될 터이므로, 마르스크가 종교

비판 역시도 테히놀로기의 견지에 서서 행할 필요가 있다고 말하는 점도 그다지 감이 잘 오지 않는 지침이 되고 마는 것이다. ―기술문제와 문화이론 간의 관계는 주로 기술의 발달과 인류의 진보 간의 관계를 문제로 삼는 지점에 가로놓여 있지만, 노동수단과 노동력의 기술능력이 아직 자연적으로까지 분리되지 않은 인류의 원시시대에는, 마르크스가 비유적으로도 말했던 것처럼, 생산기구로서의 기관器官의 기능이 곧 그 기술수준이었다. 거기서는 아마도 인류의 생산적 지능의 발달정도가 곧바로 기술수준에 다름 아니었을 것이다. 기술수준은 노동수단과 노동력의 기술능력 간의 그러한 원시적인 미분화 시기로부터 오늘날의 발달된 사회조직 안에서 '기술 그 자체'가 지닌 표준적인 계기로서, 또는 여전히 인류사회의 기본적인 척도로서 전해져 오고 있는 거라고 볼 수 있을 것이다. 기술이 사회의 물질적 기초라고 말하는 것은 기술수준의 그러한 스텐더드성性을 상정할 때 그 내용이 포착되는 것인바, 그렇게 하지 않으면 노동수단이라거나 기계나 도구 등의 체계 따위에 대해 생각하지 않을 수 없게 된다. 그것은 말 그대로 기계론으로의 한 걸음이 되는 것이다.

기술을 '노동수단의 체제'로 상정하는 데 걸리는 것은 물론 아이카와 씨의 경우만이 아니며, 오히려 이제는 유물론자의 다수가 그런 상정에 일단 신뢰를 보내고 있는 것처럼 보인다. 그런데 나는 그런 신뢰가 유물론적으로 가차 없이 재검토되어야 하는 것에 값한다고 본다. 여기서 논하는 것은 그 시론 중 하나이다. 기술수준에 관한 나의 사견은 지금 현 단계에서는 단지 상상 또는 가설의 차원을 벗어나지 못하지만, 기술에 관한 종래의 유물론적(?) 정의에 유물론적인 의문을 던지지 않고 회피하는 짓은 내겐 도저히 있을 수 없는 일처럼 여겨진다. 이 점, 여러 독자들은 어떻게 판단할 것인가.

그런 의문을 제출하면서, 실제로는 그 직접적 동기가 됐던 것을 끝으로 언급해 놓지 않으면 안 된다. 최근 문단이나 논단을 통해 문제가 되고 있는 인텔리겐치아론이 그런 의문과 연관되어 있다고 생각되기 때문이다.

현재 여러 인텔리겐치아론 속에서는 두 가지 결함이 발견된다고 하겠다. 첫째는 인텔리겐치아 문제를 그 주체성의 문제로서, 즉 인텔리전스(지능)의 문제로서 포착하지 않고, 왕왕 단순한 사회층의 문제로서 포착하려는 경향이 있다는 점이다. 그런데 실은 오늘날 인텔리겐치아의 진보적인 과제는 인텔리겐치아가 자신의 주체적 인텔리전스를 어떻게 진보적으로 도움이 되게 할 것인가라는 물음에 실제적으로 가로놓여 있는 것이고, 또 그렇지 않으면 안 되는 것이었다.

두 번째 결함은 인텔리의 그 인텔리전스를 기술의 문

제와 분절하여 제멋대로 문학적인 또는 철학적인 지식인 문제로부터 분석을 출발시키기 쉽다는 점이다. 인간의 지능, 인텔리전스는 사회적 인간이 자연에 대해 능동적 활동으로 행하는 사회생활에서 발생하고 또 그것에 의해 조건이 부여되고 있으므로, 일반적으로 인텔리전스를 기술로부터 분절시켜 독립적으로 취급하는 것은 원래 유물론의 원칙을 무시하는 일에 이어진 것일 따름이다. 이는 지능에 대한 몹시 부주의한 관념론적 개념인 것이다. 이런 잘 알려진 점들이 의외로 오늘날 진보적인 인텔리론자들이 지닌 시야의 초점에 그다지 명확히 맞춰져 있지 않은 게 아닌가 한다. 그것이 명확하지 않은 한에서 인텔리겐치아의 주체성으로서의 인텔리전스 문제는 거의 내용 없는 것이 되고 말거나, 혹은 그렇지 않다면 예컨대 '인텔리의 능동적 정신'이라는 식으로 왜곡된 형태의 문제로, 심히 불행한 운명 아래에서 제안되고 말 것이다.

그런데 그 인텔리전스는 말할 것도 없이 노동력의 기술능력 가운데 하나인 것이다. 따라서 인텔리전스 문제는 인텔리전스라는 노동력의 기술능력과 기술 그 자체 간의 관계로서 제출되게 되는 것이다. 그런데 그 기술 자체란 무언인지를, 그것과 기술능력이 맺는 기술로서의 실제적 연관은 어떠한지를 알지 못하는 이상 문제는 풀리지 않는다. 적어도 기술이 노동수단의 체제라고 생각하는 따위로는 인텔리전스의 문제, 따라서 인텔리겐치아론의 문제는 간과되거나 아니면 깨부숴지는 길 말고는 없을 것이다. 기술이라는 것을 굳이 사회에서의 기술문제와 같은 것을 통해 표현해보고자 했던 이유가 거기에 있었던 것이다.

인텔리겐치아론의 문제란 유물론의 입장에 서지 않는이상 정당하게 해결될 수 없는 것이라는 점이 여기서 얻을수 있는 최종적인 결론이라고 생각한다. 인텔리겐치아론은 때로 쉽게 생각되듯이 자유주의자의 자유주의적 문제로서는 결코 풀리지 않는 것이다.

19 자유주의철학과 유물론
— 자유주의철학의 두 가지 범형에 대하여

고라이 소센 박사는 어떤 신문에서 일본주의의 진정한 적敵이 유물론이라고 말하고 있다. 그 일본주의라는 게 어떤 것인지가 즉각적으로는 명확하지 않은 것 이상으로, 거기서 말하는 유물론이라는 게 어떤 것을 가리키는지 역시도 불명이다. 하지만 첫째로 일본주의는 현대사회에서의 행동현상으로서야 어찌됐든 이론적인 가치로부터 말하자면 결코 진정한 이론적 독립성을 갖고 있다고 할 수는 없다. 그것은 뭐라고 할지라도 결코 혼자서는 설 수 없는 이론인 것처럼 판단된다. 그 증거로는 그것이 세간 일반에 적용될 수 있을 타당성을 스스로에게 부여하고자 하면 즉시 이것저것 외래철학을 갖고 와서 뒷받침을 하지 않으면 안되는 것이라는 점이다. 이러한 인공적인 기교技巧철학이 일종의 비속卑俗철학 이외의 다른 것으로 발달한 선례는 대단히 적다. 이에 반해 유물론은 전통적으로도 하나의 독립된 포괄적 조직을 가져왔던 이론체계이다. 따라서 그 유물론과 일본주의를 대등하게 나열하고서는 한쪽이 다른 쪽의 진정한 적이라거나 아니라고 말하는 것은 적어도 이론상의 표준에서 볼 때 파행이라는 비방을 면치 못한다.

일찍이 모 평론잡지에서 현대사상의 각 파벌을 나란히 소개하는 부분을 보면, 하이데거나 셸러나 야스퍼스와 나란히, 현재 어찌될지 종잡을 수 없는 그런 여러 군생群生 사상들과 동격으로 다름 아닌 유물론이 병치되고 있는 것에는 쓴웃음을 금할 수가 없었다. 역사상의 비중을 무시하고서는 우연히 눈앞에 나타난 어제오늘의 현상을 비교하는 것은 왕왕 우스꽝스런 가치평가를 결과로 낳는다. 그런 가치판단의 게으름이란 판단의 객관적 공정을 결여한 데에서 유래하며, 그런 뜻에서의 주관적이고 독선적인 견해만큼 보기 흉한 것도 없다.

현대에 유물론을 셸러나 야스퍼스의 착상着想철학과 병치하는 것에 비하면, 그것을 현대의 일본주의와 병치하는 쪽이 그나마 감칠맛 나는 진지한 견해인 것이다. 앞에서도 말했듯이 일본주의는 이론적으로는 홀로 설 수 없는 내용을 갖는바(무엇보다 무無이론적인 이론(?)이라면 언제나 제멋대로 독립할 수 있겠지만), 사회의 실제세력으로부터 판단하면 유물론은 아마도 일본주의철학의 유력한 논적이라고 할 수 있는 게 진리일 것이다. 그렇다면 유물론에게서도 역시 일본주의의 철학은 결코 서로를 용납하기 어려운 논적인 것이다. 일본주의철학은 자기 스스로는 뭐라고 할지라도 일본파시즘의 철학인 데 반해 유물론은 일반적으로 파시즘

19 자유주의철학과 유물론

철학을 종국적인 논적으로 삼고 있기 때문이다.

　오늘날 일본의 사회상태·정세状勢는 자유주의의 문제에 세간의 주목이 일시적으로 집중되고 있는 것처럼 보인다. 자유주의는 전락했다고 세간의 편집 저널리스트들은 외치고 있다. 하지만 최근까지 그 자유주의라는 게 대체 어디에 있었던가. 지금까지 있었던 것이라곤 얼마 되지 않는 자유뿐이었으며 단지 그것이 오늘날 다시금 압박당하기 시작했다는 것이 정직한 사실의 모습일 따름이다. 그러하기에 자유의 의식은, 곧 자유주의를 향한 관심은 오히려 자극받게 되며, 혹은 어떤 측면에서는 떨치고 일어섰다고까지 할 수 있는 것이다. 전락했을지라도, 혹은 오히려 타올랐을지라도 그 정도의 것이 적어도 최근의 (소위 마르크스주의 전성기(?) 이후의) 자유주의의 실[제]세력이었던 것이다. 실은 새삼스런 전락도 아니거니와 고양도 아닌 것이었다.

　하지만 어쨌든, 자유주의라는 것이 원래 유물론의 논적이던 일본주의철학에 맞서 적대관계에 있다는 것의 의미를 비로소 현실적인 형태로 감지하지 않으면 안 됐음을 선명히 명기해 놓지 않으면 안 된다. 이는 모두가 다 아는 것인 듯하지만, 그런 관점은 적어도 자유주의자에 의해서는 향해 가야 할 지점까지 몰아붙여지고 있지는 않다. 그렇다는 것은 자유주의가 일본파시즘에 대항하기 위해서는 적어도 유물론과의 공동의 이론적 이해관계에 응하는 것 외에 다른 발판이 없음을 말한다. 현재의 사정은 유물론인가 일본주의인가의 엔트베더 오더[Entweder-Oder(양자택일)]인 것이다. 자유주의가 자유주의로서 독자적인 논거를 갖기 위해서는 자유주의의 발판이 유물론 속에서 구해지지 않으면 안 된다.

그런데 두말할 것도 없이 자유주의자는 그러한 권고에 관습적으로, 또 정서적으로 동의하고 싶어 하지 않는다. 자유주의에는 자유주의의 독특하고 독립된 철학이 있다고 자유주의자들은 상정하고 또 주장한다. 거기서 우리는 그 자유주의철학이라는 것을 비판하고 극복할 필요를 갖게 된다. 그렇지 않으면 자유주의 그 자체를 살릴 수 없기 때문이다. 거기서 자유주의는 자유주의의 '철학'을 버리지 않는 이상 일본주의를 비판하고 극복할 수 없다는 것을 보리라고 생각한다.

자유주의 혹은 자유주의철학이라고 할지라도 그것은 현재 서로 다른 극히 다양한 의미로 사용되고 있는 말이다. 단지 자유를 애호하는 주의(?)이기도 하며 '반파쇼'의 감정이기도 하다. 나아가 때로는 '반마르크스'의 구실이기까지 하다. 하지만 그런 비속한 관념을 일일이 상대하고 있으면 끝이 없다. 우선 필요한 것은 리버럴리즘에 적어도 세 가지 부분 또는 부면이 있다는 점을 살피는 일이다. 자유주의는

19 자유주의철학과 유물론

말할 것도 없이 최초에는 경제적 자유주의로서 발생했다. 중상주의에 입각한 국가적 간섭에 맞서 중농주의파 및 그 이후의 정통파 경제학에 의한 국가간섭 배척이 자유주의의 출발이었다. 그런 자유무역과 자유경쟁의 경제정책이론으로서의 경제적 자유주의는 이윽고 정치적 자유주의를 낳았으며 또는 그것에 대응했던 것이다. 시민의 사회신분으로의 자유와 평등, 그것에 기초한 특정한 정치 관념인 데모크라시(부르주아 민주주의)가 그런 정치적 자유주의의 내용을 이룬다.

하지만 그러한 경제적·정치적 자유주의로부터, 혹은 그것에 기초해, 혹은 그것에 대응해 제3의 자유주의의 부면이 발생한다. 편의상 그것을 문화적 자유주의라고 부르기로 하자. 경제적 혹은 정치적 의식을 대신하여 좀 더 일반적으로, 또는 좀 더 상층의식에서 문화적 의식이라는 것을 사고할 수 있겠으되, 그런 문화적 의식에 있어, 혹은 그 특유의 문화의식에 기초한 사회활동으로서의 문화적 행동에 있어 자유주의가 문화적 자유주의의 의미를 띠게 되는 것이다. 그런 문화적 자유주의에 이미 많은 이들이 주목하고 있다. 예컨대 '문학에서의 자유주의'(아오노 스에키치 씨)라거나 '정신적인 자유주의'(오오모리 요시타로 씨) 등이 이미 말해지고 있는 것이다. 단, 그 두 사례에서는 그 내용에서 다른 자유주의 부면과의 비교가 그다지 드러나지 않고 있을 뿐만 아니라 아오노 씨가 문화적 자유주의의 부면을 대단히 존중하는 데 반해 오오모리 씨는 그것을 일고의 가치도 없는 듯 경시하고 있는 차이가 있지만 말이다. ──그러나 어쨌든 그 문화적 자유주의라는 자유주의의 부면은 오늘날 특히 의미를 가진 것으로 많은 사람들에 의해 상정되고 있다고 해도 좋겠다.

그런 세 가지 부분 혹은 부면은 일단 서로 간에 각기 독립성을 갖는다. 통제경제의 방침이 반드시 그것만으로 의회정치나 정당정치 같은 정치상의 자유주의와 즉각적으로 모순되지는 않는 것처럼, 정치적 자유주의의 '전락'이 오히려 문화적 자유주의 의식의 고양까지도 부를 수 있는 부분적 현상을 간과해서는 안 된다. 정치적 자유주의의 전락 (이는 실은 마르크스주의적 문화이론의 일시적 퇴조와 동일한 원인에 기초한 것인데)에 의해 오히려 특유한 자유주의적 문화의식이 '부흥'되고 대두됐다고 볼 수도 있는 것이다. 문학에서의 능동정신·불안주의·로만파·각종 휴머니즘 등등이 그 사례이다.

그래서 가령 경제적·정치적 자유주의가 전락하게 될지라도 그것과는 일단 독립되어 문화적 자유주의는 일시적이나마 번영할 수 있는 것이다. 따라서 혹시 일반적으로 자유주의적인 것은 뭐든 좋으니 보호하고 부흥시킬 필요가 있다고 본다면, 경제적·정치적인 자유주의의 대부분이 불리해진 경우에 당연히 문화적 자유주의가 자유주의적인 것 일반의 마지막 의지처가 되지 않을 수 없다. 현재, 자유주의 일반의 적극성을 다름 아닌 그런 문화적 자유주의 속에서 찾는 문화인은 결코 적지 않다(아오노 스에키치 씨처럼). 그리고 막연하게 감정에서 자유주의적인 특색을 띠지 않는 많은 리버랄렌[자유주의자]은 경제상의 자유주의적 견해나 정치상의 민주주의적 의지를 갖고 있진 않을지라도 그 문화적 자유주의는 은밀히 믿고 있다고 해도 좋겠다. 그렇게 생각해 보면 문화적 자유주의야말로 현재 새로이 적극성을 갖기에 이른 유력한 자유주의의 형태라고도 할 수 있을 듯하다.

그런 문화적 자유주의로부터 일종의 특별한 자유주의철학이 나오는 것인데, 이를 살피기 전에 또 한 가지 주의해 둬야만 하는 것은 '자유주의'라는 범주(근본개념)가 갖는 두 가지 종류에 관한 것이다. 대체로 사회현상을 가리켜 보이는 각 범주들에는 대개의 경우 역사상의 특정 형상을 가리키는 경우와 초역사적인 일반적 형상을 가리키는 경우가 동일한 말로 동시에 표현되고 있다. 낭만주의는 예컨대 독일 문화사 위에서 고전주의 이후를 수용한 일정한 시대의 일정한 운동을 가리키는 동시에 일반적으로 모든 시대의 반反리얼리스틱한 운동까지도 뜻하고 있다. 계몽운동에 관해서도 역시 마찬가지로 말할 수 있다. 자유주의 또한 그런 사례를 벗어나지 않는 것으로서, 그것은 역사적 범주로서는 17·18세기의 부르주아지 대두 시기의 경제적·정치적 및 문화적 이데올로기였지만, 그것이 그런 역사상 특정한 제한을 가진 이데올로기로서가 아니라 좀 더 일반적으로 초역사적인 보편인간적 범주로(하세가와 뇨제칸 씨는 그것을 도덕적 범주로 부르고 있다) 통용된다는 다른 일면을 간과할 수 없다. 역사적 범주로서의 자유주의는 말할 것도 없이 자본주의문화의 소산으로서의 부르주아 이데올로기 이외에 다른 것일 수 없지만, 그런 도덕적 범주로서의 자유주의가 되면, 이제 그러한 일정한 계급성이나 일정한 이데올로기성으로부터는 자유로워진 것으로 여겨진다. 따라서 그러한 도덕적 범주로서의 자유주의는 필요에 응해서는 임의적으로 자기 입맛대로의 내용규정을 자기 안에 삽입할 수 있는 극히 편리한 형태를 취하게 되는 것이다. 따라서 일반적으로 무엇이든 좋은 자유주의를 신봉하는 리버랄렌에게 자유주의의 최후 단계, 혹은 최근 단계로서 그런 도덕적 범주로서의 자유주의가 혈로 하나를 제공해주고 있는 것은 대단히 그럴듯한 것이라고 하지 않을 수 없다.

그래서 지금 살펴볼 필요가 있는 점은 그런 도덕적 범주로서의 '자유주의'적인 것이 앞서 말한 예의 저 문화적 자유주의의 직접적 뒷받침으로서 원용된다는 한 가지 사실이다. 바꿔 말하자면 문화적 자유주의에 최후의 신뢰를 두는

19 자유주의철학과 유물론

자유주의자는 자신의 그런 신뢰의 근거로서, 문화적 자유주의야말로 도덕적 범주로서의 자유주의에 입각한 것이라고 여겨지고 있는 점을 이용하는 것이다. 즉 문화적 자유주의가 권위를 갖는 것은, 그것이 도덕적(보편인간적) 자유주의에 다름 아니기 때문이라는 논거가 되는 것이다. 혹시 그 논거가 정당한 것이라면 문화적 자유주의야말로 리버럴리즘 최후·최고의 형태이지 않으면 안 되는 것이다.

하지만 거기에는 한 가지 미세한 착오가 숨겨져 있다. 그리고 그것이 커다란 오류를 낳는다. 문화적 자유주의가 아무리 문화적이며 따라서 초경제적·초정치적이고, 즉 그런 뜻에서 아무리 비현실적인 리버럴리즘이라고 할지라도 그것은 그 어떤 점에서도 문화적 자유주의가 초역사적인 이른바 도덕적인 범주로서의 자유주의라고 말하는 것과는 하나일 수 없다. 자유주의의 일부분 혹은 일부면에 다름 아니었던 문화적 자유주의를 자유주의 전체에 미치는 도덕적 범주로서의 자유주의와 동일하게 생각하는 것은 물론 허용되지 않을 터이다. 무리하게 그렇게 사고하기 위해서는 도덕적 범주로서의 자유주의적인 것을, 특히 도덕적 자유주의라고도 불러야 할 것으로까지 변경하지 않으면 안 된다. 그러한 도덕적 자유주의라면 아마도 문화적 자유주의와 동일한 것일 수밖에 없을 것이다. 하지만 그리하면 도덕적 자유주의는 역사적 범주로서의 자유주의라는 것이 지닌 역사적 제한으로부터 자유롭다는, 저 도덕적 범주로서의 자유주의가 가진 '자유'를 더 이상 보증 받지 못하게 된다.

이런 논법으로 나가면, 가령 문화적 자유주의가 오늘날 성립할 때 적어도 그것이 동시에 도덕적 범주로서의 자유주의라는 타당성을 부정할 수 없는 것과 하나가 된다는 논거로부터, 문화적 자유주의의 자신의 성립은 자유주의 일반의 성립을 알리는 것이 되며, 그렇게 경제적 자유주의도 정치적 자유주의도 오히려 문화적 자유주의를 근거로 하여 비로소 성립될 수 있는 게 된다. 즉 경제적·정치적 자유주의는 무언가 도덕적 근거에 의해 그 성립에 권위를 부여받게 된다. 그리고 예컨대 정치적 자유주의의 반대자 등등은 부도덕하다는 이유에 의해 비난받지 않으면 안 되게 되는 것이다. ──하지만 그뿐만이 아니다. 그런 문화적 리버랄렌은 또한 때때로 정치적 (또 경제적) 자유주의 (혹은 자유) 등을 문제로 삼지 않고 오직 그 문화적 리버럴리즘만을 고집함으로써, 자신들이 일반적으로 리버럴리스트라고 할 수 있는 권리를 획득하리라고 생각하기 시작한다. 정치상의 자유 따위란 실제로는 어찌돼도 좋은 것으로, 중요한 것은 자신들의 늠름한 자의식이라는 식으로 문화적 리버랄렌 문학자들은 주장하기 시작하는 것이다.

문화적 자유주의의 폐해는 그것이 자유주의로서의 일반성을 꾸며 가장하기 위해 도덕적 범주로서의 자유주의라

19 자유주의철학과 유물론

는 것을 이용하여 스스로를 도덕적 자유주의로까지 옮겨 심는 것이다. 문화적 자유주의는 도덕적 자유주의로 변질 된다. 그것은 더 이상 단순히 문화에서의 자유주의가 아니 라 문화주의적 자유주의로까지 태도를[강압적으로·협박조로] 바 꾼다. 이는 넓은 뜻의 문학자가 지닌 의식에서 종종 보이는 흔적인바, 나는 예전부터 그것을 문학적 혹은 철학적 자유 주의라고 불렀다(11장, 15장 참고).

그렇게 자유주의의 '문학적'인 철학체계가 비로소 성 립한다. 문화적 자유주의는 자유주의의 일부분 혹은 일부 면의 이름에 지나지 않았다. 그런데 그 일부분·일부면이 독립을 선언하고 자유주의 전체의 통일운동을 시작할 때, 그것은 자유주의 전반에 대한 하나의 주의, 하나의 철학적 태도를 뜻하게 되는 것이다. 거기서 비로소 '자유주의의 철 학'(단, 그것은 절반의 경우로, 나머지 다른 경우는 뒤에서 서술한 다)이 발생한다. 거기서는 철학적 범주를 대신하여 문학적 인 범주가 사용된다(이에 관해서는 이미 11장에서 설명했다). 그것을 문학주의적인 자유주의철학이라고 말하는 까닭이 거기에 있다. 예컨대 오늘날의 문예적 평론에서 말해지는 각종 인간주의가 은밀히 그런 자유주의철학에 기초해 있 는 것인바, 혹시 그 자유주의철학으로부터 정치적인 귀결 을 끌어낸다고 한다면, 그 정치적 결론은 미루어 알 수 있 을 것이다. 독자들은 아마 그런 자유주의철학이 전향문학자 일부의 기둥이 되고 있음을 발견할 것이다.

주의해야 할 것은 그런 문학주의적 자유주의의 철학이 결코 이른바 문학에만 한정되어 사용되는 사상체계가 아니라는 점이다. 오히려 오늘날 부르주아철학의 여러 주된 것들에야말로 그런 자유주의적 문학의 메커니즘이 숨겨져 있음을 주목하지 않으면 안 된다. 예컨대 니시다 철학은 모종의 자유주의를 독자들에게 느끼게끔 하는 것이다. 혹시 그렇다고 한다면 그 자유주의란 단적으로 말해 문학주의적 자유주의(즉 또한 도덕주의적 자유주의)인 것으로, 따라서 그 철학은 일종의 자유주의철학이 되는 것이라고 하겠다. 이런 뜻에서, 자유주의철학에 속하는 것이 오늘날 일본의 부르주아철학에 얼마나 많이 있는지는 심히 흥미로운 지점이다. 그렇게 언뜻 정치적 자유주의와는 아무 관계도 없어 보이는 각종 교양 있는 철학의 대다수가 역시 자유주의의 철학으로 귀착되는 것이다.

이런 타입의 자유주의철학자가 교양에 기초한 정치상식에 있어 얼마간 합리적이고 진보성을 갖고 있을지라도, 또 이론적으로 말해 사상사적 차원에서 마르크스주의적 문화사가 갖는 비중을 존중하고 그것에 동정을 표하는 일을 일단 행해야 할 의무로 생각하고 있을지라도 예외 없이 유물론의 적대자라는 점은 결코 우연이 아니다. 왜냐하면 그런 타입의 자유주의철학은 결국 문화적 자유주의의 울타리 안에서만 시종終始하고자 결심하고 있기 때문이다. 그것은 생산력이나 권력이라는 사회의 근저에 있는 물질적 힘들과는 아무 관계도 맺지 않는 것이었다. 유물론은 그 자유주의철학에게 원래부터 쓸모가 없는 것이었다. 자유주의철학자를 거기로부터 유물론에 대한 적대로까지 이행시키는 데에는 약간의 괴롭힘만으로도 충분한 것이었다. 여기까지 언급한 점들은 문화적 인텔리의 대표자로도 간주할 수 있을 문학자의 의식에 관해서도 조금도 다르지 않은 것들이다.

지금까지는 문화적 자유주의를 지반으로 하여 발생한 자유주의철학의 경우를 다뤘지만, 이제부터는 경제적 혹은 정치적 자유주의를 지반으로 하여 발생한 다른 타입의 자유주의철학에 관해 생각해보기로 하자.

대체로 문학적 자유주의철학은 언뜻 그 어떤 자유주의도 설파하는 것으로는 보이지 않는 것이 다반사인데, 이는 곧 문학적 자유주의가 충분한 의미에서의 자유주의철학이 아니었음을 이야기해주고 있다. 원래 경제적 혹은 정치적 자유주의를 뛰어넘어서 갑자기 문화적 자유주의에 틀어박힌 결과로 나온 자유주의가 충분한 의미에서의 자유주의철학을 가져오지 못한 것은 오히려 당연할 일일 것이다. 본격적인, 혹은 정가표正札 그대로의 자유주의철학은 경제적·정치적 자유주의를 지반으로 하여 출발하지 않으면 안 된다. 그리하면 문화적 자유주의 또한 저절로 그 영역에 들어가게 될 것이었다.

그런 두 번째 타입의 자유주의철학은 오늘날 일본에서는 결코 다수라고는 생각되지 않는다. 하지만 그것의 무엇보다 두드러진 형태는 가와이 에이지로 교수의 노력에서 드러나고 있다. 노력이라고 말한 의미는, 그 자신이 가진 종래의 의견에 따르면 자유주의의 철학은 아직 충분히 성립하지 않은 것으로서 그것을 성립시키기 위해 지금 실제로 노력을 기울이고 있는 것이 가와이 교수 등이기 때문이다(「개혁원리로서의 사상체계」, 『중앙공론』 1935년 4월호, 기타 다른 곳).

가와이 교수에 따르면 두말할 것 없이 리버럴리즘은 자본주의의 발생을 기초로 생겨난 이데올로기인 것이다. 하지만 그 시작이 그랬다는 것은 언제나 그랬다는 것을 뜻하지 않는다. 일반적으로, 또 특히나 마르크스주의자들은 자유주의가 자본제적 제한을 갖고 있기 때문에 도저히 사회개량주의 이상으로는 나아갈 수 없는 것이라고 속단하지만, 그것은 너무도 경솔한 생각이다. '현 단계의 자유주의는 사회개량주의로부터 일탈하여 사회주의로까지 자기를 발전시키고 있는' 것이라고 가와이 교수는 주의를 촉구한다. 거기서 사회주의란 말할 것도 없이 자본주의의 대립물을 가리키는 것이지만, 일본이나 독일처럼 특수한 국가사정国

19 자유주의철학과 유물론

悄에서는 현존 사회질서의 원리는 단순히 자본주의라고 할 수 없는, 혹은 그런 뜻에서의 부르주아 리버럴리즘이 아닌, 봉건주의의 잔존물이 극히 많다는 점이 그 특색을 이루고 있다. 따라서 가와이 교수에 따르면 일본의 현 단계 자유주의는 동시에 자본주의와 봉건주의를 적으로 하고 있는 것이다. 봉건주의에 맞서서는 소위 리버럴리즘을, 그리고 자본주의에 맞서서는 사회주의를 대립시키지 않으면 안 된다. 리버럴리즘과 사회주의 간의 그런 유기적 통일 및 체계적 결합이야말로 현 단계 자유주의에 다름 아니라는 것이다.

자유주의는 사회주의에 다름 아니라는 것이다. 하지만 그것은 대체 어떤 사회주의인가. 가와이 교수에 따르면 현 단계 자유주의(=사회주의)는 이상주의로 귀착되는 것이다. 그런데 마르크스주의는 이상주의가 아니며, 아닌 정도가 아니라 이상주의의 반대물이라는 뜻에서, 즉 가와이 교수가 상정하는 바에 따르면 '이상'을 부정한다는 뜻에서 유물론이었다. 따라서 적어도 그가 말하는 사회주의는 마르크스주의의 반대물이지 않으면 안 된다. ─봉건주의에 반대하고, 자본주의에 반대하며, 나아가 공산주의(마르크스주의)에 반대하는 이 현 단계 식의 자유주의는 대체 어디를 향해 가는 것인가.

그런데 가와이 교수가 현 단계 식의 자유주의를 이상주의라고 설명하는 데에는 자유주의의 역사가 그 근거가 되어주고 있다. 교수에 따르면 자유주의는 자연법에서 공리주의를 거쳐 드디어 현 단계에서의 이상주의로 도달했던 것이다. ──하지만 이상주의적 자유주의는 아마도 토마스 힐 그린의 윤리학적 자유주의를 범형으로 삼는 것인 듯하다. 그 칸트화된 비非앵글로색슨적 윤리학자 그린은 가와이 교수가 상세히 연구한 대상인데, 19세기의 80년대에 죽은 사람이므로 비상시 일본의 현 단계적 자유주의의 범형으로 적절한지 어떤지를 나는 잘 알지 못한다. 어찌됐든 경제학상의 자유주의자이고 또 의회주의자이기도 한 가와이 교수가 두드러지게 윤리적인 관점에서 자유주의를 조명해 보이고 있는 점을 새겨놓지 않으면 안 된다.

그의 자유주의 곧 이상주의는 말하자면 개인 인격의 사회적 성장을 목적으로 삼는 주의이다. 물론 사회에서는 자기 한 사람만이 인격을 성장시키는 일은 불가능하며, 또 그것은 좋지 못한 일이다. '공공公共을 위해 생각하고', '불행한 동포'에 동정을 표하거나 하는 등등에 의해 세간의 모든 인격의 성장을 원하는 것이 단적으로 자기 자신의 인격의 사회적 성장이 되는 것이다. 이러한 이상을 표현하는 그의 그 이상주의란, 따라서 첫째로 '도덕철학'이지 않으면 안되며, 그 지점에서 또한 그런 도덕의 실현을 위하여 얼마간 구체적인 내용을 의미하는 '사회철학'이 되지 않으면 안 된다. 즉 그런 자유주의적 사회철학, 아니 사회철학적 자유주

19 자유주의철학과 유물론

의에 따르면, 정치적으로는 국가주의에 대한 반대, 의회주의, 경제적으로는 자본주의에 의한 강제로부터의 자유(옛 부르주아 리버럴리즘은 국가에 의한 강제로부터의 자유를 말했는데) 등이 그 독트린이 된다.

그래서 가와이 교수의 자유주의가 이상주의였던 것은, 다름 아닌 인격의 자유로운 성장이라는 도덕적 이상(이를 그린은 『프롤레고메나』[『윤리학 서설』(1883)]에서 극히 상세하게 분석하고 있다)을 갖기 때문에야말로 그럴 수 있었던 것이다. 그의 자유주의는 윤리주의였던 것이다. 이 점에서 말하자면 모처럼 만의 경제학적·정치학적 자유주의철학 또한 예의 저 문학자나 문화철학자의 도덕주의적 자유주의와 아무 다를 바가 없는 것이다. 실제로 윤리주의는 오늘날의 일반적 부르주아철학의 공통된 한 가지 트릭에 속한다. 그들에 따르면 정치나 경제라는 사회기구는 윤리도덕의 이상이나 당위로 환원된다. 그리고 거기로부터 어떤 '사회철학'이나 '정치철학'이나 '경제철학'이 발생한다. 말하자면 이렇다. 모든 국민이 군인으로 환원되고(거국개병擧国皆兵), 그 속에서 장군이나 영관급 '군인'이 '국민'을 대표하게 되는 식이다. 이게 과연 진지한 논리일까.

'윤리'주의가 하나의 트릭인 것과 완전히 동일한 구조에서 '이상'주의 역시도 하나의 트릭이다. 혹시 이상을 가진 것이 이상주의라면 마르크스야말로 가장 굳건한 이상주

의자였을 것이다. 그럼에도 그는 이상주의(다른 역어로는 관
념론) 대신에 유물론을 채용했다. 왜냐하면 그의 사회주의
적 이상(이것이 인간의 진정한 자유에 있었던 것임을 잊어서는 안
된다—『독일 이데올로기』를 보라)이라는 관념상의 목적을 이
루기 위한 물질적인 실제수단이 유물론적 인식과 그것에서
나오는 방침이었기 때문이다. 마르크스는 가와이 교수나
고이즈미 신조 교수 등 온갖 윤리학자나 철학자가 걱정하
듯이 사물의 필연적 법칙의 인식과 행동의 실천적인 방침
을 이론적으로 혼동했던 것도 아니려니와, 또 따로따로 그
것들에 대해 생각하지 않으면 안 됐던 것도 아니다. 현실이
논리로, 사실이 가치로 전화되는 것이야말로 유물론에 의
한 디알렉틱한 것이다. 그렇다는 것은 원래 논리관계 혹은
가치관계라는 것이 인류의 경험에 의해 현실 혹은 사실이
원리로까지 요약됐던 것임을 가리킨다. 이 점을 잊는다면
오늘 실제로 행해지고 있는 모든 문화의 과학적 비판 따위
는 완전히 이해 불가능해질 터이다. —그런데 마르크스에
게서는 유물론적 수단과 이상적인 목적이 서로 별개의 것
도 아니려니와, 또 단순히 하나인 것도 아니다. 그렇기 때
문에야말로 그 수단이 목적으로서 실지로 도움이 되는 자
격을 얻게 된다. 그런데 가와이 교수의 이상주의에 따르면
목적이 이상이기에 수단 역시도 이상이지 않으면 안 되는
듯하다. 예컨대 그에게 자유를 얻기 위한 수단은 또한 자유

로운 '의회주의'이지 않으면 안 되는 것이었다. 부르주아지의 이른바 의회주의라는 수단에 의거하지 않는다고 해서 왜 수단 일반이 부자유해지는지를 우리로선 알 수 없지만, 어쨌든 목적과 수단을 은밀히 혼동하고 있는 것이 그 '이상주의'의 트릭인 것이다.

가와이 교수는 마르크스주의가 물질적 수단을 목적인 것처럼 사고하면서 목적과 수단을 혼동하고 있기 때문에 마르크스주의에 반대하지 않으면 안 된다고 말하지만, 그 혼동이야말로 오히려 그들 '이상'주의자의 대표적인 특징이라고 할 수 있다. 이상주의가 의미를 가질 수 있는 것은 단지 윤리적인 태도, 그러한 인간적 정서, 그러한 마음가짐(기요사와 기요시 씨는 자유주의를 그러한 '마음가짐'으로 본다)에서일 뿐으로, 그것이 철학체계가 되면 이는 다름 아닌 관념론의 체계가 될 따름이다. 관념론이 일반적으로 철학체계로서 어떤 근본결함을 갖고 있는지는 누차 서술했는데, 그러한 이상주의의 트릭이야말로 단적으로 말해 오늘날의 경우에 찾을 수 있는 적절한 사례인 것이다.

가령 언제나 진리·진리를 말하는 인간이 있다고 하자. 진리를 설명하는 데에도 진리, 그리고 진리를 옹호하는 데에도 진리인 것이다. 그리되면 그런 인간은 사람들로부터 진리주의자라는 별명을 얻게 될 것임에 틀림없다. 즉, 그 진리주의가 결코 진리일 수 없다는 인정을 받게 되는 것이다. '이상'주의나 '자유'주의에 그러한 별명을 붙이지 않는 것이 이상 그 자체와 자유 그 자체를 위해 필요할 것이다. 이상과 자유의 신용을 떨어트리는 것이 다름 아닌 '이상'주의자이자 '자유'주의자인 가와이 교수이지 않다면 다행이 겠다. 마르크스주의자 역시도 언론·집회·결사·의회議会[어셈블리]·신체 등에서의 기타 모든(가와이 교수의 이른바 '형식적' 및 '실질적') 자유를 인간적 이상으로서의 자유라는 목적을 위한 수단으로서 어디까지나 존중한다. 그러하되 자유라는 목적을 설정하고, 나아가 그 특정한 자유행위를 수단으로서 존중하는 것이 곧바로 자유'주의'라고 생각하는 것은 그저 '자유주의자'들 뿐이다. ─자유라는 도덕적·윤리적 정서나 직각直覚이 곧바로 자유주의라는 철학적 이론이 된다는 보증은 대체 어디에 있는 것인가. 정서가 체계로 단숨에 옮겨 갈지도 모른다고 보는 인간적 위험에 관해 무엇보다 신중한 습관을 갖고 있는 것이 유물론이었던 것이다.

그래서 혹시 자유를 애호한다는 것에서(아마 유물론자는 누구보다 그 자유를 사랑하고 찾으며, 누구보다 그런 자유의 방해를 증오할 텐데) 자유주의라는 독자적인 철학체계가 곧바로 약속된다고 한다면, 신발 가게는 신발철학을, 이발소는 두발철학을 갖게 될 것이다. ─풍부한 정서의 자유주의는 철학조직이 되고자 하는 그 즉시 평평하고 빈한한 이론이 된다. 그런 사정은 자유주의 그 자체가 결코 진정한 자유주의의 정

　　　　　　　　19 자유주의철학과 유물론

당한 이미지가 아니었음을 증거로 내세우고 있는 것이다. 가와이 교수가 자유주의철학이 성립되지 않았음을 분개하지 않으면 안 되는 것은 결코 그의 우연한 불행이 아닌 것이다.

자유주의의 이른바 '전락'에 관해 무엇보다 흥미를 느끼고 있는 것은 두말할 필요도 없이 유물론이 아니라 일본주의이다. 그런데 이제까지 일본주의 측에서 자유주의의 얼마간 이론적인 비판은 대단히 적은 듯하다. 후지사와 치카오 씨의 「자유주의를 논한다」(『사회정책시보時報』1935년 5·6월호) 등이 아마 가장 주목해야 할 것이다.

하지만 후지사와 씨는 전공인 정치학으로 인해 안중에 정치적 자유주의 말고는 없다. 그에 따르면 오늘날 정치적 자유주의는 이미 그 역할이 끝난 것이다. 그는 다음과 같이 경고한다. 법치주의다운 자유주의적 국가이론은 국가를 사회로부터 할 수 있는 한 떼어놓고, 국가라는 것으로부터 할 수 있는 한 사회적·윤리적 의의를 차감[뺌·공제]함으로써 간신히 법치적 행정 행위의 기능만을 국가 측에 남기고자 하는 일관된 기획이다. 사회의 윤리적(또다시 일본주의자까지가 윤리적[이라고 말한다]!) 권위는 그런 자유주의적 국가가 전혀 모르는[관여하지 않는] 바이다. ─그런데 유럽에서도 그런 법치주의적 자유주의는 이제 그 역할이 끝났고, 대신에 그것을 포함하여 들고 일어났던 것이 전체국가의 관념이다.

왜 전체국가냐면, 거기서는 사회 전체가 곧 국가이고 각각의 사회인이 곧 국가의 일원으로서의 자격 위에서 비로소 인간일 수 있기 때문이다. 국가의 기능은 사회의 모든 내용에 삼투滲透한다. 사회인의 개인적이고 사적인 일들은 더 이상 허용되지 않게 된다는 것이다.

이리하여 전체국가는 국가 본래의(?) 사회적 권위를 되찾는다. 그런데 그 권위라는 것은 결코 단순한 권력이 아니다. 원래 자유주의자는 권력 말고는 모른다[권위라는 것을 모른다]. 따라서 자유주의자는 그런 권력이 결여된 상태만을 '자유'라고 여길 줄 안다(가와이 교수 등이 완전히 그렇다). 후지사와 씨는 진정한 적극적 자유는 권력과 서로를 용인할 수 없는 관계에 있는 게 아니라 오히려 그러한 권력과 결부되어 있는 것이라고 말한다. 그러한 적극적 자유와 권력이 결부된 것을 포함하는 것이야말로 저 권위라는 것이다.

거기서 후지사와 씨는 나치 독일의 국가학자(칼 슈미트 등)를 소개하거나, 또는 모방하고 있는 것이다. 즉 '우리의 지도자 히틀러'를 떠올린다면, 그 권위라거나 권력이나 적극적 자유라는 것의 정체得体[참모습·본성]를 알게 될 것이다. ——그런데 히틀러는 일본인 후지사와 씨의 권위 개념을 아직은 결코 만족시키지 못한다. 국가의 진정한 권위는 전통과 혈통 위의 필연성을 필요로 하며, 그런 뜻에서 일본 제국이야말로 그런 권위를 갖춘 전체국가의 모범이 된다는 것이다.

　그런 다음에는 거의 모든 일본주의자들에게 특유한 어원학적·문헌학적인 서툰 익살로 귀착된다. 단, 경청해야 할 유일한 점이 있는데, 그것은 [천황]기관설機關說이 자유주의 혹은 좌익의 국가이론이고, 그것에 반하여 주권설은 우익의 국가이론인바, 일본주의야말로 중도를 걷는 편파적이지 않은 국가이론이라는 주장이다.

　그렇게 후지사와 씨에겐 자유주의와 마르크스주의가 동일한 본질을 갖는 것으로 인식되므로, 유물론은 이제 자유주의를 위해 크게 변호하지 않으면 안 될 처지에 빠지게 된 셈인바, 유물론은 무엇보다 민족의 역사에 관한 '과학적' 연구로써, 즉 유물론적인, 사적 유물론에 의한 일본역사의 연구로써 그것에 답하지 않으면 안 될 것이었다. 그는 그렇게 역사의 유물론적 분석에 있어서는 역시 자유주의보다도 유물론 쪽이 본격적이지 않을까 생각한다. 그때 자유주의를 가장 깊은 근저에서 옹호하는 것은 자유주의가 아니라 유물론이 되는 것이다. 무엇보다 그럴 때, 자유주의자의 주관적인 정서가 후지사와 씨의 그런 결론에 대해 어떻게 반응할지는 내가 보증할 바가 아니지만 말이다.

결론

20 현대일본의 사상계와 사상가
— 사상의 자격에서 유물론이 지닌 우월성에 관하여

사상계를 우익, 중견, 좌익이라는 식으로 구분하는 것은 오늘날의 상식이 되어 있다. 즉 세간에서는 각종 파시스트의 사상, 각종 리버럴리스트의 사상, 각종 마르크시스트의 사상이라는 방식으로 사상계를 구별하고자 하는 것이다. 그런데 그런 상식은 극히 피상적인 사회통념에 기초해 있는 것으로서, 예컨대 동일한 마르크시스트라고 할지라도 그 본질에서 말하면 사회파시스트로 꼽힐 이들이 대단히 많으며 자유주의자에 가까운 이들 또한 적지 않다. 마찬가지로 자유주의자 안에서도 때로는 실질적인 자유주의자의 자격을 가진 이가 없진 않지만, 그 대부분은 [한약 달이듯이] 바짝 달이면 사회파시스트 혹은 파시스트에 다름 아니다. 따라서 마르크시스트라거나 리버럴리스트라거나, 파시스트라는 식의 구별은 일단 편의상의 구분으로서는 어찌됐든, 그 이외로는 그다지 근본적인 의미를 갖는 게 아닌 것처럼 보인다. 적어도, 파시즘에도 반대하며 마르크스주의에도 반대하는 것이므로 자유주의를 택한다고 어림짐작하는 것만큼 어리석은 상식은 없는 것이다.

말할 것도 없이 파시즘·리버럴리즘·마르크시즘의 분류는 현재 사회의 계급<대>립적 관계로부터 객관적으로 도출된 이데올로기의 분류이므로, 물론 결국에 그것은 무시해선 안 될 원칙에 속해 있는 것이겠는데, 그 종국적인 척도가 없다면 오늘날의 사상계에 관해서는 아마 한마디도 끼어들 수 없게 될 것이다. 하지만 무엇이 파시즘이고 무엇이 리버럴리즘이며 또 무엇이 마르크스주의인지를 묻게 되면, 세간의 통념이나 이데올로그들의 견해 사이에는 그저 요점의 차원에서 일치되지 않을 뿐만이 아니라 서로 간에 근본적으로 도착된 이해마저 행해지고 있다는 것이 직접적인 사실로 드러난다. 예컨대 오늘날 일본의 파시스트들은 자기들의 사상을 왕왕 파시즘에 대한 반대주장이라고 주창하며, 자유주의자는 자유주의를 오히려 자유를 추구하는 것으로부터의 자유를 통해 이해하려고까지 한다. 그렇게 보면 자유주의란 그 실질적 결론에서 자유주의에 대한 반대가 되는 것이다. 자칭 '마르크스주의자'들은 마르크스주의를 공격함으로써 간신히 마르크스주의자일 수 있는 형편인 것이다.

이러한 착종과 도착은 파시즘·리버럴리즘·마르크스주의라는 식의 사회적 객관현상 하나로서의 이데올로기 구별에 의해서는 도저히 문제가 끝나지 않는 것인바, 이는 파

20 현대일본의 사상계와 사상가

시스트·리버럴리스트·마르크스시트라는 이데올로그의 주체적인 조건 아래서만 문제를 다루지 않으면 안 된다는 것을 보여주고 있다. 즉 그것은 사상계가 사상가의 사상을 중심으로 하여 이뤄진 것이라는 뻔히 알려진 관계에 다름 아니다. 사상가 자신이 스스로의 사상에 관해 품은 주관적인 견해와 그 사상의 객관적인 의미 간의 엇갈림이 그런 착종과 도착을 낳는 것이다. 거기서 세간의 저 분류상식은 때에 따라서는 사상가의 주관적인 자기평가 쪽에 붙거나 사상가의 사상의 객관적 의식 쪽에 붙는 등 혼란되고 동요되지 않을 수 없는 것이다.

세간의 상식으로 단순히 저게 마르크시트다, 저게 파시스트다, 라고 말하는 것은 그런 한에서 극단적으로 말하자면, 저게 정우회다, 저게 민정당이다†, 라고 말하는 식과 같은 것으로서, 소위 레테르[딱지]는 바깥에서 붙여진 것이므로 그다지 진지하게 염려해야 할 문제는 아니다. 단, 거기서 의미 있는 점은 이데올로기를 정치적으로 분류함으로써 사회현상으로서의 특징을 선명히 하려는 기획에 있다. 사상을 이데올로기로서 사회적 연관 아래에서 포착하기 위

---

† [세유카이(政友会)와 민세토우(民政党)는 당시의 거대 양당. 세계경제공황 이래의 위기감 속에서 일본의 이른바 중산층은 그 두 정당 간의 실질적 야합을 비난하면서 '자본주의의 개'로 명명했음. 해석하고 결정하는 힘을 군부파시즘이 쥐게 되는 계기를 제공함.]

해서는 사상을 정치적 이데올로기로부터 분절하여 문제시하는 일은 절대로 허용되지 않는다. 하지만 이데올로기의 그런 정치적 성격 자체가 이데올로기의 가장 현저하지만 결국엔 지극히 가까이에서 직접적으로 재빨리 포착 가능한 특징 하나에 불과한 것이라는 점을 간과해서는 안 된다. 여러 이데올로기들의 진정으로 근본적인 특징은 좀 더 깊은 곳에 있는바, 단지 그것이 필연적으로 제각기 일정한 정치적 이데올로기로까지 직접적 혹은 간접적으로 귀속되어야 할 것이라고 말하는 것으로 끝나는 게 아니다. 따라서 그것을 정치적 이데올로기로 귀속시킨 결과만을 보자면, 그런 귀속만으로는 그 이데올로기의 이데올로기로서의 특색이 전혀 수면 위로 떠오르지 않는 경우가 적지 않다. 모종의 철학적 이데올로기나, 특히 자연과학적 이데올로기 따위들이 그 좋은 사례이다. 파시즘의 물리학이라고 말할지라도, 자유주의적 수학이라고 말할지라도 그것만으로는 거의 무의미한 특징 부여로 끝날 것이다. 이데올로기로서의 사상을 단지 우익·중견·좌익 같은 '사회학'적 사회상식으로 정리할 수 없는 이유가 거기에 있다. 따라서 그런 방식으로는 사상계의 분포도 따위란 작성될 수 없는 것이다. 왜냐하면 구체적으로 각 사상가를 그 분포도에 넣게 되는 단계에 이르면, 들어맞지 않고 그저 삐져나올 뿐 제대로 되지 않을 뿐만 아니라(그렇게 삐져나오는 건 어쩔 수 없는 일이다),

공포스럽게도 번지수가 틀린 얼토당토않은 전망이 될 것이기 때문이다.

　그래서 나는 우익·중견·좌익, 혹은 파시즘·리버럴리즘·마르크시즘 같은 사회학적 사상계 분포도 대신 좀 더 합리적으로 내용에 관계되는 분포도를 사용해야 한다고 본다. 말하자면 좀 더 철학적인 분포도가 필요한 것이다. 사상이라고 하면, 세계관과 사상방법 간의 결합인바, 그것이 예전부터 관념론과 유물론으로 분류되어 왔던 것은 지금 새삼스레 말할 것도 없다. 그런데 실은 그것이야말로 오늘날 사상계의 사회적 분포도를 제공하는 데에 가장 도움이 될 것임 틀림없다.

　관념론과 유물론 간의 대립이라고 하면, 세간의 닳고 닳은 상식은 또 그런 대립이냐고 할 것이다. 그런데 세간은 그 둘에 대해, 그 둘 간의 대비가 현대에 갖는 의의에 대해 전혀 이해하지 못할 뿐만 아니라, 그 두 가지 말 그 자체의 의미조차 결코 실제적인 형태로는 포착하지 못한다. 뿐만 아니라 관념론적인 철학 개념에 의해서는 물론이고, 유물론적인 철학 교과과정敎程에 의해서조차도 관념을 실제적인 현재의 사회적 의의 아래에서 충분히 포착할 수 있다고는 할 수 없을지 모른다. 구체적인 점들은 이후에 점점 더 보게 될 것인데, 적어도 관념론과 유물론이라는 것이 단지 세계관일 뿐만 아니라, 그것과 연관하여 동시에 논리이기도 하다는 점을 세간은 그다지 알지도 못하며 생각하지도 않는다. 이는 즉 사상이라는 것을 단순히 어떤 관념 같은 걸로 생각하는 상식에서 유래하는 것이지만, 사상이라는 것은 단지 어떤 관념을 소유하거나 그것을 제멋대로 휘두르는 것이 아니라, 실제를 잘 보면 알 수 있듯이 어떤 관념을 밀고 나아감으로써 그것을 사용한다는 것을 말한다. 사상이란 관념성장의 조직기구를 의미하는 것이다. 이 조직이 넓게는 논리라고 불리는 것이며, 거기에 사상의 정조[지조]나 관철성이나 철저성이나 당파성 같은 것도 가로놓여 있다. 헤겔 등은 그것을 '추론'이라는 말로 표현했다. 이 논리의 용구가 앞서 말한 범주조직이라는 것이다. ──이렇게 사상은 세계관에서 시작해 범주조직까지를 포함하지 않으면 성립될 수 없는 것이 그 실제이다. 혹시 사상가라는 것이 있다고 한다면, 그것은 사상의 그러한 조립[조직·구조]을 몸에 익힌 자로서, 그저 관념을 소유한 것이 사상가라면 아이들도 광인도 사상가일 수 있을 것이다. 따라서 관념론이라거나 유물론 같은, 사상의 그 원형은 단순한 세계관이 아니라 동시에 논리이기도 했던 것이다. 토모마츠 엔타이 씨였던가(단지 그 혼자에게만 한정되지 않는데) 관념론이냐 유물론이냐 따위의 문제를 단지 심심풀이 '희론戲論'에 불과하다고 말하면서 문제를 회피하고자 하지만, 그들이 사상가로서 자격이 없음은 그러한 점에서 무엇보다 잘 드러나고 있다. 관념론과 유물론 간의 대비는 단지 사상 혹은 사상계의 분포도를 제공하는 것에서 멈추는 게 아닌바, 그 대비에 관한 자각은 사상가 자신의 사상가로서의 자격을 결정하는 것이 되기도 한다. 물론 사상가로서의 자격이 없는 사상가도 사회적으로 사상가로 존재하고 있다는 사실은 조금 뒤에 보게 될 그대로이지만 말이다.

특히 유물론이라고 하면 최근 세간에서는 특별히 묘한 관념을 갖고 있는 이가 많다. 유물적인 것이라거나 유물 사상이라고들 말하는 것인데, 대체 그것이 무엇을 뜻하는지를 그렇게 말하고 있는 인간 스스로가 전혀 모르고 있는 듯하다. 이러한 이론 무용無用의 사상적 폭력단[야쿠자]식 견해는 물론 진지한 상대가 될 수 없는 것이지만, 이는 의외로 세간의 일부 인간들의 상식에 일치하고 있는 것처럼 보인다. 현재의 일본에서는 귀족원이나 중의원에도 그러한 견해가 어엿하게 통용되는바, 그만큼 어엿한 <관념>이 되어 있는 것이다.

일본에서의 현대 유물론은 변증법적 유물론으로 불리고 있다. 이 사상은 공평한 철학사적 고찰에 따르자면 실은 세계의 철학사의 현대적 요약에 다름 아니다. 소위 관념론의 여러 과제들(예컨대 주체의 문제, 개인·의식·자유 등등의 문제)은 변증법적 유물론에 의해서야말로 비판적으로 해결될 수 있고 또 그렇게 해결되어야만 하는 것인데, 그러함에도 긴요한 변증법적 유물론 자신이 오늘날 다양한 형태로 왜곡되어 이해되고 있는 것이다.

첫째, 변증법적 유물론을 객관주의라고 생각하는 견해이다. 이는 유물론이 주체의 문제를 주체의 문제로서는 결코 거론하지 않는다는 생각이다. 오오모리 요시타로 씨 등이 인텔리겐치아의 문제를 인텔리겐치아의 주체적 조건(인텔리전스)의 문제로서 거론하지 않고 오직 '객관적'인 사회층이나 사회계급의 문제로서만 거론하는 것은 그런 객관주의의 한 가지 사례에 불과한데, 이를 유물론이라고까지 말한다면, 그것은 유물론이 인간의 정신을 돌덩이나 물과 같은 물체로 보는 사상에 다름없다는 비속한 상식과 그다지 먼 거리에 있는 게 아니다. 원래 오늘날의 유물론은 사회적으로는 프롤레타리아트와 농민에게 귀속될 사상이지만, 앞의 사례들 속에서는 다분히 샐러리맨층이나 오늘날 넓은 뜻에서의 학생층(이른바 평론잡지 독자층) 혹은 관료집단에 귀속되는 '유물론'이 보이는 것이다. 사키사카 이츠로 씨 등이 가진 견해는 그것과 비슷한 듯하다. 그리되면 유물론 또한 더 이상 사상이라기보다는 말하자면 샐러리맨의 사회적 취미에 다름 아닌 것이 된다.

유물론의 객관주의화는 한정 없이 많은 경우가 있겠으나, 어찌됐든 이번에는 그것의 반대물로서 유물론의 주관주의화에 대해 생각해 본다면 그것 역시도 지극히 흔한 사상현상이라고 할 수 있다. 그 속에서 무엇보다 특징적인 것은 변증법적 유물론을 사적 유물론으로 사고하는 유물사관주의일 것이다. 이에 의해 마르크스주의는 하나의 역사철학으로까지 전향된다. 그 점에서 미키 기요시 씨는 무엇보다 공적功績(?)이 있는 사람으로, 그가 일찍이 영향을 끼쳤던 다수의 학생이나 학자 속에는 그 유물적 역사철학을 통해 비로소 자신의 관념론적 경향과 유물론 간의 타협을 꾀할 수 있었던 이가 적지 않았다. 나 또한 그중 한 사람이었고, 오카 구니오 씨 등도 그랬지만, 지금은 우리 두 사람 모두 그런 철학청년적 태도를 깨끗이 버려버린 듯하다. 후나야마 신이치 씨 등은 가장 선연하게 그런 철학취미를 탈각한 사람으로, 그의 사상의 포괄성이나 신축성이나 실제성은 논외로 하고서도 그는 지금으로서는 유물론의 우등생이 됐다고 해도 좋겠다. 오늘날의 미키 씨가 취한 입장에 접근하고 있는 소수의 문학청년들은 문제되지 않아도 좋을 종류이지만, 그럼에도 과거로부터 오늘에 이르기까지의 미키 씨의 영향에 상응하는 것은 여러 형태로 뜻밖의 지점에서 드러나고 있다. 타나베 하지메 박사는 자연법증법이라는 것의 본래적 의의를 승인하지 않는 유물론 이해자들 가운데 한 사람인데, 그것 역시도 사적史的 유물론주의자에 대한 타나베 박사의 특별한 동정과 관계가 없지 않다. 물론 그는 원래부터 전혀 사적 유물론주의자가 아니었지만 말이다. 그런 유물사관주의가 일본의 '교양 있는' 소시민층의 철학취미나 문예취미에 가미됨으로써 번영하고 있는, 아카데믹하게 비속한 갖가지 유물론(?)임은 곧바로 알 수 있을 것이다.

유물론의 왜곡은 일괄적으로 말해버리면 단적으로 그만큼 관념론이 될 것이므로, 이는 관념론 쪽에 양보하지 않으면 안 되는 것이겠지만, 그러나 지금 한 가지 예외적 경우에 주의해두지 않으면 안 되겠다. 변증법적 유물론은 말하자면 프롤레타리아 유물론인데, 그것은 한쪽으로는 프랑스의 부르주아 유물론에서 발전한 것으로 간주될 수 있는 지점을 갖고 있다. 오늘날 일본에서 그러한 부르주아 유물론을 대표하는 거의 유일한, 게다가 대단히 저명한 인물은 하세가와 뇨제칸 씨이다. 일본에서의 부르주아 유물론은 일찍이 계몽철학으로서는 후쿠자와 유키치 씨에 의해, 프랑스 유물론으로서는 나카에 초민 씨에 의해, 독일 유물론으로서는 가토 히로유키 씨에 의해 대표됐는데, 첫째 것은 일본 부르주아지의 일상 처세훈處生訓[처세술 교범]으로 해소되고 말았고, 둘째 것은 고토쿠 슈스이 씨나 오오스기 사카에 씨의 아나키즘을 거치면서 현재는 사상적 차원의 지배력을 잃고 말았으며(이는 니이 이타루 씨 등에게 기념품으로서 남아 있다), 셋째 것은 최근에 죽은 이시카와 치요마츠 박사를 끝

20 현대일본의 사상계와 사상가

으로 가계가 끊어진 것처럼 보인다. 뇨제칸 씨만이 오늘날 비교적 종합적인, 그리고 잘 소화된 영국식 부르주아 유물론자로서 남아 있는 것이다.

그의 사상태도를 두고 지극히 '유물론적'이라고 말하는 것은 그가 실증적인 상식 이외에 아무런 철학도 인정하지 않는다는 것을 뜻한다. 그는 자신의 사고조직이 그 자체로서 끄집어내지는 일을 좋아하지 않으며, 그에겐 그렇게 하려는 철학이, 논리가 혐오스럽게 보인다. 그의 그런 버릇은 그 사상의 수법에 일정하게 현저한 조직이 있음을, 그것이 일관된 특색으로서 누구도 한눈에 알 수 있는 것임을 말해준다. 단, 그는 그런 논리조직을 자각적으로 전개하는 것이 무언가 관념적인 태도로 떨어지리라고 완전히 믿어버리고 있는 것이다. 그의 유물론이 변증법이 갖는 실제상의 유용성을 인정하지 않고, 따라서 변증법적 유물론으로 옮겨가지 않게 되는 논리적인 근거가 거기에 있다. ─뇨제칸 씨의 유물론은 결코 유물론의 왜곡이 아닌바, 오히려 미발전된 유물론이 그 자체로 고스란히 난숙해진 것에 다름 아니다. 그러나 그 유물론의 미발전이라는 지점에서 실제로는 여러 가지 관념론적인 동요가 나오는 것인바, 그에게 파시스트의 레테르가 붙게 되는 것도 그 지점에서 연원하는 것이다. 부르주아 리버럴리즘(굳이 부르주아 데모크라시라고는 말하지 않는다)의 사상적 운명은 오늘날 그런 종류의 어느 것이나 파시즘으로의 길을 택하지 않을 수 없는 듯한데, 그런 운명에 조직적인 사상근거를 부여했던 유일한 사상가가 다름 아닌 뇨제칸 씨였다.

예컨대 가와이 에이지로 박사는 자유주의의 철학을 제창하고 있다. 그러나 유물론과 관념론 간의 대립을 빼고서는 갑작스레 자유주의라는 경제적 혹은 정치적·문화적 이데올로기(가와이 씨의 것은 경제적 이데올로기에서 유래하는데)를 원칙으로 삼아 철학을 축조하려는 것은 정확히 신발 가게의 철학을 고찰하거나 이발소의 철학을 궁리하는 것과 다르지 않다. 그것으로는 관념은 될지라도 사상은 될 수 없다. 자유주의철학이 오늘날 일본에 아직까지 사실상 존재하지 않는 것은 결코 우연이 아니다. ──동일하게 리버럴리스트라고 할지라도 바바 츠네고 씨나 기요사와 기요시 씨는 세계관적 배경과 논리조직이 선명하지 않으므로 충분한 의미에서 사상가로 꼽을 수는 없을 듯하다.

그렇다면 진정으로 유물론적인 사상가는 어떤 사람인가. 이에 엄밀히 답하자면, 일단 그런 사상가가 극단적으로 적다. 단지 진정으로 변증법적 유물론을 몸에 익힌 사람이 적기 때문만이 아니라, 그러한 유물론자로서 단지 학자나 전문가에 머물지 않고 사상가의 영역에까지 도달하고 있는 사람이 대단히 희박하기 때문이다. 이는 결코 무리한 일이 아닌바, 유물론적 세계관을 유물론적 조직에 따라 구체적으로 분석하고 포괄적으로 통일하면서 그것을 유물론적 사상체계로까지 형상화하는 일이란 관념론의 경우와는 달리 그리 쉽게 이뤄질 수 있는 게 아니기 때문이다. 그렇기에 다소나마 유물론적인 사회과학자는 대단히 많다. 예컨대 히라노 요시타로, 야마다 모리타로, 고바야시 요시마사, 야마다 가츠지로, 오오츠카 긴노스케, 핫토리 시소, 하니 고로, 다음으로 이노마타 츠나오, 츠치야 다카오, 사키사카 이츠로, 아리자와 히로미, 이시하마 도모유키, 삿사 히로오, 오오모리 요시타로 등을 꼽을 수 있을 것이다. 그러나 다소나마 유물론적인 철학자나 문학이론가를 찾자면 더 이상 그리 많지는 않다. 고작해야 철학에서는 사이구사 히로토, 오카 구니오, 후나야마 신이치, 나카다 히로시, 아키사와 슈지, 혼다 겐죠 등이 있고, 문학에서는 (구라하라 고레히토, 미야모토 겐지) 모리야마 게이, 구보카와 쓰루지로, 미야모토 루리코, 아오노 스에키치 등이 있다. 자연과학자·수학자에 이르면 다소나마 유물론적인 인물은 극히 희박해진다. 간신히 오구라 긴노스케 박사나 앞의 오카 구니오 씨 등을 꼽을 수 있을 따름이다. 게다가 여기까지 나열한 사람들 중에서도 어디까지 과연 진정으로 유물론자의 이름에 값하는지는 각각의 인물에 관해 이미 각기 문제가 될 것이다. 뿐만 아니라 단순한 학자나 전문가를 두고 아직 사상가라고 할 수는 없는바, 이는 앞서 언급한 그대로이고, 정확히 그것은 단순한 저널리스트나 비평가를 두고 사상가라고 할 수는 없는 것과 동일하다. ──유물론적으로 되면 될수록 사상가로서의 자격은 엄중해진다.

하지만 그럼에도 유물론이 오늘날 가장 포괄적이고 통일적·객관적인 세계관이며, 또 가장 실제적·조직적인 논리라는 점을 간과해서는 안 된다. 실제로 오늘날의 유물론은 처음부터 '사상'으로서의 근본특색을 가장 잘 구비하고 있는 사상인 것이다. 현재 우리는 유물론에 기대지 않는다면 현실적이고 통일적으로 조직적인 사상을, 과학적인 비판능력을 가질 수는 없다. 또한 방금 언급한 다소나마 유물론적인 인물들은 거의 예외 없이 일종의 평론가·비평가, 저널리스트·인사이클로피디스트[encyclopedist(백과전서파)]라고 할 수 있으므로 일단은 일반적 사상가의 수준을 넘어설 수 있는 사상가라고 해도 좋다. 단, 사상가=과학적 비평가로서의 자격을 대단히 엄중하게 할 수 있을 정도로, 유물론 그 자체가 다른 것에 비교하여 사상의 자격에서 진전되고 있다고 생각될 수 있는 것이다. 세간의 비속한 상식만 무시하고 본다면, 유물론이 금후의 유일한 사상원[泉]이라는 것이 명확히 이해될 수 있으리라고 생각한다.

그 증거로서 소위 관념론(스스로는 관념론이라고 칭하지 않아도 좋고 또 관념론 반대라고 일컬어도 상관없지만)의 각종 타입들을 그 사상으로서의 자격에서 검사해보자. 만화경과도 같이 다채롭고도 눈이 어지러운 광경 속에서 사상이라고 부르기에 족한 것이 거의 없음을 독자들은 보게 될 것이다.

일본의 가장 독창적이고 가장 발군의 사상가로서 세간은 니시다 기타로 박사를 추천할 것이다. 과연 탁월한 두뇌라거나 심각한 사색력이라는 것을 문제로 삼는다면, 적어도 박사를 제1급으로 추천하지 않으면 안 될 것이다. 그러나 우리는 지금 영웅전을 문제로 삼고 있는 것도 아니려니와, 소질의 심리학을 문제 삼고 있는 것도 아니다. 문제는 박사의 사상, 철학에 있는 것이며, 사상은 두뇌와 하나가 아니다. 니시다 철학은 정말이지 극히 독자적이며, 철학사의 철학법에 있어 한 가지 에포크[전환기·획기]를 이루는 것이기도 하겠지만, 그것이 반드시 니시다 철학의 사상으로서의 탁월함을 드러내는 것은 아니다. 이는 실제로 니시다 철학이 사회에 대해 어떤 견해를 보이고 있는지를 먼저 살피면 가장 잘 알 수 있는 것이다. 나와 너라는 것의 관계가 니시다 철학에 의한 사회이론의 종국적 열쇠인데, 일반적으로 역사적인 사회가 그런 개인적인 혹은 윤리적인, 그리고 인류애적인 암호로 해명된다는 식의 사상은, 그것이 잘못인가 아닌가의 문제와는 별도로 결코 훌륭한 사상일 수 없다. 하물며 그것에 의해 현재의 사회의 특색·모순·동향에 관해 설명을 행하는 것은 전적으로 불가능한 상담이라고 하지 않으면 안 된다. 그런 뜻에서 니시다 철학은 사회 사상을 거의 전적으로 결여하고 있다고까지 말하지 않으면 안 되는 것이다.

니시다 철학의 사상적 탁월함을 찬미하는 많은 팬들은 박사의 문장 곳곳에서 드러나는 상식적인 인간적 진리에 기뻐 고마워하는 것에 지나지 않으며 니시다 철학의 근본적인 요점을 건드리는 일은 거의 없는 게 보통이다. 거기서 동양적인 신비사상으로 보이는 것을 찾았다고 하면서 야코젠野狐禪‡같이 골똘해지는 독자들 또한 마찬가지이다. 니시다 철학의 본질은 실은 저 '무無의 논리'에 있었던 것이다. 따라서 니시다 학파는 먼저 그 무의 논리를 사용해 봄으로써 니시다의 논리가 사상의 형성에 유효한지 어떤지를 실지로 판정해 봐야 할 것이다. 그런데 타나베 하지메 박사는 그것을 사용해 본 거의 최초의 사람이지 않을까 한다. 박사는 현실의 계급국가 배후에 국가의 이념을 상정할 수 있게끔 그 무의 논리를 사용하고 있다. 즉, 현실의 유有적 국가를 무無적 국가에 의해 뒷받침된 것으로 간주함으로써 사회 혹은 국가의 이상적인 의의가 현실과의 모순 없이 합리적으로 해석될 수 있으리라는 것이다.

과연 현실의 사회를 무로서의 사회이념이라는 무색·

---

‡ [선(禪)을 배워 행하는 과정에서 깨달음을 얻었다는 생각에 우쭐대고 자만하는 미숙한 자.]

투명한 미디움[Medium(매개물·매체·매질)]을 통해 해석하는 것이기 때문에 현실은 고스란히 현실로서 재현될 것임에 틀림없다. 하지만 현실적으로는 단지 그것으로 끝난 것인바, 그럼으로써 현실이 현실적으로 무언가 변한 것도 아니다. 단지 현실이 이념에 의해 뒷받침됐다고 해석된 것에 지나지 않을 뿐이다. 그런 것이야말로 해석의 철학, 세계를 단지 해석하는 철학이며, 무의 논리는 그런 해석철학의 세계해석(그것이 곧 관념론적으로 사고된 '사상'이라는 것이다) 가운데 아마도 가장 철저한 논리조직일 것이다. 현실의 세계를 현실적으로 처리·변경하는 일에 상응하는 긴요한 사상의 엑츄얼리티[실제성·현행성]는 빠져버린 채, 단지 그 엑츄얼리티를 포장하는 이데[이념·주의]의 질서, 의미의 질서를 설립하는 것이 그 형이상학의 특색을 이루고 있다.

오늘날의 관념론은 일반적으로 형이상학으로 불리며, 그것은 방금 말했던 것에서 구체적인 내용을 드러내는바, 즉 땅위의 질서를 대신하여 그것을 천상의 질서로 처리하여 맞추는§ 사상의 메커니즘이기에 일반적으로 신학적인 사상이라고 이름 붙여도 무방한 것이다. 니시다 철학이 변

---

§ [앞뒤 문맥, 특히 "천상"과 "신학적인 사상"이라는 문맥 속에서 '처리하여 맞추는'이라고 옮긴 구절의 원문은 "間に合わせる". 그 역어와 함께, 그 곁에서 동시에, '임시변통하는', '적당히 처리하는', '소용에 닿게 하는', '제때/제시간에 들어맞게 하는' 등을 뜻함.]

증법적 신학(이는 도시샤同志社대학의 신학과 주변에서 처음 소개된 이래로 오늘날의 아카데믹한 종교부흥 및 그리스도교 신학부흥의 추축을 이루고 있다)에 결부되어 가거나, 타나베 철학이 보살菩薩에 합치되고자 하는 것도 우연이 아니다. ——대체로 니시다 철학 식의 일반적인(뒤에서 말할 특수한 형태의 해석철학에 비할 때 일반적인) 해석철학은 주로 리버럴리스트에 의해 지지되고 있는데, 그러한 신학주의로까지 가게 된다면, 객관적인 사회적 가치에서 말하건대 그것은 더 이상 결코 단순한 리버럴리즘의 철학이 아니게 될 것이다.

무無의 논리에 입각한 해석철학(관념론 사상)은 무라는 말이 보여주고 있는 그대로, 그 논리에 특별한 메커니즘이 포함되어 있지 않지만, 해석철학은 그 안에 다양한 메커니즘을 내용으로 삽입할 수 있는 것이다. 그 한 가지 경우를 두고 나는 문학주의로 부르고 싶다는 생각을 한다. 그것은 철학이 근본적인 점에서 문학화되는 현상을 뜻하며, 따라서 일반적으로 사상 그 자체가 과학적인 비판능력 대신에 문학적인 모놀로그[독백]로까지 달아올라 시들어버리고 마는 경우를 가리킨다.

말할 것도 없이 사상이란 소위 단순한 철학이나 논리의 골조 같은 것이 아니다. 과학적 지식의 단순한 집대성 따위도 아니다. 그런 뜻에서 사상은 언제나 문학적인 표상을 수반한 것으로서 나타난다. 그럴 때야말로 우리는 단지 과학이나 철학에서만이 아니라, 오히려 문예 속에서야말로 사상의 구체적인 모습을 발견할 수 있다고 생각하게 되는 것이다. 그러나 한 번 더 말하지 않으면 안 되는바, 사상이란 단순한 관념이 아니다. 관념이 표현된 문학 모두가 곧바로 사상의 표현물이 되는 것은 아니다. 사상에는 사상다운 메커니즘이 필요하며, 그것을 결여한 문학은 단적으로 말해 사상 없는 문학일 따름이다. 그런데 문학은 언제나 그것이 표현하는 사상내용을, 문학적인 구체적 표상의 결합으로써 드러낸다. 이는 당연한 것으로서, 좋은 것도 나쁜 것도 아니지만, 그럼에도 유의해야 할 점은 표상이 반드시 개념이지는 않다는 것이다. 즉 문학적 표상을 빌린다고 해서 그 개념까지가 문학적인 게 되지는 않는다. 개념(논리는 여러 근본개념의 기능조직이다)은 어디까지나 과학적인 혹은 철학적인—실제적이고 객관적인—것일 필요가 있는바, 단지 그것의 표상에 한정하여 적어도 문학의 경우에는 문학적으로 되는 게 허용될 따름이다. 그런데 오늘날의 관념론, 형이상학, 해석철학의 일파는 과학적인 혹은 철학적인 근본개념조직—그것이 유물론이다—을 사상의 메커니즘으로 삼는 대신에, 문학적 표상을 매개로 삼아 문학적인 근본개념조직을 논리로서 갖고 나온다. 그럼으로써 사상을 유물론으로부터 비로소 구해낼 수 있다고 생각하는 것이다.

그 좋은 사례는 셰스토프인데, 셰스토프 선집·번역의

감수자인 최근의 미키 기요시 씨 등에 의한 불안의 사상 따위는 사상이 문학주의화된 전형일 것이다. 니체의 번역도 출간되고 있지만, 니체라고 하든 키에르케고르라고 하든, 그 사상의 특색은 문학주의적 철학의 속임수カラクリ[조작장치]에 있음을 주의하지 않으면 안 된다. 문제는 결코 사상의 표현이나 문체가 문학적으로 세련되어 있다는 것일 뿐만이 아니다. 사상이 문학주의화되면 될수록 세간의 비속한 상식은 그것을 드디어 사상다운 것으로 여기기 쉽게 되므로 곤란한 것이다.

관념론의 그런 사상현상은 문학의 세계에서는 문학지상주의와 결부되어 가며, 사회이론으로서는 인텔리 지상주의와 결부되어 간다. 반드시 미키 씨나 셰스토프 등에 동정하고 있지는 않은 고바야시 히데오 씨(그는 부르주아 문예평론가 내의 '철학자' 중 하나인데) 등도 문학주의적인 논리로 물物[물정·사물]을 말하지 않으면 안 되는 것이 그 치명적인 결함일 것이다. ──다음으로 사회현상의 차원에서 말하자면 그런 문학주의는 일련의 문학자들의 전향 현상과 본질적으로 연결된 것임을 간과해서는 안 된다. 정치적·사회적 행동에서의 이른바 전향이야 어찌됐든, 유물론적 문예의식 그 자체의 전향에 의한 근본적인 변질이란 문학주의의 메커니즘을 의식적·무의의식적으로 이용했던 것에 다름 아니다.

문학주의는 원래 문학적 리버럴리즘의 한 가지 경우

에 해당된다. 원래 일본의 근대문학은 봉건적 모럴리티에 대한 관념적인 비판이라는 역할을 따라 일반적으로 리버럴 리즘을 본류로 하는 것인데, 특별한 예외가 아닌 한, 문예 가의 다수는 리버럴리스트로 꼽을 수 있다. 도요시마 요시 오, 히로츠 가즈오, 기쿠치 간, 스기야마 헤스케 씨 등은 아 마도 가장 의식적인 리버럴리스트인 듯하다. 불안문학의 일파도, 그것이 얼마간 적극적으로 된 능동주의의 일파도 말할 필요 없이 자유주의자에 속해 있다. 게다가 자유주 의 의미 그 자체가 실은 문학적인 것으로, 정치행동상의 자 유주의(이는 필연적으로 데모크라시의 추구로까지 향해 갈 터인 데)와는 결정적으로 칸막이된 자유주의이지 않으면 안 되 는 것이다. 거기서는 정치상의 자유주의 역시도 완전히 초 정치적인 문학적 개념으로서의 자유주의 이외에 다른 게 아니다. ―그런데 이러한 문학적 자유주의에는 언뜻 보아 의외로 파시즘으로 통하는 길이 내장되어 있다. 이른바 능 동정신이라는 것에 그런 위험이 있다는 것은 오늘날 거의 모든 사람들로부터 계고戒告되고 있는 점인데, 불안문학 등 도 그 양심이나 인간성을 통해 이미 모럴적인 종교에 이르 고 있다. 그리고 모든 의미에 있어 종교의 현재적 역할은, 객관적으로 말해 결코 더 이상 자유주의가 아닌 것이다.

해석철학의 전형으로 다룬 위의 두 가지는, 그 종국적 인 객관적 효과는 별도로 하고 그 직접적인 관심에서 말하자면 주로 문화적 인텔리겐치아의 인텔리전스에 호소하려는 데에서 성립하고 있다. 나아가 그 사상전형의 내용이 소시민층의 관심에 기초한 것이기에 사회적 현실로부터의 도피나 그 현실에 도달하지 못하는 것으로 나타나지 않을 수 없는 것이다. 니시다 철학 식의 해석철학이 비교적 이론적인 인텔리전스의 소유자에게 애호되고, 반대로 문학주의식의 해석철학이 비교적 정서적인 인텔리전스의 소유자에게 애호된다는 구별은 있지만 말이다.

그런데 또 하나의 해석철학이 있는바, 그것은 문헌학·주의로 부르고 싶은 것이다. 일반적으로 언어학적인 또는 고전학적인 지식을 통해 단편적으로 혹은 조직적으로 현재의 실제문제에 대한 해석의 논거를 구성하려는 방식이 그것인데, 일본의 아카데미철학 거의 대부분은 독일어 문헌학이나 그리스어 문헌학을 철학적 사상의 검토와 혼동한 것에 다름 아니다. 물론 그러한 '철학'은 그 어떤 사상의 이름에도 값할 수 없는 것이다. 문헌학주의가 드러내는 지점은 실은 좀 더 실제적인 필요에 의해 요동치고 있는 장면일 것이다. 일본제국의 역사적 현실(?)과 딱 들어맞는 모종의 사상을 결부시키는 데에 필요한 것이 바로 그 문헌학주의인 것이다.

그것의 목적은 단지 국학國學에 한정되지 않고 널리 유고·불교 고전의 문헌학적 해석에 기초하여 현대 일본에서의 사상문물을 비판하고 또 확립하려는 것이다. 일본 자본주의의 물질적 기구는 그런 동양적 고전의 내용을 이루는 역사적 범주와는 전적으로 절연되어 있는 것임에도, 아니 오히려 그렇기 때문에 그런 고전이 일본 자본주의의 관념적 구성에 필요해지는 것이다. 보통의 조건이라면 일본 자본주의 위에 서 있을 일정한 정신기구란 단적으로 말해 서양사상·외래사상·유물사상으로서, 일본사상 혹은 동양사상·정신문명 등등—그것은 현대와는 전혀 역사적 범주가 다른 시기의 소산인 고전에서만 도출될 수 있다—을 위한 위치가 텅 비는 것이다. 일본정신주의·농본주의·대大아세아주의의 이데올로그들의 프라제올로기[관용어법]는 모두 그런 문헌학주의의 졸렬한 운용에 다름 아니다. 헌법의 해석도 금후 그런 수법으로 행해질 것이다. —이런 유형에 속하는 것으로, 물론 그것만큼 노골적으로 졸렬하지는 않은 문헌학주의가 와츠지 테츠로 박사나 니시 신이치로 박사의 윤리학일 것이다. 니시 박사는 학구적인 형태에서 전적으로 문헌학주의자인 것에 반해, 와츠지 박사에게 문헌학주의는 해석학(헤르메노이틱)으로까지 증류되고, 나아가 그것이 인간학으로까지 이행하고 있는 것으로서, 잠깐 보면 거기서는 문헌학주의를 알아채지 못할지도 모른다. 아니 오히려 앞에서 말한 문학주의 아래에 속한 한 가지 종亞種에 가까운 것으로 보일지도 모른다. 하지만 거기에는, 곧 보게 될 것처럼 다른 의미가 있다.

문헌학주의의 관념론 대부분은 진성眞性 일본파시즘 사상으로 귀착된다. 그렇다는 것은 정교政敎일치의 사직社稷 종교, 일본민족의 국가적 선민종교의 부흥으로 귀착된다는 뜻이다. 혹시 일본민족이 인류의 모범이라고 한다면 일본 문헌학주의란 필연적으로 일본인간학이 되어야 하는 게 아니겠는가, 라는 것이 와츠지 박사의 '인간학'으로서의 일본 윤리학이었던 것이다.

그러나 이제 정말이지 래디컬한 해석철학=관념론 사상은 세계의 해석마저 벗어난다. 그럴 뿐만 아니라 관념론 이라는 것마저 멈추려는 것처럼 보인다. 곧 그것이 일신상 의 육체적 실천주의가 되어 나타난다는 말이다. 이는 머리 보다는 배腹를, 지식보다는 인물을, 이론보다는 신념을 절 대적으로 상위에 놓는 것으로서, 사상은 유도나 검도나 선 禪처럼 도장에서 단련해야 하는 것이 된다. 그것이 실천이 라는 것이다. 따라서 정치적 활동도 직접행동의 형태를 취 하지 않을 수 없다. ─그럴 때 관념론은 말하자면 전적으 로 소승小乘종교로 귀착된다. 문제는 육체이며, 따라서 생 로병사가 문제의 전부인 것이다. 그래서 불교부흥이나 각 종 사교邪敎(?)나 민간치료, 그것과 뗄 수 없는 화복관禍福觀 및 각종 골상학(이는 나치스 독일 등에서는 철학의 중대한 부문 이 되어 있다)이 나오는바, 그런 관념론적 잡동사니는 문답

무용問答無用식 파시즘 사상의 산초 판자[돈 키호테의 하인]에 다름 아닌 것이다. ─그렇게 진성 일본파시즘이 발생하는 사회적 지반에 대해서는 별달리 새삼스런 설명을 필요로 하지 않을 것이다.

　그렇다면, 지금까지 보아왔던 것에 의해, 오늘날 유력한 관념론 사상의 주된 것이 사상의 자격에서 얼마나 가망 없는 것인지를 알 수 있으리라고 생각한다. 무엇보다 이미 오늘날에는 세력을 잃어버린 사상까지 셈하자면, 관념론은 아직까지도 몇몇 유형을 갖고 있으며, 뿐만 아니라 다소 다른 유형의 방침 또한 세우지 않은 않으면 안 될 것이다. 예컨대 신칸트주의의 사상가로서 철학의 구와키 겐요쿠 박사나 물리학의 이시와라 아츠시 박사 등을 잊어서는 안 된다. 그리고 그 두 사람도 꽤나 선명한 자유주의자라는 것도 주목하지 않으면 안 된다. 하지만 그러한 자유주의는 지금은 사상가 개인으로서는 어찌됐든, 사상계의 흐름으로서는 결코 유력하지 않은 것이 사실이다.

　그러나 끝으로 한 가지 문제가 남는다. 사상은 말할 것도 없이 사상가의 사상이므로 사상가 자신의 사상에 특색이 있기만 하다면, 설령 어떤 사상류를 대표하는 것이 아닐지라도 유력한 하나의 사상으로 볼 수 있지 않은가라고 물을지도 모른다. 그러나 사실상 그런 것은 있을 수 없다. 진정으로 대표적인 사상가에게는 그 사상 속에 뭔가 사상적인 객관적 메커니즘이 있고, 반드시 다른 몇몇 사람들이 그것을 사용하고 있는 데에서 저절로 하나의 사상류를 이루는 것이다. 예컨대 두 사람 모두 고인이 되었는데, 소다 기이치로 박사 아래에서 소다 학파의 사상이라고도 불어야 할 것이 성립됐던 것처럼 과연 후쿠다 도쿠조 박사의 영향 아래에서 후쿠다 학파의 사상이라는 것이 만들어졌다고 할 수 있겠는가. 나는 그런 점에서 사상가와 사상가 아닌 것의 형식적인 구별은 불가능하다고 생각한다. 가와카미 하지메 박사는 보통의 의미에서는 결코 독창적인 이른바 사상가는 아님에도, 마르크스주의를 대표함으로써 사상에서의 많은 제자를 낳았음은 잘 알고 있는 그대로이다. 가와카미 박사는 마르크스주의적 사상가의 대표적인 한 사람이라는 위상을 잃지 않는 것이다.

나는 방금 말한 뜻에서 예컨대 스기모리 고지로 씨를 세간에서 말하는 그대로 사상가로 꼽기에는 주저된다. 정말이지 다수가 그의 숭배자이다. 그러나 숭배자의 숫자를 말하자면 아마도 도쿠토미 소호 씨(그는 사상가가 아니라 단지 역사가이거나 그렇지 않으면 다소간 데마고기슈한[선동적인] 문필가에 불과하다) 쪽이 더 많을 것이다. 즉 스기모리 씨는 우수한 이데올로그=언론가로서 수사가이기는 해도 메커니즘을 가진 사상가는 아닌 듯하다. 그럼 무로후세 고신 씨는 어떤가라고 묻게 되는데, 그 역시도 소위 저널리스트로서

　　　　　　　　　20 현대일본의 사상계와 사상가

의 문예비평가나 오히려 문명소개자이지 사상가는 아니다. 왜냐하면 그의 매력은 결코 그 사상의 수미일관된 관철에 있는 게 아니라 오히려 외부로부터 온 사상들의 신진대사에 있기 때문이다. 츠지다 교손 씨 역시도 그런 뜻에서 결코 사상가는 아니었다.

무엇보다 사상가라는 말의 뜻은 자유로이 정하면 되는 것이다. 그러하되 문제는 무릇 사상이라는 것의 표면에서 말할 때, 어떤 사상가가 대망되고 있는가라는 점이다. 그런 뜻에서 사상가는 단지 학자나 전문가도 아니려니와 언론가나 취미인, 문필가나 미문가, 기자적 저널리스트나 에세이스트일 수도 없다. 사상의 브로커도 아니려니와 고정관념의 소유자도 아니다. ──사상가란 세계에 대한 과학적인 비판가라고도 할 수 있는 것이다. 그런 뜻에서의 사상가란 관념론 진영에선 거의 완전히 찾을 수 없다. 그렇게 말하면 세간의 상식은 미심쩍게 생각할지도 모르지만, 그것은 별달리 이상한 게 아니다. 원래 유물론이야말로 과학적 비판의 무기, 즉 사상의 무기이기 때문이다. 그런데 그 유물론 속에서조차 사상가다운 사상가, 이니셔티브를 쥐었다는 점에서 오리지널한 사상가는 아직 그다지 출현하고 있지 않다고 해도 좋겠다. 하지만 그런 현상은 유물론의 길이 험하고 거칠다는 것을 보여주는 것이지, 유물론이 지닌 사상으로서의 자격을 흔들리게 하는 게 아니다. 그것이 현실적이고 실제적이라는 한에서 사상의 길은 언제나 험하고 거칠다.

보론

1 현재 눈앞의 진보와 반동이 갖는 의의

1

메이지 초기의 새로운 사상을 상징하는 암구호는 '문명개화文明開化'였다. 손에 잡히는 대로 예를 들자면, 메이지 초기에는 『문명개화』, 『개화의 입구』, 『개화 자만』, 『개화 문답』, 『문명개화 평설집評林』, 『문명 시골 문답』, 『개화 본론本論』, 『일본 개화시開化詩』 등등의 저술이나 편찬물이 출판되고 있었다. 이는 『메이지 문명 전집』의 문명개화론을 통해서도 엿볼 수 있는 것이고, 미야타케 가이코츠의 『문명개화』라는 책에서도 알 수 있는 것이다. 지금에서야 생각하는 것이지만, 사상의 암구호로서 그것만큼 세력을 얻어 애용됐던 말은 근대 일본에서는 비교대상을 찾을 수 없을 것이다.

사상을 상징하는 암구호라고 말했는데, 그럴 때 사상이라고 생각되는 것은, 당연하게도 그저 사고나 사유를 말하는 게 아니다. 소위 사고나 사유(이런 것들을 추상하여 다루는 것이 종래의 철학류라고 할 수 있다)란 그것 자신이 뭔가 좀 더 구상적具象的인 것의 한 가지 추상적 결과에 다름 아니므로 대강 제도·문물·풍속 등등에 기초하여 그것을 극히 중대한 내용·실질로서 삼고 있는 것이다. 가토 스케이치의 『문명개화』(메이지 6년[1874]) 첫 부분을 보면 양복이나 풀어 헤쳐진 머리나 모자나 구두, 주거로부터 육식에 이르기까지의 논의가 실려 있는데, 그러한 풍속 따위야말로 사상의 가장 구상적인 형태이며, 사상이 극히 일상적인 생활의식이 되고 있는 경우인 것이다. 사회기구의 변동이 비교적 안정된 경우에는 취미나 습관까지가 단지 개인적인 버라이어티[다양성]에 불과한 것으로서 아무런 사상적 가치를 갖지 않는 것처럼 보임에도, 일단 사회의 변동기가 되면 그것은 강인한 사상적 점착력이나 압력이 되어 나타난다. 일반적으로 사상이 거기까지 나아가지 않는다면 진정으로 살아있는 사상이라고 할 수 없다. 이 점을 맨 마지막에 다룰 생각인데, 앞질러 미리 말해두고자 한다.

메이지 초기의 문명개화에 비교될 수 있는 것은 아마도 오늘날의 '진보'라는 사상의 상징일 것이다. 물론 소위 저 문명개화의 시대에 향상진보라는 말이 없지는 않았지만, 그럼에도 그것은 오늘날만큼 활용되진 않았고, 또 오늘날만큼의 이해 속에서 그 말이 필요했던 것도 아니다. 대체로 문명개화라는 말은 문화로 약칭되는 것으로서, 그 메이지 초기적 약칭이 이후에 유럽 대전을 전후하여 생겨난 '문화'의식을 표현하기 위해 전용됐던 것이 이미 아베 지로 등에게서 보이는바, 근대적인 '문화' 개념이란 원래부터 인도주의적 인격설에 입각한 것이었고, 그것이 대전을 전후한 사회화의 동향에 작용하여 얼마간 사회관社会観적인 의의를 수취한 것이다. 그 과정 끝에서 사회의 역사적인 한 가지 활동으로서 오늘날 우리가 사용 중인 문화의 관념으로까지 일반화됐던 것인데, 오늘날 그 '문화'라는 말은 일본에서는 독일 아카데미 관념론의 문화철학적인 냄새를 아직까지 완전히 벗어나고 있지 않다. ——하지만 그런 문화 쪽은 어찌됐든, 그 뿌리가 되는 문명개화 쪽은 그 말이 보여주는 그대로 완전히 계몽기적인 관념이라고 하지 않을 수 없다. 그렇다는 것은 계몽이라는 말(이는 주로 독일어 아우프크레룽에 해당된다) 자체가 문명개화를 뜻하기 때문이 아니라, 인성을 비추어 밝힌다는 문명개화스러운 규정 속에서 역사적인 관점이 주의 깊게 편성되어 있지 않기 때문이다(계몽이라는 암구호 역시도 메이지 초기에는 애용됐었다). 그런데 진보라는 것은 분명히 원래부터 역사적인 관점에 입각한 개념이라고 하지 않을 수 없겠다.

문명개화는 계몽기적 합리주의의 모토였으되, 진보는 굳이 역사주의라고 부르진 않지만 역사적 운동의 파악 위에 입각한 하나의 모토인 것이다. 문명개화는 봉건제의 타도 혹은 그것의 각종 변혁으로서의 부르주아지 대두의 사상을 (적어도 일본적으로) 특징짓는 것인데 반해, 진보는 자본제 타도 혹은 그것의 각종 변혁으로서의 신흥세력에 의한 사상을 특징짓는다. 말의 뜻에서 보면, 문명개화든 진보든 동일하게 메이지 초기 일본의 사상운동에도, 대전 이후 일본의 사상운동에도 사용하고자 한다면 사용하지 못하는 것도 아니지만, 역사적 전형転形[형태전환]의 필연 그 자체를 특히 자각하지 않으면 안 되는 현대의 사상운동에서는 특별히 진보라는 역사적 관념이 필요해진다고 할 수 있다.

하지만 그건 그렇다 치더라도, 모든 암구호가 그렇듯이 진보라는 암구호를 평소에 사용하는 중에 어느새 그것의 내용이 공허해질 때가 있는 것이다. 가령 처음에는 명확한 윤곽과 내용을 뜻할 수 있게 하는 근저의 관념은 아닐지라도 신선함 그 자체만으로 이미 충분히 사람들을 납득시킬 수 있을 만큼의 진리였던 것이, 시간이 지나면서 어중이떠중이의 입버릇처럼 될 때 더 이상 처음의 그 신선함에서 유래하는 진실함은 사라지고 만다. 실제로 방금 전에 언급한 문화라는 암구호가 그랬다. 문화생활이나 문화주택은 아직 괜찮지만, 문화팬티와 같은 문화뭣뭣이 되면 그것은 이미 언어를 초월하는 것이 된다. 오늘날 진보라는 관념은 아직 거기까지는 만화화漫画化되고 있진 않지만, 사회적 존재로서는 변변치 않으면서도 입으로는 진보를 외치고 스스로를 진보적이라고 설명하는 자라면 오늘날에도 숱하게 많을 것이다. 그 지점에서 이윽고 세간의 뜻있는 사람들 중 누군가는 진보란 무엇인가라는 반성을 시작하지 않으면 안 되게 되는 것이다. 한편, 마치 그런 사정과 평행하게 최근 일본의 움직임이 아무래도 진보적이지 않고 그 반대로 되어 왔다는 감촉(이는 단지 감촉이지 아직 진정한 인식은 아니다)에 근거할 때, 오늘날은 정확히 진보 관념의 검토기에 접어든 것처럼 생각되는 것이다.

게다가 암구호라는 것은 극히 아슬아슬한[외설스러운] 것이다. 예컨대 거국일치擧國一致라고 하면, 적敵도 자기편味方도 그 거국일치라는 말을 암구호로 삼는다. 그러고는 어느 쪽이 진정한 거국일치인지를 두고 거국일치 쌍방비교를 시작한다. 이어 그러한 짜임새로 파시스트들은 자신들이야 말로 진보적이라고 말하기 시작하는 것이다. 일본의 운명을 저 먼 대륙에서 개척하는 일이 진취적인 기상에 어울렸다는 뜻에서는 진보적이겠고, 자본제의 장점美点을 해치는 부르주아지들(지주를 포함한)이나 정당정치가들을 베어버린 일 또한 하나의 진보전진이겠다. 그런 뜻에선 확실히 마르크스주의는 진보적이지 않으며, 더 나아가 반대로 반동적인 것으로 규정되야만 하는 게 된다. 마르크스주의의 시대는 갔다고, 또한 자유주의의 시대도 갔다고 외치는 도시나 농촌에서의 상식적 문명관은 그러한 기분으로 시종하고 있다. ─그저 단순한 함성소리라면 적도 자기편도 동일한 슬로건을 내걸어도 아무 상관없는 것이다. 거기서 텅 비게 된 암구호로서의 진보는 지금 당장 누구에게도 이용될 수 있는 관념이 되고 있다. 실제로 그러한 위험이 현재에 임하고 있는 것이다.

2

대체로 진보라는 개념에 관해서는 이제까지 역사철학적으로도 여러 가지 고충들이 없지 않았다. 진보라는 것은 뭔가 일정한 목표·목적물을 상정한 위에서 그것에 가까이 다가가지 않으면 안 되는 것이라고 흔히 생각되었던바, 그렇게 보면 진보 개념은 역사의 목적론적 가정 위에서만 의미를 갖게 될 것이다. 그리고 혹여 역사의 목적론이 모종의 이유로 이론적으로 곤란해지거나 성립불가능해지면 동시에 진보의 개념 역시도 과학적일 수 없는 게 되는 것이다.

역사의 움직임을 진보로 파악하는 것은 비과학적인 역사인식이며 실제 역사의 움직임 속에 신학적인 가정(신의 세계계획의 실현과도 같이)이나 윤리적인 평가(인격의 완성 혹은 선善으로의 도달과도 같이)를 억지로 밀어 넣은 전前과학적 역사학에 다름 아니라고 할 수 있다. ─정말이지 그런 뜻에서 진보라는 관념은 결국엔 윤리적인(따라서 이론적인 영

　　　　　　　보론_1 현재 눈앞의 진보와 반동이 갖는 의의

역 바깥의) 것이며, 헤겔 등도 진보(의식의 진보)를 주된 것으로 삼아 도덕에서의 진보라고 생각했던바, 그런 윤리적인 평가를 역사서술 속으로 갖고 들어오는 것은 분명 그 인식의 객관성을 전적으로 잃어버리게 될 것이다. 그런 뜻에서, 역사를 윤리적으로 설명하는 것이 아니라 거꾸로 윤리까지 역사적으로 설명하지 않으면 안 되는 마르크스주의이론(지금의 경우 사적史的 유물론)에 있어 진보라는 관념만큼 발칙한 것은 따로 없는 게 된다.

일본의 마르크스주의 비판자 다수의 상습적인 비방 수법은 마르크스주의가 인격적 자유나 이상을, 즉 윤리적인 것을 그 유물론에서 이론적으로는 도출할 수 없다는 것인데, 물론 그것은 터무니없는 지레짐작이다. 원래 이상주의자나 관념론자들 중에 누가 자유나 이상이나 윤리적 가치를 증명하거나 설명할 수 있었던가. 그들은 어떤 사실을 단지 그들이 특유한 것으로 내거는 개념사용법에 근거해 그들의 취미에 맞춰진 말로 해석해 보일 따름이다. 그들은 모두 사실의 존립을 가정할 뿐으로 그 사실의 증명이나 설명을 이제까지 단 한 번도 하지 않았다. 그들이 저 윤리적인 것에 관계된 사실의 인정(단, 그들 특유의 방식을 통한) 이외에 행한 그 어떤 증명도 설명도 나는 철학사 속에서 본 적이 없다. 따라서 뭔가 유물론에게만 그런 증명이나 설명의 책임이 있는 것처럼 말하는 것은 전적으로 초보자 눈속임 이외에 다른 게 아니다. 하지만 유물론은 사회적·역사적 존재의 구성에서 어떻게 특정한 윤리적 가치관계가 인과적으로 발생하는지를 훌륭히 설명한다. 단, 관념론자들처럼 예컨대 자유는 어떻게 가능해지는가를 증명(?)해 보이려는 따위의 헛된 약속을 하지 않을 만큼의 정직함을 지니고 있을 따름이다. 그런데 혹시 그런 종류의 마르크스주의 비판자가 말하는 것을 따른다면, 진보라는 관념은 그것이 뭔가 윤리적인 평가를 뜻하는 한에서 결코 마르크스주의일 수 없을 것인바, 혹시 만에 하나 마르크스주의 속에 그러한 것이 포함되어 있다고 한다면 그것은 불철저하게도 이상주의를 허용한 마르크스주의, 즉 세계관으로서 통일성을 결여한 유물론일 수밖에 없는 게 된다. 즉 진보를 이야기할 수 있는 것은 이상주의 말고는 없게 되는 것이다. 그런 종류의 이상주의는 자유주의라는 이름을 내걸거나(가와이 에이지로) 일본주의가 되거나 한다(가노코기 가즈노부 등등). 그 점에서 보자면 일본주의나 자유주의야말로 진보적인 셈이다.

진보라는 관념의 그러한 이상주의적 곤란(?)을 피하기 위해 오늘날의 역사철학자는 발전(전개·전화展化·발달·진화)이라는 개념을 장려하고 있다. 딜타이 등에 따르면, 역사에는 발전이라는 것은 있을지라도 진보를 생각해서는 안 되는 것이다. 이로써 일단 예의 저 곤란은 회피할 수 있는 것처럼 여겨질지도 모른다. 그러나 사실은 곤란이 한층 더

심각해질 뿐이다. 왜냐하면 발전이라는 개념은 주어진 실패糸巻き의 실이 점차로 풀려간다는 뜻으로, 진보 개념이 목표로 삼고 있던 전방에 있는 것이 발전 개념에서는 출발의 최초부터 가로놓여 있다는 것이다. 이는 골[goal]이었던 것을 스타트로 삼았을 따름으로 사정은 전혀 개선될 수 없다. 진보가 목적론적이라서 안 되는 것이라면 발전이라는 유기체론적인 개념 역시도 목적론적인 것임을 잊어서는 안 된다. 차이는 단지 그 목적론이 내적인가 외적인가라는 데 있을 뿐으로, 역사가 내적인 차원에서도 목적론적이어서는 안 되는 것이라면 내적 목적론 역시도 역사에 있어서는 외적인 것일 따름이다.

부르주아철학에서 상식이 되어 있는 그런 진보나 발전의 관념을 그 곤란에서 구해냈던 것은 다름 아닌 마르크스주의가 사고한 진보(그것에 연관된 것으로서의 발전) 관념이다. 오늘날 일상에서 아무렇지 않게 쓰고 있는 진보라는 말에는 물론 그런 부르주아철학적 상식의 파편과 새로운 마르크스주의적 관념의 파편이 혼합되어 있는데, 마르크스주의적인 그 파편 쪽의 요구야말로 진보라는 일상어의 유일하게 과학적인 부분이라고 할 수 있다.

부르주아 역사철학에 의한 진보나 발전의 관념은 근본적으로 비유의 성질을 띠고 있는데, 마르크스주의에 의한 진보의 비유는 비유로서도 좀 더 정교하게 만들어져 있

다. 이에 따르면 역사의 수레바퀴를 전방으로 향해, 즉 이
제까지 굴러왔던 방향에 기초하여(그게 반드시 일직선은 아닌
데) 앞으로 굴러가는 것이 진보이다. 그리고 그것을 거꾸로
돌리려는 시도가 반동이다. 이는 누구도 알고 있는 비유인
데, 그 비유의 과학적인 묘미[솜씨]에 관해 잠깐 설명하기로
하자.

   부르주아 철학상식에 기댄 진보의 관념을 따르자면
현상의 사물은 목표 혹은 목적물로 향해 나아가지 않으면
안 되는 것으로 설정되어 있었다. 목적을 향해 걸어가는 것
이되, 그것은 비유컨대 자극이 자석을 끌어당기듯이 또는
지구가 물체를 당기듯이 일종의 '원격작용'을 가정하고 있
는 표상이다. 물리현상의 원격작용이라면 오늘날에는 충분
히 합리적으로 설명될 가능성이 있지만(장場의 이론), 역사이
론이나 사회이론에서 원격작용과 비슷한 것들 모두는 현실
의 현상과 미래 또는 이상의 상태 사이의 역사적인 인과·
필연에 관한 불가지不可知를 뜻하는 것일 수밖에 없는 것인
바, 이는 원격의 거리를 관념론으로 메워보려는 시도에 다
름 아니다. ―그런데 그에 반하여 수레바퀴가 전회하는 경
우에는 목표로부터의 인력 따위와는 관계없이 수레바퀴가
땅에 닿아 있는 그 순간순간의 방향 및 접선切線에 따라 미
는 힘이나 압력(이는 대중이나 객관적 사정의 힘이다)만을 문제
삼으면 된다. 수레바퀴는 잇닿은 부분들이 순차적으로 땅

위에서 실현되어 가는 것이다. 이상이나 목적은 그것 자체로서는 주어진 게 아니며 전적으로 수레바퀴의 순차적 부분들의 말하자면 적분積分으로서 사정의 진전에 응하여 실현가능함이 약속되는 것에 불과하다. 역사의 궤도는 그렇게 그려진다. 수레바퀴는 땅에 닿아 구르는 것이다. 이에 반해 자유낙하물체는 허공을 나는 것이다. 이런 비유 속에서 역사의 인식에 있어서의 유물론적 방법과 관념론적 방법 간의 대비가 잘 드러나지 않는가.

발전 개념의 설명에서도 수레바퀴설車輪説은 정교하다. 예의 저 실패糸巻き설이라면 실패의 굴대라는 것이 영구하게, 발전이 끝날 때까지, 언제라도 절대적인 시원이 되어 남아 있지 않으면 안 되는 것으로서, 역사는 아무리 발전할지라도 그 실패糸巻き의 권역 바깥으로는 나갈 수 없는 짜임새로 되어 있다. 거기서 발전이라는 것은 실제로는 머지않아 모조리 되돌아가는 것에 다름 아니며 아리아드네의 실이 그런 주장의 비밀을 잘 이야기해주고 있다. 즉 테세우스는 처음부터 원래의 장소로 되돌아갈 심산인 아리아드네에게서 얻은 실패의 실을 발전시켰던 것에 다름 아니었다. 그것이 비상시 일본의 래버린스[미궁·미로]라면 그 발전이란 때때로 복고주의가 되기도 하는 것인바, 지나 대륙으로의 발전은 조국肇国[건국]의 시초로 돌아가는 것이기도 했던 셈이다. ―그런데 그에 반해 수레바퀴 자신은 실패와는 달리

회전과 함께 진정으로 나아간다. 그렇게 나아간 다음에는 무엇이 남는가. 바퀴자국이 남으며, 역사가 남는다. 이는 복고적인 '역사'가 아니라 진보적인 발전적 역사에 다름 아닐 것이다. 하지만 진보나 발전에는, 그러한 넓은 뜻에서의 변화에는 뭔가 변화하지 않는 컨스텐트[끊임없는·일정한·상수 (常數)] 같은 것이 없이는 논리적 곤란이 생길 거라고 말할지도 모르겠다. 수레바퀴 그 자체가 그런 컨스텐트라고 생각하면 좋을 것이다. 실제로 현실이란 그런 수레바퀴 같은 게 아닌가.

진보(혹은 발전)에 관한 마르크스주의적 비유를 보면 (이는 레닌의 나선설螺旋説을 참조해도 좋다), 마르크스들이 얼마나 뛰어난 문학적 표상의 소유자였는지를 알 수 있는바, 그 경우의 비유란 물론 단순한 비유가 아니라 진보 개념의 과학적 규정을 가장 간단히 납득시키기 위한 비유이다. 거기로부터 마르크스주의적인 의미에서의 진보나 발전이 어떤 뜻에서 목적이나 이상까지도 설정할 수 있는지 짐작할 수 있을 것이다. 다시 말해, 그것은 목적으로서의 목적(목적론)이나 이상으로서의 이상(이상주의=유토피아=관념론) 같은 것이 없이 진보나 발전을, 목적이나 이상을, 과학적으로 또 유물론적으로, 수레바퀴처럼 땅에 붙어, 현실적으로 해명할 수 있는 것이다.

그러나 그런 일은 대개의 부르주아철학(?) 역시도 이

제까지 충분히 궁리하고 생각해오고 있는 것이라고 말할지도 모르겠다. 그 말 그대로인데, 마르크스주의의 진보이론이라고 해서 그렇게 유별난 별세계에 속하는 것은 아니다. 하지만 진보의 의미를 그 어떤 철학이 그만큼 알기 좋게, 게다가 정확히 설명할 수 있었겠는가. 니시다 철학(이는 부르주아철학의 방법으로서 가장 진보·발달된 것이다)적으로 말해도 유有적 목적, 유적 이상, 유적 이데(헤겔과 같이)를 대신해 무無적 목적, 무적 이상, 무적 이데 같은 것에라도 기대지 않는 한, 진보 개념을 둘러싼 관계의 실제는 설명될 수 없을 것이다. 그런데 우리에게 현실적으로 필요한 것은 그러한 무적無的 진보 같은 게 아니라 현실의 유적有的 진보에 다름 아니다. 뭔가 무적 진보라고 불어야만 될 것이 있을지라도 그것과 무적 반동(일종의 자유주의자들의 반동성?) 사이에는 말하자면 무적 구별 말고는 실제로 아무것도 없으리라는 점이 나는 두렵다.

3

하지만 역사의 수레바퀴를 굴려 앞으로 나아가는 것이 진보라고 할지라도, 두말할 것 없이 그런 형식적인 규정은 실제문제에 관한 형이상학적인 규정과 크게 다를 바가 없다. 문제는 그 수레바퀴가 무엇인가라는 점이다. 역사라는 차량의 바퀴가 문제인 것으로, 그 차량 자체가 부르주아의 승용차인지 프롤레타리아 무산자의 짐수레·화물차인지가 첫째 문제인바, 이를 위해서는 어느 부분이 진정으로 차량의 바퀴인지가 제일 큰 문제이다. 이는 다음과 같은 뜻이다.

오늘날 좋은 뜻에서 무엇보다 상식적으로 되어 있는 진보의 관념은 일반적으로 프롤레타리아의 이익에 따르고 있다는 것을 의미한다. 프롤레타리아는 국제적으로 자기 자신의 정당을 갖고 있는바, 그 정당에 속하고 그것과 함께 나아가는 것이 그런 뜻에서 진보적이라고 여겨지고 있으며, 그런 한에서는 동반자적 코스를 더듬는 것도 진보적이라고 여겨진다. 말할 것도 없이 그것은 프롤레타리아의 계급이 역사의 진보·발전을 가져오는 역할의 유일한 담당자라는 근본이론에 기초한 것으로, 그 계급주관主觀의 정치적 임무를 기준으로 오늘날 널리 그렇게 단정되고 있는 것이다.

그것은 그것대로 무방하지만, 다른 한편 진보라는 관념이 상식적 관념으로서 충분히 통용될 수 있기 위해서는, 세간의 인간 제각각이 자기 자신에 관해 감지할 수 있을 모종의 더 나은 플러스적인 것을 뜻하지 않으면 안 된다는 요구까지 진보 관념이 만족시키지 않으면 안 된다는 점에 지금 특히 주의를 기울여야 한다. 엄정한 뜻에서의 프롤레타리아에 속하지 않는 많은 세간인(농민·소시민 등등)이 나아

보론_1 현재 눈앞의 진보와 반동이 갖는 의의

가 프롤레타리아적 진보성의 관념을 자기 자신의 상식용어로 채용할 마음을 먹기 위해서도 그 관념이 결국엔 자기 자신의 플러스가 되는 결과를 감지할 필요가 있는 것이다. 이렇게 진보성이란 상식 관념으로서는 뭐니 뭐니 해도 하나의 가치적 평[가]어이자 윤리적인 관념에 귀속되어 있다는 점이 사실상의 심리인 것이다. 그리고 거기로부터 진보 관념의 각종 분열·동요가 발생하며, 이를 계기로 세간의 상식은 대체 진보란 무엇인가라고 다시금 질문하기 시작하는 것이다.

그런 질문과 관련하여 우선 대중이라는 개념이 있다. 대중과 프롤레타리아의 관계는 프롤레타리아야말로 대중이라거나 세간의 인간 일반은 아직 대중이 아니라는 식으로 기계적으로 동조되어야 할 게 아니라, 바로 그 둘이 조직적으로 결합되지 않으면 안 되는 것으로서, 보통의 대중적 상식 속에는 그런 조직적 관계에 대한 이해가 일반적으로 결여되어 있는바, 대중은 단지 다수자의 집합이나 평균이라는 식으로 여겨지고 있다. 거기서 예의 저 프롤레타리아적 진보성이라는 것이 과연 우리 세간에 흔히 존재하는 대중에게 있어 말 그대로 대중적인 진보성인지 아닌지라는 의문이 당연히 제기되는 것이다. 그 의문이 결국 이론적으로는 아무 이유가 없을지라도 그런 의문이 제기될 사정의 현실 그 자체는 계산 안에 넣고 생각하지 않으면 안 되는 것이다.

거기서 부르주아 사회학이 지닌 일종의 매력이 일반적으로 그 지극히 상식적인 견지에 있음을 떠올리자. 그렇다는 것은 사회가 상식적으로는 극히 현상적으로 이것저것 무엇보다 가까운 사물·현상들에 의해 특징지어지는 것으로, 사회를 전적으로 그러한 상식의 입장에서(단, 아카데믹하게) 관철하는 것이 부르주아 사회학의 악질적인 강점이라는 말이다. 사회학이라는 것이 오늘날 일본 등지에서 이론적으로는 사회과학의 적이 아니라는 점은 잘 알려져 있지만, 그것은 의외로 경제학이나 정치학이나 법률학에, 드디어는 사회의 통념적 상식 자체에 집요하게 들러붙어 있다. ─그런데 대중이라는 개념 역시도 사회상식으로서는 전적으로 그런 사회학적 견지 속에 귀착되는 것으로서, 마치 그런 사회학적 상식으로 불러야만 될 것 같은 대중의 관념이 사실 대중 자신의 관념이 되고 그들 대중의 자기의식이 되고 있는 것이다. 바로 그 지점에 대중의 상식이 저 프롤레타리아적 진보성을 두고 과연 대중적인 진보성인지 아닌지를, 즉 그런 진보성이 대중의 복리 증진과 같은 것과 진정으로 일치하는지 아닌지라는 의문을 품기 시작하는 이유가 있는 것이다.

이제 진보성은 이른바 '대중', 이른바 '사회', 이른바 세간에 있어 모종의 의미를 띤 호황·플러스 일반에 관계된 것으로 여겨진다. 대중에게 좋다고 여겨지는 사회현상의 특징이 머지않아 그 대중에겐 사회의 진보성이 되는 것이다. 일본은 만주 진출 이래로 조금은 좋아졌다고 대중은 생각한다. 본토內地에서 먹고 살 수 없게 되면 만주로 가면 된다고, 만주에는 일이 있다(?)고 생각하는 것이다. 군사적 세력의 긴장에 의해 넓은 뜻에서 군수공업의 경기가 좋아지고, 적어도 부분적으로는 일자리도 생겼으며 노동임금도 늘었고 농촌까지도 농촌공업화가 가능해질 것 같다는 등등이 이른바 대중상식 속에서의 현재 사회인식의 상태인 듯하다(물론 그러한 상식은 부르주아지, 각종 군인·정치가·저널리스트·학교사회교육가들이 제조하여 부여한 것이 대부분이지만). 따라서 그러한 현상을 초래한 세력, 간단히 말해버리면 일본파시즘이란 진보적이라고, 적어도 일본의 곤란을 해결하고 가까운 미래를 향한 희망의 가능성을 만들어냈다고, 일본을 발전시킨 것은 그것이라고 여기게 되는 것이다.

이 대중의 비속한 상식을 이용하고 그것을 조장하고 있는 것이 오늘날 일본의 지배자층인 것을 말할 것도 없다. 그런데 사회학적인 상식에 의하면 사회의 계급적 구별이란 요컨대 학교에 A반과 B반이 있다는 뜻에서의 클래스 구별일 따름이다. 그 속에서 계급의 대립 따위는 기껏해야 완전히 우연한 사건으로서 시민사회의 본질도 뭣도 아니다. 따라서 사회는 A반과 B반의 총화総和이고(대립이 아니라 [조]화이다) 대중은 지배자와 피지배자 간의 공평한 총화다. 지배자와 피지배자를 부과했던 것이 대중이므로, 대중은 양쪽의 조화이겠는데, 동시에 어느 쪽이 지배하는가라는 것도 이미 정해져 있는 것이다. 피지배자가 지배할 도리는 없기 때문이다. ──이리하여 진보성과 계급적 대립은 마치 아무 관계가 없는 것처럼 되며, 진보는 거국일치의 진보(또는 인류의 진보)가 되고 마는 것이다.

지배자와 피지배자 간의 대립은 없이 지배자의 지배만 있으므로 현상의 표면에 나오는 것은 물론 지배자일 뿐이다. 그 점에서 지금 진보에는 뭔가 대립물이 필요하다는 것을 생각해내고 무언가 대립물다운 것을 사회 속에서 발견하고자 하면 대중의 눈앞에는 지배자들끼리의 대립만이 비춰질 따름이다. 기성 정당의 몰락이라거나 신新관료의 대두라거나 의회정치의 쇠망이라거나 자유주의의 막다른 골목이라거나 중신 블록*의 배격이라거나 [천황]기관설에 의한 정부공격이라거나 통제파†의 부르주아화에 맞선 행동

---

* [중신회의. 전전 및 전중의 쇼와 10년대, 내각총리대신의 직무가 공백이었을 때나 국가의 중대하고 긴급한 문제에 관하여. 중신들 곧 원로(元老) 사이온지 킨모치를 중심으로 전임 내각총리대신, 추밀원 의장 등이 천황에게 자문하는 회의. 각 중신들의 세력규합 및 알력관계 등에서 유래한 말이 중신 블록. 일종의 간접권력.]

† [통제파(統制派). 육군대학의 엘리트 출신들로 구성된 군부의 파벌. 천황의 친정(親政)을 통해 천황과 국민 사이의 정치적·경제적 간접권력들을 제거하는 '헌법정지' 및 '국가개조'(기타 잇키)를 주장한 군부의 파벌인 황

같은 것이 크고 유일한 대립이 되어 드러나는 것이다. 그리고 거기서 보이는 각종 형태로 움직이는 파시즘이야말로 대립의 필연성에 기초해 상대방을 극복한다는 점에서 진보적이라고들 말하게 되는 것이다. ──예컨대 군부나 관료의 자유주의나 거국일치주의에 의해 숙정肅正[부정을 바로잡은]선거가 행해졌던 덕분에 무산당은 비로소 원내로 진출할 수 있었다고, 일본주의에는 진보적인 본질이 있다고, 아니 진보적인 일본주의를 지지해야만 한다고 말하는 무산자 대표마저 지금은 적지 않은 것이다. 이 모조적僞似的 대립에 기초한 진보의 관념과 방금 말한 거국일치적 진보의 관념은 그 본질에서 공통되는 것이다.

우익 노동단체가 대중 속으로 들어가 그것을 진보적인 것으로 조직하는 일과, 단지 우익단체와 제휴한다거나 그것을 지지하는 일은 동일한 통일전선적 실천에서도 전혀 다른 것으로, 그 차이는 프롤레타리아적 조직의 관점에서 본 대중과 사회적인 의미에서의 대중 사이의 차이와 다르지 않은 것인데, 사회학적 상식을 이용하고 머지않아 스스로 그것을 신앙하는 사회이론가·사회실천가에겐 그러한 구별

도파(皇道派) 청년 장교들과 대립하면서, 내각 육군대신(현역 대장)을 중심으로 정치적 개혁을 통해 '고도국방국가' 건설을 주장했다. 황도파의 후견인은 아라키 사다오였고, 2·26 쿠데타 이후 세력을 잃은 황도파를 대신해 실권을 쥔 통제파의 이후 수장은 도조 히데키였다.]

따위란 전혀 방해물에 지나지 않은 것으로 보일 터이다.

4

하지만 그런 묘한 진보 관념이 횡행하고 있는 것 역시
도 예의 저 프롤레타리아적 진보성이라는 상식에 얼마간
의 책임이 있다. 좋은 뜻에서의 상식 관념은 진보성을 전적
으로 프롤레타리아라는 계급주관主觀과 결부시켜 생각하고
자 했었는데, 진보적이라거나 반동적이라는 구별을 그러한
계급주관만으로 결정해버리고자 하면 사회의 평균적인 주
관이라고도 해야 할 대중이라는 것이 혼입될 것인바, 아직
그 점이 오늘날 세간적 상식에서는 잘 정리되고 있지 않기
때문에 그런 혼란이 진보성이라는 것에까지 영향을 미치고
있는 것이다. 그래서 진보성이라는 규정은 당연한 것이면
서도 그러한 주관론적 규정으로부터 한 걸음 더 근저로 들
어가, 다름 아닌 생산력의 발전으로부터 규정되지 않으면
안 되었던 것이다.

그것은 곧 사회에서의 생산력을 발전시키는 형식을
북돋는 것, 또는 특히 생산력의 질곡으로서의 형식을 타파
하는 것이 진보적인 것이고 그에 반대되는 것이 반동적인
것이라는 잘 알려진 규정이다. 이는 말하자면 진보의 경제
기구적인 규정이므로 진보의 정치적이고 문화적인 규정만

큼 도덕상식에 호소하는 바가 크지 않고, 그렇기에 상식에서는 그다지 전면에 나오지 못했던 것이었지만 실제로는 진보에 관한 상식의 소유자라면 누구나 일단은 숙지하고 있는 것에 다름 아니다.

하지만 그렇게 말하더라도 진보를 정치적으로 규정한 것이 여전히 지나칠지도 모른다. 왜냐하면 생산력의 발전형식을 북돋는 일일지라도, 생산력의 질곡형식을 타파하는 일일지라도 그러한 정치적 활동이 결과이자 또한 목표로 설정한 것은, 그 실제를 말하면 요컨대 사회에서의 생산력 발전 그 자체이기 때문이다. 달리 말해 생산력은 자연적·자생적으로도 또 목적의식적으로도 발전하는 것인데 다름 아닌 그런 생산력의 발전을 북돋고 그것을 결실 맺도록 하는 행위나 현상이 진보적인 것이 되기 때문이다.

여기까지 와서 알아차리게 되는 것은 그런 뜻에서 진보의 근저에 다름 아닌 발전이라는 규정이 가로놓여 있다는 점이며, 나아가 그 발전이라는 것이 단지 질적인 예의 저 실패失敗き 식의 전개가 아니라 무언가 양적인 증가에 입각해 있다는 점이다. 생산력의 증진 혹은 축적이라는 일단 수량적인 규정 속으로까지, 이제 정치적·문화적인 또 윤리적이기까지 한 질적 차원을 띤 진보는 귀착되는 것이다. 생산력의 증가는 곧 생산성을 높이는 것에 다름 아닐 터이므로, 거기서 수량적 혹은 양적이라고 말했던 것은 즉각 지체 없

이 질적인 규정으로 바뀔 것임에 틀림없지만, 어쨌든 진보라는 문화적 또는 문학적 관념을 그러한 수량적인 규정(그러나 그것은 언제나 질적 규정으로 전화되지 않을 수 없다)으로까지 더듬어 간다는 것은 중요하다. 왜냐하면 그럼으로써 비로소 진보라는 관념은 과학적 개념이 되기 때문이다.

무엇보다 생산력의 양적인·질적인 규정만이 진보의 과학적 규정이라고 말하는 게 아니다. 단지 그러한 규정을 충분히 자각적으로 상정한 위에서 프롤레타리아 계급적·정치적, 문화적 또 도덕적(또 문학적)인 발전의 개념이 비로소 과학적인 개념이 된다는 말이다.

그런데 진보라는 개념에 관하여 그렇게 재차 굳히면서 알게 되는 것은 그 간단한 관념 자체 속에 실은 몇몇 관절이 포함되어 있었다는 점이다. 즉 단순하게 생산력의 관계로부터 보아 일단 진보적이라고 규정되는 것일지라도 계급적·정치적으로는 전형적인 반동에 다름 아닌 경우도 극히 많으며(예컨대 일본에 의한 만주나 지나의 자본주의화), 계급적·정치적으로 일단 진보로 보이는 것이 문화적·도덕적으로는 반동적인 규정을 갖는 경우도 적지 않다(예컨대 문화운동에서의 공식적 정치주의와 같은). 특히 예컨대 자유주의 같은, 프롤레타리아 계급에 관한 정치적 견해로서는 반反파쇼적 특색을 띠면서도 직접적으로 반동적인 의의를 갖는 것도 있는바, 이는 자유주의적 정당이 실제로 만들어지면 현실적으로 프롤레타리아적 정당 자신의 발전을 방해할 것이기에 증명되는 것이다. 그런데 그에 반해, 그 동일한(?) 자유주의도 문화적·도덕적인 형태(이를 나는 문화적 자유주의로 부르고자 하는데) 중 어떤 것은(모두가 다 그렇지는 않다) 문화적·도덕적 관심에서 머물면서 정치적인 구체화를 확보하지 않는 한도에서 충분히 진보적이라고 할 수 있을 것이다. 이러한 사실(이는 실제 사례가 있는 사실이다)은 진보라는 관념이 평범하고 단조로운 것이 아니라 몇 가지의 플렉시블한[유연한] 관절을 갖고 있다는 점에서 비로소 설명될 수 있는 것이다.

　하지만 그런 사정은 잘 생각해보면 진보라는 것이 무조건적으로 절대적인 게 아니라 그 자신 속에 반동으로 전화될 수 있는 가능성을 내장하고 있는 살아있는 것이라는, 리얼리티의 문제가 떠오르는데, 그런 생각의 시도를 거꾸로 하자면, 이른바 반동에도 무언가 진보성으로의 가능성이라는 계기가 포함되어 있지 않는지가 문제될 수 있을 듯하다. 하지만 그것은 스콜라적인 사변에 불과하다. 반동이 진보의 한 계기로서 있을 따름이지 진보가 반동의 한 계기로서 있는 게 아니다. 모든 반동은 악惡을 원하되 끝내 선善을 행할 수밖에 없는 메피스토[펠레스]에 지나지 않는다. 문제는 언제나 메피스토에 의해, 반동에 의해 던져지는데, 그것을 푸는 것은 반동성이 아니라 언제나 진보성 쪽이다.

진보의 관념 자신이 언제나 그러한 옵티미즘[낙관주의]을 요청하고 있는 것이다. ──진보도 반동도 아닌(진보의 겉모습을 꾸며 가장하지 않는 반동은 없다), 오히려 진보 그 자체를 회의하는 것의 반동성에 관해서는 따로 달리 논해야 할 것이다.

5

진보 그 자체가 사회적으로 무엇인지를 중심에 두고 보아왔는데, 거꾸로 현재의 이 사회 자체의 진보성에 관한 중대한 문제가 아직 남아있다. 현재 일본은 마르크스주의의 퇴조기이고 일본파시즘의 발달기이며 그런 뜻에서 현재 일본의 사회는 반동기에 있다고들 말한다. 이는 부분적 의미에서는 그 말 그대로이다. 가령 이 반동기가 진보의 취소가 아니라 단지 진보를 향해 돌아가는 길이라고 할지라도 현재가 반동기라는 전체적 특색을 띠고 있음은 부정할 수 없는 사실이다.

하지만 마르크스주의가 퇴조했다는 것은 진정으로 무엇을 의미하고 있는가. 그것은 마르크스주의적 정당 및 조합 세력의 파괴와, 그것을 둘러싼 문화적·정치적 활동조직의 파괴를 본래적으로 뜻할 터이지만, 세간의 실제적 기분에서 말하자면, 그것들에 더하여, 아니 어쩌면 그것들보다도 간략히 일반적으로 마르크스주의적 풍조의 유행이 쇠퇴했다는 뜻이다. 좌익사상범은 부르주아 신문지면에서는 더 이상 아무런 영웅도 아니게 됐으며 도둑이나 갱[gang(폭력단)]과 같은 부류로 대우받기 시작한다(오늘날의 영웅은 우익 단체적 혹은 일본주의적 <패거리>이다). 이는 신문이 세간의 그날그날의 상식을 반영한 것임과 동시에 신문이 세간을 그런 식으로 교육하고 있다는 뜻이기도 한바, 그 덕분에 심퍼[sympathizer(동조자·동정자)의 준말]도 줄었지만 마르크스주의의 구경꾼들野次馬[덩달아 떠벌려대는 무리] 역시도 줄었던 것이다. 마르크스주의가 반성의 시기에 들어갔다는 것이 이른바 반동기의 의미이다.

　　마르크스주의는 잘못을 저지르지는 않았다는 식의 반성이 아니라(그런 타입의 전향자도 결코 적지 않지만, 그것은 마르크스주의로서는 문제의 권역 바깥에 속한다), 마르크스주의 이론을 어떻게 기본적인 교양에 의해 정련시키고 그것에 실용적인 플렉시빌티티[유연성]를 부여할 것인가라는 반성의 시기에 들어갔던 것이다. 정치적 진보성의 모멘트는 퇴조했지만, 그것에 기초해 유행의 기운이 꺾임으로써 그만큼 문화적·도덕적인 과제로서의 진보성이 강화되어 왔다는 것이 최근의 중대한 요점이라고 하겠다.

　　오늘날이야말로 마르크스주의 이론은 상식화되고 일상화되는, 그런 뜻에서 도덕화되고 기질화되는 때이며, 또 실제로 그렇게 되어가고 있는 시기인 것이다. 그런 뜻에서

비로소 그것이 사상화되어가고 있는 시대라고까지 해도 좋
겠다. 이제 이 기회를 이용해 마르크스주의는, 또 유물론은
대중의 모럴이 되고 대중의 기분이 되며, 드디어는 대중의
풍속까지 되도록 견실하게 대중의 주변으로 침윤해 들어가
는 시기인 것이다. '진보'가 살아있는 사상으로까지 변화하
기 위해서는 현재의 사정은 오히려 결여될 수 없는 조건이
다. 이는 장래를 위한 보이지 않는 힘이 된다. 동시에 오늘
날이야말로 마르크스주의 이론이 이론으로서 할 수 있는
한 전심[전력]으로 연구되고 정비되어야 할 시기인 것이다.
또 사실 그러한 이론상의 문제나 트러블을, 정확히 1905년
이래의 러시아 반동기가 그랬듯 현재의 일본은 우리에게
숱하게 던지고 있고, 이를 독자들은 잘 알고 있을 것이다.
말하자면 현재는 마르크스주의의 문학과 철학의 시대이다.
물론 그것은 결코 단순한 반동기나 단순한 마이너스가 아
니다. 역사의 진보는 자빠져도 그냥은 일어나지 않는다.

  노동조합운동 및 정치운동에 관해 나는 지금 말할 수
가 없다. 인텔리겐치아의 문제에 관해서는 하나의 필연적
인 결론이 있다. 진보성이 갖는 오늘날의 문화적·도덕적
형태는 마치 진보성의 인텔리겐치아적 형태에 다름 아닌
듯하다. 진보적 활동은 오늘날 인테리전스의 활동에 비하
여 그 비중이 현저히 커져왔다. 그 점에 대해 우리는 보아
왔는데, 거기에 오늘날 이른바 반동기 속에서의 인텔리겐

　　　　　　　　보론_1 현재 눈앞의 진보와 반동이 갖는 의의

치아의 역할에 관한 일반적인 전망이 있을 것이다. ──쓸데없이 반동기나 퇴조기를 논해야 할 게 아니다. 또 쓸데없이 인텔리의 동요나 곤혹이나 절망을 설득하는 일은 무의미할 뿐만 아니라 오류다. 이 반동의 시기로 인해 불안해지거나 동요하는 인텔리는 애초부터 자신의 인텔리전스 및 특유기능에 관해 아무런 사회적 자각을 갖지 못한 자로서, 즉 그들은 샐러리맨이나 학생 등에는 속할지라도 범주로서의 인텔리겐치아에는 속하지 않는 것이다. 그러한 '인텔리'에 관계하고 있는 한에서 '진보적 인텔리겐치아'라는 개념은 끝내 성립하지 않으리라고 나는 생각한다. 반동기야말로 행인지 불행인지 인텔리의 특유한 진보성이 동원되어야만 하는, 또 동원될 수 있는 하나의 시기인 것이다.

2 대중의 재검토

영화는 대중적인 예술이라고들 말한다. 혹은 도박꾼 유랑물이나 난투[칼싸움]물은 대중문학이라고들 말한다. 그런데 거기서 말하는 대중이라는 것의 의미를 파고들어 가 보면, 언뜻 헤아릴 수 없이 속 깊은 현실들이 잠재해 있음을 알 수 있다. 단지 다수 세간인의 기호에 영합한다거나 그들의 관심을 불러일으키는 것이라는, 그런 다수의 원리로는 설명되지 않는 것을 우리는 거기서 발견하지 않을 수 없다. 실제로 적어도 세간의 다수 사람들은 그저 다수가 아니라 경제적으로는 비교적인 또 절대적인 빈곤 속의 무산자이며 정치적으로는 무력한 피지배자라는 것이 사회 현실의 사실이다. 나아가 우연히 그렇게 다수자가 무산자이고 피지배자인 게 아니라, 이 사회에서는 말하자면 다수자이기에 무산자이자 피지배자인 동시에 무산이자 피지배자이기에 다수자인 것이다. 그렇기에 거기서 대중에 관한 두 양태의 관념이, 아니 오히려 어쩌면 두 단계의 관념이 발생한다. 하나는 대중을 그저 사회의 다수자로 간주할 때의 관념이고, 다른 하나는 그것을 나아가 경제상의 무산자 혹은 정치상의 피지배자로서 간파할 때의 관념이다. 앞의 것은 말하자면 사회학적(굳이 사회과학적이라고는 말하지 않고) 관념이고, 뒤의 것은 사회과학적 개념이라고 말함으로써 구별할 수 있을 것이다.

흔히들 영화의 대중성이라거나 대중문학이라고 말하는 것은 그런 사회학적 개념 쪽이고, 이에 반해 프롤레타리아문학의 대중성이라거나 대중적 이해관계라고 말하는 것은 그런 사회과학적 개념 쪽을 가리키는 듯하다. ──그런데 그런 기초적인 구별을 둘러싸고 다양한 뉘앙스가 있는 대중 개념이 성립하고 있음을 잊어서는 안 된다. 우선 첫째로 대중을 몹[mob(폭도·군중)](우중)으로 생각하는 상식적인 사고방식이 있다. 무엇보다 몹이라는 호명방식은 사회에서의 총總대중이라는 일종의 상상된 실체를 가리키는 데에서 시작되는 게 아니라, 실은 어떤 때와 장소에서 자연적으로 또는 일정한 인위적 작위에 기초해 자연적으로 성립하는 불규칙·무질서·무훈련의 이른바 군중이라는 개개 현상을 가리키는 데에서 시작되는 것으로서, 그렇게 군집이 심리와 행동에 있어 경솔하고 가벼우며 원시인과도 비슷한 부화뇌동성으로 넘친다는 등등의 사실이 몹이라는 말에 표현됐던 것인바, 그 점에서 사회에서의 다수 대중 역시도 그것이 집합되면 그러한 몹의 성질을 띤 군집 말고는 다른 것일 없다는 규정에 입각하여 대중 곧 우중이라는 관념이 도출되는 것이다. 이리하여 우중이라는 것이 대중의 사회학적 개념의 한 가지 대표가 된다.

방금 말했듯, 그런 우중적 대중의 특색은 결국 그 무조직성에 있다. 하지만 그것은 결코 우중을 이루는 각 개인이 타인으로부터 자유롭고 독립적으로 제멋대로 거동하는 것을 말하는 게 아니다. 오히려 부화뇌동성이야말로 그 군중심리 제일의 특징으로 간주되고 있다. 즉 우중 각 개인이 자유·독립과 같은 적극적 개인성을 갖지 않는 것, 그런 뜻에서 소극적인 인격만을 갖는 것이 그런 무조직성에 연결된다는 것이다. 그 무조직이란, 자유롭고 제멋대로인 개인을 원리로 삼는 개인주의나 개인주의적 절대자유주의를 뜻하는 무정부주의 따위와는 정반대에 속하는 것이다(소위 자유주의는 가급적 최대의 자유를 구한다). 따라서 우중의 관념은 일종의 귀족주의적 현자의 관념에 대립되게 된다. 귀족주의에도 여러 가지가 있는바, 과두정치적 귀족주의도 있다면 계급·신분의 표방에서 유래하는 귀족주의도 있고 취미에서의 귀족주의도 있다. 여기서 말하는 것은 우선 첫째로 기능이나 정신력에서 발군의 것을 존중하는 정신적 귀족주의이다. 그리고 모든 귀족주의는 요컨대 그런 정신적 귀족주의에서 그 합리적인 근거·명목을 구하고자 한다.

그런 정신적 귀족주의, 즉 '천민'에 대립되는 귀족의

평가는 숱한 문학적 혹은 윤리적 귀족주의가 되어 경제적·정치적·사회적·문화적 귀족주의의 외피를 두르지 않고도 나타나게 된다. 오래전에는 스토익, 그 외의 윤리론, 내려와서는 쇼펜하우어나 니체의 철학, 로만파적 천재 개념이나 각종 에고이즘, 에고티즘[자기중심주의] 따위가 그렇다. 문예작품의 주인공에도 그러한 귀족의 전형은 극히 많다(예컨대 투르게네프의 바자로프, 스탕달의 쥘리엥 소렐 등이 그 약간의 근대적 타입이다). 그런데 그런 문학적 혹은 윤리적·정신적 귀족주의, 즉 그 속에서 대중을 천민·우중으로 보는 시각은 실제로는 머지않아 모든 경제적·정치적·사회적·문화적 우중의 개념까지 낳는 정신상의 연원이 된다. 예컨대 소위 브레인 트러스트[국가·회사·개인 등의 자문·고문연합]는 그저 단순한 기능상의 그것이 아니라 경제적 귀족과도 같은 금융자본가의 그것이며, 정치적 귀족으로서는 중신重臣과 같은 것들이 있고, 사회적 귀족으로서는 위계·훈공등급의 주체 같은 것들이, 문화적 귀족으로서는 국가의 학식 있는 우두머리頭[대리인·지배인] 등이 그런 사례이다. 그리고 그것들 모두가 우중·천민으로서의 대중에 맞서 정신적 귀족으로서 대립되고 있다.

선민의 관념은 반드시 민족종교에만 고유한 것이 아니며 거의 모든 조국祖国신념에 수반되는 것이다. 조국애가 조국문화를 향한 사랑이 되거나(동이·서융·남만·북적東夷西

戎南蛮北狄이나 외래사상 및 외래문명의 관념과 같은 종류), 그것이 조국의 사명이 되는 때(세계문화의 지도자나 동아의 맹주 관념과 같은 종류) 언제나 그런 선민적 귀족주의가 나타난다. 하지만 그 점에 관해선 지금은 생략하자. 지금 무엇보다 주의를 기울여야 하는 것은 선량選良(Elite) 혹은 맹주(Duce)의 관념이다. 엘리트 혹은 두체는 한편에서 정신적 귀족임과 더불어, 동시에 다른 한편에서 문화적·사회적·정치적·경제적 귀족임을 뜻한다. 그 정치적 표현은 (넓은 뜻에서) 이른바 파시즘 정치철학의 제1원리를 이루는 것인바, '당주党主' 무솔리니나 '지도자[Führer]' 히틀러라는 원리(!)가 그것이다(일반적으로 파쇼철학에서는 고유명사가 자칭 원리가 될 수 있다. 예컨대 '일본주의'처럼 말이다. 이와 달리 예컨대 아메리카니즘은 타인이 붙인 닉네임이다). 무엇보다 이른바 파시즘에서는(모든 형태의 한정된 파시즘에서는 다르지만) 그러한 파쇼적 최고 귀족이 인격적 개성의 이니셔티브를 쥐고 있는 것으로서, 아직 완전한 신비적 신성미神聖味를 갖기까지에는 이르지 않고 있으며 그 권위는 아직 전지전능성을 갖고 있지 않은 것이라고 할 수 있다(제정 러시아의 짜르나 로마 교황도 그것이 개인적 의지의 적극성을 갖는 한에서는 역시 신성한 전지전능성을 결여하고 있다).

지도자란 물론 대중의 지도자다. 그렇다는 것은 대중이 파시스트적 최고귀족에 의해 비로소 질서와 조직을 부여받는다는 말이다. 대중에 질서와 조직을 부여하는 그 지도자는 따라서 일견 대중을 위한 것이고 대중 자신의 것처럼 받아들여질 수 있는 가능성을 갖고 있다. 실제로 그런 가능성이 있기에 비로소 대중은 지도자 아래에서 조직될 수 있었고 또 조직될 수 있는 것이다. 따라서 예컨대 중세적 대중은 그런 뜻에서의 조직을 갖지 않았다. 대중에 지반을 두고 있는 것처럼, 혹은 대중 자신의 조직화인 것처럼 보이는 것이 파시즘을 단순한 강력強力절대정치로부터 구별하는 한 가지 특징인 것이다. —하지만 거기에 언제나 하나의 착각이 가로놓여 있다. 지도자의 개념은 무조직적인 대중의 개념에 대립함으로써만 비로소 성립한다. 따라서 대중이 자신 속에 조직을 가질 수 있는 것 역시도 대중이 오히려 처음부터 끝까지 우중이자 천민이기 때문에 그럴 따름이다. 즉, 대중은 자기 자신이 조직을 갖는 것이 아닌바(자기 자신이 조직을 갖는다면 무조직적인 대중으로서의 우중이 아닐 터이다), 대중이 자발적으로 아무리 조직적인 행동을 했을지라도 그 자발성 자체가 어떤 주문注文에 의한 자발성이라고 한다면 도저히 자기 자신의 것이라고 할 수 없는 것이다.

이리하여 맹주나 선량에 대립되게 되는 파시스트적 대중의 관념은 예의 저 사회학적 대중 개념의 오늘날 가장 활동성 있는 현대적 형태인 것이다. 실제로 최근의 독일에서는 국민의 9할 8푼의 다수가 그런 대중의 유일한 실질이 되고 있다.

자기 자신에 의한 조직성을 대중에게 인정하지 않는 것이 이른바 파시즘에 의한 대중 개념의 특징인바, 그런 뜻에서 대중은 그 자신에 있어서의 합리성을 인정받고 있지 못하다. 혈액이나 신념이나 배[腹]나 인물 같은 것만이, 무릇 그런 대중 속에서 발견되는 모든 휴머니티의 범위이지 않으면 안 된다. ─그럴 때 어쨌든 대중에게 일단 합리성을 인정하기 위해서는 대중의 휴머니티를 그 오성(Understanding) 속에서 발견하지 않으면 안 될 것이다. 근세 영국의 인간론은 그런 인간오성론을 중심으로 발달했다. 이는 머지않아 근대자유주의와 데모크라시의 철학적 원리가 됐던 것이다. 프랑스 대★부르주아지의 모토인 자유평등이 그런 오성(레종[raison])에서 유래하는 것은 두말할 것도 없을 것이다. 그런 오성을 원칙으로 대중의 개개인은 자유로이 계산하고 자유로이 의견을 발표하고 토론하며 여론을 구성할 수 있는 것으로 상정되었다. 거기서 대중은 일단 무조직성을 벗어나며 어찌됐든 일종의 합리성·조직성을 획득한다.

그럼에도 여전히 거기서는 다수원리가 대중 개념을 지탱하고 있다. 한 사람이 한 표를 뜻하는 것으로서, 대중은 그런 투표수의 총화로 사념된다. 대중은 거기서도 여전히 단순한 다수에 다름 아니며, 그저 기계적인 합리성만을 가진 취약한 조직을 획득하는 데에 불과하다. ……각 단계의 제한선거(대처 보통선거)가 갖는 질적인 효과 역시도 실제로는 그런 수량의 기계성을 적절히 이용한 결과라고 하지 않을 수 없다.

비교적 소선거구에서 시행되는 정원제定員制의 폐해, 비례대표제의 필요 등은 득표수와 당선자수가 평행하지 않다는 모순에 기초한 것이지만, 그것은 대중이 가진 기계적 조직이 자본제 지배사회에서 현실적으로 받아들여지는 모순에 다름 아니다. 따라서 그런 데모크라시적 대중 개념 역시도 결국엔 저 파쇼적 우중 관념과 마찬가지로 어디까지나 단지 다수원리에 기초한 이상, 사회학적인 것을 벗어나지 않는다.

데모크라시적 대중의 관념은 각 개인이 지닌 오성의 계몽을 상정한 위에서만 성립되는 것이지만, 실제문제로서는 최대다수의 대중이 뜻대로 잘 계몽되는 것은 아니므로, 거기서도 앞서 언급한 우중 혹은 몹[군중·폭도]의 성질이 여전히 남아 있음을 간과해서는 안 된다. 파시즘은 종래의 데모크라시 혹은 자유주의에 의해 지배되고 있던 대중 속에서 그 우중적 혹은 몹[mob]적인 잔재를 과장하는 동시에 사실로서 그것을 우중 혹은 몹으로 이용했던 것이지만, 이에 반해 데모크라시 혹은 자유주의는 그런 우중성 혹은 몹적인 성질의 점차적인 감퇴에 희망을 잇고 있는 것이다. 그 점에 결부된 자유주의의 용어가(다른 경우의 용어로서는 별도의 것인데) 다름 아닌 진보의 개념인 것이다. 그러함에도 그런 잔재가 있다는 사실은 누구나 승인하지 않으면 안 될 지점이라고 할 수 있다.

데모크라시적 대중의 우중적인 양태는 피被데마고기성[선동당하는 성질]이라고도 해야 할 지점에서 드러난다. 그런 양태는 대중 각 개인에게서의 계몽작용의 부족, 즉 오성의 미성숙 혹은 그들이 자신의 실제적인 일상적 이해관계와는 다른 이해관념이나 흥미를 갖는다는 점에서 드러나는 것이다. 그들의 관념이 충분히 현실적이지 않고 물질적 근저를 떠나 있다는 데에서 그들이 [경거]망동할 가능성이 있는데, 그것을 지배자가 정치적으로 강조하여 이용하는 것은 소위 데마고기인 것이다. 그런 피被데마고기성이 데모크라시적·자유주의적 대중 관념의 파악에 있어 결여될 수 없는 것이라는 점을 미리 역설해둘 필요가 있다.

그런데 말할 것도 없이, 대중의 일상적인 현실적 이해관계는 시간이 지남에 따라, 사람에 따라 빠르거나 늦거나 간에 머지않아 대중의 이해관념을 정정하지 않을 수 없다. 이는 자유주의자가 때때로 생각하듯이 대중의 오성이 진보했기 때문이 아니라, 거꾸로 현실의 관계가 발전하여 현실과 관념의 관계가 정정된 결과이며, 그 결과가 우연히 대중의 진보라는 것이 되는데 어쨌든 그럼으로써 데마고기는 하나하나 효력을 잃어가게 되는 것이다. 데마고기는 더 이상 대중 지배자에게 유효하지 않게 된다. 왜냐하면 <지배자는> 데마고기의 의식적인 발포자로서의 책임을 지지 않으면 안 되기 때문이다. ──이는 당연한 일이고 다 아는 것이지만, 그 지점에서 데마고기는 새로운 기능을 부여받기 시작한다. <지배자는> 자기 스스로 발포하는 데마고기에 대한 대중의 비판 그 자체를 오히려 거꾸로 데마고기로 다시 호명하는 것이다. 이리하여 유언비어와 그것의 단속이 <지배계급의> 일대 방침이 된다. 이제 대중은 데마고기에 의해 움직이는 게 아니라 거꾸로 데마고기의 유포자로 드러난다.

하지만 유언비어를 행하는 것으로 상정된 대중은 실제로는 더 이상 예의 저 피데마고기성을 가진 망동하는 우중이나 몹일 수 없다. 왜냐하면 <지배계급이> 발포한 데마고기에 대한 대중의 비판이야말로 이른바 유언비어로 간주되기 때문이다. 따라서 그것은 실질을 말하자면 유언비어가 아니며, 그것이 유언비어로 간주하는 데마고기가 새로이 <지배계급>에 의해 발포된 것에 다름 아니다. 이렇게 사실상 대중은 피데마고기성의 잔재가 얼추 남아있음에도 대체적으로 오성적인 정치적 견해를 갖는 것으로 상정될 수 있는 이유가 데모크라시 혹은 자유주의 쪽에 있는 것이다.

적어도 대중은 진리에 가까운 것을 이야기할 수 있다는 것이다.

그 점을 이번 총선거〔1937년[3월 31일, 중의원 466석]〕가 뒷받침하는 것처럼 보인다. 이른바 비상시非常時의 호명에도 불구하고 사회의 일반통념으로는 일단 비상시주의에 반대하는 것으로 여겨지고 있는 무산파 의원들이, 그 절대수를 따지지 않는다면 확실히 눈에 띄게 진출했기 때문이다. 이에 반해 일본주의적 대의사代議士 후보자는 한두 예외를 빼면 모조리 실패했다. 이는 데모크라시적 대중의 오성을 이야기해주는 것이라고 여겨진다. 오성에 의해 설득되는 힘이 대중 속에서 발육 중이라고도 여겨진다. 어떤 이는 그것을 정치교육이 성공한 결과라고 말하고, 또 다른 어떤 이는 그것을 신新관료적 숙정肅正선거 덕분이라고 말한다. 확실히 일단은 그렇다고 보아도 틀리지 않다고 하겠다.

하지만 그런 현상에만 기초하여 기계적 개념인 대중을 과대평가하는 것은 몹시 위험한 일이다. 첫째로 그 대중은 소위 무산無産정당이라는 것이 신관료나 군부적 색채를 가진 자와 결합된 것임을 상상해보지도 못하는 것이다. 오늘날의 무산정당 그 자체가 사회파시스트적(일종의 국가사회주의적) 준비를 갖춘 것임을 깨닫지 못하고 있는 것이다. 이미 그런 사정이 분명한 때에 여전히 그것을 깨닫지 못한다면, 그러한 대중이란, 데모크라시적으로 표현되는 한에

보론_2 대중의 재검토

서의 그 대중이란 어쩌면 반영구적으로 그런 사정을 깨달을 기회를 갖지 못할지도 모른다. 즉 그것은 결국 결정적인 시기에 다름 아닌 파스시트적 데마고기에 의해 끌려 다니게 될 대중이라고 하지 않을 수 없을지도 모른다. 따라서 무산정당이 진정으로 무산정당에 멈추는 한에서(왕왕 일본주의자들까지가 무산파로 불리는 일도 있음을 잊어선 안 된다), 데모크라시적 대중은 결코 무산파의 한정 없는 원내 진출을 가져오는 게 아닐 것이다. ──왜냐하면 그 대중은 단지 옛 정우회·민정당 식의 데마고기 혹은 너무도 새로운 일본주의정당적 데마고기를 신용하지 않았을 뿐이고 그들 대중의 채워지지 않는 정치적 의견의 에어 포켓을 새로운 '무산파'의 주장으로 우연히 메워본 것일 따름인바, 그것이 데마고기가 아니므로 지금 당장에 관여할 게 아니라고 간주해버린다면, 파시스트적 데마고기 역시도 그것이 그저 <무산파적인 것일 때는> 언제든지 다시 채용될 것임에 틀림없기 때문이다.

그것은 단지 실제적인 한 가지 사례에 지나지 않지만, 그것만으로도 데모크라시적 대중의 기계적인 조직성이 자기 자신에 의한 조직으로 보자면 얼마나 취약한 것인지, 그리고 얼마나 한도가 좁은 것인지 예증되리라고 본다. 단순한 의회정치주의(명목에 불과한 파시스트적 데모크라시(?)에서 실감에 기초한 자유주의적 데모크라시까지를 모두 넣어)나 이윽고는 사회민주주의에서의 대중이라는 것이 갖는 의미가 그러하다. 그리고 그런 합법적 의회정치주의가 얼마나 합법적으로 파시즘 그 자체를 초래했던 것인지, 또 사회민주주의가 파시스트정권의 확립에 얼마나 절대불가결한 요소였는지가 이탈리아·독일 및 기타 다른 나라의 역사적 전례를 통해 판단될 수 있다. ──사회학적 대중 개념, 단순한 다수원리에 기초한 대중 개념의 불충분함이 지닌 현실적인 의미가 거기서 분명해질 것이다.

그렇게 다음으로 사회과학적인 대중 개념은 어떤지를 살필 차례가 된다. 그것은 단지 다수인 게 아니라 무산자이자 피지배자이기에 다수이며, 거꾸로 다수이기에 무산자이고 피지배자이다. 다수라는 양量은 경제적·정치적·사회적·문화적인 질質을 갖는다. 그 질이란 대중 그 자체의 자기 자신에 의한 조직의 힘 이외에 다른 게 아니다. 거기에 비로소 대중이 지닌 모든 뜻에서의 적극성·자발성이 가로놓여 있다. 왜냐하면 대중은 거기서 비로소 자기 자신이 자신을 조직하는 사회인군社会人群의 이름일 수 있기 때문이다. ──그런 뜻에서의 대중은 동시에 대중조직에 다름 아니다. 대중은 단순히 똑같은 기계적 다수도 아니려니와 하물며 무조직적인 카오스로서의 몹과 같은 것도 아니다. 대중은 조직이다. 스스로에 의한 조직이 없는 곳에 대중은 없다.

하지만 그렇게 말할지라도 이미 조직된 것만이 대중

이라고 말하는 것은 아니다. 만일 그렇다면 대중은 다수의 단순한 일부분 혹은 작은 한 부분이 되고 말 것이며, 대중 은커녕 한 종파로 끝나버리고 말 것이다. 사실, 그러한 대중의 개념은 한때 자주 사회과학의 문에 잠입했었다. 지극히 의식 높은 프롤레타리아 같은 것만이 대중이라고 할 수 없다는 관점에서 본 대중 관념이 없지는 않았다. 그러나 말할 것도 없이 미조직 대중 역시도 대중이라고 해야 한다. 아니, 일본의 현상에서는 미조직된(조합적으로는 말할 것도 없고, 두뇌적으로도 미조직된) 대중야말로 대다수인 것이다. ―그래서 대중의 조직이란 이미 조직되어 마무리된 대중이 아니라 일부분은 조직되었으되 다른 부분(아마 대부분)은 아직 조직되지 않은, 머지않아 조직되어야 할 방침 속에 놓여 있는 무산자적 피지배자의 전체 다수이며, 따라서 저절로 사회 전체 구성원 속에서의 대다수이지 않으면 안 된다. ―그 조직이란 다시 한 번 말하지만, 사회의 다수가 동시에 무산자이자 피지배자인 것을 매개로 하여 비로소 가능해지는 것이다. 그런 조직이 있을 때 비로소 대중은 대중이 된다.

그러나 거기서 주의할 것은 그런 대중이라고 할지라도 결코 단순한 다수라는 규정을 완전히 삭제한 것은 아니라는 점이다. 그렇다는 것은 대중문학의 독서대중이라고 할지라도, 또 영화의 관중대중이라고 할지라도 그러한 대중의 문제, 그러한 조직의 문제 바깥에 있는 게 아니라는 말이다. 따라서 파시즘의 대중화라는 우리의 최후 개념에서 보자면 명확히 부당하다고 해야 할 현상 역시도 엄연한 가능성을 가진 사실이라는 점을 잊어서는 안 된다. 따라서 파시즘이 대중적 지반에서 발생하지 않은 것처럼 보이는 나라에서도 적어도 파시즘의 대중화라는 점은 예외일 수 없는 것이다. ──그렇기에 또한 동시에 대중의 의회적 활동, 부르주아 데모크라시 활동 역시도 오늘날 대중의 결여할 수 없는 활동의 한 가지 규정인 것이다. 그 속에서, 의회에서의 데모크라시적(사회학적) 다수가 사회에서의 사회과학적 대중과 직접적인 연관이 있다는 단순한 사실 하나를 결코 가벼이 여길 수는 없는 것이다.

이미 조직되고 마무리된 부분이 대중의 극히 작은 부분일지라도 그 조직의 진행이 방침에 따라 나아가고 있는 경우, 그것은 명확히 살아있는 대중조직이며, 거기에 대중으로의 길이, 곧 대중성이 가로놓여 있다. 소수자가 대중성을 가질 수 있는 것은 대중의 그 기구에 의한 것이다. 그것이 파시스트적 소수자(지도자 등등)와 근본적으로 다르다는 것은 말할 것도 없는바, 예컨대 이탈리아의 파시스트당이 다수의 지방 단체들(이것이 파쇼의 시초적인 뜻인데)을 순차적으로 종합해왔음에도 파시스트 정치지배가 성립한 바로 그 새벽에 이미 무산자적·피지배자적 다수의 조직을 극력 방해하는 모든 수단을 채용하지 않으면 안 됐던 일을 보면 그 간의 사정은 명확하다.

대중이 다수이면서 동시에 다수 이상의 것이고, 거기서 언뜻 다수의 규정에 반하는 여러 규정들이 나올 수 있는 것이 오늘날 어쨌든 대중이라는 관념을 애매하고 곤란한 것으로 만드는 중이다. 대중은 어떤 경우에는(지배의 관점에서 필요한 경우에는) 확실히 우매할 것이다. 다른 어떤 경우에도(대중이 스스로를 지배하는 것처럼 될 경우에도) 대중은 평균하자면 다름 아닌 평균치의 비속한 것임을 면치 못할 것이다. 하지만 그 모든 것에도 불구하고, 대중이 스스로의 지배자가 될 때, 즉 대중이 대중 자신의 것이 될 때 대중은 새로운 가치의 척도다. ─대중이라는 것의 패러독스는 역사적으로만 현실적으로 풀릴 수 있는 것인바, 나는 그것에 대한 분석적인 관념상의 일부 해결을 여기서 간단히 시도해봤던 것이다.

3 자유주의·파시즘·사회주의

　　오늘날 일본의 사회사상이라고 하면, 자유주의와 파
시즘과 사회주의라는 세 가지가 있다고 하겠다. 이를 단순
한 사상으로서 보자면 자유주의·일본주의·유물론 세 가지
라고 해도 좋다. 그러나 그 어느 것이나 제각기 단순히 사
상일 뿐만 아니라 사회적 존재이고 사회적 움직임이라는
것은 두말할 나위도 없다. 그렇다는 것은 그 사상들 중 어
느 것이나 적어도 형태를 이룬 사상체계를 지니고 있음과
동시에, 그것이 발생한 계급적 혹은 사회층적인 지반에 기
초하고 있으며, 그런 지반에 기초하여 각기 사상체계와 사
회적 운동을 짊어지는 담당자로서의 사회계급 혹은 사회층
을 갖는다는 말이다. 그래서 그 세 가지 사회사상 어느 것
도 사상체계, 운동양식, 사회적 지반, 주체(사상 혹은 운동을
짊어지는 담당자)라는 4가지 주된 논점에서 관찰되지 않으면
안 되는 것이다.

1

편의상, 자유주의를 그 사상체계의 동기를 이루는 각종 원천에 의거해 분류하는 것에서 시작하자. 무엇보다 엄밀한 뜻에서의 사상체계를 갖고 있는 자유주의이지만, 특히 일본 등에서는 그런 엄밀한 경우가 극히 적은데, 그럼에도 일단은 형성가능한 한도 안에서의 체계마저 갖지 못하는 사상은 어디에도 없을 터이다. 자유주의의 체계는 세 가지 정도의 원천에서 이론적으로 동기 부여되고 있다고 여겨진다.

역사상 가장 오래된 이론적 동기가 됐던 것은 경제상의 레세페르[laisser-faire, 자유방임 · 무간섭주의; '(시장과 자연의 힘을 믿고) 일어나도록 내버려둠')]이다. 이는 널리 알려져 있는 대로 근세 자본주의사회에서의 개인의 자유 관념에 의해 뒷받침되고 있는 것이지만, 그 점은 그렇게 한정된 특색이 아니라 일반적으로 자유주의의 공통된 뒷받침을 받고 있는 것이라고 할 수 있다. 지금의 경우가 갖는 특색은 그런 인간적 자유가 자본적 경제인經濟人으로서의 인간적 행동의 자유(기업 · 교역, 그리고 거래계약의 자유)를 중심으로 되어 있다는 점이다. 따라서 그런 사정을 두고 일반적인 용어를 빌려 '경제적 자유주의'로 불러 놓기로 하자. 이는 상승기 자본주의의 일반적인 특징을 이루는 것으로서, 그 근본정신은 자본주의와 더불어 오래 지속되는 것이지만, 원래 반*봉건적인 관료의 지배를 조건으로 하여 발달해온 일본의 사회에서는 그런 자유주의 역시도 결코 충분하게는 발양되지 못했다. 이는 물론 일본에만 한정되는 것이 아니며 독점자본주의 시대에 들어섬과 동시에 각각의 자본가적 자유는 자본가 속에서도 특수하게 소수 과두 자본가만의 자유로까지, 혹은 오히려 자본가 자신의 일신상의 자유 대신에 자본 그 자체의 자유로까지 변질되어 왔다. 이제 자본주의 그 자체가 그런 경제적 자유의 정신을 갖게 되며 현실적인 형태에서는 자유의 사회적 제한으로서 통제경제를 도입해왔다. 이 점이 최근의 일본에서도 특히 두드러진 것임은 사람들이 알고 있는 그대로이다.

그것은 결코 자본주의의 폐기가 아닐뿐더러 개량조차 아니며 자본주의 그 자체의 본질을 강조한 것에 다름 아니지만, 오늘날의 자본주의에서 그런 경제적 자유주의가 그 원래대로의 형태로는 통하지 않게 됐음은 분명한 사실이라고 하겠다. 그렇기에 오늘날 일본에서 경제적 자유주의는 사상으로서는 거의 완전히 무력해졌다고 봐도 좋다. 다만 통제경제와 자유경제의 당착은 점점 더 현저해져 가고 있으며, 이는 소상인층의 상권 획득이나 반조反組[노조반대] 운동이나 디파트[백화점] 습격 등등의 운동으로 나타나고 있다(세간에서는 통제경제에 대한 자유경제적 반대를 굳이 파시즘에 대한 반대로까지 결부시킨다. 그리고 그것을 자유주의로 부르곤 한다. 하지만 그런 종류의 경제적 자유주의란 뭔가 궁색한 '자유주의'가 아니겠는가). 그러나 그런 운동은 끝내 천하의 객관적 대세에 대항할 수 없는 것으로서, 장래를 향한 전망을 갖지 못하며, 소수의 소시민이 갖는 무체계적인 동정이나 상공성商工省적인 정책 너머 사상으로서의 체제 및 체계를 가질 수 없는 것이다. 그렇기에 경제적 자유주의는 사상으로서는 과거의 것이다.

둘째는 '정치적 자유주의'이다. 이는 원래 경제적 자유주의의 직접적인 정치적 결론이었는데, 그 결론은 전제와는 상당히 독립적으로 움직이게 된다. 정치적 자유주의는 대체로 민주주의(부르주아 데모크라시)라고 불러도 좋겠다. 대체로 그렇다는 것은 데모크라시 쪽이, 대두 중이던 부르주아의 정치적 이데라고 할 때, 자유주의 쪽은 주로 자본주의의 몰락기나 커다란 저항과 조우하던 때의 수동적인 정치적 자유주의를 때때로 가리키는 것이기 때문이다. 따라서 오늘날 일본에서 흔히 생각되고 있는 이른바 '자유주의'란 반드시 데모크라시인 것은 아니며(그러한 적극적인 정치적 자유주의라면 현재의 일본 사회주의 역시도 그 자신에게 필요한 한 단계로 인정되었을 것이다) 주로 그런 소극적인 정치적 자유주의에 다름 아닌 것이다. 그 어느 쪽도 정치적 자유주의이긴 하지만 그것이 적극적인 측면과 소극적인 측면이라는 양면을 갖고 있는바, 그것만으로도 자유주의에 대한 진보적인 처치[조치]에 따르는 많은 문제들이 포함되어왔던 것이다.

현재 눈앞의 정치적 자유주의가 주로 그런 소극적 측면에 해당된다는 데에서 오늘날의 자유주의가 갖는 현저한 특색 하나가 이끌려 나온다. 그렇다는 것은 오늘날 자유주의자의 대다수가 과거에 얼마간 적극적 공세를 펼쳐왔던 전통에 속하는 부르주아(지주를 포함해) 정당에 몸을 두었던 자가 아니라, 그것과는 비교적 독립된 언론가에 지나지 않는다는 점에 주의할 필요가 있다는 말이다. 바바 츠네고, 기요사와 기요시, 하세가와 뇨제칸, 나아가 오자카 유키오까지가 그러하다. 그리고 그런 특색은 나아가 자유주의가 거의 아무런 사상체계로서는 드러나지 않으면서 주로 자유주의적 기분으로만 드러나고 있다는 또 하나의 특색을 이루는 것이기도 하다. 뇨제칸 같은 사상사는 체계를 갖고 있지만, 그 체계란 자유주의를 체계화했던 게 아니라 뭔가 다른 것(부르주아 유물론?)의 체계라고 해야 한다. 뇨제칸이 자유주의자로 명명됐던 것(지금은 꼭 그렇게 불리지 않을지도 모르지만)은 독자들이 그로부터 받은 바로 그런 기분 때문이었던 것이다.

거기서 이채로움을 발하는 것은 가와이 에이지로일 것이다. 그는 일본에서 거의 유일한 자유주의 체계가이다.

그 체계의 이론적 동기는 오히려 이상주의적·윤리적 원천에 의한 부여된 것으로, 그 점이 뒤이어 서술할 제3의 리버럴리즘에 속하는바, 다름 아닌 바로 그런 원천이 있기에 그의 정치적 자유주의는 드물게도 사상체계를 가질 수 있는 것이다. 그는 예의 저 경제적 자유주의(그에 따르면 제1기 자유주의)를 택하지 않고 오히려 자유의 사회주의적 통제를 제창한다. 그것이 제3기 자유주의로서의 사회주의라는 것이다. 하지만 그런 자유주의적 사회주의(?)는 일본에서는 거의 아무런 정치적 활동과도 결부되고 있지 못한 듯하다. 그것은 사실상 우익 사회민주주의(아마도 사회대중당의 일부)와 가깝겠지만, 가와이 씨 같은 대학교수의 사상체계와 그런 운동 및 운동주체의 관계란 사실 그리 많지 않았다. — 이 점에서 가와이 씨의 체계는 앞서 말한 기분적 자유주의와 사회적으로 크게 다른 존재는 아니다. 무엇보다 기분적 자유주의는 좀 더 극단적으로 그러한 정치적 활동으로부터의 자유(정당 등등으로부터의 자유)까지를 주장하는 것처럼 보이기도 한다.

하지만 기분적 자유주의가 지닌 무엇보다 큰 강점은 사회 일부의 상식을 대표하고 있다는 점이다. 그런 한에서 그것은 일종의 대중성을 갖고 있다고 하겠다. 기분적이라는 말은 곧 일종의 대중적 상식을 충실히 반영하고 있기 때문에 붙여진 것이다. 그리고 그 상식은 분명히 소시민의 일부가 소유한 것이며 주로 언론능력을 가진 중간층의 일부 정치상식에 조응하고 있다. 기분적 자유주의자의 대다수가 신문기자 출신이라는 점은 결코 우연이 아니다. 이는 과거 자유민권시대에 봉건적인 지배의 잔재와 목숨을 걸고 투쟁했던 이들이 신문기자 가운데 많았던 것과 견주어질 수 있다.

그런데 좀 더 광범위한 정치상식, 곧 보통선거에 결부된 오늘날 거의 모든 평균치적인 정치의식의 소유자가 지닌 상식에 상응하는 것은 그런 언론적 자유주의가 아니라, 언론을 중심으로 한 것처럼 보이는, 하지만 얄궂게도 그것과는 아무런 실질적 관계도 없는 현재의 의회정치적 데모크라시('입헌주의')이다. 그것 역시도 분명 정치적 자유주의가 아닌 것은 아닌데, 자유주의가 입헌적 의회제도라는 정치제도를 뜻하는 한에서 그렇다. 독재제[도]에 맞서는 의회제도가 흔히 자유주의로 여겨지고 있다.

그러나 오늘날 일본의 의회제도란 아직 의회제도로서도 사실상 상당한 정도로 <파쇼>화되어 있음과 평행하게 그 제도 자체가 정치적 자유주의와는 거의 독립된 것으로 전화되어버리고 있는 중이다. 정부나 관료나 군벌이 의회나 부르주아정당의 자유주의를 억제하고 있을 뿐만이 아니라, 중요한 것은 의회나 부르주아정당 그 자체가 의회제도의 명목이자 어느 정도는 실질이기도 하지만, 실질적으로는 그런 자유주의적 정치형식과는 독립된 것으로, 자유주의가 아니라 다른 것이 되고 있다는 점이다. 말하자면 그것은 의회제도를 채용한 일종의 파시즘이다. 파시즘을 오직 독재제[도]라는 정치형식에서만 사고하는 것은 허용되지 않는바, 정치형식으로서의 독재제[도]를 취하지 않는 파시즘은 영국에도 아메리카에도 프랑스에도 있기 때문이다.

그럼에도 현재 눈앞에서는 그런 입헌적 파시즘 전반을 여전히 '자유주의'로 여기고 있다. 거기에 큰 착오가 있는 것이다. 자유주의의 본질에 대한 인식을 현혹시키는 통속적인 큰 원인 중 하나가 그것이다. 뿐만 아니라 그런 입헌적 파시즘이 부분적으로 나타내는 자유주의적인 시늉擬態[거짓 양태] 역시도 사람들을 현혹시킨다. 그 파시즘은 특히 직접행동적인 혹은 밀리터리스틱한[군국주의적인] 일본파시즘에 대립하는 경우들과 맞서 발생하는 현상으로, 중신 블록이나 정부에 의한 [천황]기관설 배격의 <시늉>, 대장대신蔵相[재무장관]의 건전재정이나 통제파의 배후에 보이는 일종의 '자유주의'가 그런 경우에 해당된다. 그 파시즘은 원래부터 실질을 가진 자유주의가 아님에도, 곧 수시로 일어나는 저항물의 그림자처럼 부작용을 일으키고 수반적인 것임에도 세간에서는 그 뒤에 무언가 실질적인 자유주의가 텅 비어 있다는 환상을 갖고 있는 것이다. 그것이 도저히 자유주의로서 파악될 수는 없는 것임에도 말이다. ──일반적으로 오늘날의 자유주의는 자본제 태동기의 데모크라시와는 달리, 소시민의, 얼마간 지적 능력을 지닌 소시민층의 이데올로기이지만, 현재의 이른바 '데모크라시' 쪽은 자유주의와는 달리 노골적으로 지주·부르주아의 이데올로기이다. 게다가 그것이 영세농민의 존재와 그들의 프롤레타리아로의 전화를 <기본조건>으로 하는 현재 일본 자본제의 특수성에 기초해 중농·소상인 등등의 이해관계에 관한 의식과 연결됨으로써 일종의 파시즘 이데올로기가 되고 있는 것이다.

현재 자유주의의 제3의 이론적 동기는 문화적 차원에서의 자유이다. 이를 가령 '문화적 자유주의'로 부르기로 하자. 그것은 문화의 진보·발달, 휴머니티의 발양, 인격의 완성 등등에서 자유의 최후의 철학적 근거를 발견한다. 이는 문화적 인텔리겐치아에 특유한 이데올로기이고 그들의 손에 의해 사상체계가 부여되며, 그들의 이해관계를 대표하고 그들의 손에 의해 운동의 형태로 옮겨간다. 전향문학에서 순문학까지, 그리고 통속문학(기쿠치 [간], 구메 [마사오])을 포함하는 문학 동향(대중문학은 다르다)은 오늘날 뭐니뭐니 해도 유력한 사회적 운동인데(동인잡지의 숫자를 보라), 그런 문학이야말로 오늘날 문화적 자유주의의 아성이라고 할 수 있는 것이다. 그리고 이와 평행하게 각종 부르주아 관념론 철학(니시다 철학, 인간학주의 등등)이 또한 그러하다. 니체나 키에르케고르나 하이데거도 일본에서는 파시즘철학으로서가 아니라 바로 문화적 자유주의의 철학으로서 받아들여지고 있음에 주의해야 한다.

하지만 일본의 문화적 자유주의는 문화적이긴 해도 결코 자유주의로서는 관철되고 있지 못하다고 해야 한다. 왜냐하면 현재 그것과 정치적 자유주의 사이에 아무런 관계도 없다는 점은 제쳐두더라도, 문화적 자유는 그 자신의 정치적 추구와도 아무 관계를 맺지 않고 있기 때문이다. 이 점에서 프랑스에서의 진보적 자유주의 문학자가 보여주는 움직임과는 그 방식이 다르다. 일본의 문화적 자유주의는 현저하게 문학주의적이기 때문이다. 행동주의는 끝내 그 한계를 벗어나지 못했으며, 학예자유동맹은 아직 잠자고 있다.

그렇다면 예의 저 입헌적 파시즘은 물론 논외이지만, 예의 저 기분적 자유주의, 체계적 자유주의, 문화적 자유주의는 유일한 과학적 사회주의인 마르크스주의에 맞서 각기 기분적으로, 사상체계적으로, 문학적으로 반대하면서 그 갭을 감지하고 있다. 그것들의 진보성에 관한 측정은 오늘날 사회주의의 실제문제 중 하나이지만, 진보의 관점에서 말해 원칙상 가장 유망한 것은 문화적 자유주의일 것이다. 그것이 정치적 자유주의가 아닌 한에서 정치상의 과학적(유물론적) 사회주의와 직접적으로 맞부딪치는 필연성을 갖지 않기 때문이다. 다음으로 유망한 것은 기분적 자유주의다. 이는 정치적 자유주의이긴 하지만, 기분은 원칙적으로는 존중되어야 하는 것이 아니므로 그리 대단한 곤란이 발생하진 않는다. 가장 유망하지 않은 것은 체계적 자유주의이다. 과학적 사회주의에 있어 문제는 마찬가지 사회주의라는 가까운 곳에 있는 것으로서 오히려 직접적으로 서로 맞부딪치는 계기를 갖는 것이다. 이 점에서 그리스도교 사회주의나 무정부주의 역시도 그러할 것이다. 하지만 체계적 자유주의는 마르크시즘에겐 무정부주의나 그리스도교 사회주의 이상으로 사회적 운동으로서는 미력한 것인 바, 이는 우선 현재로서는 그리 큰 문제가 되지 않는다. 물론 이 자유주의에 대한 비판을 자유주의 전반에 대한, 또는 자유주의의 실질에 대한 사회주의적 비판이라는 식으로 생각해서는 안 될 것이다.

2

오늘날의 이른바 '데모크라시'=입헌의회제의 이른바 자유주의라는 것의 본질이 일종의 (입헌적) 파시즘에 다름 아니라는 점에 관해서는 앞서 서술했다. 그것은 부르주아적·지주적 정당이 그 담당자인 일종의 파시즘인데, 그것들이 지반으로 삼는 것은 반드시 부르주아지 자신이나 지주 자신이 아니다. 그렇게 말하는 것은 일반적으로 파시즘이

보론_3 자유주의·파시즘·사회주의

독점·금융자본의 필연적인 사회적·정치적 체제로서, 현실
적으로는 대ᐩ부르주아지 자신(따라서 대지주 자신)의 이해관
계를 대표하는 것이고 그런 한에서 지주·부르주아지를 그
지반으로 삼는 것임에도, 일반적으로 파시즘에 특유한 한
가지 성질로서 그런 현실적인 지반이 그 관념상의 지반과
는 사회층을 달리하고 있음을 말하는 것이다. 그래서 보통
선거에서 볼 수 있듯이, 그런 일종의 정당적 파시즘이 평균
적인(정치적 지능에서도 평균적인) 중간층의 이해관계를 대표
하는 것처럼 중간층 자신에 의해 간주되고 있는 것이다. 아
니, 중간층은 자신의 정치적 이해관계를 자신의 경제적 이
해관계와는 전혀 다르게 생각할 정도로 정치적 이해관계라
는 정당정치적 결과를 실제로는 신용하고 있지 않는바, 거
기서 일종의 타동적인 보통선거적 통념을 통해 무의식적으
로 그 정당, 곧 정당파시즘을 지지하거나 그 팬이 되기까지
하는 것이다.

　　정우회政友会는 잘 알다시피 좀 더 지주적인 정당이며
민정당民政党은 좀 더 자본가적인 정당인데, 그 현실적인 지
반을 달리하는 데에 상응하여 관념적인 지반 역시도 달리
하고 있는바, 정우회가 농업인구 중간층(즉 이른바 '농촌')의
관념을, 민정당은 상공업인구 중간층(즉 이른바 '상공업자')
의 관념을 선거 모태로 삼고 있다. 따라서 그만큼 파시즘으
로서의 외모에는 서로 간의 차이가 있지만, 실제로는 그리

큰 차이가 없다고 하겠다. 예컨대 한쪽이 국체명징国体明徵 (무엇보다 그것은 좀 더 다른 파시스트층에서 빌린 것이다)·적극 재정積極財政(이것도 실제로는 호랑이의 위세를 빌린 여우다)으로 간다면, 다른 한쪽은 국방·재정·산업의 삼전주의三全主義로 가는 정도의 차이일 따름이다(1936년 2월 중순의 사정).

제2의 파시스트층은 관료 혹은 신新관료이다. 신관료 는 오카다 내각[1934년 7월~1936년 3월] 이래로 특히 요란스러워 진 존재인데, 그것은 단지 일본의 관료 자신이 가진 원래의 특색이 비상시적으로 강조된 것일 따름으로, 관료의 본질 이외에 신관료가 따로 있는 게 아닌바, 오늘날에 관료와 신 관료를 원칙적으로 구분하는 일은 무의미한 것일 뿐이다. 일본의 관료(군관에 관해서는 뒤에서 말하는 것으로 하고)는 봉 건적 혹은 반半봉건적인 세력과 부르주아지의 점진적 일치 의 선線을 따라 발달해왔던 것으로, 오늘날 그것이 순정 부 르주아지에 맞서 반봉건적 분자로서 머리를 쳐들게 된 것 이 이른바 신관료이며 다름 아닌 관료적 파시즘 정책인 것 이다. 정당적 파시즘은 형식적으로는(보통선거적으로) 아래 로부터의 파시즘 체제를 갖는 것이지만, 그 정당 자신이 사 회의 지배적 상층 출신이므로 실제를 말하자면 상층으로부 터의 파시즘이라고 해야 할 것이다. 이에 맞서 관료파시즘 은 상부로부터의 파시즘이라고도 해야 할 것이다. ─물론 그것 역시도 입헌적 파시즘의 일종이다. 단, 관료파시즘은

보론_3 자유주의·파시즘·사회주의

정당적 파시즘과는 구별되며 나아가 그것에 대립하는바, 정당적 파시즘이 입헌<의회>제를 사회적으로 형식화·형해화했던 것에 비해 관료적 파시즘은 나아가 그것을 법제국法制局적[행정집행]으로 탈지脫脂[기름기를 빼냄]하려는 기획이라는 점에서 그러하다(이런 대립에 의해 예컨대 내각심의회, 선거숙정肅正, <사법>권의 파쇼화 등등이 발생한다. ──그리고 역시 그것에 맞서서도 미약한 '자유주의'가 외쳐진다!).

　정당적 파시즘은 중간층의 이해관계를 대표(이는 말의 차원에서는 일본 제국의 이해관계가 된다)하는 것처럼 가장하면서 실제로는 자신의, 곧 지주·부르주아 자신의 이해관계를 대표하는 일을 크게 자각하고 있다. 그런데 관료는 직업단체이긴 해도 이익단체는 아니며 국가의 공공연한 고용인[공복(公僕)]이므로, 관료적 파시즘은 그 담당자 자신의 이해관계로서는 직접적으로 자각되는 것은 아니다(고급관료와 부르주아가 맺고 있는 사실상의 연결을 문제시하지 않는다면 말이다). 거기에 관료적 파시즘이 지닌 일종의 도의적 자신감, 일종의 대의명분이 있는 것이다. ──하지만 그런 대의명분이 있다고 할지라도 그 대의명분·도덕의 체계란 지극히 빈약한 것이다. 단지 개별 개인들의 착상에 머물면서, 혹은 농본주의라거나(고토 내무대신內相) 혹은 자국민邦人[동포]주의(마츠모토 마나부) 등을 주장할 따름으로 사실상 조금도 정리된 게 없다. 정당정치가들 역시 지주·부르주아의 대변자임에도 그것과 관계하여 전혀 사상을 걸쳐 입은 웅변가는 아니다. 실제로 그들의 암구호 하나만을 보더라도 대개 빌려온 것에 지나지 않는다(앞서 예를 든 것 말고도 '명랑明朗'이라든가 '거국일치' 등등의 맥없이 싱거운 프라제[관용어]가 그렇다).

밀리터리[군부] 파시즘이 되면 그런 대의명분적 사상의 원칙은 극히 선명해진다. 군부의 젊은 소장 분자들 가운데에는 기타 잇키 같은 이들의 정치사상체계 등이 행해지고 있지만, 그러한 이론적 체계는 대의명분사상에는 필요하지 않았다. 거기서는 단지 충군애국 네 글자로 모든 사상이 집약된다. 하지만 군부의 이데올로기가 그렇게 집약되기에는 대단히 다양한 경력을 거치고 있다. 예전에 군부는 농촌주의(도시반대주의)나 국가통제경제주의, 심하게는 헤라클레이토스식 '싸움의 철학[싸움은 만물의 아버지요 왕이다. 싸움은 어떤 것을 신으로 만들었고(…)]'까지 들고 나왔다. 하지만 그 어느 것이나 국방지상国防至上의 정신에 기초했던 것이다. 지금은 예전의 다카하시 대장대신의 예산 국무회의閣議 성명에 대한 육군의 반박문에 보이는 것처럼, 중요한 것은 무엇보다 국방이며 농촌문제나 통제경제라는 재정·산업의 문제는 그런 국방을 기초로 한 내각의 책임이지 <군부가 알 바> 아니라고 하는 데까지 그 이데올로기는 발달해왔던 것이다.

그런 밀리터리 파시즘의 이데올로기는 각종 군인(주로 현역 재향장교)을 담당자로 하지만, 그 직업적 이해관계는 일단 별도로 치더라도, 그 사회층 출신의 진정한 이해관계를 대표하고 있는 것은 아니다. 그 이데올로기의 관념적 지반은 농촌·도시의 평균적 인구의 상당 부분을 점하며 재향군인·청년단·청년학생만으로도 막대한 인구수를 상회하지만, 그것이 그런 분자들의 이해관계를 직접적으로 대표했던 게 아니라는 것 역시도 명확하다. ──그리고 그 사상의 운동형태에 관해서는 오늘날 자세히 이야기할 필요가 없을 정도로 널리 알려져 있다.

군부의 비상시적 움직임을 동기로 하여 군생群生[한곳에 모여서 생장]했던 것은 우익국수반동단체적 파시즘이다. 5·15[1932년] 사건 직후, 그런 종류의 파시즘단체는 급격이 증가했다. 이는 처음에는 기존 국수반동단체의 연장선에서 발생했던 관점이었던바, 따라서 본질적으로도 강령상으로도 또 멤버들의 신분적 차원에서도 봉건적인 세력을 기초로 했었고, 또 하고 있지만, 그러함에도 극히 다수의 단체가 자본주의(혹은 오히려 자본가) 타도의 강령을 내거는 국가사회주의의 형태를 띠고 있었던 점을 잊어서는 안 된다. 따라서 그것은 명확히 어엿한 파쇼(단, 뒤에 서술될 일본형型 파쇼)였던 것이다. 파시즘의 국제적 공통성은 처음엔 자본주의 타도의 슬로건을 내걸고서 과학적 사회주의에 대한 반대세력을 결성하고, 이어 드디어 그 슬로건을 얼버무려 애매하게 만들고는, 끝내 전혀 정반대의 효과를 갖는 슬로건으로 바꿔치기하는 것이다. ──그래서 그 파시즘은 일본의 특수형식적 파시즘 안에서도 비교적 이탈리아나 독일의 파시즘 전형에 가까운 것이고, 그 사회적 결속이나 사병적私兵的 활동이나 또 비입헌적 <직접>행동이 그 점을 특징적으로 이야기해주고 있다(<소장 장교들> 가운데서도 일시적으로는 그런 활동들의 선명한 징후가 보였었다. 예컨대 의회제도에 대한 극도의 반감, 명령계통의 혼란 등이 그렇다). 따라서 그것은 일단 아래로부터의 파시즘이라고 할 수 있겠다. 무엇보다 이론적으로 정밀하게 말하자면, 진정한 의미에서의 파시즘이란 결코 진정으로 '아래로부터' 구성되는 것일 수는 없지만 말이다.

일본적 파시즘의 이데올로기를 일시적으로 가장 화려하게(?) 전개했던 것은 우익국수반동적 파시즘이었다. 그럼에도 처음 그 이데올로기는 하나하나 거론해 볼지라도 이론적으로 아무 체계적 진실을 가진 것도 아니었으며, 하물며 전체를 통일한 세계관의 구조 따위를 가지고 있지도 않았다. 정신주의, 농본주의, 일본국민주의, 아시아주의, 동양주의, 왕도주의 기타 등등으로 분열하여 되돌아 갈 곳을 몰랐던 것이다. 그런데 그 세력이 외견상으로 얼마간 잦아듦과 동시에 각종 파쇼단체의 정리·통일과 병행하여 이윽고 그 이데올로기 자신의 통일화가 이뤄졌다. 그것은 황도주의를 거쳐 드디어는 국체명징주의로까지 귀착됐던 것이다. 이를 시그널로 하여 파쇼단체의 통일과 사상원칙이 대략 형태를 이루었다. 하지만 거기까지 귀착되고 보면, 그것은 더 이상 단순한 하나의 말 이외에 다른 것이 아니게 되며, 그렇게 아무런 체계적 사상도 아닌 것이 되는 셈이다. 이 점은 밀리터리 파시즘 이데올로기와 전적으로 어울리는 한 쌍의 부부가 됐던 것이다. 단, 그럴 때 우리들 누구도 우익사상단체의 그런 통일운동과 평행하게 생겨난 우익애국주의적 노동조합의 발달을 간과해서는 안 된다. 일본산업노동클럽이나 총연합[일본노동조합총연합회]의 움직임이 그런 사례이다.

대체로 파시즘에서는 현실적 지반과 관념적 지반이 서로 어긋나 있고, 따라서 그 이데올로기는 특별하게 관념적인, 즉 특히 이데올로기슈한 것이지만(좀 더 정당하게는 데마고기슈한 것이라고 말하는 쪽이 좋을지도 모르겠다), 그럼에도 그 이데올로기 자신은 다른 뜻에서 무릇 이데올로기의 자격을 결여하고 있는 것이다. 사상으로서 현실적으로 조리를 갖춘 아무런 시스템을 갖고 있지 않기 때문이다.

(끝으로, 앞에서도 언급했듯이 세간에서는 단지 통제경제를 가리켜 파시즘이라고 부르지 않는 것은 아니지만, 두말할 필요도 없이 통제경제란 파시즘의 정치적으로 극히 미약한 특색에 지나지 않는다. 경제적으로는 그것이 아무리 금융·독점자본과 직접 연결되어 있을지라도 말이다.)

여기까지 서술했던 것이 오늘날 일본파시즘의 각 양상들이라고 하겠는데, 그렇다면 일본적 파시즘이란 대체 어떤 특색을 띤 파시즘인가(그것이 일종의 파시즘이라는 점에 관해서는 더 이상 문제 삼지 않아도 좋지 않을까 한다). ──일본에 고유한 봉건적 잔존세력(이 속에는 중대한 내용이 숱하게 포함되어 있다)을 기초적 조건으로 함으로써 그 위에 비로소 파시즘의 일반적 조건을 박아 새울 수 있었던 파시즘, 혹은 그 봉건적 세력이 파시즘의 형세를 취했다는 식으로 개괄될 수 있을 것이다. 이로써 이제까지 서술해왔던 일본 파시즘의 각 양상들 간의 공통된 특색이 지적될 수 있을 것이다. 물론 일본파시즘에 관한 그런 일반적인 분석을 여기서 시도할 여유는 없으나, 그것이야말로 사회주의에 있어 당장 내일부터라도 착수하지 않으면 안 될 최대의 실제적 과제이다. 그 과제가 앞서 말한 자유주의의 진보성에 대한 검토라는 과제와 직접적으로 연결되어 있음은 두말할 필요도 없다. 즉, 거기에 자유주의와 파시즘 간의 현실적인 관계가 있다. 그리고 그 관계설정이야말로 오늘날 일본의 과학적 사회주의가 지닌 무엇보다 실천적인 과제라고 하겠다. 반反파쇼 공동전선 혹은 전선통일의 문제가 그것인바, 노동운동에서도 문화운동에서도 그런 정치적인 과제가 조금씩 사회주의적으로 해결되어 가는 중에 있다고 보는 것이 최근의 이른바 반동기 속에서의 일종의 진보성에 관한 이해가 아닐까 한다.

　오늘날은 반동기라고들 말한다. 마르크스주의도 자유주의마저도 퇴조한, 그렇기에 일본은 파시즘의 세상이며 또 파시즘으로 가는 길만이 유일하게 남겨진 방향이라고 흔히들 말한다. 하지만 그것은 완전히 피상적이며 비속한 통념이다. 사회주의는 그러한 기회를 이용할 때 비로소 사상운동으로서의 심도·친근함·대중화의 본바탕을 길러낼 수 있다. 그 본바탕에 기대어 사회주의의 정치적 출발은 거듭 몇 번씩이든 새롭게 시작되어도 좋을 것이다.

일본인 인명 소개

가노코기 가즈노부(鹿子木員信, 1884~1949), 철학자, 해군군인.

가와이 에이지로(河合栄治郎, 1891~1944), 사회사상가, 경제학자.

가와카미 하지메(河上肇, 1879~1946), 일본 맑스주의 경제학 선
　　구자.

고바야시 요시마사(小林良正, 1898~1975), '강좌파講座派' 경제
　　학자.

구라하라 고레히토(蔵原惟人, 1902~1991), 평론가.

구메 마사오(久米正雄, 1891~1952), 소설가, 극작가, 시인.

구보카와 쓰루지로(窪川鶴次郎, 1903~1974), 문예평론가.

구와키 겐요쿠(桑木厳翼, 1874~1946), 철학자.

기요사와 기요시(清沢洌, 1890~1940), 저널리스트, 평론가.

기쿠치 간(菊池寛, 1888~1948), 소설가, 극작가, 저널리스트.

나카다 히로시(永田広志, 1904~1947), 철학자, 맑스주의자.

니시 신이치로(西晋一郎, 1873~1943), 윤리철학자.

니시다 기타로(西田幾多郎, 1870~1945), 철학자, 교토학파의 창
　　시자.

도요시마 요시오(豊島与志雄, 1890~1955), 소설가, 번역가.

도쿠토미 소호(德富蘇峰, 1863~1957), 저널리스트, 문필가, 역사가.

마츠모토 마나부(松本学, 1887~1974), 내무관료.

모리야마 게이(森山啓, 1904~1991), 시인, 소설가.

무로후세 고신(室伏高信, 1892~1970), 평론가, 저술가.

미야모토 겐지(宮本顕治, 1908~2007), 정치가, 문예평론가.

미야모토 루리코(中条百合子, 1899~1951), 소설가, 평론가.

미야타케 가이코츠(宮武外骨, 1867~1955), 저널리스트, 편집자, 저작가.

바바 츠네고(馬場恒吾, 1875~1956), 저널리스트, 정치평론가, 실업가.

사이구사 히로토(三枝博音, 1892~1963), 철학자. 사상사, 과학사, 기술사 연구가 중심.

사키사카 이츠로(向坂逸郎, 1897~1985), 맑스주의 경제학자, 사회주의사상가. 사회주의협회 대표 역임.

삿사 히로오(佐々弘雄, 1897~1948), 정치학자, 저널리스트, 참의원 의원.

소다 기이치로(左右田喜一郎, 1881~1927), 경제학자, 경제철학자, 신칸트주의자.

스기모리 고지로(杉森孝次郎, 1881~1968), 평론가, 정치학자, 사회학자.

스기야마 헤스케(杉山平助, 1895~1946), 평론가.

아리자와 히로미(有沢広巳, 1896~1988), 통계학자, 경제학자.

아베 지로(阿部次郎, 1883~1959), 철학자, 미학자, 작가.

아오노 스에키치(青野季吉, 1890~1961), 문예평론가.

아키사와 슈지(秋沢修二, 1910~1991), 동양철학자, 중국학자.

야마다 가츠지로(山田勝次郎, 1897~1982), 경제학자.

야마다 모리타로(山田盛太郎, 1897~1980), 맑스주의 경제학자,
　　　도쿄대 명예교수.

오구라 긴노스케(小倉金之助, 1885~1962), 수학자, 수학사가,
　　　수필가.

오오모리 요시타로(大森義太郎, 1898~1940), 맑스주의 경제학자.

오오츠카 긴노스케(大塚金之助, 1892~1977), 경제학자.

오자카 유키오(尾崎咢堂, 1958~1954), 정치가.

오카 구니오(岡邦雄, 1890~1971), 과학사가.

와츠지 테츠로(和辻哲郎, 1889~1960), 철학자, 윤리학자, 문화
　　　사가, 일본사상사가.

이노마타 츠나오(猪俣津南雄, 1889~1942), 맑스주의 경제학자.
　　　노농파 논객.

이사와라 아츠시(石原純, 1881~1947), 이론물리학자, 과학계몽가.

이시하마 도모유키(石浜知行, 1895~1950), 경제학자.

츠지다 교손(故土田杏, 1891~1934), 철학자, 평론가.

츠치야 다카오(土屋喬雄, 1896~1988), 경제학자, 일본경제사 전공.

하니 고로(羽仁五郎, 1901~1983), 맑스주의 역사가, 전공은 역사철학·현대사, 참의원 의원.

핫토리 시소우(服部之総, 1901~1956), 맑스주의 역사가, 전공은 역사철학현대사.

혼다 겐죠(本多謙三, 1898~1938), 윤리학자, 경제학자.

후나야마 신이치(船山信一, 1907~1994), 철학자, 맑스주의자.

후쿠다 도쿠조(福田徳三, 1874~1930), 경제학자, 사회정책학자.

히라노 요시타로(平野義太郎, 1897~1980), 맑스주의 법학자, 중국연구자, 평화운동가. 옥중 전향으로 유명.

히로츠 가즈오(広津和郎, 1891~1968), 소설가, 문예평론가, 번역가.

역자 후기
이데올로기 비판으로서의 반-신학, 반-해석, 반-신국

1. 도사카 준의 '일본 이데올로기' 비판, 이데올로기로부터의 마르크스적 탈예속화를 i) 반反-신학, ii) 반-해석, iii) 반-신국[천국(천상)]으로 구성되는 의미·의지의 특정한 배치상태로 표시해두는 데에서 이 「후기」는 멈춘다. 능력과 시간이 부족하기 때문이다. 아래에 발췌한 문장들을 향후 다시 인용할 수 있게 되길 바라면서, 여기서는 인용을 통해 그 발췌문들 간의 관계를 한 차례 설정해 두고자 한다. 앞의 i) ii) iii) 모두를 적출하고 그것들 간의 관계에 대한 비판의 효력을 감지하게 하는 문장은 다음과 같다[강조 및 삽입구는 인용자. 이하 마찬가지]: "유의해야 하는 것은 **해석철학＝형이상학** 역시도 어쨌든 하나의 철학이기 위해선 일정한 범주체계를 조직하고 있지 않으면 안 된다는 점이다. 이는 물론 **세계를 해석하기 위해서만 전적으로 도움이 될 뿐인 범주**이자 범주조직이어야 하는 것이다. 그렇게 세계 해석을 위한 이론에서 가장 고전적이고 전형적인 것으로 유대교·그리스도교적 세계창조설과 비교될 수 있는 것은 없다. 창조설은 세

계의 질서를 모조리 조립하고 남김없이 해석한다. 그 **창조의 시작과 이후의 코스와 그 끝**[따라서, 시원-종말론]**을 설명할 수 있다면, 사물의 '해석'은 더 이상의 완전한 준비를 바랄 게 없을 터**이다. 세계는 신의 선의지善意志에 의해 계획적으로 창조되고 계획적으로 역사발전하는 것이며 최후심판의 날이 올 때 그런 신의 세계계획은 그 실현이 끝나는 것이다. 이리하여 현실의 세계가 실제로 겪어왔던 귀중한 **시간상의 자연적 질서는 관대한 천제**天帝**가 낭비하는 은총의 질서로 치환된다.** 이 변심한 신질서 위에 해석의 형이상학이 갖는 범주성좌範疇星座가 분포되는 것이다. 나는 일찍이 그런 종류의 범주를 신·학·적· 범주라고 명명했다. […] 신학적 범주란 실제성·실지實地성·실증성을 가질 수 없는 것, 즉 땅위에서의 검증이 불가능한 것이라고 하겠다. 그것은 물질적 생산기술에 의해 질서화되어 있는 현세의 세속계에서는 테스트가 불가능한 범주인 것이다. 따라서 나는 그것을 일찍이 비·기·술·적·非技術的 범주라고도 말한 적이 있었다(졸저 『기술의 철학』[1933]). 해석의 철학이 그렇게 신학적 범주에 서 있다고 말하는 것으로써 일단 이제까지의 사안들을 정리해 놓기로 하자."(11장 「위장한 근대적 관념론」) 세계의 [변혁이 아니라] 해석을 위한 철학·형이상학이 비판되는 것은 그것이 현실의 실제적 지배·권력관계를 신의 환속화된 질서 속으로 합성시키는 은총의 폭력으로 기능하기 때문이다. 이를 가리키는 말이 '신

학적 범주'이며, 이 범주성좌가 당대 '일본 이데올로기'의
전 영역을 포괄한다.*

1-1. "신학주의"에 대한 비판은 이어진다. "그것이야

---

* '신(학)적 범주'는 먼저 국수주의 비판의 항목들을 포함한다: "일본주
의적 이데올로기만큼 범주론적으로 말해 취약한 관념체계는 없다. 그런 취
약점들 가운데 으뜸은 일본주의가 즐겨 사용하는 여러 범주들(**일본, 국민, 민
족정신, 농업, <신 그 자체인 길>, <신>, <천황>, 그것 이외에 둘러대기 좋은 어수선한
모든 것들**)이 언뜻 일본대중의 일상생활에 직접 결부되어 있는 것처럼 보이
지만 실제로는 일상의 실제생활과는 아무런 친화·친연관계도 없다는 점이
다."(5장「문화의 과학적 비판: 특히 국수주의 비판을 위한 플랜」) 강조된
낱말들에 대한 비판은 '문헌학주의적 해석철학'을 필두로 이끌려나오는 이
데올로기관계에 대한 비판과 접촉된다. "문헌학주의가 이윽고 일본주의의
완전한 용구가 되는 것은 그것이 국사國史에 적용될 때이다. 원래 막연히
일본주의라고 부르는 것에는 무수한 종류가 포함되어 있다. 일반적으로 무
솔리니적 파시즘이나 나치스적 파시즘, 사회파시즘으로 불려야 하는 것들
조차 오늘날에는 일본주의와 어떤 공통의 이해관계를 갖는 것처럼 여겨지
곤 한다. 또 그저 일반적인 복고주의나 정신주의나 신비주의, 혹은 그저 반
동주의에 지나지 않는 것들도 일본주의적 색채로 칠해져 있다. 그렇게 아시
아주의나 왕도주의도 일종의 일본주의인 것이다. 하지만 본연의 뜻에서 일
본주의는 '국사'의 일본주의적 '인식'에 입각해 있는 것이다. 일본정신주의,
일본농본주의, 나아가 일본아시아주의(일본은 아시아의 맹주라고 하는 주
의주장)조차 '국사적' 일본주의의 내용이다. 따라서 결국에 모든 일본주의
는 도태되고 통일됨으로써 <절대>주의로 귀착되지 않으면 안 되며, 또 실
제로 그렇게 되고 있는 중이다. <천황> 그 자체에 관해선 논할 것까지도 없
는바, 그런 <절대주의>는 전적으로 문헌학주의적 해석철학의 방법을 국사
에 적용한 것임에 틀림없다. 절대주의가 일본에서 적극적인 관념론의 첨예
한 극치로 될 수 있는 이유가 그것이다. 이에 비하면 자유주의는 소극적인
관념론의 단순한 안정상태를 드러내는 것일 따름이다."(1장「현대일본 사
상에서의 문제들」)

말로 해석의 철학, 세계를 단지 해석하는 철학이며, 무의 논리[니시다 기타로]는 그런 해석철학의 세계해석(그것이 곧 관념론적으로 사고된 '사상'이라는 것이다) 가운데 아마도 가장 철저한 논리조직일 것이다. 현실의 세계를 현실적으로 처리·변경하는 일에 상응하는 긴요한 사상의 엑츄얼리티[실제성·현행성]는 빠져버린 채, 단지 그 엑츄얼리티를 포장하는 이데[이념·주의]의 질서, 의미의 질서를 설립하는 것이 그 형이상학의 특색을 이루고 있다. […] [이는] **땅위의 질서를 대신하여 그것을 천상의 질서로 처리하여 맞추는 사상의 메커니즘**이기에 일반적으로 신학적인 사상이라고 이름 붙여도 무방한 것이다."(20장 「현대일본의 사상계와 사상가」) 이는 마르크스의 「포이어바흐에 대한 테제」[1845]와 직접 관계 맺고 있다. "세속적 기초 자체가 자기 자신 안에서, 자신의 모순 속에서 이해되어야 할 뿐 아니라 실천적으로 혁명화되어야 한다. 그러므로 예들 들면 세속적 가족[지상·법·정치]이 신성 가족[천상·종교·신학]의 비밀로서 폭로된 이후에 이제 전자 자체가 이론적으로나 실천적으로나 파괴되어야 한다."(4번); "철학자들은 세계를 서로 다르게 해석해 왔을 뿐이다. 그러나 중요한 것은 세계를

변화시키는 일이다."(11번)[†]

2. 해석의 철학·형이상학이 유대·기독교적 신의 선의 지에 따른 창조와 최후심판의 끝날이라는 시원-종말론적 구원/절멸의 메커니즘과 결속된 것일 때, 그 과정에서 실제적 권력관계를 변경불가능한 사실로서 수리[受理/修理]하는 것일 때, 그것에 대한 비판은 일본 이데올로기로서의 진보사관을 "역사의 목적론적 가정"에 근거한 것으로 비판하는 근저로 기능한다. "역사의 움직임을 진보로 파악하는 것은 비과학적인 역사인식이며 **실제 역사의 움직임 속에 신학적인 가정(신의 세계계획의 실현과도 같이)이나 윤리적인 평가(인격의 완성 혹은 선善으로의 도달과도 같이)를 억지로 밀어 넣은 전前과학적 역사학**에 다름 아니라고 할 수 있다." 진보의 이데올로기는 파시즘과 무산정당이 적대적 공모의 합작 권력으로 자기재생산하기 위한 '암구호'이다. "암구호라는 것은 극히 아슬아슬한[외설스러운] 것이다. 예컨대 거국일치擧国一致라고 하면, **적敵도 자기편味方도 그 거국**

---

† 칼 마르크스·프리드리히 엥겔스, 『저작 선집』 1권, 박종철출판사, 1997, 186쪽. "지상의 가족이 신성 가족의 비밀이라고 폭로된 다음, 이제는 지상의 가족 자체가 이론적으로 비판되고 실천적으로 전복되어야만 한다." (칼 마르크스, 「포이어바흐에 대한 테제」, 김재인 옮김, http://armdown. net, 2008. 4. 3)

일치라는 말을 암구호로 삼는다. 그러고는 어느 쪽이 진정한 거국일치인지를 두고 거국일치 쌍방비교를 시작한다. 이어 그러한 짜임새로 **파시스트들은 자신들이야말로 진보적이라고 말하기 시작하는 것이다.** 암구호로서의 진보는 지금 당장 누구에게도 이용될 수 있는 관념이 되고 있다. […] 진보는 거국일치의 진보(또는 인류의 진보)가 되고 마는 것이다."(보론 「현재 눈앞의 진보와 반동이 갖는 의의」) 진보에 대한 비판은 적대의 호도·합성·은폐에 대한 비판, 곧 파시즘과 무산정당이라는 거국일치의 극작술에 대한 비판이다.

2-1. 그 극작술·드라마트루기에 대한 비판은 성聖-진보의 무대극장 위에서 배역을 맡아 열연하는 '대중'에 대한 비판과 접촉된다: "그 대중은 소위 무산無産정당이라는 것이 신관료나 군부적 색채를 가진 자와 결합된 것임을 상상해보지도 못하는 것이다. 오늘날의 무산정당 그 자체가 사회파시스트적(일종의 국가사회주의적) 준비를 갖춘 것임을 깨닫지 못하고 있는 것이다. […] 데모크라시적으로 표현되는 한에서의 그 대중이란 어쩌면 반영구적으로 그런 사정을 깨달을 기회를 갖지 못할지도 모른다. 즉 그것은 결국 **결정적인 시기에 다름 아닌 파스시트적 데마고기에 의해 끌려 다니**

게 될 대중이라고 하지 않을 수 없을지도 모른다." 파시즘의 사도·목자에 의해 인도되는 양떼=(민주)시민. 목자의 권력, 곧 리더·엘리트, 우두머리·수령首領·대표, 지도자·퓌러의 원리화/유일심급화. "지금 무엇보다 주의를 기울여야 하는 것은 선량選良(Elite) 혹은 맹주(Duce)의 관념이다. 엘리트 혹은 두체는 한편에서 정신적 귀족임과 더불어, 동시에 다른 한편에서 문화적·사회적·정치적·경제적 귀족임을 뜻한다. 그 정치적 표현은 (넓은 뜻에서) 이른바 파시즘 정치철학의 제1원리를 이루는 것인바, '당주黨主' 무솔리니나 '지도자[Führer]' 히틀러라는 원리(!)가 그것이다(일반적으로 파쇼철학에서는 고유명사가 자칭 원리가 될 수 있다. 예컨대 '일본주의'처럼 말이다)."(보론 「대중의 재검토」[이 책 『일본 이데올로기론』 곁에서, 그것을 다르게 뒤잇는 것이 「지도자 의식에 대하여」(1948)로 시작하는 다케우치 요시미의 『일본 이데올로기』인 까닭이 거기에 있다]) 사목상태 속의 시민은 지도-원리로서의 천황의 길 위로, 신 그 자체인 길 위로 인도된다. "다름 아닌 복고주의로서의 정신주의를 통과함으로써, 이제까지 서술해온 막연한 복고주의이기를 그만두고 선명하게 한정된 정신주의·일본정신주의로서의 정치관념으로까지 향해 가는 시민적 상식 발달의 성취를 뜻하게 된다. 황도皇道정신이 그것이다."(10장 「일본주의의 귀

추: 파시즘에서 황도주의까지」) 지도자-원리로 인도되는 사목상태 속 시민에 대한 비판, 이는 마르크스의 '시민 사회'와 그 정립근원으로서의 '낡은 유물론'에 대한 비판 위에 있다: "**직관적** 유물론, 감성을 실천적 활동으로 파악하지 않는 유물론이 도달할 수 있는 최고의 것은 '시민 사회' 속의 각 개인들의 관조이다"; "낡은 유물론의 입각점은 '**시민**' 사회이다. 새 유물론의 입각점은 **인간** 사회 또는 사회화된 인류이다."(「포이어바흐에 대한 테제」, 9번; 10번) 마르크스의 이 두 테제를 당대 인식을 위한 양극으로 삼아 그 사이 지점들·지대들을 비평하고 있는 것이 이 책『일본 이데올로기론』이라고 해도 좋다. 이 책과 함께 즉각적으로, 이 책을 앞질러 등질적으로 상기될 수 있는 것이 「포이어바흐 장章」으로 시작되는 마르크스·엥겔스의『독일 이데올로기』인 까닭도 거기 있다. 어떤『독일 이데올로기』인가. 도사카 준과 동료들이 함께 조직한 <유물론 연구회>의『독일 이데올로기』, 그들에 의해 공동번역된『독일 이데올로기』이다. 그들은『일본 이데올로기론』과 함께, 그 곁에서 '낡은' 유물론과 '새' 유물론 간의 적대를 일반화하는 과정/소송으로 잔존하고 있다.

2-2. 지도자, 곧 인격적 결정자와 "신비적 신성미",

"신성한 전지전능성"이 맺는 관계가 표시될 때, 그것은 신학적 범주로서의 일본 이데올로기, 그 중 특히 "신비주의"라는 이데올로기의 계급성에 대한 비판을 환기시킨다. "소시민적 중간층에서 의식의 원시화는 반기술주의·반기계주의·반유물사상(?)·반이성주의 기타 등등의 이름 아래 정신주의가 되어 나타난다. 의식의 종교적 눈속임[속임수]이거나 신비주의, 치료나 길흉화복에 결부된 신념 등, 무릇 그러한 원시적인 인식작용의 근대적인 형태가 오늘날의 소시민적 중간층에서 드러나는 의식의 동요를 포착한다. **신비주의란 원래 중간층의 사회의식, 곧 중간층 안에 주로 그 사회층을 갖고 있는 평화적 인텔리겐치아의 사회의식, 그들의 일본주의적 파시즘 아래에서의 사회의식인 것**이다."(10장 「일본주의의 귀추」); "예컨대 전체성·체험·게마인샤프트[공동(체)사회] 같은 '철학적'으로 그럴듯해 보이는 범주들에 대한 거의 모든 강조는 그렇게 겸양을 갖춘 연구가나 반성가나 불안가 자신의 입에서 새어나온 것에 다름 아니다. 이는 현대적 신비주의 및 현대적 몽매주의의 현학적인 기초공사 이외에 다른 게 아니다."(4장 「계몽론」); "그런 사회심리를 움직이는 논리란 결국 신비주의 이외에 다른 것일 수 없다. 신비주의는 한편으로 비합리주의 혹은 반이성주의인 동시에 다른 한편으로 탈혼奪

魂(엑스터시)적이고 즉육적即肉的인 체험일 것이다. [⋯] 가족주의적·씨족주의적·민족주의적인 경신敬神사상은 일본의 사회 속에서는 정치적 대상에 다름 아니다. 가족주의적 신비주의에서 유래하는 종교정서는 더 이상 단순히 개인의 사적인 일로 귀착하는 정서가 아니라 사회의 가족주의적 종교제도로 귀착되지 않으면 안 되는 것이 된다."(8장 「복고 현상의 분석」) 이는 다시 한 번 마르크스의 테제와 결속되어 있다: "사회적 삶은 본질적으로 실천적이다. 이론을 신비주의로 미혹시키는 모든 신비는, 인간의 실천과 이 실천의 파악에서 그 합리적인 해답을 찾는다."(「포이어바흐에 대한 테제」, 8번)

3. 비밀화된 '신성가족'의 질서화 공정에 대한 마르크스의 비판, 달리 말해 환속화된 '은총의 질서', 그 질서-인도의 원리를 구축하는 집행력으로서의 신학적 범주에 대한 도사카의 비판. 이는 이 책 18장에서 마르크스의 『자본』 1권 4편 13장(「상대적 잉여가치의 생산」 가운데 '기계와 대공업' 부분)의 각주 하나를 중심으로 비평하면서 마르크스로부터 간접인용되고 있는 다음 문장들에서 다시 수행된다: "주의할 것은 마르크스가 위의 문장들[본문 403쪽 참조]에 뒤이어 곧바로 '그런 물질적 기초를 등한시할 때 종교사까지도 무비

판적인 것이 되고 만다'고 하면서, 각 경우에서의 **실제생활의 사정으로부터 그 천국화된 형태들을 펼쳐 보이는 것이야말로 유일하게 물질적이고 따라서 과학적인 방법**이라고 서술하고 있는 점이다."(18장 「인텔리겐치아론과 기술론」) 이는 기술철학이라는 방법을 통한 신학적 범주의 해체를 가리키며 새로운/유일한 유물론의 형질을 개시하고 조형한다[방법으로서의 기술철학, 즉 도사카의 저작 『기술의 철학』(또는 미키 기요시의 『기술철학』)을 번역해 내놓아야 할 이유가 거기 있다. 근간 예정]. 도사카의 이 간접인용 곁에 마르크스의 문장들을 배치해 놓을 필요가 있다. 이 필요에 대한 비평을 향후의 작업으로 기약하면서, 도사카로부터의 발췌·인용을 여기서 멈추고자 한다: "기술학은 자연에 대한 인간의 효율적인 태도와 인간의 삶을 위한 직접적인 생산과정을 밝혀줌으로써, 인간생활의 사회적 관계들과 이로부터 발생하는 정신적 관념들의 직접적인 생산과정까지도 밝혀준다. 이러한 물적 토대를 무시하고 있는 모든 종교사는 무비판적이다. 분석을 통해 종교적 환상의 현세적인 본질을 찾아내는 것은, 그 반대로 매번 발생하는 현실적인 생활관계에서 그것의 종교적인 형태들을 설명해내는 것보다 사실상 훨씬 쉬운 일이다. 후자만이 유일하게 유물론적이며 따라서 과학적인 방법이다. 역사적 과정을 배제하는 추상적인 자연과학적 유물론의 결함은 이미 그 대변자들이 자신의 전문 영역을 벗어나자마자 보여주는 추상적이

역자 후기

고 이데올로기적인 견해에서 분명하게 드러난다."‡

‡ 칼 맑스, 『자본』 I-2, 황선길 옮김, 라움, 11쪽. 다른 국역본들의 문장은 다음과 같다. "기술학은 인간이 자연을 다루는 방식, 인간이 자신의 생명을 유지하는 생산과정을 밝혀주는 동시에, 인간생활의 사회적 관계들과 이로부터 발생하는 정신적 관념들의 형성과정을 밝혀준다. 이 물질적 기초를 사상하고 있는 모든 종교사는 무비판적이다. 안개처럼 몽롱한 종교적 환상의 현세적 핵심을 분석에 의해 발견하는 것은, 현실의 생활관계들로부터 그것들의 천국형태를 전개하는 것보다는 훨씬 더 쉬운 일이다. 후자의 방법이 유일하게 유물론적인, 따라서 유일하게 과학적인 방법이다. 자연과학의 추상적 유물론(즉, 역사와 역사적 과정을 배제하는 유물론)의 결함은, 그 대변자들이 일단 자기의 전문영역 밖으로 나왔을 때에 발표하는 추상적이며 관념론적인 견해에서 곧 드러난다."(칼 마르크스, 『자본론』 1권, 김수행 옮김, 비봉출판사, 2001, 501쪽); "공학은 자연에 대한 인간의 능동적인 태도, 즉 인간생활(따라서 인간 생활의 온갖 사회적 관계와 거기에서 생겨나는 정신적 표상들)의 직접적인 생산과정을 밝혀주고 있다. 이 물적 토대를 무시한다면, 어떤 종교사도 몰비판적인 것이다. 분석을 통해 종교적 환상의 현세적인 본질을 찾아내는 것은, 거꾸로 그때그때 현실의 온갖 생활관계들에서 그것의 종교적인 형태를 설명해내는 것보다 훨씬 쉬운 일이다. 후자가 곧 유물론적인[따라서 과학적인] 방법이다. 역사적 과정을 배제하는 추상적·자연과학적 유물론의 결함은 그 대변인들이 자신들의 전문영역을 벗어나자마자 보여주는 추상적이고 이데올로기적인 견해에 의해 분명히 드러난다."(칼 맑스, 『자본』 I-1, 강신준 옮김, 길, 2008, 508쪽) 이 문장들을 '테오-크라시'에 대한 비평의 근거로 활용한 글 속에서 다시 인용해 놓는다: "종교가 만든 흐릿한 환영들의 세속적 핵심을 분석해 찾아내는 것은, 삶의 실제적 관계들로부터 그에 상응하는 관계의 신성화된 형태들을 [뽑아내] 펼쳐 보여주는 것보다 훨씬 쉽다. 후자의 길만이 유일하게 유물론적이며, 따라서 유일하게 과학적인 방법이다."(윤인로, 「신정정치로서의 자본주의」, 『신정-정치』, 갈무리, 2017, 547쪽에서 재인용)

총서 <제국 일본의 테오-크라시: '메이지 헌법'에서 '법의 궁극'까지>를 기획하며

「대일본제국헌법」[1889]의 제정 및 해석으로부터 이른바 '쇼와 10년대[1935~1944]'까지의 제국 일본. '15년 전쟁 [1931~1945, 쓰루미 슌스케]'의 '총동원[윙거, 1931]' 및 '총력전[루덴도르프, 1935]'이라는 폭력의 벡터 속에서 통치의 어떤 극점을 실험했던 비상시 긴급권-제국. 1억 옥쇄玉碎·총참회와 패전, 현인신現人神[아라히토가미] 텐노의 옥음玉音 항복방송과 인간선언으로 시작되는 위로부터의 전후戰後 일본. 이 총서/기획――이 총서명, 기획명[名/命], 총서 기획의 서명――은 그런 일련의 과정을 환속화된 신의 힘에 의한 삶·생명의 질료화·예속화상태로, '신정-정치Theo-cracy'에 의한 정치적인 것의 인도·조달·조절·관리상태로, 줄여 말해 '테오-크라시'라는 이름의 축적 공정으로 파악하기 위한 가설적 격자로서 거듭 날인될 것이다. 그런 날인[즉 부재(하는 현존)의 날인], 파악[필시 손아귀에서 빠져나가는 파악], 가설[끝내 정립 불가능한 가설] 속에서 이 총서/기획은 "테오-크라시라는 조어 속의 하이픈(-)이 뜻하는 통치의 상태, 곧 정치적인 것의 사목적司牧的 배치상태를, 목양과 울타리치기로 영양배분nemein의 법을 배려하는 목자 모세의 유일한 정치"를 비판의 대상으로 개시하고 조형하고자 한다. 그리고 그 작업은 테오-크라시에 대한 비판=탈예속화, 곧 "축적의 성스러운 매개상태가 절단되고 원-분할되는 상황의 발현을 인식하는 일"과 맞물린다. 그런 한에서 "테오-크라시 속의 하이픈은 신적인 힘에 의한 삶·정치의 매개와 인도, 재현과 재생산, 구원과 절멸의 일체화 공정이 정지되는 '세속화'의 시공간을, 축적의 일반공식이 탈구되는 신성모독적 비판·성별聖꿰의 상황 구축을 뜻하는 것이기도 하다." 그렇게 테오-크라시는 "축적론이자 통치론인 동시에 그것들의 정지론이자 몰락론이기를 원한다." 그것은 이렇게 질문한다. "그런 축적의 반석 위에서 삶·생명은 어떻게 '피Blut' 흘리게 되는가, 그런 유혈적 폭력관계 속으로 합성되는 삶·정치는 어떻게 지혈하는 '법-밖a-nomos'으로 발현하는가." 이 두 질문에 대한 사고와 응답을 촉발시키는 '발전가능성[포이어바흐]'의 지점을 내장하고 있는 저작들, 달리 말해 그 발전가능성의 꼭짓점을 접촉하면서 진행해가는 접선들, 상호 접속 가능하고 관계화 가능한 그런 계사繫絲[끈]-텍스트들로 이 총서/기획은 구성되어 있다. 이 구성·구축을 지탱하는 위의 두 질문 속 유혈과 지혈의 그 피는 "'피의 입법'을 말한 마르크스의 피이며 '피의 폭력'을 말한 벤야민의 피이므로", 이 총서/기획의 서명·날인과 함께 가장 먼저 출간될 저작은 『일본 이데올로기론』[1935, 도사카 준], 즉 "유일하게 유물론적인 힘"의 발현 조건을 비평하고 있는 텍스트일 것이다. 제현諸賢의 여러 독법들 곁에서 이 총서/기획의 벡터가 잔존하는 차이로서 속행될 수 있기를 삼가 희망한다.

　* 그런 부재-날인과 탈정립적인 가설을 따를 때, 이 「총서/기획의 말」은 각 저작들의 앞머리에 놓여 그것들을 일괄 통솔하는 깃발=기호로 표상될 수 없는바, 이 「말」은 여기 이렇게 맨 뒤쪽 '후위後衛'에 놓여 각 저작이 지닌 텍스트성(=잠재성)의 고유한 요소들(특히 싹들)을 다시 배양하고 다르게 배치할 수 있을 하나의 마지노선으로 기능해야 한다. '테오-크라시'라는 모종의 입론이 뿌리박고 있는 장소가 바로 거기 후위이다. 후위적 비역질의 장소가 바로 여기 이 총서/기획의 이름이다.

기획자·번역자 윤인로